문명연구 총서 1

현대 문명의 전환

문명연구 총서 1

현대 문명의 전환

이한구 · 신중섭 편

경희대학교 출판문화원

발간사

이 책은 2014년 3월부터 지금까지 열리고 있는 미래문명원의 월례 세미나의 결과물이다. 월례 세미나의 대주제는 '인류 문명의 새로운 패러다임에 대한 탐구'였고, 매번 대주제에 포섭되는 소주제를 다루었다. 소주제는 정치, 경제, 사회, 문화 등 다방면에 걸쳐 당시의 사회적 관심사와도 연결해서 선정했다.

'인류 문명의 새로운 패러다임에 대한 탐구'는 2013년 한국연구재단의 일반 공동연구 과제로 출발했다. 처음에는 각 분야 전문가 10명이 공동연구원으로 구성되었다가 중간에 몇몇 연구원들이 추가로 참여해 모두 15명이 되었다. 공동연구원은 경희대학교를 비롯한 국내 유명 대학의 교수들로 구성되었다. 연구를 시작할 때는 공동연구원들만 모여 토론 위주의 세미나를 진행했지만 조금 지나면서 이 분야의 전문가를 초빙해 진행하는 본격적인 세미나를 개최했다. 2014년부터는 경희대학교 미래문명원이 세미나 개최에 관한 업무를 주관했다.

그동안 40여 회에 걸쳐 세미나를 개최했으며, 특수한 경우 한 번을 제외하고는 모든 세미나를 영상물로 만들어 유튜브(Youtube)에 올렸다. 누구든 '인류 문명'이나 '새로운 패러다임'으로 검색해 찾아볼 수 있다.

세미나의 소주제는 다양했지만, 꽤 오랜 시간이 지나면서 비슷한 주제로 묶이는 논문들이 축적되었다. 이번에 출간하는 두 권의 책,《현대 문명의 전환》과《자유주의와 민주주의의 새로운 모색》은 그동안 세미나에서 발표된 논문 중에서 비슷한 주제의 논문을 모은 것이다. 이 중에는 저자가 세미나 발표 후에 전문 학술지에 이미 게재한 논문도 포함되어 있다.

이 세미나는 대주제가 암시하듯이 문명의 전환 시기에 논의할 수 있는 다양한 주제들을 다루면서, 특히 세 가지 차원에 초점을 맞추었다. 첫 번째는 농업혁명과 산업혁명에 이은 세 번째 혁명인 정보통신혁명이 진행되면서 인류 문명이 어떻게 변화하고 있는지를 밝히는 것이고, 두 번째는 이런 문명의 전환이 어떤 새로운 문제점들을 야기하고 있는가를 규명하는 일이며, 세 번째는 이런 문제점을 해결하기 위해 방책을 제시하는 것이다. 말하자면, 인류 문명에 대한 해석, 문제점 진단, 새로운 패러다임의 제시를 통한 처방 등 세 영역이라 할 수 있다.

문명에 관한 저서는 꽤 많이 출간됐지만, 지나치게 전문적이거나 거대 담론에 치우친 경우가 많다. 이 책은 이런 부류와는 다른 특색을 갖는다. 너무 전문적인 수준도 아니지만, 너무 거대 담론에만 치우쳐 실증적 근거가 약한 상태도 아니다. 어느 정도 수준의 전문성을 가지면서도 일반인이 읽을 수 있는 담론을 담았다.

이번 총서를 출간하는 미래문명원은 지구협력사회와 인류공동사회의 이념을 구현하기 위해 2005년 당시 경희대학교 NGO 대학원 원장이던 조인원 박사의 주도로 설립되었다. 경희대학교 총장을 거쳐 현재는 경희학원 이사장인 조인원 박사는 대학다운 미래대학을 추구하는 교육 철학자이며, 인류 문명의 지속가능성과 인류가 나아갈 길을 개척하는 세계 지성의 한 사람이다. 설립 이념에 따라 미래문명원은 세계적인 지성인들과의 공동 협력을 통해 당면한 지구적 문제들을 해결하기 위해 노력하고 있다.

'인류 문명의 새로운 패러다임에 대한 탐구' 세미나는 앞으로도 계속될 것이며, 그 결실이 쌓이는 대로 '문명연구 총서'도 연속해서 출간할 예정이다. 이 문명연구 총서의 출간이 인류 문명이 처한 위기 극복에 다소나마 도움이 되기를 바라 마지않는다.

2020년 8월

경희대학교 미래문명원장 이한구

목차

제2부 문명 전환의 양상들

서문

이한구

이 책은 2부로 구성되어 있다. 1부는 현대 문명에 대한 성찰이며, 2부는 문명의 전환이 전개되는 현장을 다루었다. 1부의 논문들은 모두 다양한 관점에서 전환기의 현대 문명을 진단한다.

20여 년 전 새뮤얼 헌팅턴의 《문명의 충돌》 이후로, 많은 사람들이 문명에 대해 관심을 갖게 됐고, 문명은 학문적 탐구의 대상이 됐다. 한동안 헌팅턴의 '문명의 충돌' 패러다임은 냉전 이후의 세계질서를 설명하는 탁월한 이론으로 평가됐지만, 문명을 지나치게 단일한 체제로 간주함으로써 문명 내부에서 발생하는 분쟁이나 갈등을 제대로 설명해주지 못할 뿐만 아니라, 충돌의 측면을 지나치게 강조한다는 비판을 받아왔다. 실제로 지난 한 세대 사이에 문명과 문명이 만나는 단층선에서 발생하는 분쟁보다는 한 문명 내부의 국가 간 갈등이 더욱 극심한 경우가 많았으며, 문명 간의 상호이해가 증진되기도 했다.

문명의 충돌 이론에 관한 이런 비판에도, 여전히 현재 중동에서 진행되고 있는 이슬람의 여러 나라들과 미국의 지원을 받는 이스라엘 간의 분쟁이나 미국과 중국의 무역 분쟁을 문명의 충돌로 이해할 수밖에 없다는 주장이 상존하고 있다.

이 책의 1부는 현대 문명을 여러 각도에서 이해하려는 시도들이다.

〈현대 문명의 두 패러다임에 대한 비판적 고찰〉(이한구)은 현대 문명을 설명하는 두 패러다임인 서구 문명보편주의와 문명다원주의를 모두 비판적으로 고찰한다. 비판은 문명의 구조에 대한 분석을 기초로 한다. 서구 문명보편주의는 서구 문명을 모든 문명의 유일한 표준으로 보고 비서구를 이런 표준을 잣대로 평가하자는 입장이고, 반면 문명다원주의는 문명이 본래 여럿이며 이들은 모두 같은 가치를 갖는다는 입장이다.

이 논문에서는 문명을 삼중구조로 분석하고, 이를 기반으로 논의를 전개한다. 삼중구조란 한 문명이 세 겹으로 이루어진 것으로, 중심부에는 인간과 세계에 대한 근본적인 신념체계가 자리 잡고, 중간 부분은 정치, 경제, 사회, 문화, 교육 등 사회체제가 그리고 가장 바깥 부분은 과학, 기술의 영역으로 구성되어 있다. 이런 분석 틀에서 보면 서구 문명보편주의는 비서구 문명의 세 영역이 모두 서구 문명의 내용들로 채워져야 하며, 문명다원주의는 이 세 영역이 모두 다르거나 적어도 중심부와 중간 부분이 다르다고 주장하는 것이다.

이 논문은 서구 문명보편주의든 문명다원주의든 닫힌 문명을 전제한다고 비판한다. 서구 문명보편주의는 비서구 문명에 대한 폭력적인 힘 때문에, 문명다원주의는 다른 문명이 접근할 수 없는 고유한 혼 때문에, 이들은 모두 열려 있지 않고 닫혀 있다는 것이다. 그러므로 이런 이론들은 문명들의 전면적 교류로 특징지어지는 세계화 시대의 인류 문명을 현실적으로 적절하게 설명해주지 못한다는 결론에 이른다.

〈과학기술을 통제할 수 있을까?〉(신중섭)는 과학기술이 갖는 고유한 특성과 인간 인식의 한계를 지적하고 통제가 성공하기 어렵다는 주장을 하면서 통제론에 대한 비판적 대안을 제시하는 것을 목적으로 삼고 있다. 계몽주의 시대에 인간 해방의 수단으로 칭송되던 과학기술이 20세기에 들어와 인류에게 재앙을 안겨줄 수도 있다는 비판이 확산되면서부터 과학기술을 통제해야 한다는 주장이 힘을 얻고 있다. 과학기술에 대한 통제는 자율적 통제와 타율적 통제로 구분되며, 자율적 통제는 과학자 공동체 내부에서 이루어지며, 타율적 통제는 과학기술에 대한 민주적 통제를 주창하는 시민과학론으로 대표된다.

이 논문은 인간의 인식적 한계와 예측 불가능한 과학기술 자체의 속성, 제어 불가능한 자본주의 생산양식의 특성으로 말미암아 과학기술을 만족스럽게 통제하는 것이 불가능하다고 보며, 통제는 그것이 초래할 결과가 명백히 나쁜 경우에만 제한되어야 한다고 본다.

〈지구촌을 배회하는 근본주의라는 유령을 어떻게 물리칠 것인가?〉(강학순)는 근본주의를 전면적으로 부정하면서 해체를 시도하는 것이 아니라, 오히려 그것의 문제를 받아들이면서, 원인을 철학적으로 진단하고 해법을 찾아보고자 하는 시도다. 말하자면 근본주의를 뿌리째 뽑아내려는 것이 아니라, 그것이 지닌 폐해와 반인륜성을 최소화하거나 제거할 수 있는 사고의 새로운 패러다임을 모색해보고자 한다.

이 논문은 근본주의 문제의 해법을 찾기 위해서는 우선 소위 '적대적 타자'의 생각에 대해 열려 있어야 한다고 본다. 즉 '근본'이라는 개념의 탄력적 이해에 항상 열려 있고, '진리'에 대한 인식에 열려 있는 근본주의가 요청된다는 것이다. 이러한 태도는 특히 경전에 대한 특정한 해석에만 매달려 있지 않고, 다양한 해석에 열려 있는 자세를 의미한다. 일체의 시원인 '신의 사랑'을 체험하고자 하는 '열린 신앙적 자세'와도 흡사하다. 필자는 다음과 같이 주장한다: "근본은 존재하지만, 인간 인식의 유한성과 불완전성으로 인해 그것이 고정된 것으로 간주되어서는 절대 안 된다. 도리어 그것은 언제나 해석학적 탄력 속에 보존될 수 있고, 새로운 재해석에 열려 있어야 한다. 그리고 그 의미는 관점 및 상황의존적으로도 드러날 수 있다고 생각해야 한다. 전통 속에 흐르고 있는 건강한 보수적인 전통적 가치를 보존하면서도 배타적이지 않고 상호호혜적일 수 있도록 열려 있는 개방적인 근본주의가 요구된다. 모름지기 근본주의는 특정한 개인이나 집단의 사고체계가 아니라, 누구에게나 조건만 주어지면 쉽사리 근본주의로 경도될 수 있는 보편적 특성을 지닌다. 그것은 낭만적 유토피아주의로의 유혹, 배타적 선민주의와 불온한 정체성 옹호로의 유혹, 위험한 광신주의와 비합리적 순응주의로의 유혹, 차이의 소멸로의 유혹이다. 또한 근본주의가 배태하는 야만성이란 반인륜적 야만성의 확산과 복수의 악순환, 적대적 타자의 악마화와 희생양 만들기, 정체성 수호를 위한 반인권적 차별주의의 옹호, 제노사이드(genocide, 집단학살)와 우생학적 인종주의의 옹호이다."

결론적으로 필자는 어떠한 새로운 버전을 통해 '배타적인 독선적 근본주의'를 넘어서서 근본을 존중하고 옹호하는 '새로운 열린 근본주의'가 가능하다고 주장한다.

〈보편윤리에 대한 보편주의적 접근방식의 비판적 고찰〉(강준호)은 먼저 실천윤리로서의 보편윤리와 보편적 인권의 관계를 살펴보고, 보편윤리에 대한 보편주의적 접근방식의 한 전형으로서 마사 누스바움의 역량 접근방식을 비판적으로 고찰함으로써 그러한 접근방식이 가지는 근원적 문제들을 지적하고자 한다. 그러한 문제들 중에서 필자는 그 접근방식이 근원적으로 '서구중심적'이라는 비판에 주목하면서, 이러한 비판을 모면할 수 있는 두 가지 가능한 대안들을 역시 비판적으로 검토한다.

그 대안들 중 하나는 생존권 개념에서, 다른 하나는 다원주의적 관점에서 보편윤리를 도출하려는 시도들이다. 필자는 이러한 대안들 역시 나름의 문제점을 안고 있음을 지적한다. 전자의 경우, '생존권' 개념은 매우 모호할 뿐만 아니라 그것이 독립적인 권리일 수 없음을 지적한다. 후자의 경우, 다원주의적 관점의 출발은 상호이해의 증진을 통한 역사적·문화적 갈등의 해소라는 학구적 관점에서는 매우 매력적인 대안을 제시하는 듯하지만, 현실의 갈등 상황에 대해 그 관점이 제시할 수 있는 해결책은 문화상대주의자들이 제시하는 해결책과 구별되기 어려울 것이라는 점을 지적한다.

〈AI의 도래, 인간의 미래 그리고 4차 산업혁명의 향방〉(이종관)은 과학기술의 혁신만으로는 미래의 문이 열리지 않을 것이라고 주장한다: "오히려 과학기술의 발전에만 집착하여 진행되는 혁명은 미래의 문을 닫을지도 모른다. 보다 가치 있는 미래로 가기 위해서는 사회적 동력의 확보가 필수적이며 사회적 자본을 확충하기 위한 사회적 혁신이 무엇보다도 중요하다."

필자는 정책 발상의 전환을 다음과 같이 강조한다. 지금처럼 우선 과학기술을 발전시키고, 그것으로 시장수요를 만들어내 시장자본을 축적하고, 그때 발생하는 부작용을 후순위의 부수적 과제로 생각하는 정책기획에 혁신을 일으켜야 한다. 사회적 자본을 확충하기 위한 사회 혁신 정책이 과학기술 발전 정책과 마찬가지의 중요성을 갖고 마련되어야 한다. 그리고 이에 기초하여 과학기술이 선용될 수 있는 법 제도가 구축되어야 한다. 나아가 이러한 제도가 시장에서 지속될 수 있는 시장의 메커니즘이 디자인되어야 할 것이다.

2부의 논문들은 다양하게 변환된 문명의 양상들을 구체적으로 보여준다.

〈신자유주의 시대의 문화적 지구화와 한류〉(양종회)는 세계화 시대의 문화적 변화를 다루면서 한류를 집중 분석한다. 이 논문은 이런 작업을 통해 신자유주의적 자본주의가 지배적인 현대의 문화적 지구화 과정에 대한 이론적·경험적 이해에 도움이 되고자 한다. 필자는 먼저 현대사회의 변동을 설명하는 가장 중요한 용어 가운데 하나인 '지구화(globalization)'는 1980년대 이래 본격적으로 사용되었으며, 18세기 말과 19세기에 여행과 커뮤니케이션에 관련된 커다란 변동이 일어났고, 이것이 지구화를 촉진했으며, 이로 말미암아 새로운 세계가 출현하게 됐다고 설명한다.

필자는 한국은 20세기 초까지 오랜 기간 소수의 주변국을 제외하고는 외국과의 교류가 거의 없는 은둔국가로 남아 있었고, 20세기에 들어 일제의 식민지가 되고 외국, 특히 서구의 문물이 들어오기 시작했지만 현대적 의미에서 본격적으로 세계화 과정에 편입된 것은 최근의 일이라고 보면서 다음과 같이 주장한다: "문화적 차원에서 우리나라의 지구화는 최근 20년 동안에 급격히 진행되었는데, 그 첨병 역할을 한 것이 소위 한류라고 할 수 있다. 한류에 대해서는 그간 많은 연구가 이루어졌고, 한류의 성격, 원인, 결과에 대한 다양한 해석도 제시되었다.

한류는 현대 한국의 문화 변동을 설명할 수 있는 중요한 사건이지만, 그것이 한국이라는 국가의 범위에 그치지 않고 국경을 넘어 전 세계적으로 확산되고 있다는 점에서 지구화의 한 사례로 간주될 수 있다."

또한 한류는 특히 중심부에서 주변부로 흐르는 지배적인 문화적 흐름과는 달리 문화적으로 중심부가 아닌 곳에서 출발한 문화가 중심부를 포함한 다른 지역으로 전파되고 영향을 주고 있다는 점에서 기존의 이론을 입증하거나 반증할 수 있는 좋은 사례를 제공한다는 것이다. 더욱이 한류는 현대의 경제적·기술적·정치적 상황, 특히 디지털 기술에 바탕을 둔 새로운 미디어(new media)에 크게 힘입어 단기간에 거의 전 세계에 확산되고 있다는 점에서 문화적 지구화 이론에 중요한 함의를 제공한다고 본다.

〈인공지능 시대 "Historia, Quo Vadis?"〉(김기봉)는 빅데이터와 인공지능 시대에서 역사의 정체성과 기능을 다룬다. 필자는 다음과 같은 질문을 던진다. "지금 10대 학생들이 학교에서 배우는 지식의 80~90%가 '특이점'에 도래한다는 것이 40대에 무용하다면 역사를 안다는 것이 무슨 쓸모가 있는가? 문명사적 전환기에서 오늘의 역사학은 '존재하느냐, 존재하지 않느냐(to be, or not to be)'의 위기에 직면해 있다. 이 지점에서 우리는 묻지 않을 수 없다. '히스토리아, 쿼바디스(Historia, Quo Vadis)?'"

필자의 설명에 따르면, 사료라는 데이터가 없이 역사 연구는 불가능하기 때문에 역사학은 기본적으로 데이터 과학이다. 역사학의 데이터는 주로 문자 텍스트다. 따라서 구텐베르크 시대에서 디지털 시대로의 전환은 역사학 위기를 초래한다. 디지털 정량이 아날로그 정보량을 초월하는 2002년이 디지털 시대 원년이라고 말할 수 있다. 디지털 데이터의 양은 2년마다 약 두 배씩 기하급수적으로 증가한다. 그 결과로 양의 증가가 질적 전환을 가져오는 빅데이터가 탄생했다.

필자는 빅데이터의 출현은 인간의 생각, 삶 그리고 일의 혁명적 변화를 일으켰다고 본다. 빅데이터 시대의 특이성은 인류 역사상 초유로 사람들이 기억을 위한 기록이 아니라 기록된 것을 지울 수 있는 방도를 찾는다는 것이다. 그렇다면 기억에서 망각으로 관심의 초점이 바뀌는 시대에 역사학이 존재해야만 하는 이유는 무엇인가? 역사시대와 선사시대를 나누는 구분은 문자 기록이었다. 하지만 문자가 아닌 데이터가 문명의 총아가 된 시대에서 역사학은 과거의 학문으로 전락한다. 구텐베르크 은하계의 종말과 함께 역사학은 빅데이터 출현 이전 시대라는 의미에서 '선사(先史)시대'에 대한 학문, 곧 기껏해야 현재의 고고학의 위치로 밀려날 처지에 직면해 있다. 따라서 오늘의 역사학이 도태되지 않고 존속하기 위해서는 문자 기록에만 빠져 있지 말고 빅데이터를 활용하는 방안을 모색해야 한다. 하지만 필자는 문자 기록을 통한 기억이라는 역사의 근본을 포기한 이후에도 하나의 데이터 과학으로서 역사학의 정체성이 보전될 수 있을 것인가 하는 의문을 던진다.

〈한국사회과학 이론의 보편주의〉(김현구)는 다원주의 시대에 한국적 사회과학 이론이 추구해야 할 보편주의에 관한 논문이다. 필자는 먼저 서구의 근대 사회과학을 받아들이기 시작한 지도 어언 반세기를 훌쩍 넘어 한 세기를 바라보고 있지만, 우리는 아직도 학문적 정체성 혼란을 극복하지 못하고 있다고 진단한다. 한국의 근대는 초입부터 일제의 식민 지배로 말미암아 지적 전통이 단절·파괴되었고, 해방 후에는 학문을 비롯해 모든 영역에서 서구(특히 미국)를 준거로 하는 모방적 근대화에 급급해왔다. 말하자면 우리에게 근대화는 곧 서구화나 다름없었으며, 문화도 학문도 서구적인 것이 보편으로 인식되어 우리 나름의 독자적 이론은 찾아보기 어렵고, 이론의 서구 의존이 심화되고 있어 이론과 현실의 괴리가 증폭될 수밖에 없었다는 것이다.

필자는 《뉴욕타임스》가 〈서구적 사고방식이 세계적인 것으로 통용되어왔다(A Weird Way of Thinking Has Prevailed Worldwide)〉 (2010.8.25.)라는 칼럼을 실어 지식의 장에 큰 파장을 일으킨 적이 있음을 지적한다. 그 요지는 세계의 다양한 문화권에 살고 있는 사람들이 자신들의 심리가 아니라 '산업화된 서방세계의 부유한 민주국가의 교양인'이라는 타자의 심리를 통해 자신을 들여다보고 있다는 것이다. 제목의 'Weird'는 이 칼럼이 인용한 헨리치 등(Henrich et al., 2010)의 논문에 나오는 조어로 'Western, Educated, Industrialized, Rich, and Democratic'의 머리글자에서 따온 것이다. 이들의 연구에 따르면 심리학 관련 저명 학술지에 실린 논문 주제의 68%가 미국을, 96%가 미국을 포함한 서방의 산업화 국가를 대상으로 한 것이며, 미국의 경우 논문의 67%, 다른 나라의 경우 80%가 심리학과 대학생들을 실험 대상으로 삼았다고 한다. 이와 같이 서구의 심리학자들은 범세계적 대표성이 없는 표본을 바탕으로 인간의 행태를 일반화했고 이것이 저명 학술지와 대학 교재에 널리 인용되어왔다는 것이다.

필자는 한국 사회과학도 이런 사례로부터 자유로울 수 없다고 주장한다. 우리는 연구, 교수 요원, 대학 교재 등에서 고도로 서구(특히 미국) 의존적인 학문 관행에 안주하고 있기 때문이다. 그렇지만 사회과학은 사회현실의 역사적 과정과 문화적 의미에 민감한 역사과학이요 문화

과학이므로, 연구 대상인 사회 현실은 문제의 역사적·문화적 배경에 따라 이론화의 사회적 맥락을 달리한다. 이론화의 맥락이 다르면 그 사회 현실을 설명하는 이론도 달라질 수밖에 없다는 것이다. 여기서 필자는 다음과 같이 주장한다: "우리 학문의 신념체계로서 자아준거화는 '한국적' 맥락의 지식을 추구하는 토착화와 한국화를 아우르는 개념이다. 토착화가 외래 이론의 한국적 적응을 위한 소극적 자아준거화라면, 한국화는 한국적 맥락의 이론 창출을 위한 적극적 자아준거화다. 학문의 본질은 이론의 보편성에 있으므로 자아준거화도 그 범주 안에서 학문의 한국적 적실성과 주체성을 강조한다. 학문의 자아준거화는 우리의 필요에 조응해 우리 현실의 설명에 적합하면서도 보편성이 있는 이론을 모색하는 학문적 정향이라고 할 수 있다."

〈미래 문명과 전쟁〉(이택호)은 미래에 예상되는 전쟁의 양상을 다룬다. 필자는 먼저 인류의 역사는 전쟁의 역사라 할 수 있으며, 개인 간의 경쟁이든 국가 간의 전쟁이든 인류는 전쟁과 평화라는 상반된 가치의 요구를 외면할 수 없었다고 본다. 전쟁이 인류 역사의 한 장을 차지하고 있는 한 평화와 전쟁, 승리와 패배라는 가치의 양자택일 앞에서 우리는 고민하지 않을 수 없다.

필자는 이러한 고민을 먼저 전쟁과 평화에 대한 이상론과 현실론으로 나누어 논의를 전개한다. 논의의 핵심은 '평화는 선(善)이요, 전쟁은 악(惡)이다'라는 가치판단이다. 평화주의자들(pacifists)은 전쟁이 살인, 상해, 방화, 폭파, 납치, 공공건물 및 사적 재산의 파괴 등과 같은 행위들로 이루어지기 때문에 전쟁을 '절대 악(absolute evil)'으로 본다. 칸트의 '영구평화론'이나 동양의 '병자흉기(兵者凶器)' 또는 '왕도정치(王道政

治)'의 이념은 이 이상론을 대변한다.

반면에 인류의 역사와 함께해온 전쟁은 역사의 한 부분으로서 피할 수 없는 불가피한 현상이라는 입장이 군사적 현실론(military realism)이다. 클라우제비츠의 '전쟁론'이나 헤겔의 '법철학'은 군사적 현실론을 대변한다. 전쟁을 '절대 악'이라고만 간주할 수 없다는 전쟁의 불가피성에 논의의 초점을 맞춘다. 전쟁의 불가피성은 '군사 필요의 원칙(the principle of military necessity)'으로 국제사회에서 통용되는 개념이다. 전쟁 행위를 구성하는 대부분의 행위들은 평시라면 모두 범죄가 될 행위들인데, 군사 필요에 의해서 허용되는 행위들은 면죄부가 주어진다. 면죄부의 한계를 결정하는 것은 전쟁 규칙 또는 전시 인도법이다.

필자는 문명사적으로 전개되어온 전쟁 양상을 개관한 후, 군사 필요의 원칙과 인도주의 원칙의 양립 가능성, 인도주의 원칙에 내재하는 도덕적 원리 등을 검토해 전쟁 개입을 검토하는 정책 결정자나 전쟁을 수행하는 군인(전투원)이 인류의 양심과 문명사회의 보편적 이상에 이바지할 수 있는 방안이 무엇인지 모색한다.

특히 본 논문에서는 현대 문명의 산물인 고도정밀무기체계로 수행되는 미래의 전쟁 양상을 심도 있게 소개하는 바, 그 내용은 5차원 전쟁, 네트워크 중심 전쟁, 효과 기반 정밀타격 전쟁, 마비 중심의 신속기동 전쟁, 비화약 전쟁, 비살상 전쟁, 무인로봇 전쟁, 정보 및 사이버 전쟁 등이다. 과연 한반도에서도 이러한 전쟁이 전개될 것인지 그 현실성과 가능성을 고민한다.

〈풍수화로 상징되는 한·중·일 문명의 원형〉(김용운)은 한·중·일, 삼국 문명의 원형에 비추어 현재 전개되는 삼국의 현실적 차이를 다룬다.

필자는 민족을 고유의 집단 무의식, 곧 원형으로 역사를 전개하는 거대한 생명체로 규정한다. 그리고 원형은 민족사의 결과(불교의 업)로서 오늘의 민족적 체험은 내일의 원형에 반영되어 후손에게 이어진다.

필자의 주장에 따르면, 현재 세계 곳곳에서 벌어진 테러, 전쟁 등의 표면적 양상의 기반에는 민족의 집단 무의식이 작동하고 있고, 그것은 민족 역사의 결과이며 시대마다 양상을 지니면서 그 핵심 원형은 민족의 혼과 같이 변함이 없다는 것이다. 이 글은 한·중·일의 원형을 그 풍토 특히 하천의 조건과 권력구조의 관계에서 관찰한다. 주요 골자는 (1) 인류 문명의 기원으로서의 유목민과 농경민, (2) 동서 문화의 특성, (3) 원형적 하천문화, (4) 풍수화로 상징되는 한·중·일의 원형과 문화 관계다.

〈사이버안보를 위한 중국의 전략〉(조윤영·정종필)은 비전통 안보 이슈인 '사이버안보'에 대한 중국의 전략을 다룬다. 다른 나라의 우려에도 중국은 왜 스스로 사이버 공간을 새롭게 정의하고 사이버안보 강화에 적극적으로 나서고 있는 것인가? 2000년대 초반까지 추구한 정보화 발전을 위한 지원 전략에서 벗어나 사이버 공간의 보호를 위해 중국 정부가 주도적 역할을 함으로써 추구하는 목표는 무엇인가? 중국은 이를 위해 구체적으로 어떤 전략을 펼치고 있는가? 이 논문은 이 같은 질문을 바탕으로 사이버안보 강화를 위한 중국의 국내외 전략을 논의한다.

필자의 설명에 따르면, 비전통 안보 이슈인 '사이버안보'에서 국가의 역할은 지속적으로 확대되고 있다. 전통적 안보 영역에서와 달리 사이버 공간에서는 다양한 행위자가 활동하고 있음에도 국가는 여전히 사이버 공간의 보호와 발전을 위해 주도적 역할을 한다. 사이버안보에 대한 각국의 관심이 높아진 상황에서 중국 또한 사이버안보 전략 및 정책을 개편했다. 이는 사이버 영역의 급속한 확대로 말미암은 사이버 공간 내 위협이 증가하고, 나아가 사회의 불안정성이 야기될 수 있다는 중국 지도부의 인식을 반영한 변화다. 중국은 우선 정보화(情報化, informatization)라는 자국의 특수한 개념을 바탕으로 사이버안보를 위한 정보통신기술의 발전과 사이버 기반 시설 구축, 제도 정비의 기틀을 마련했다. 중앙 네트워크안전정보화 영도소조와 국가인터넷정보판공실의 신설, 사이버안보법 제정 등이 대표적이다. 중국은 또한 국제사회에서 사이버안보를 두고 다른 국가와의 경쟁과 협력을 병행하는 전략을 추진 중이다. 사이버 영역에서 서구 국가가 우위를 선점하고 있는 상황에서 중국이 독자적으로 규범을 제안하는 데 한계가 있기 때문이다. 사이버안보 관련 국제 제도를 형성하는 데 주도권을 갖기 위해 미국과는 경쟁을 펼치는 반면, 상하이 협력기구나 아세안지역 안전포럼, 유엔 정부 전문가 그룹 활동 등을 통해 러시아 등의 국가와 협력해나가고 있다.

제1부

현대 문명 성찰

현대 문명의 두 패러다임에 대한 비판적 고찰*

서구 문명보편주의와 문명다원주의

이한구**

새뮤얼 헌팅턴(Samuel Huntington)의 《문명의 충돌(*Clash of Civilizations and the Remaking of World Order*)》(1996)이 문명담론의 기폭제가 되어 세계적으로 정치학을 비롯한 여러 분야에서 문명에 관한 연구들이 진행되어왔다. 사디크 위네이(Sadik Ünay)와 무자퍼 세넬(Muzaffer Senel)이 편집한 《세계질서와 문명》(2009)에서는 20여 명의 학자들이 역사, 철학 그리고 국제관계의 관점에서 문명과 관련된 논의를 했고, 페터 카첸슈타인(Peter Katzenstein)이 편집한 《세계 정치에서의 문명(*Civilizations in World Politics*)》(2010)에서는 미국, 유럽, 중국, 일본, 인도 등 세계의 여러 나라의 위상을 문명의 관점에서 다뤘다.

문명에 관해 다룬 괄목할 만한 국내 연구서로서는 강정인의 《서구중심주의를 넘어서》(2004)와 서울대학교 인문학연구원에서 논문 모음집 형태로 출간한 《문명 안으로》(2011), 《문명 밖으로》(2011), 《문명의 교류와 충돌》(2013) 등의 시리즈를 들 수 있다. 강정인은 《서구중심주의의

* 이 글은 《오토피아(*oughtopia*)》 32집 2권에 발표된 논문을 수정, 보완한 것이다.

** 경희대학교 석좌교수, 미래문명원장, 대한민국학술원 회원.

를 넘어서》에서 서구중심주의라는 개념 설명을 시작으로 서구중심주의 사상이 사상사적으로 어떻게 전개되었는지를 자세하게 설명하고, 서구중심주의를 극복하기 위한 담론 전략들까지 논의한다.《문명 안으로》를 비롯한 문명 시리즈는 문명이라는 개념이 동서양에서 어떻게 형성되고, 어떤 의미 변화의 과정을 겪었는가를 논의하며, 문명들이 만나고, 갈등하고, 받아들이고, 뒤섞이는 과정을 천착한다. 그렇지만 이들 중 정작 문명의 구조를 해명하는 작업은 거의 이루어지지 않았다.

이 논문은 문명의 구조에 대한 분석을 기반으로 하여 현대 문명의 두 패러다임을 비판적으로 고찰하려는 것이다. 검토하려는 한 가지 패러다임은 서구 문명보편주의고, 다른 패러다임은 문명다원주의다. '서구 문명보편주의'에서 서구 문명을 보편주의라고 부르는 이유는 서구 계몽주의가 성취한 문명이 이후 현대 문명의 유일한 표준으로 군림하면서 거대한 쓰나미처럼 전 세계를 휩쓸었기 때문이다. '문명다원주의'에서 문명은 하나가 아니라 여럿이며 '서구 문명보편주의'에 대한 반명제로 등장했다고 할 수 있다.

여기서 논의하는 현대 문명이란 계몽주의 이후의 인류 문명을 의미한다. 문명이라는 말 자체가 서구 계몽주의의 산물일 뿐만 아니라, 오늘날 우리가 이해하고 있고, 우리에게 계속해서 영향을 미치고 있는 서구 문명의 핵심 내용이 계몽주의 시대를 거치면서 구체화되어 계승되고 있기 때문이다.

서구 문명보편주의는 대체로 서구중심주의와 같은 의미를 갖는다. 특히 '서구중심주의'라는 말의 개념을 역사철학적으로 해석해 "첫째, 서구 사회의 역사 발전 경로는 서양뿐만 아니라 동양까지 포괄하는 인류사에 보편타당한 것이라고 간주하고, 둘째, 서구는 인류 역사의 발전

단계 중 최고의 단계에 와 있으며, 이는 비서구 사회도 따라가야 할 준거로 받아들이며, 셋째, 서구의 관점에서 보았을 때, 비서구 사회는 역사 발전의 저급한 단계에 머물러 있고 이 때문에 서구 사회와 비서구 사회가 역사 발전의 대척점에 서 있다는 의식을 일반적으로 받아들인다"(김세연, 1995: 9)라는 세 명제의 결합으로 규정한다면, 서구중심주의와 서구 문명보편주의라는 말은 거의 동의어라고 할 수 있다.

그렇지만 중심주의라는 말의 의미는 신중심주의, 인간중심주의, 남성중심주의, 미국중심주의 등에서 볼 수 있듯이 역사 발전의 경로와는 무관하게 주변부와 대립되는 개념으로도 사용할 수 있다. 이 논문에서 서구중심주의라는 말이 꼭 필요한 경우를 제외하고는 서구 문명보편주의라는 말을 쓴 이유를 인류의 역사 발전과 연관시켜 문명 패러다임을 논하려고 하기 때문이다. 말하자면 서구 문명보편주의란 서구 사회의 역사 발전 경로를 인류의 보편적 역사 발전 과정으로 해석하고, 비서구를 이런 표준에서 평가하는 입장으로 규정하려는 것이다. 서구중심주의를 설명하면서 서구 사회와 비서구 사회 간의 관계를 논할 때 서구 역사의 발전 논리를 준거로 한 역사철학적인 해석에 기초하는 경우가 많다. 로스토(Walt Whitman Rostow), 알몬드(Gabriel A. Almond), 콜먼(James. S. Coleman), 파이(Lucian W. Pye)와 같은 역사 발전 이론가들이 그런 경우다.

반면 문명다원주의는 문명이란 본래부터 여럿이며, 이들은 모두 같은 가치를 갖는다는 입장이다. 이는 오늘날 일반적으로 잘 알려진 문화다원주의와 같은 기반을 갖고 있다. 문화다원주의는 개별 문화가 각각 독자적인 세계관이나 가치관을 갖고 있기 때문에 여러 문화들의 우열을 비교할 수는 없다는 입장이다.

서구 문명이 문명의 보편적 기준으로 세계로 퍼져나갈 때 제일 먼저 반발한 문명이 러시아 정교 문명이었다. 니콜라이 다닐렙스키(Nikolai Danilevskii)가 슬라브 문명의 입장에서 밀려오는 서구 문명에 대항해서 쓴 저서가《러시아와 유럽》(1869)이다. 이 저서의 기본 사상은 문명다원주의다. 그 후 많은 사람들이 서구 문명보편주의에 대해 여러 측면에서 비판을 가했지만 대다수의 경우 그 기저에 니콜라이 다닐렙스키가 주장했던 문명다원주의, 즉 문명은 단수가 아니라 복수라는 명제가 깔려 있다. 이런 맥락에서 나는 서구중심주의를 비판한 모든 논리들을 문명다원주의라는 표제하에 묶어 서구 문명보편주의와 문명다원주의라는 대립항을 만들었다.

우리 현실이나 학계의 사정도 예외라고 하기는 어려울 것이다. 1876년 개항 이래로 서구 문명보편주의의 세례를 받은 일본의 영향하에 있다가 광복 후에는 서구 문명의 적자인 미국의 영향을 직접 받았으며, 1960년대부터 추진한 근대화는 서구 문명보편주의의 수용 이외에 다른 것으로 해석하기 어려울 것이기 때문이다. 1990년에 고개를 들기 시작한 서구중심주의에 대한 비판은 1970년대부터 논의되기 시작한 포스트모더니즘과 근대화에 어느 정도 성공하면서 얻은 자신감이 주요 원인으로 작용한 것으로 이해된다(강정인, 2004: 23).

그동안 축적된 비판 덕분에 서구 문명보편주의가 현실에 맞지 않는 지나친 주장이라는 것에 쉽게 납득이 간다. 하지만 그렇다 하더라도 전면적으로 부정해도 좋은가 하는 문제는 남는다. 동시에 그 반대 명제인 문명다원주의가 자동으로 정당화되는 것은 아니다. 서구 문명보편주의를 비판하는 대다수의 사람들이 문명다원주의를 암암리에 참된 명제로 전제하고 있지만 이미 전 세계가 한동네가 되어가는 상황에서 문명다원주의 역시 지지받기 어려운 것으로 판단된다. 두 패러다임에 대한 비판적 고찰은 이런 맥락에서 진행된다.

문명의 구조에 대한 새로운 분석

'civilization' 문명[1]이라는 말이 우리가 지금 사용하는 의미로 사용된 것은 18세기 중반 계몽주의 시대부터다. 이 말은 프랑스에서는 미라보 후작(Mirabeau the elder)이 쓴 《남자들의 친구 혹은 인구론》(1757)에서 시민법(civil law)이 군대법(military law)을 대체한 사회를 가리키기 위해 사용됐고, 영어권에서는 스코틀랜드의 계몽주의자 애덤 퍼거슨(Adam Ferguson)이 쓴 《시민사회의 역사》(1767)에서 거친 야만 상태와 대립되는 개념으로 처음 사용된 것으로 확인된다(김현, 2011: 27). 문명에 관한 퍼거슨의 다음과 같은 주장에 잘 나타나 있다: "개인만이 유아기에서 성년기로 발전하는 것은 아니다. 인종도 거친 상태에서 문명 상태로 발전하는 법이다"(Ferguson, 1996: 2).

문명은 쌍둥이 개념인 문화(culture)와 서로 혼용되는 경우가 대다수지만, 기본적으로 야만이나 미개와 대립되는 개념이고 문화는 자연에

1 문명은 어원적으로 라틴어 civis(시민)와 civitas(도시)의 형용사인 civilis에 그 어원을 두고 있다. 여기서 파생되어 나온 동사 civiliser, civilize의 명사형이 civilisation, civilization이다. 이와 비슷한 말로 라틴어 civilitas에서 civilite, civility가 파생했는데, 이 말은 도시 시민들의 세련됨과 교양을 의미한다. civility가 정태적인 의미로 사용되었다면, civilization은 처음부터 매우 역동적인 의미를 갖고 있었다. 말하자면 단순하게 도시인의 세련된 예절이나 그런 세련미를 갖춘 어떤 상태만을 의미하지 않고, 그런 상태를 향해서 나아가는 과정까지도 함축하고 있다. 동양에서 '문명'은 'civilization'을 일본인 학자들이 번역한 용어다. 처음 이 단어를 번역할 때 함께 검토되었던 후보들로는 문명(文明) 이외에도 문화(文化), 개화(開化), 문명개화(文明開化), 문화(文華)…… 등이 있지만 결국 문명으로 정착되었다(이혜경, 2011: 114).

대립되는 개념이다. 그러므로 문화는 처음부터 인류학자들이 애용하는 용어였고, 문명은 역사학자들의 용어였다. 자연과 대립되는 문화는 인류가 자연 상태에 노동을 가해서 획득한 정신적·물질적 성과를 의미한다. 한 사회의 문화는 그 속에 사는 사람들의 의, 식, 주에 관련된 것들과 행위와 정서와 사고의 양식들로 구성된다. 그것은 사람과 대상과의 관계뿐만 아니라 사람과 사람과의 관계 및 사람들이 이룩한 지적·정신적 자산 일체를 포함한다. '문화'에 대한 정의는 셀 수도 없이 많지만 종합하면 인류가 성취한 지식, 신념, 행위의 총체라고 할 수 있다. 그러므로 공간적 관점에서 보면 문화는 순수한 동물적 본능과 자연환경 사이에서 만들어진 완충물이며, 시간적인 관점에서 보면 세대에서 세대로 이어지는 역사와 전통이다(Quigley, 1961: 20).

반면에 야만사회나 미개사회와 대립되는 문명사회는 의식주의 물질적인 생활에서나 도덕이나 종교 등 정신생활에서 일정 수준 이상 발달된 사회다. 역사적으로 보면, 도시의 탄생과 문자의 발명은 문명사회와 미개사회를 가르는 기준이 된다. 이런 점에서 보면 오스발트 슈펭글러(Oswald Spengler)가 문명을 문화의 성숙 단계로 규정한 것은 이해가 간다. 야만 상태나 미개 상태에서도, 심지어 동물의 세계에서도 나름대로의 문화가 존재하기 때문이다.

노르베르트 엘리아스(Norbert Elias)는 그의 《문명화 과정》(1939) 제1부에서 '문명'과 '문화'의 개념이 발생하게 된 사회적 기원을 논하면서 '문명'의 의미가 서구의 모든 나라에서 동일하지 않음을 밝힌다. 그의 주장의 요지는 프랑스와 영국의 문명 개념이 정치적·경제적·사회적인 사실들뿐만 아니라 종교적·도덕적 사실까지를 의미하는 데 반해, 독일의 문명은 인간의 외면과 피상적인 이류급의 사실을 의미한다는 것이다. “독일의 문화 개념은 근본적으로 정신적·예술적·종교적 사실들에 적용되며, 이런 종류의 사실들과 정치적·경제적·사회적인 사실들 간에 분명한 선을 그으려는 경향을 강하게 드러낸다”(Elias, 1999: 106). 이런 기반 위에서 정신문화와 물질문명의 구별이 나타난 것이며, 1차 세계대전에서도 프랑스는 ‘문명의 수호’를 내걸었고, 독일은 ‘정신문화의 수호’로 응수했던 것으로 엘리아스는 비교한다.

코젤렉의《개념사 사전》에 나와 있는 ‘문명과 문화’ 항에서도 1945년 이래의 문화의 호황이라는 전망에서 “정신적인 것과 관련된 ‘문화’와 물질적인 ‘문명’ 사이의 대립은 양차 대전 사이의 시기보다 사실상 더 자주 발견된다”고 서술하고 있다(Koselleck, 2010: 211). “니부어는 1952년에 ‘문화’를 ‘문명’의 ‘정신(spirit)’으로, 그리고 ‘문명’을 ‘문화’의 ‘육체(body)’로 정의한다. 이런 의미에서 ‘문화’는 한 문명의 예술, 철학, 문학, 종교의 종합을 나타내며, ‘문명’은 인간의 공동체에 질서를 부여하는 사회적·경제적·정치적·법적 장치들을 대표한다”(Koselleck, 2010: 212). 김동하에 따르면, 바이마르 시기의 독일 지식인들도 문화에 초점을 맞춰 사회적 갈등과 혼란의 근원에는 ‘문화의 위기’가 있는 것으로 이해했다. 여기서 문화의 위기란 기본적으로 독일 민족에 고유한 정신적인 것 또는 근본적인 정신적 가치의 해체를 의미한다(2015: 324).

문명은 일반적으로 끊임없이 앞으로 나아가는 전진 운동을 지시하며, 여러 민족들 간의 차이점을 어느 정도 희석시키고 모든 인간에게 공통적으로 여겨지는 것들을 강조한다. 반면에 독일의 문화 개념은 민족적인 차이와 집단들의 특성을 유달리 부각시킨다. 노르베르트 엘리아스(Elias, 1996: 106)가 지적한 대로, 이런 개념의 발생은 서구의 다른 민족들보다 훨씬 늦게 정치적 통일과 안정을 이루었고, 영토가 오랫동안 여러 지방들로 분할되어 있던 독일 민족의 상황과 무관하지 않아 보인다. 말하자면 근대사회의 선두 주자였던 프랑스나 영국의 입장에서 보면 '무엇이 프랑스적인가', '무엇이 영국적인가'라는 질문은 중요한 쟁점이 아니었다. 그러나 근대사회의 후발국이었던 독일의 입장에서는 '무엇이 독일적인가'라는 질문은 자신의 정체성을 확보하기 위한 중요한 질문이었다.

정신문화와 물질문명이라는 구분은 역사적 현실 전체를 다루는 과정에서는 큰 의미가 없다고 나는 생각한다. 아마도 컴퓨터의 예가 좋은 비유가 될 것이다. 컴퓨터는 중앙처리장치, 기억장치, 입출력장치와 같은 하드웨어 부분과 프로그램과 그와 관련된 문서들인 소프트웨어로 구성되어 있으며, 이 두 부분이 상호 영향을 주고받으면서 컴퓨터의 진화가 이루어진다. 물질문명과 정신문화로 구분하면 하드웨어는 문명으로, 소프트웨어는 문화로 구분하자는 이야기와 같다. 때로는 이런 구분이 필요한 경우도 있겠지만, 우리의 목표가 이 두 부분이 밀접한 연관을 이루면서 작동하는 컴퓨터를 논의하자는 것인 한, 이들을 분리해서 논의할 아무런 이유가 없다고 할 수 있다. 헌팅턴은 문명을 "가장 광범위한 문화적 실체"로 규정한다(Huntington, 1997: 46). 또한 크리스토퍼 도슨(Christopher Dawson)도 "하나의 문화 관계에 걸쳐 있는 거대한 체계"로 본다(2002: 51). 이런 규정들은 '문명'을 문화적 공동체나 동질적 문화권의 사회—국가 단위의 사회보다 큰 체계—로 간주한다는 의미를 갖는다. 우리가 동양 문명이나 서구 문명, 이슬람 문명 등으로 부를 때는 이런 의미로 '문명'이라는 말을 사용한다고 할 수 있다. 이런 관행에 따라 이 논문에서는 문명을 정신문화를 포괄하는 넓은 의미로, 반면에 문화는 문명을 구성하는 소프트웨어적 요소의 의미로 사용할 것이다.

문명에 대한 최근의 존재론적 설명은 크게 두 가지로 나뉜다. 하나는 실재론적 입장이고, 다른 하나는 구성주의적 입장이다. 실재론적 입장은 문명이 정합적인 문화적 복합체로서 실재 세계에 객관적으로 존재한다고 주장한다. 반면에 구성주의적 입장은 문명이란 상호 주관적·집단적 신념으로서 존재하며, 이런 신념들은 정치적으로 창조되고 유지된다고 본다.

실재론적 이론 중에서도 가장 강력한 이론이 문명을 단일 행위자와 같이 보는 입장이다. 헌팅턴으로 대표되는 이런 입장을 통상 본질주의(essentialism)라고 부른다. 같은 실재론에 서면서도 페터 카첸슈타인은 다원적 행위자 이론을 지지한다. 카첸슈타인은 실재론적 행위자 이론과 구성주의적 이론을 다음과 같이 대비시킨다(Katzenstein, 2010: 6).

실재론적 행위자 이론

- 문명은 성향적 특성을 가진 행위자다.
- 문명은 정합적인 문화적 복합체로서 실재 세계에 객관적으로 존재한다.
- 불변적인 성향적 속성을 가진 실재들의(행위자들) 상호작용에 초점을 맞춘다.
- 문명은 핵심가치에 대한 합의에 의해서 존재하는 국가나 정치공동체와 같다.
- 문명적 행위자들은 사회문화적 공간의 객관적 구획에서 도출된다.

구성주의적 이론

- 문명은 담론적 관행들이다.

- 문명은 상호 주관적·집단적 신념으로서 존재한다. 이런 신념들은 정치적으로 창조되고 유지된다.
- 이런 실재들을 최초로 만들어내는 사회적 교류와 이런 실재들을 유지시키고 시간이 지남에 따라 이들을 바꾸는 관행에 초점을 맞춘다.
- 문명은 전통과 과정과 관행에 의해서 특징지어진다.
- 문명의 행위자들은 담론적으로 창조되고 재창조되는 상호이해의 결과들이다.

구성주의자인 패트릭 잭슨(Patrick Jackson)은 우리가 문명을 경계와 사명에 대해 정합적인 이야기를 만들어내는 정치적 관행으로서 생각해야 한다고 주장한다. 그는 '서구 문명'이 얼마나 허구적으로 만들어진 것인가를 다음과 같은 실례로 설명한다. 1945년 이후 미국인들은 서구 문명이 고대 그리스 시대까지 거슬러 올라가며 2000년간 존재해 왔다고 주장했지만, 19세기 보수적인 독일 학계의 논의에 따르면 단지 200년간 공공적 토론에서 존재했을 뿐이다. 서구 문명은 2차 세계대전 후에야 독일을 포함했다. 그 이전의 독일은 서구 문명의 일원이 아니었다(Katzenstein, 2010: 6).

잭슨은 문명이란 성향적 본질을 가진 정합적인 문화적 복합체로서 존재하지 않기 때문에 우리가 문명을 실재 세계 속에서 찾아서는 안 된다고 주장한다. 문명에 관해 논의하는 학자들의 관행에서 문명의 존재를 추론하는 것은 종교적 신자들의 집단이 보여주는 관행에서 그들이 숭배하는 신성이 실제로 존재한다고 추론하는 것과 같다는 것이다. 이러한 입장은 흡사 베네딕트 앤더슨(Benedict Anderson)이 구성주의적 입장에서 민족이 영속성을 갖는 초역사적·자연적 실재가 아니라, 근대

국가 지배의 정당화를 위해 '상상적으로 구성한 정치공동체'일 뿐 진정한 민족 같은 것은 실제로는 없다고 하는 주장과 비슷하다.

실재론과 구성론의 논쟁을 본격적으로 다루려면 긴 논의가 필요하다. 이것은 현재의 주제와는 성격이 다른 주제이므로, 필자는 일단 실재론적 입장을 기반으로 하여 논의를 진행하려고 한다. 문명은 어떤 부분에서는 정신의 구성적 요소를 포함하지만, 그것은 기본적으로 객관적 차원에서 논의되어야 한다고 생각하기 때문이다.

먼저 필자는 문명의 기본 구조를 다음과 같은 삼중구조로 이해하려고 한다. 이 모델은 임레 라카토슈(Imre Lakatos)가 제시한 과학적 연구 프로그램과 비슷하다. 과학적 연구 프로그램의 기본 구조는 핵심적 이론이나 법칙을 견고한 핵심 원리로 하고 보조가설들이 보호대 역할을 하는 데 반해(Lakatos, 2002: 86), 문명의 구조에서는 근본적 신념체계가 핵심 원리에 해당하며 사회체제와 과학기술이 보호대의 역할을 한다.

다음의 그림 1에서 보면, 종교, 예술, 철학 등 인간과 사회 및 세계에 관한 근본적인 신념체계가 핵심 부분을 구성하고, 정치, 경제, 사회, 문화, 교육 등을 비롯한 사회체제가 가운데, 과학과 기술이 가장 바깥이다. 이러한 일반적인 구도는 문명의 특수성에 따라 약간씩의 변형은 가능할 것으로 생각된다. 예컨대 유교 문명에서 종교와 철학의 분리가 어렵다면, 근본적 신념체계에서 종교와 철학을 함께 묶는 것이 얼마든지 가능하다. 중심부로 갈수록 개성이 부각되고, 바깥 부분으로 갈수록 보편성이 지배한다.

문명의 삼중구조 중에서 한 문명이 탄생하려면 근본적 신념체계가 먼저 구축되어야 한다. 이 부분의 정립 없이는 아무리 거대 사회라 하더라도 문명으로 등극하지 못한다. 이것이 설사 발생론적으로 볼 때 다

그림 1 문명의 구조

그림 2 근본적 신념

른 부분보다 나중에 발생했다고 할지라도 사정은 마찬가지다. 이것은 인간과 세계에 대한 가장 원초적인 이해이며, 실현하고자 하는 가치체계와 이념을 포괄한다. 비슷한 논리로 오스발트 슈펭글러는 모든 문명이 나름대로의 혼을 갖지 않으면 안 된다고 주장하면서, 그 혼은 수학을 통해 드러난다고 설명한다. 말하자면 한 문명은 독자적인 수학을 가질 때만 독자적인 문명으로 등극한다는 것이다.

필자는 문명의 중핵 부분을 인간과 세계를 보는 독특한 신념체계로 보고, 이것이 종교, 예술, 철학을 통해 드러난다고 규정한다. 종교는 인간의 삶과 죽음의 문제에 대한 가장 포괄적인 해답이며, 예술은 미적으로 인간과 세계를 이해하고 삶을 고양시키는 양식이다. 그리고 세계관으로서의 철학은 인간과 세계의 존재 의미와 가치에 대한 규정이다. 그러므로 독자적인 종교, 예술, 철학이 없다면 그것은 독자적인 문명이라고 하기 어려울 것이다.

종교가 문명의 가장 중핵일 수밖에 없는 이유는 종교가 인간과 세계에 대한 가장 직접적인 이해의 형식이기 때문이다. 재레드 다이아몬드

(Jared Diamond)는 진화심리학의 접근법에 기초하여 종교의 기능을 일곱 가지로 규정하면서, 그 기능들이 사회의 변천에 따라 어떻게 변화하는가를 논의한다(2013: 540).

일곱 가지 기능이란, (1) 초자연적인 설명, (2) 의식을 통한 불안감의 완화, (3) 고통과 죽음에 대한 위안의 제공, (4) 규격화된 조직, (5) 정치적인 순종의 설교, (6) 이방인에 대한 도덕률, (7) 전쟁의 정당화 등이다. 과학기술의 발달에 따라, 그리고 종교와 정치권력의 분리에 따라 (1)과 (4), (5), (6), (7)의 기능은 다소 쇠퇴할 수 있을 것으로 추측되지만 (2)와 (3)의 기능은 인간이 생존하는 한 꾸준히 지속될 것으로 예상된다.

예술이나 철학도 인간과 세계를 총체적으로 이해하고자 하는 방식들이지만, 그것을 기반으로 하는 방법론은 다르다. 게오르크 헤겔(Georg Hegel)의 표현을 빌리면 종교는 표상에 의해, 예술은 직관에 의해, 철학은 개념에 의해 인간과 세계를 이해하려고 하는 것이다. 헤겔은 절대정신이 나타나는 세 가지 양태로서 예술, 종교, 철학을 논하면서 철학을 최상위에 위치시켰지만, 문명의 구조에서는 인간과 세계에 대한 가장 원초적이고 직접적인 이해에 초점을 맞춰 종교를 근본 신념의 중심으로 자리매김할 수밖에 없을 것으로 판단된다. 토인비를 비롯한 여러 문명론자들도 통상 종교를 중심으로 문명을 분류했다. 오늘날의 일반적인 문명 분류도 종교를 기반으로 한 것이다. 새뮤얼 헌팅턴은 종교를 무시하고 국제정치적 맥락에서 기존의 문명 분류에 일본, 라틴아메리카, 아프리카를 독자적 문명으로 분류했지만, 이런 분류는 문명을 어떤 기준에 의해 구분할 것인가에 대한 새로운 문제점을 야기한다.

문명다원주의의 선구자 격인 니콜라이 다닐렙스키는 세계사에 등장한 중심 문명으로 이집트, 중국, 고대 셈, 힌두, 이란, 헤브루, 그리스, 로마, 아라비아, 유럽 등 10대 문명을 들었고, 오스발트 슈펭글러는 8대 문명을, 아놀드 토인비는 21개 문명으로 분류했다. 현재 살아 있는 문명뿐만 아니라 과거 역사상의 문명을 분류하는 일이고, 또 그 기준이 엄격하게 일치하지 않기 때문에 문명의 수에서 차이가 나지만, 어느 경우든 종교를 중심적 기준에서 배제할 수 없었던 것은 분명하다. 설사 오늘날의 기준에서 보면 미신이거나 종교가 아닌 것 같아 보인다 해도 그 당시에는 종교의 기능을 수행했다고 봐야 할 것이다.

우리는 주위 사람들의 죽음을 목도하고, 또 나의 죽음을 예상하며 엄청난 고통을 겪는다. 그뿐만 아니라 삶을 살아가는 과정에서도 수많은 고통을 체험한다. 종교는 이런 고통이 우연적으로 발생한 것이 아니라 어떤 의미를 갖고 있음을 설명하면서 우리의 고통을 달래준다. 동시에 우리는 삶의 과정에서 우리가 통제할 수 없는 위험과 해결할 수 없는 문제에 부딪히면서 불안감과 무력감에 시달린다. 종교는 이런 불안감과 무력감을 어떤 형태의 의식과 기도를 통해 해결해준다.

인간은 의미를 추구하는 존재다. 과학이 나에게 의미를 주지 못한다면 종교를 통해 의미를 찾을 수밖에 없다. 인간과 세계에 대한 총체적이고 근본적인 이해 없이 인간은 살아갈 수 없다. 이런 신념체계가 없다면, 삶에 의미를 부여할 수 없고 나의 정체성을 확립할 수 없기 때문이다. 넓은 의미에서 보면, 문명이란 삶에 의미를 부여하는 양식이라 할 수 있다.

중간 부분이 우리가 그 속에서 살아가는 사회체제다. 우리는 통상 정치, 경제, 사회, 문화의 여러 체제 속에 산다. 이런 체제는 사회생활을 위해서는 필요불가결한 것들이다. 마지막 부분이 과학과 기술이다. 이

때 과학은 자연과학뿐만 아니라 인문, 사회과학을 모두 포괄한다.[2]

과학과 기술을 사회체제와 특별히 구별한 것은 문명에서 차지하는 과학, 기술의 비중이 너무나 크기 때문이다. 카를 야스퍼스(Karl Jaspers)는 서구 문명에 의해 과학기술 시대가 전개됐다고 보고 과학기술을 현대 문명의 대표적인 특징으로 꼽는다. 우리가 현대 문명을 과학기술문명이라고 부르기도 하는 것은 과학기술의 엄청난 힘을 인정한 결과다.

이런 삼중구조에서 근본적인 신념체계가 문명의 중핵을 이루며, 사회체제와 과학기술이 중핵을 둘러싸는 보호대가 된다. 보호대 중에서도 과학기술은 가장 변화하기 쉬운 부분이다. 동시에 문명 간의 공통성이 가장 강력하게 나타나는 부분이다. 이 부분은 사실 동시대의 문명에서는 문명 간의 특수성이 거의 나타나지 않는 부분이라 할 수 있다.

사회체제는 근본적 신념체계의 구체화로서 존재하지만, 과학기술의 부단한 영향을 받기도 한다. 이런 구조에서 보면 근본적 신념체계 ⓐ, 사회체제 ⓑ, 과학기술 ⓒ는 하나의 유기적 연관을 이루지만 변화의 과정에서는 ⓒ가 바뀌고, 이를 바탕으로 ⓑ가 바뀐다. ⓒ는 통상 군사력으로 나타나고, ⓑ는 경제력으로 나타난다. ⓒ는 ⓑ를 기반으로 하지만, ⓒ에서 결국 힘의 우열이 갈라진다. 반면에 ⓐ는 가장 중요한 부분으로 어떤 문명이든 ⓐ만은 끝까지 사수하려고 하지만, 문명 간의 힘의 격차가 극심해지면 ⓐ의 사수도 힘들어진다. ⓐ의 장기적 포기는 그 문명의 몰락을 의미한다.

문명담론에서는 중핵 부분 ⓐ가 매우 중요하다. 현실적으로는 아무

2 여기서 필자는 종교와 예술 및 철학을 근본적 신념체계로 보는 차원과 이런 신념체계를 밝혀내고 정당화시키는 학술적 차원의 접근을 구별한다. 예컨대 종교와 종교학을 구별해 종교는 근본적 신념체계로 취급하지만 종교학은 인문과학으로 보려는 것이다.

런 힘도 없는 이 부분이 결정적인 이유는 우리의 정체성이 여기에 기반하고 있기 때문이다. 유교 문명을 이루고 있는 한국, 중국, 일본이 서구 문명을 수용하려고 노력하던 당시, 서구의 과학기술과 사회체제를 본뜨려고 애를 쓰면서도, 말하자면 앞서 그림 1의 외곽 부분과 중간 부분까지는 거의 그대로 수용하려고 하면서도 중심 부분만은 전통적인 것을 지키려고 했던 이유도 이 부분이 우리의 정체성을 규정한다고 이해했기 때문이다. 한혼서재(韓魂西才, Korean Spirit and Western Technics), 동도서기(東道西器) 등은 모두 이런 맥락에서 나타난 표어들이다.

만약 우리가 문명의 구조를 이렇게 이해하면, 두 문명이 중핵 부분에서 구별되지 않을 때는 다른 문명이라고 할 수가 없게 된다. 말하자면, 중핵이 같다면 사회체제나 과학기술의 영역에서 차이가 있다 하더라도 같은 문명으로 분류될 수밖에 없으며, 과학기술이나 사회체제가 동일하더라도 중핵 부분이 다르면 다른 문명으로 분류할 수밖에 없다는 이야기다. 실제로 유교 문명이라 할지라도 통시적으로 보면 ⓑ와 ⓒ는 계속 변화해왔다고 할 수 있다.

다른 한편으로 우리가 이런 문명의 구조를 주장한다 해서 한 문명의 중핵을 불변의 실체나 논쟁의 여지 없이 합의된 핵심 가치로 간주할 필요는 없다. 중핵도 끊임없이 진화한다. 그것은 고정된 실체가 아니라 진화의 과정에 있을 뿐만 아니라 한 문명 내부에서도 국가에 따라 다소 간 버전이 다를 수도 있다. 이것은 문명의 성장, 분화에 따른 자연적인 귀결이다. 만약 그렇지 않다면 어떤 문명의 사멸이나 새로운 문명의 탄생은 불가능할 것이다.

패러다임 1: 문명의 표준은 서구 문명 하나뿐이다

문명은 사회의 다른 상태인 야만 상태에 대한 대립 개념을 구성하며, 야만적이거나 비이성적 상태로부터의 해방을 의미한다. 계몽주의의 키워드는 '이성, 진보, 문명'이었다. 독일 계몽주의 운동의 중심지였던 예나 대학 본관 앞에 있는 프리드리히 실러(Friedrich Schiller)의 동상에는 다음과 같은 계몽주의의 시대정신이 기록되어 있다(안성찬, 2011: 55).

> 앞선 모든 시대가 우리의 인간적인 세기를 도래케 하기 위해 진력해 왔다. 이 세계의 장구한 세월에 걸친 노력과 재능, 이성과 경험이 마침내 건져 올린 모든 보물들이 우리의 것이다.

계몽주의가 역사의 목표로서 설정한 '문명'이란 개념 속에는 지난 2, 3세기 동안 서구 사회가 다른 사회들보다 앞서 성취한 학문이나 기술, 사회체제나 세계관이 집약되어 있다. 서구 사회는 이 '문명'의 개념을 통해 자신의 우월성을 확정짓고자 했다.

서구 문명은 세 가지 혁명의 종합으로 이해될 수 있다. 과학혁명, 산업혁명, 시민(정치)혁명이 그것이다. 과학혁명(scientific revolution)은 17세기 갈릴레이, 뉴턴 등에 의한 고전적 역학의 확립과 그에 따른 세계상의 변혁을 가리킨다.[3] 과학혁명의 주력은 수학과 물리학에서 이루어졌고, 그 대단원은 아이작 뉴턴의 《프린키피아(*Principia*)》(1687)와 《광학(*Optics*)》(1704)이다. 과학혁명은 종교나 전통적 철학의 관점에서가

3 이 말은 영국 근대사 교수 H, 버트필드가 저서 《근대 과학의 탄생(*The origins of modern science*)》(1946)에서 사용한 말이다.

아니라 관찰과 합리적 이성의 관점에서 세계를 이해하고 설명하는 새로운 과학적 세계관을 탄생시켰다. 프랜시스 베이컨의 《신기관(*Novum Organum*)》(1620)이나 르네 데카르트의 《방법서설》(1637)은 이런 과학혁명을 정당화하는 철학적 작업들이었다. 과학혁명은 그 후 계속적인 현대 과학과 공학의 발달에 의해 자연의 지배를 가능하게 했고, 현대 물질문명의 풍요를 가져오는 원동력이 됐다.

아놀드 토인비에 의해 논의되기 시작한 산업혁명(industrial revolution)은 18세기 중엽 영국에서 시작된 기술 혁신과 이에 기초해서 발생한 사회경제구조의 급격한 변혁을 가리킨다. 산업혁명은 표면적으로는 농업사회에서 공업사회로의 이행이라고 할 수 있지만, 내용적으로는 자연자원을 이용해 물질적 재화를 대량으로 생산해내는 조직적 경제과정으로의 이행, 즉 국민경제 전체의 급격한 자본주의화였다고 할 수 있다. 자본주의의 위력이 어떠했는지는 마르크스와 엥겔스의 《공산당선언》에 생생하게 잘 나타나 있다(Karl Marx 외, 1988: 23).

시민(정치)혁명(bourgeois revolution)은 일반 시민들이 절대주의나 봉건왕정을 타도하고 근대 국민국가를 수립한 급격한 정치 변혁이다. 영국의 명예혁명(1688), 미국의 독립혁명(1776) 등도 시민혁명에 포함되지만, 시민혁명은 프랑스의 시민혁명(1789)에서 절정에 달한다. 시민혁명에 의해 사유재산제와 자본주의가 체계적으로 확립되자 정치적 자유와 입헌주의가 당연하게 여겨졌다. 토마스 홉스(Thomas Hobbes), 존 로크(John Locke), 장 자크 루소(Jean-Jacques Rousseau) 등이 주창한 사회계약설은 시민혁명을 야기하고 또 정당화하는 철학이었다.

서구 문명을 과학혁명, 산업혁명, 시민(정치)혁명의 종합으로 규정하지만 현재의 논의에서는 이들이 발생한 순서에 큰 의미를 부여할 필요가 없다. 이들이 결과적으로 함께 하나의 서구 문명을 형성했다는 사실이 논의의 핵심이기 때문이다.

'혁명'이란 말이 암시하듯이 이들 혁명은 과학기술에서, 사회경제구조에서, 정치체제에서 그 이전과는 너무나 다른 세계를 만들었다. 계몽주의자들은 이런 새로운 세계를 '문명'이라 불렀다. 계몽주의자들에 따르면, 문명은 미성숙의 상태에서 벗어난 계몽된 이성에 의해 가능해진 것이며, 아직 완성되지 않았기에 끝없이 진보할 역사의 대장정이었다.

이런 혁명들의 종합적 결산인 서구 문명은 물리적 힘에서 이런 혁명을 겪지 못한 소위 야만 세계와 비교가 되지 않을 정도로 절대적 우위를 점령했을 뿐만 아니라 부국강병의 형태로 나타난 문명한 서구 열강들의 경쟁체제는 비서구의 불행을 배가하는 새우등 터지게 하는 고래싸움이었다. 여기에 이들의 힘의 논리를 정당화하는 이론까지 등장했으니, 허버트 스펜서(Herbert Spencer)가 주장한 사회다윈주의(Social Darwinism)가 바로 그것이다. 이런 맥락에서 보면 서구를 문명의 표준으로 삼는 서구 문명보편주의나, 서구를 자신의 생각이나 가치관의 중심에 놓고 문명의 유일한 표준으로 간주하는 문명보편주의는 서구의 절대 강자나 비서구의 절대 약자들 모두가 가질 수밖에 없는 자연스런 귀결이라 할 수 있다.

필자가 앞에서 분석한 문명의 구조에서 보면, 서구 문명보편주의는 비서구에 대해 과학기술의 영역 ⓒ뿐만 아니라 사회체제 ⓑ나 근본적 신념체계 ⓐ까지 서구화할 것을 요구하는 태도다. 근본적 신념체계의 포기는 정체성의 포기를 의미한다. 이러한 요구에 맞서 비서구의 여러 나라들은 대체로 자신의 정체성을 지키기 위해 과학기술과 일부의 사회체계만 받아들이고 나머지는 배격하는 전략을 취해보지만, 문명의 세 부분이 유기적으로 연관되어 있는 구조에서 그러한 전략이 현실적으로 지극히 어려운 일이라는 것임을 역사는 보여준다.

다윈과 거의 동시대 인물인 영국의 철학자 허버트 스펜서는 찰스 다윈이 진화론에서 주장했던 생존경쟁과 자연선택 및 적자생존의 원리를 사회에 적용해 사회진화론이라는 이론을 만들었다. 사회진화론은 결국 개인과 사회 양 측면의 경쟁에서 이기는 자가 살아남는다는 교설이다. 스펜서의 《종합 철학의 체계》(1862)는 개인 간의 자유경쟁을 강조하는 영국의 정치경제적 자유주의를 다윈의 생물진화론과 함께 묶은 것이다. 그는 다윈의 자연선택(natural selection)을 '최적자생존(the survival of the fittest)'으로 표현하고 최적자에게 도덕의 월계관까지 씌웠다.

다윈의 자연선택은 원래 환경에 가장 잘 적응하는 자가 살아남아 자손을 퍼트린다는 이론이다. 말하자면 시간 t의 환경 A에서 a가 가장 적합하다면 a가 번창할 것이고, 시간 t_1의 환경 B에서 b가 가장 적합하다면 b가 번창한다는 것을 의미할 뿐이다. 여기서는 스펜서가 생각한 것처럼 b가 a보다 더 낫다는 개념이 없다. 진화는 진보가 아니기 때문이다. 예컨대 날씨가 더울 때의 털 없는 코끼리가 빙하시대가 오면서 털북숭이 맘모스로 진화했다 해서 맘모스가 코끼리보다 더 우월한 존재일 근거는 없다.

스펜서의 사회진화론은 두 개의 근본적인 오류를 범하고 있다. 하나는 진화를 진보로 오해하고 있는 것이고, 다른 하나는 가치판단에서 자연주의의 오류를 범하고 있는 것이다. '진화≠진보'는 오늘날의 진화론자들이 대체로 수용하고 있는 견해이고, 자연주의의 오류 역시 윤리학에서 인정되고 있다. 자연주의의 오류란 가치판단은 사실에 기초해 내려서는 안 된다는 주장이다. 사실과 가치는 완전히 다른 세계이기 때문이다. 예컨대 여성에 대한 박해가 실제로 광범위하게 존재한다고 할 때, 이런 사실에 근거해서 그런 박해를 지지하는 윤리적 입장을 취할 수도 있고, 그런 태도는 비윤리적이기 때문에 당장 폐지되어야 한다는 입장을 취할 수도 있다. 동일한 사실에 대해서도 이렇게 상반된 태도가 가능한 것은 사실과 가치의 세계가 다르기 때문이다.

이런 오류들을 함축하고 있긴 하지만, 사회진화론은 서구 문명보편주의를 정당화하는 윤리적 토대였다. 사회진화론은 서구 제국주의자들뿐만 아니라 침략을 당한 나라들에서도 자발적으로 수용되었다. 일본 근대 문명의 선구자 후쿠자와 유키치(福澤諭吉)와 중국 근대 계몽사상의 대표자인 량치차오(梁啓超)나 신문화운동의 중심이었던 천두슈(陳獨秀), 그뿐만 아니라 우리나라의 독립운동가 신채호의 아(我)와 비아(非我)의 투쟁론이나 안창호의 무실역행(務實力行)도 모두 사회진화론의 영향을 받았다.

사회진화론은 한 걸음 더 나아가 자신들이 허약하고 열등한 민족에 대한 책임을 신에게서 물려받았다고 믿었다. 19세기 말 영국 시인 조지프 키플링(Joseph Kipling)은 〈백인의 책무(White man's burden)〉라는 시에서 유럽이 세계 문명의 이상이고 세계를 문명화하는 것이 유럽의 역사적 사명이라고 노래했다. 정체되고 미개한 비서구 문명은 서구 문명과의 접촉을 통해서만 구원받을 수 있기 때문에 이런 접촉 과정에서 발생한 아프리카의 노예제 역시 아프리카를 구원하는 수단이라는 것이다(강정인, 2014: 105).

서구 문명보편주의에 대한 비판은 여러 사람들에 의해 지적되어왔다. 이 말을 처음 사용한 사미르 아민(Samir Amin)은 그의 저서 《유럽중심주의》 서문에서 다음과 같이 시작한다.

> 유럽중심주의는 다양한 민족들의 역사적 과정을 형성하는 데 독립적인 문화적 불변함을 가정한다는 점에서 문화주의적이다. 그리고 유럽중심주의는 인간 발전의 일반적 법칙을 추구하는 데 관심을 두지 않는다는 점에서 반보편주의적이다. 그러나 모든 민족들에 의한 서구 모델의 모방이 우리 시대의 문제를 해결하기 위한 유일한 해결책이라고 주장하기 때문에 자신을 보편주의적인 것처럼 제시한다(Amin, 1989: 1).

아민에 따르면, 유럽중심주의는 모든 패러다임처럼 겉으로 볼 때 자명해 보이는 사실과 상식의 애매한 영역 속에서 자연 발생적으로 작용하는 하나의 패러다임이다. 엘라 쇼하트(Ella Shohatt)와 로버트 스탐(Robert Stam)은《경솔한 유럽중심주의》(1994)에서 그것은 유럽을 특권화하는 일종의 허구적 세계관이며 서구의 역사를 신성화하는 반면 비서구 세계를 악마화한다고 주장했다.

서구중심주의는 필연적으로 오리엔탈리즘(Orientalism)을 수반한다. 서구가 중심이 되면 비서구라는 타자를 자신의 입장에서 규정해야 하기 때문이다. 그러므로 그것은 동양을 지배하고, 재구성하며, 억압하기 위해서 서양이 동양에 대해 만든 왜곡된 인식과 태도다. 오리엔탈리즘을 개념화한 에드워드 사이드(Edward Said)는 그의 《오리엔탈리즘》에서 "그것은 동양을 소재로 하는 유럽의 공상만화가 아니라 하나의 이론화 실천체계로 창조된 것이다"라고 주장하면서도 "그것이 허위와 신화로 이루어진 것에 불과하고, 만일 그 진실이 밝혀진다 해도 허위와 신화가 일거에 없어질 것으로 생각해서는 안 된다고 본다"(1995: 22). 그만큼 그것은 뿌리를 깊게 내리고 있다는 이야기다.

우리는 특히 동양사회에서도 존경해 마지않는 여러 철학자들이 오리엔탈리즘과 사상적으로 연관된다는 사실에 주목할 필요가 있다. 독일 계몽주의의 아버지 격인 임마누엘 칸트(Immanuel Kant)조차도 문화제국주의의 토대가 된 뷔퐁(Buffon)의 풍토 이론을 그대로 수용하면서 기껏 독일을 북방한대가 아니라 온대지방에 집어넣는 일을 했을 뿐이다(안성찬, 2011: 77). "온대권에 사는 주민들, 특히 그 한가운데 살고 있는 주민들이 세계의 다른 어떤 인종보다 육체적으로 더 아름답고, 더 부지런하고, 더 쾌활하고, 정열에 있어서도 더 중용적이며, 두뇌도 더 뛰어나다"(Kant, 1923: 153).

세계사를 '자유 의식의 진보'라고 규정한 헤겔은 이 자유 의식의 실현 과정을 세 단계로 구분하고 있다. 각 단계는 세 개씩의 하위 단계가 있어 역사는 변증법적으로 발전하며, 동에서 서로 옮겨간다. 즉 세계사는 중국, 인도, 페르시아의 동양 세계에서 시작해 그리스와 로마의 세계로 이어지고, 서유럽의 게르만 민족의 기독교 세계에서 절정에 달한다.

> 세계사는 동양에서 서양에로 진행한다. 왜냐하면 아시아가 세계사의 시작인 데 반해서 유럽은 단적으로 세계사의 목적이기 때문이다. 동양에서 물질적 태양이 떠서 서양으로 진다. 그에 반해 서양에서는 보다 고상한 빛을 발하는 자기의식의 태양이 뜬다(Hegel, 1961: 168).

헤겔에 따르면 세계사는 자연적 정신이 주체적 자유로 도야되어가는 과정이다. 그런데 동양인들은 정신이나 인간 그 자체가 본래 자유로운 것임을 알지 못한다. 그들은 한 사람만이 자유롭다는 것을 알 뿐이다. 따라서 그러한 자유는 자의, 횡포에 지나지 않는 것이었고, 이 한 사람은 자유인이라기보다 전제 군주에 지나지 않았다. 우리는 여기서 철학적 오리엔탈리즘의 원형을 본다.

마르크스도 '아시아적 생산 양식'을 논의했고, 그의 역사의 5단계 발전 이론은 서유럽 사회를 기초로 하여 성립된 것이라는 점을 밝혔다. 아시아에 대한 마르크스의 생각은 너무나 원시적이었다. 공산주의 혁명 운동 과정에서 공산주의자들은 마르크스가 제기한 (1) 사유재산이 존재하지 않고, (2) 착취적 관료 계급이 존재한다는 두 명제로 압축되는 '아시아적 생산 양식'을 완전히 삭제하고, 이에 따른 공백을 메우기 위해 노예제나 봉건제의 개념을 자의적으로 확대했다.

강정인은 서구중심주의가 비서구에 공통적으로 다음과 같은 세 가지 폐해를 가져왔다고 지적한다(2004: 395).

- 학문적 문제의식의 서구화
- 비서구 현실의 동화주의적 해석
- 서구중심주의에 의한 비서구 현실의 주변화

이것은 말하자면 자신의 현실이면서도 다른 사람의 눈으로 이해하고 설명하려 한다는 것이다. 서구의, 서구에 의한, 서구를 위한 서구 문명보편주의는 한마디로 길면 자르고 짧으면 늘리는 프로크루스테스의 침대(Procrustean bed method)라고 할 수 있다.[4]

이런 비판의 설득력을 부인하기는 어려울 것이다. 그렇지만 서구 문명보편주의에 대한 비판이 문명의 외곽 영역인 ⓒ 과학기술이나 이념성이 극히 낮은 중간 영역의 ⓑ 사회체제에 대한 거부로까지 나아가는 것은 문제가 있다고 생각된다. 이런 부분은 원래부터 이념과는 거의 독립적인 영역이며, 보편성이 지배하는 영역이기 때문이다. 이런 영역의 서구화는 강제가 아니라 비서구의 자발적인 태도의 결과라고 봐야 할 것이다.

문제는 근본적인 신념체계 ⓐ, 즉 정체성과 밀접한 연관이 있는 종교와 예술과 철학까지, 그리고 이런 이념을 직접적으로 반영하는 일부의 사회체제까지 모두 서구화하려는 것이다.

패러다임 2: 문명의 표준은 여럿이다

비서구의 여러 나라들이 근대화에 성공했거나 성공할 가능성이 높아지면서 자신의 목소리를 높여가고 있으며, 그동안 서구 문명보편주의에 눌려 잊어버리고 있던 자신의 정체성을 찾으려고 하고 있다. 이런 분위기는 1970년대부터 유행하기 시작한 포스트모더니즘에 의해서도 지지되고 있다. 이런 노력을 근원적으로 뒷받침해주는 이론이 문명다원주의다.

서구 문명보편주의에 대한 비판이 반드시 비서구에서만 제기될 이유는 없다. 서구 문명 내부에서도 얼마든지 가능하다. 이것은 비서구에서도 서구 문명보편주의를 주장하는 것이 가능한 것과 마찬가지 논리다. 계몽주의에 반대하면서 제기되었던 낭만주의 운동은 서구중심주의에 대한 비판에 영감을 불어넣었던 사조이며, 독일의 고전적 역사주

4 그리스 신화에 나오는 노상강도. 아테네 교외의 케피소스 강가에 살면서 지나가는 나그네를 집에 초대한다고 데려와 쇠 침대에 눕히고는 침대 길이보다 짧으면 다리를 잡아 늘리고 길면 잘라버렸다.

의뿐만 아니라 김동하는 독일 바이마르 시기의 보수혁명도 반서구주의에 기반해 있음을 지적한다(2014: 317~318).

문명다원주의의 사상적 뿌리는 민족문화다원주의라고 할 수 있다. 민족문화다원주의의 원조는 풍토 이론에 기초한 프랑스의 문화제국주의에 통렬한 비판을 가한 독일 철학자 요한 헤르더(Johann Herder)였다. 풍토 이론은 아리스토텔레스의 《정치학》에서 전개된 논의를 기초로 기후권대를 한대, 온대, 열대 지역으로 구분하고 온대 지역만이 제대로 된 국가 조직을 갖출 수 있다는 교설이다. 이것은 유럽의 여러 국가들이 자연으로부터 부여받은 자국의 문화적 우월성을 정당화하기 위해 사용했으며, 그 후 심대한 영향을 미쳤다.

헤르더는 같은 지역 안에서도 윤리와 관습, 법과 제도가 세대마다 바뀐다는 사실을 강조하며 풍토 이론을 비판했다. 헤르더는《인류의 교육을 위한 또 하나의 역사철학》에서 다음과 같이 주장한다.

> 한 개인의 개성이란 얼마나 표현하기가 어려운가. 그를 분명히 구별하기가 얼마나 어려우며, 그가 어떻게 느끼고 체험하는지를 아는 것이 얼마나 어려운가. 모든 것을 그의 눈은 얼마나 다르게 보며, 그의 영혼은 얼마나 다르게 측정하며, 그의 심장은 얼마나 다르게 경험하는가. (……) 모든 구슬이 각기 자신의 중심점을 지니듯이, 모든 민족은 자체 내에 자신의 행복의 중심점을 지니고 있다(Herder, 1969: 181~183).

그는 민족의 언어와 문학을 중심으로 '민족정신'이라는 키워드를 전면에 부각시켰다. 일제강점기 인도의 시인 타고르가 우리나라를 두고 썼다는 시 〈동방의 등불〉이 식민지 한국인에게 준 감동 이상으로 헤르더의 민족정신은 범슬라브주의 문화운동이 일어나는 원동력이 되었다(안성찬, 2011: 82).

문명다원주의의 고전적 삼인방으로 거론될 수 있는 니콜라이 다닐렙스키, 오스발트 슈펭글러, 아놀드 토인비 등은 문명을 분류하는 방식에서는 다소 차이를 보였지만, 한 문명은 나름대로의 독특한 세계관을 갖고 있고, 이 세계관들은 상호 비교 불가능하기 때문에 모든 문명은 동일한 값을 갖는다는 점에서는 의견의 일치를 보이고 있다. 이들은 때로는 모든 문명이 하나의 독특하고 독립적인 '혼'을 갖는 것으로 이야기한다. 슈펭글러도 문화의 혼을 이야기하고, 토인비도 베르그송의 생명의 약동에 비유되는 혼을 말한다.

문명론자 간에도 특성이 있어 서로 다른 논점들이 있지만 그들에게 공통되는 가장 핵심적인 논제는 다음의 두 가지다(이한구, 2007: 476).

- 한 문명은 나름대로의 독특한 세계관을 갖고 있고, 이 세계관들은 상호 비교 불가능하다.
- 한 문명의 요소들은 전파 가능하지만 그 기초는 다른 문명의 민족에게 양도될 수 없다.

이들이 주장하는 것은 세계관의 비교가 불가능하기 때문에 우리가 어떤 절대적 기준으로 다른 문명을 판단해서는 안 되며, 각 문명은 그것이 생장한 독특한 환경과 역사적·사회적 상황에서 이해되어야 한다는 것이다. 레비스트로스(Levi-Strauss)의 《슬픈 열대》(1955)나 루스 베네딕트(Ruth Benedict)의 《문화의 유형》(1968)은 이런 논제를 뒷받침하는 전형적인 실례다.

위에서 제시된 문명 구조를 다시 원용해보면, 문명다원주의는 근본적 신념체계 ⓐ뿐만 아니라 사회체제 ⓑ와 과학기술 ⓒ까지 모두 문명마다 달라야 한다고 주장하는 교설이다. 물론 문명다원주의도 경우에 따라 과학기술 분야뿐만 아니라 상당 부분의 사회체제까지 보편적일 수 있다고 주장하지만, 근본적 신념체계와 그 신념을 직접적으로 구현하는 사회체제에 대해서는 어떠한 경우에도 보편성을 허용하지 않는다. 이런 상황에서 근대화를 추구하는 후발 국가들은 서구 문명의 표준에 맞춰 경우에 따라서는 문명의 모든 영역에서 근대화=문명화=서구화 모델을 확신에 차서 따르기도 하고, 또 어떨 때는 자신의 정체성은 유지한 채 과학기술이나 사회제도만 서구 문명에서 배우자는 부분 모델에 귀를 기울이기도 한다.

문명다원주의는 존재론적 측면에서 보면 라이프니츠의 단자론과도 흡사하다. 라이프니츠에 따르면, 세계는 무수히 많은 불가분의 실체, 즉 능동적인 힘의 단위인 단자들(monads)로 구성된다. 이것들은 자신 속에 전 우주를 표상하는 우주의 거울들이지만 서로 간에 교류할 수 있는 창을 갖고 있지 않다. 그것은 외부로 통하는 창이 없으므로 서로 간의 교류는 불가능하다.

또한 인식론적 측면에서 보면, 토머스 쿤(Thomas S. Kuhn)에 의해 현대 철학의 중심적인 논제의 하나가 된 패러다임(paradigm)과도 비슷하다고 할 수 있다. 《과학혁명의 구조》에서 토머스 쿤은 패러다임의 교체를 과학의 혁명으로 본다. 패러다임은 때로 학문의 표본 모형(disciplinary matrix)으로, 때로는 표본 사례(exemplar)로 불리기도 한다. 학문의 표본 모형은 탐구 활동을 준비하는 교육과정에서 과학자들이

질문하고 답하는 근본적인 문제들에 대한 기준을 제시해준다. 말하자면 문제풀이의 모형이나 한 시대 사람들의 사고를 지배하는 이론적 틀이나 세계관과도 같다(Kuhn, 1962: 130). 만약 이런 기준이 없으면 어떤 과학 공동체도 함께 연구할 수 없다. 그렇지만 패러다임들은 상호 통약 불가능하다.

물론 현대 문명다원론자들은 이런 고전적 다원주의들과 비교해서 훨씬 유연한 자세를 보이고 있다. 말하자면 상호 소통 가능한 유연한 패러다임이다. 예컨대 카첸슈타인이 편집한 《세계 정치에서의 문명》에는 '다원적이면서 동시에 다원주의자의 관점(plural and pluralist perspectives)'이라는 부제가 붙어 있다. 이 부제가 카첸슈타인의 주장을 압축적으로 나타내고 있다. 그는 문명다원주의자다. "문명들은 복수로 존재한다"(Katzenstein, 2010: 1). 동시에 한 문명은 그 자체 내에 다수의 행위 집단과 다수의 전통과 다수의 관행을 갖고 있다고 주장한다. 말하자면 한 문명 내부도 다원적이다.

카첸슈타인의 문명 구조는 문명의 교섭과 교류를 설명하기에는 편리한 구도다. 그렇지만 이런 유연성은 자칫하면 문명론 자체를 해체시킬 위험을 안고 있다. 한 문명을 구성하는 요소들이 지나치게 다원적이라면 이들을 하나의 문명으로 묶는 것 자체가 큰 의미를 갖지 못하기 때문이다.

우리가 문명을 엄격한 패러다임이든 유연한 패러다임이든 하나의 패러다임으로 이해할 때, 인류의 역사는 하나의 문명화 과정이라고 해야 할 것인가, 아니면 질적으로 전혀 다른 다수의 문명화 과정이라고 해야 할 것인가? 우리는 인류의 역사를 하나의 단위로 볼 수도 있고, 독립된 여러 민족의 역사나 또는 여러 문명의 역사로 볼 수도 있다. 문명보편주의는 인류의 역사를 하나의 문명화 과정으로 보는 반면, 문명다원주의는 인류의 역사에는 동등한 가치를 지닌 다수의 문명이 존재해왔고 또 앞으로도 공존해갈 것으로 이해한다. 예컨대 우리가 인류의 역사는 석기시대와 청동기시대를 거쳐 철기시대로 접어들었으며, 농업혁명과 산업혁명의 단계를 지나 정보혁명의 단계로 진입하고 있다고 주장한다면, 우리는 문명보편주의의 관점에서 이런 주장을 하는 것이다.

문명보편주의에 따르면, 한 시대의 인류 문명은 보편적일 수밖에 없다. 한 시대의 보편문명이란 그 시대 사람들이 공통된 믿음과 가치관을 갖고 있으며, 공통의 체제나 제도 속에서 생활한다는 것을 의미한다. 우리는 이런 현상을 여러 곳에서 발견한다. 현대의 산업화된 사회들의 유사성이나 대중문화의 보편화 현상, 그리고 자유민주주의 정치체제의 세계적 확산은 보편문명에 대한 주장을 뒷받침해주는 사례들이라 할 수 있다(Fukuyama, 1992: 7).

이에 대항하는 문명다원주의는 역사에 대한 코페르니쿠스적 전환에 비유되기도 한다. 이것은 비서구의 복권이다. 문명다원주의는 문명보편주의의 근거가 된 인류 보편사의 이념을 거부한다. 각각 독립된 문명의 역사가 보편사의 자리를 대신한다. 문명다원주의에서 보면, 역사상 몇 개의 문명들이 존재했다면, 이들은 제각기 다른 발전단계를 가지고 있으며, 다른 세계관을 갖고 다른 목적을 추구했다. 그러므로 이들을 하나로 묶을 어떤 보편적 기준이나 연관이 존재하지 않는다. 이런 논리에서 보면 서구 중심의 보편적 역사관과 직선적 진보사관은 자연스럽게 부정된다.

오늘날 문명이란 용어가 더욱 자유롭게 사용되면서 옛 분류 방식에서는 한 문명으로 묶어야 마땅한 여러 나라가 독자적인 문명으로 논의된다. 예컨대 헌팅턴 이후 일본을 유교 문명의 일원이 아니라 독자적인 문명으로 보는 학자들이 늘어나고 있으며, 이런 분위기의 영향으로 많은 개별 국가들이 자국을 독자적인 문명으로 주장하려고 한다. 이때 문명다원주의는 문화민족주의와 비슷한 의미가 된다.

동시에 포스트모더니즘에 의해 문명다원주의는 다문화주의로 극단화되고 있다. 포스트모더니즘에 대한 해석도 분야별로 다양하지만, 안드레아 셈프리니(Andrea Semprini)가 포스트모더니즘의 이론적 기초로서 제시한 다문화적 인식론의 네 가지 명제는 시사하는 바가 크다. 그것은 다음과 같다. (1) 현실은 만들어진 것이다. (2) 해석은 주관적인 것이다. (3) 가치는 상대적인 것이다. (4) 지식은 정치적인 것이다(Semprini, 2010: 105~106). 명제 (1)은 현실이 언어에 의해 창조되며 언어를 떠난 객관적 사실은 존재하지 않는다는 의미다. 명제 (2)는 다양한 해석의 가능성을 주장하는 것이며, 명제 (3)은 가치에 관한 보편적 기준은 없다는 것이다. 명제 (4)는 이데올로기를 벗어난 진리란 없으며, 각 사회는 고유한 진리 체계와 진리의 일반 정치학을 갖고 있다는 의미다. 이런 논리는 문명과 야만, 정상과 광기 간의 이분법적 구분을 해체하면서 간수와 죄수, 의사와 환자 사이를 지식과 권력의 기제로 해석하는 미셸 푸코(Michel Foucault)가 잘 대변한다. "진실이란 권력과 무관하게 존재하지 않는다. (……) 진실은 오로지 다양한 형태의 구속에 의해 생산된다. (……) 각각의 사회는 (……) 진실의 '보편정치'를 갖고 있다"(Foucault, 1981: 131~133).

이런 주장들의 논리적 귀결은 진리는 다양하기 때문에 어느 누구도 특별한 위치에 있지 않다는 것이다. 같은 논리의 연장선상에서 서구 문명이 보편문명이 아니라 여러 문명 중의 하나라는 것을 밝힌 점에서는 큰 장점을 갖는다. 이런 이론은 서구중심주의의 제국주의 논리를 거부하면서 비서구 문명들의 자존심을 북돋우고, 이들로 하여금 자신의 정체성을 확인하도록 도와준다. 그렇지만 제국주의에 대항하기 위한 닫힌 민족주의처럼 문명보편주의에 대항하기 위한 문명다원주의와 그 변형들은 또 하나의 배타적 독단이 될 가능성이 높다.

오리엔탈리즘에 대립하고 또 하나의 극을 형성하는 옥시덴탈리즘(Occidentalism)이 그 실례다. 그것은 서양을 비하하거나 적대시하는 인식과 태도다. 이것은 서양은 비윤리적이고 물질적이며, 동양은 윤리적이고 정신적이라고 주장한다. 이안 부루마(Ian Buruma)와 아비샤이 마갤릿(Avishai Magalit)은 《옥시덴탈리즘·반서구주의의 기원을 찾아서》(2004)에서 설명했듯이 그것은 동양의 전통에 대한 무조건적인 강조와 예찬을 기조로, 서양을 동양과 대립하는 적으로 만듦으로써 오리엔탈리즘의 오류를 반복하고 있다. 편협한 민족중심주의, 종교적 배타주의, 자문화 중심주의나 포스트모더니즘의 무정부적 상대주의도 문명다원주의가 변형되거나 산출한 부정적 유산들이다.

문명다원주의 문제점들은 다음과 같은 주장들로 정리될 수 있다.

- 인류에게 공통적인 특성보다는 특수성을 지나치게 강조한다.
- 낡은 전통이나 관습까지도 문명의 특성이라는 이름으로 모두 긍정한다.
- 학문의 세계를 논리의 싸움이 아닌 힘의 투쟁으로 이해한다.

문명다원주의는 그것이 의도하지는 않았지만, 소통 불가능성과 통약 불가능성 때문에 결과적으로는 충돌을 피할 수 없을 것이고, 역설적이게도 자신이 부정했던 약육강식의 논리까지 인정하지 않을 수 없다.

이런 문명다원주의가 정보혁명으로 하나의 지구촌이 되어가는 현대 문명을 제대로 설명할 수 있을까? 정보혁명은 엄청난 사회적 대변혁을 초래하고 있으며, 사람들의 삶에 압도적이고 포괄적인 영향력을 행사하고 있다. 정보기술로 말미암아 가장 먼저 눈에 띄는 변화는 시공의 축소 현상이라 할 수 있다. 사건들은 언제나 특정한 시간과 공간에서 발생하고 사물들은 항상 특정한 시공 속에 존재하지만, 정보의 접속 장비가 완결된 연결망 사회의 도래와 더불어 시간과 공간의 의미가 크게 변하고 있다. 사건이나 사물에 대한 접근을 가로막았던 시공의 제약이 완전히 제거된 것은 아니지만 극적으로 감소한 것이다.

그뿐만 아니라 데이터베이스의 구축과 더불어 먼 과거까지도 한층 가깝게 다가오고 있으며, 인터넷을 통해 문명을 구성하는 기본 세포인 문화 유전자들이 전 세계 구석구석까지 급속도로 퍼지면서 융합과 변형이 일어나고 있다. 이런 정보혁명은 결국 국가의 장벽은 말할 것도 없고 문명 간의 장벽마저 파괴해버리지 않을까? 과학기술에 문명의 경계선이 없다는 것은 상식에 속하고, 효율성을 추구하는 일부의 사회체제도 세계적으로 동질화 현상을 보이고 있다. 그뿐만 아니라 과학기술이 근본적 신념체계에 제공하는 합리적 증거와 설득력에 의해 종교와 예술, 철학까지도 문명권을 넘어 융합되는 현상이 나타나고 있다. 이런 현상을 부정한다면 그것은 또 하나의 독단이 될 것이다.

결론: 두 패러다임은 모두 정당화되지 않는다

서구 문명이 유일 절대의 모델이라고 하는 것은 이미 설득력이 약하다. 그 자체가 현재 많은 문제점을 노출했을 뿐만 아니라, 처음부터 서구의 특수한 사회현상까지를 모든 사회에 무리하게 보편적 기준으로 적용하려 했기 때문이다. 물론 서구 문명은 여러 부분에서 현대사회의 보편적 기준을 제시했다고 할 수도 있으며, 서구 문명보편주의가 전적으로 강압에 의한 것이라고 보기도 어렵다. 일본은 자발적으로 이를 선택했고 '탈아입구(脫亞入歐)'가 그들의 표어였다.

그렇지만 서구 문명은 그들 사회에만 해당하는 특수도 포함한 것이었다. 그동안 서구 문명은 서구를 위한 문명을 비서구에 강요해왔다. 이런 점에서 문명의 기록은 동시에 야만의 기록이었다. 문명은 서구 국가들이 자신의 탐욕을 채우기 위한 식민주의를 정당화하는 기만의 언어였기 때문이다. 이런 현상에 대해 막스 호르크하이머와 테오도르 아도르노는 "인간에게서 공포를 몰아내고 인간을 주인으로 세우려 했던 계몽이 그 자체에 내재된 '도구적 이성'으로 인해 다시 신화적 미몽으로 후퇴했다"고 비판하면서 현대 문명을 절망적으로 진단한다(Horkheimer 외, 1995: 12).

그렇다면 문명다원주의가 우리의 남은 대안이라 할 수 있는가? 문명다원주의는 적어도 이론적으로는 '강자의, 강자에 의한, 강자를 위한 문명' 대신에 '각자의, 각자에 의한, 각자를 위한 문명'이어야 한다고 주장한다(안성찬, 2011: 93). 이 연장선상에서 '동양의, 동양에 의한, 동양을 위한 문명'도 제기될 수 있다. 일견 그럴듯해 보인다. 그렇지만 문명다원주의는 이미 우리가 검토했듯이 서구 문명보편주의와 마찬가지의 위험부담을 안고 있다.

서구 문명이 유일 절대의 문명 모델은 아니지만, 문명들의 독자성을 주장하기도 어려운 상황이다. 하나의 생활공간에서 너무나 많은 것들이 뒤섞이고 있다. 문명들이 서로 통약 불가능하다는 논리도 전혀 현실적이 아닌 공허한 이야기다. 그뿐만 아니라 우리가 정체성의 문제를 과거의 원형적 정체성으로의 회귀로 해결하려는 것은 잘못이다. 정체성은 미래지향적이고 창조적인 관점에서 찾아야 하기 때문이다.

서구 문명보편주의든, 문명다원주의든 닫힌 문명을 전제한다. 서구 문명보편주의는 다른 문명에 행사한 폭력적인 힘 때문에, 문명다원주의는 다른 문명이 접근할 수 없는 고유한 혼 때문에, 이들은 모두 열려 있지 않고 닫혀 있다. 이런 이론들은 문명들의 전면적 교류로 특징되는 세계화 시대의 인류 문명을 현실적으로 적절하게 설명하지 못한다. 여기서 제3의 패러다임을 가능 대안으로 생각할 수 있지만, 이에 대한 논의는 별도의 장이 필요하다.

과학기술을 통제할 수 있을까?*

자율적 통제와 타율적 통제

신중섭 **

오늘날 과학기술이 초래한 서구 문명이 위기에 봉착했다는 주장이 설득력을 얻고 있다. 1895년에 《타임머신》을 발표한 웰스(H. G. Wells)는 인간의 미래를 아주 어둡게 묘사했다. 그는 예측하는 것이 아니라 경고하기 위해 이 책을 썼다고 한다. 웰스는 "만일 당신이 지금 가고 있는 길을 계속 간다면, 당신은 바로 종말로 갈 것이다"[1]라고 경고했다. 물론 그는 과학기술의 위험성이 아니라 그 당시 부유한 사람과 착취당하는 가난한 사람들의 삶을 보면서 영국 사회의 총체적인 불평등과 부정의를 경고했다. 그러나 "만일 당신이 지금 가고 있는 길을 계속 간다면, 당신은 바로 종말로 갈 것이다"라는 경고는 과학기술의 발전에도 해당한다고 믿는 사람들이 많다.

과학기술이 인간과 사회, 자연에 미치는 부정적인 영향에 대한 우려가 어제 오늘의 일은 아니다. 과학기술이 인간과 사회에 부정적인 영향

* 이 글은 《과학철학》 제17권 제1호(2014년 봄호)에 게재된 것을 수정·보완했다.

** 강원대학교 윤리교육과 교수.

1 프리먼 다이슨, 신중섭 옮김, 《상상의 세계》, 사이언스북스, 2000, 18쪽.

을 미칠 뿐만 아니라 자연에도 부정적인 영향을 미친다는 인식으로까지 확장됐다. 지배 이데올로기로서의 과학기술은 모든 존재자를 대상화하고,[2] 인간을 소외시키고, 인간의 정신을 파괴하고, 공동체를 해체하고, 빈부의 격차를 확대하고, 대량 살상무기를 양산하며, 자연을 파괴함으로써 인류를 궁지로 몰고 간다는 것이다.

이런 위기에서 벗어나기 위한 방책도 많이 제시했다. 과학기술과 그것의 발전을 추동하는 자본주의를 윤리적 책임과 민주주의를 통해 통제해야만 한다는 것이다. 윤리적 책임과 민주주의가 과학기술과 과학기술의 발전을 추동하는 자본주의를 통제해 인류를 위기에서 구출할 수 있을까. 이 글은 이런 물음에서 시작한다.

과학기술에 대한 낙관론과 비관론

프리먼 다이슨(Freeman Dyson)은 기술을 생명에 이어 신이 인간에게 준 두 번째 선물이라고 했다.[3] 기술이 생명을 보호하고 북돋워준다고 믿었다. 그는 건초 만들기와 뜨개질과 같은 단순한 기술뿐만 아니라 현대 과학기술도 칭송했다. 과학기술을 이용해 인간은 다른 행성으로 이주할 수도 있고, 가볍고 쉽게 이동할 수 있는 현대 과학기술의 도움으로 후진국도 가난에서 벗어날 수 있다고 믿었다. 다이슨은 여전히 베이컨(Francis Bacon)[4] 이후 근대 계몽주의자들과 같이 기술에 대한 믿음을

2 이런 비판에 대한 자세한 논의는 홍윤기, "하이데거와 프랑크푸르트학파의 비판이론에서의 과학과 기술의 문제," 《과학과 철학》 제7집, 과학사상연구회, 1996, 7~39쪽 참고.

3 프리먼 다이슨, 신중섭 옮김, 《무한한 다양성을 위하여》, 범양사, 1991, 312~313쪽.

4 베이컨은 인간을 "자연의 종(servant)이며 해석가"라고 했다. Francis Bacon, *The Interpretation of Nature*, Kessinger Publishing Company, 연대 미상, p. 543.

확고하게 유지하고 있다.

> 18세기 프리스틀리는 확신에 차서 "모든 방향으로 확장되는 빠른 지식의 진보는 과학뿐만 아니라 종교에 있어서도 (……) 모든 오류와 편견을 근절할 것이라고 확신한다. (……) 이 세계에서 인간은 자신의 상황을 더욱 편안하고 안락하게 만들 것이며 이 땅에 더욱더 오래 살게 될 것이다. 모든 사람은 날마다 더 행복해지고, 우리가 지금은 상상할 수 없을 정도로 영광스럽고 무궁한 행복을 누릴 것이다.[5]

조지프 프리스틀리(Joseph Priestley)는 물질적 진보뿐만 아니라 정신적 진보도 믿었다. 과학기술을 통해 자연을 통제하고 이성을 통해 정치, 종교, 윤리에서 무분별한 욕망을 통제할 수 있다고 믿었기 때문이다. 이런 믿음은 당시의 시대정신이었다. 과학기술에 의한 유토피아를 꿈꾼 유럽의 계몽주의는 사회와 자연을 합리적으로 인식하면 사회와 자연을 통제할 수 있다고 확신했던 것이다.

그 당시 근대인은 베이컨이 과학기술의 '박애성'과 '인류애'를 강조하던 두 세기 전의 조건에서 벗어나지 못한 상태였다. 당연히 베이컨이 꿈꾼 과학기술의 유토피아도 지속됐다. 피히테(Fichte)는 과학기술이 자연 폭력의 원인을 밝히고, 그것이 어떻게 전개될 것인가를 계산하고, 그것에서 벗어날 수 있는 수단을 제공할 수 있다고 생각했다. 그는 과

5 Joseph Priestley, *Lectures on History,* p. 382; *Experiments and Observations on Different Kinds of Air,* 3 vols., I, 1775, pp. 14~15; *Essay on the First Principles of Government*, 1768, pp. 4~5 reprinted in Ira V. Brown, *Joseph Priestley*: *Selections from his Writings*, Pennsylvania, 1962, pp. 152~153; Sidney Pollard, *The Idea of Progress*, Penguin Books, 1971, pp. 79~80에서 재인용.

학기술을 통한 자연의 정복을 선(善)으로 규정했다. 과학기술의 원천으로서 이성에 대한 믿음은 진보에 대한 낙관론으로 이어져 지적인 담론의 중심이 신에서 자연으로, 교회에서 과학으로 옮겨졌다. 이러한 낙관론은 자연과학뿐만 아니라 윤리, 정치, 사회 문제 전반으로 확산됐다.[6]

그러나 과학기술의 낙관론 뒤에는 늘 디스토피아(dystopia)의 그림자가 따라다녔다. 19세기 말의 음울한 분위기에서 과학기술을 통한 유토피아 건설의 가능성을 전면적으로 부정하는 주장들이 등장했다.[7] 근대 유토피아주의자들은 이러한 상황을 전혀 예상하지 못했다. 무엇을 하든 예상하지 못한 결과, 의도하지 않은 결과가 나타나기 마련이고 과학기술의 발전도 예외는 아니었다. 많은 사람들은 지금 브루노 라투어(Bruno Latour)의 표현처럼 '수단의 반역(revolt of the means)'을 목격하고 있다.[8]

1963년 3월 4일 MIT 과학자들이 "과학기술의 오용이 인류의 생존에 대한 가장 심각한 위협이 되고 있다"[9]라고 주장하면서 하루 동안 연구 파업을 단행한 사건에서 우리는 과학의 이미지에 대한 극적인 반전을

6 이 부분의 과학기술에 의한 유토피아와 디스토피아에 대한 논의는 신중섭, 이기식, 이종흡, "과학기술에 의한 유토피아의 건설: 과학기술과 구성주의적 합리주의"에서 가져온 것이다. 이 논문은 《과학과 철학》 제3권 1호(한국과학철학회, 2000)에 게재됐다.

7 계몽주의에 대한 반동으로 나온 낭만주의는 과학기술에 대해 비판적인 입장을 개진했다. 이기식, 신중섭, 이종흡, "과학기술에 의한 유토피아의 건설: 과학기술적 유토피아론에 대한 낭만주의 예술의 비판," 《독일문학》 제74권 1호, 한국독어독문학회, 2000, 195~205쪽.

8 브루노 라투어, "탈냉전시대의 새로운 좌파 정치," 《진보의 패러독스: 과학기술의 민주화를 위하여》, 당대, 1999, 376쪽 참조.

9 H. Hobsbawm, *The Age of Extremes: Short Twentieth Century, 1914-1991*, New York, Vintage Books, 1994, p. 530 참조. 홍성욱, "20세기 과학의 패러독스," 《과학과 철학》 제10집, 과학사상연구회, 1999, 93~94쪽 참조. 103쪽에서 재인용.

읽을 수 있다.[10] 과학기술이 점차 진보함에 따라 대중이 점점 더 불안해졌다는 패러독스는 적어도 '과학기술을 통해 유토피아를 건설할 수 있다'는 명제를 반박하기에는 충분하다. 뉴먼은 다음과 같이 말했다.

> 우리는 과학이 인류를 절멸시킬 수 있는 수단을 제공한다는 것을 두려운 마음으로 목격하고 있다. 지금 가능한 무기를 전쟁에서 모두 사용한다면, 지구는 인류가 깡그리 멸망할 정도의 방사능에 오염될 것이다. 싸우는 당사자들뿐만 아니라 중립국까지도 모두 죽을 것이다. (……) 모든 국가는 힘을 최후의 수단으로 삼는 것을 포기해야만 한다. 그렇지 않으면 우리는 모두 멸망할 것이다.[11]

더구나 2차 세계대전을 겪으면서 개발한 전쟁 무기의 공포가 가시기도 전에 세계 여러 곳에서 발생한 핵발전소 사고, 인도 보팔의 가스 유출 사고, 오존층의 파괴와 기후변화, 성장의 한계, 유전자 재조합과 생명공학, 나노 기술[12]이 초래할 수도 있는 위험성 때문에 우리는 '묵시적 종말론'까지 접하게 됐다. 유나바머(Unabomber)로 알려진 시어도어 카진스키(Theodore Kaczynski)는 《산업사회와 그 미래》에서 다음과 같이

10 과학기술에 대한 비판적 시각이 싹트게 된 역사적 계기에 대한 설명은 송상용, 《서양 과학의 흐름》, 강원대학교출판부, 1990, 258~265쪽; 송상용 편역, 《교양과학》, 우성문화사, 1980, 62~63쪽, 386~398쪽; 이필렬, 《자연과학개론》, 한국방송통신대학교, 1994, 201~228쪽 참고.

11 J. R. Newman, "Two Discussions of Thermonuclear War," *Scientific American* 204(3), 1961, p. 198; 홍성욱, 앞의 글, 1999, 103쪽에서 재인용.

12 최근에 발전된 기술로 '나노 기술'을 들 수 있다. '나노 기술'의 기술적 중요성과 그것의 현실적·잠재적 위험성에 대해서는 이상욱, "나노 기술의 윤리적 쟁점," 이중원, 홍성욱 외, 《필로테크놀로지를 말한다》, 해나무, 2008 참고.

주장했다.

> 산업혁명과 그것의 결과는 인류에게 하나의 재앙이었다. '선진국'에 살고 있는 사람들은 기대 수명이 엄청나게 늘어났지만, 그들이 살고 있는 사회는 불안정해지고, 그들의 삶은 아무것도 성취하지 못했고, 존엄성을 상실했으며, (제3세계에서는 육체적 고통과 함께) 심리적 고통이 폭넓게 확산되었으며, 자연계는 심각한 손상을 입었다. 기술이 더 발전하면 상황은 더 악화될 것이다. 인간의 존엄성은 더욱더 파괴될 것이며 자연계는 더 심하게 파괴될 것이고, 이보다 더욱 심각한 사회적 혼란과 심리적 고통을 초래할 것이다. 그리고 '선진국'에서도 심리적 고통이 증대될 것이다.[13]

그런데 왜 이렇게 되었을까. 사람들은 현대 과학기술이 초래한 문제의 원인으로 기독교적 자연관, 근대 자연관, 인간중심주의, 인구 증가, 인간의 탐욕, 자본의 논리, 기술 자체의 본질, 과학기술자들의 윤리의식 결핍, 정부의 잘못된 정책, 군산복합체, 인간 지식의 한계 등을 지적하고 있다. 그 원인은 다양하게 분석되며 원인 진단에 따라 처방도 달라진다.

카진스키는 수정되거나 개혁될 수 없는 이 체제가 지속될 경우 인간의 존엄성과 자율성은 박탈당할 것이라고 단정했다. 이런 체제가 거대할수록 그로 인한 고통도 커지기 때문에 체제가 붕괴될 것이라면 빠를

13 FC, *The Unabomber Manifesto: Industrial Society & Its Future*, Jolly Roger Press, 1995, p. 3.

수록 좋다는 믿음으로 산업체제에 항거하는 '혁명'을 주장했다. 이 혁명의 목표는 정부를 제거하는 것이 아니라 현존 사회의 경제적·기술적 바탕을 전복하는 것이다.

온갖 갈등과 문제들로 얼룩진 땅을 내려다볼 것이 아니라 밤하늘에 빛나는 무수히 많은 별을 올려다보며 수많은 은하계가 존재한다는 천문학적 지식에 힘입어 이런 꿈을 이룰 수 있는 가능성을 완전히 배제할 수는 없지만, 아직은 실현가능성이 적다.

인류는 본질적인 면에서 종말로 점점 다가서고 있다는 인식이 확산되고 있다. 이는 과학기술이 유토피아를 건설할 수 있다고 믿었던 계몽주의의 꿈과 극명한 대조를 이룬다. 200여 년 사이에 어떻게 상황이 이렇게 반전된 것이며, 이 위기의 탈출구는 과연 무엇일까?

통제의 필요성과 그 한계

과학기술이 초래할 수 있는 인류의 위기에 대한 인식은 이제 일반적인 것이 됐다. 물론 이러한 위기도 더 발전된 과학기술에 의해 해결될 수 있다는 낙관론이 없는 것은 아니다. 다이슨은 외계 행성을 발견하고 그 행성으로 이주하여 인류가 모든 위기에서 벗어날 수 있다는 꿈같은 가능성을 시사하고 있다. 이러한 가능성이 실현되면 오염된 지구를 떠날 수 있을 뿐만 아니라 이념과 이상에 따라 각기 다른 행성으로 이주함으로써 사회적 갈등도 해소할 수 있을지 모른다. 지구상에 유토피아를 건설하는 것이 아니라 다른 행성으로 이주함으로써 수많은 유토피아를 건설할 수 있다는 것이다.[14] 그러나 아직은 동화 같은 이야기이기

14 프리먼 다이슨, 신중섭 옮김, 《상상의 세계》, 사이언스북스, 2000, 132쪽.

때문에 많은 사람들은 과학기술의 부정적인 결과가 통제될 수 있고 통제돼야 한다고 주장한다.

1. 과학기술자의 자율적 통제

과학기술자의 '사회적 책임'은 '기업의 사회적 책임', '전문가의 사회적 책임'과 같이 특정 개인이나 집단의 사회에 대한 책임을 의미한다. 이때 책임은 '빈곤의 사회적 책임'의 '사회적 책임'과는 구별된다. 후자의 '사회적 책임'에서는 사회가 책임의 주체가 된다. 나아가 과학기술자의 '사회적 책임'은 법적 책임과 구별되는 측면이 있다. 과학기술자들이 '사회적 책임'을 수행하지 않았을 경우에는 법적 조치가 따르지는 않는다. 그리고 그들이 따라야 할 규범이 사회의 일반적인 윤리적 규범이 아니라 과학기술자 공동체가 스스로 자신들에게 부과한 규범이라는 점에서 칭찬과 비난을 수반하는 '윤리적 책임'과도 구별된다.

우리는 서로에 대해 도덕적 의무를 지고 있는데, 일부는 공공제도에 의해 강제되는 공적 책임의 문제이며, 다른 것들은 개인의 행위의 원칙과 관련된 사적 책임의 문제다. 친구를 돕는 일, 약속을 지키는 일, 계획을 세우고 수행하는 일은 사적 영역에 속하고, 이것은 사적 책임의 문제다.[15] 이런 구분에서 본다면 '과학기술자의 사회적 책임'은 '공적 책임'에 해당하며, 과학기술자 공동체가 그 구성원에게 강제하는 공적 책임이라 할 수 있다. 가장 강한 공적 책임은 국가가 법으로 강제하는 책임이다.[16] '사회적 책임'은 법적 책임이 아니며 공동체가 부과하는 책임

15 윌 킴리카, 장동진, 장휘, 우정열, 백성욱 옮김, 《현대 정치철학의 이해》, 동명사, 2006, 6~7쪽.

16 "생명윤리 및 안전에 관한 법률"(2004)이 여기에 해당한다.

이기 때문에 공동체 내부의 강제라고 할 수 있다.[17]

데이비드 레스닉(David B. Resnik)은 과학에서 윤리적 행위의 기준들 가운데 하나로 '사회적 책임'을 제시한다. 그는 과학자들의 윤리적 행위 기준으로 정직, 신중, 개방성, 자유, 공로, 교육, 사회적 책임, 준법, 기회, 상호 존중, 효율, 연구 대상에 대한 존중을 제시했다.[18] 이것들은 과학기술자들이 준수해야 할 의무[19]에 해당한다. 의무를 수행해야 하는 것이 책임이라면, 이것들 모두가 책임에 해당하지만, 레스닉은 특별히 '사회적 책임'을 여러 가지 윤리적 행위 기준 가운데 하나로 설정하고, 다음과 같이 설명하고 있다. 과학자는 "사회에 해를 끼치지 말아야 하고 사회적 유익을 산출하려고 해야만 한다. 과학자는 그들의 연구결과에 책임을 져야 하고 그러한 결과를 시민들에게 알려야만 한다"는 의무를 갖는다. 또한 "과학자의 사회적 책임은 과학자들이 사회적으로 가치 있는 연구를 수행해야 하고, 공공적인 토론에 참여하고, 요구가 있을 때 전문가의 증거를 제시하고, 과학 정책을 돕고, 정크 과학을 제

17 "연구윤리 확보를 위한 지침"(2007)이 여기에 해당한다.

18 David B. Resnik, *The Ethics of Science: An Introduction*, Routledge, 1988, pp. 52~68. 자세한 내용에 대해서는 최경희, 김은철, 송성수, "과학기술단체의 윤리강령과 한국의 사례,"《공학교육연구》제12권 제1호, 2009년 3월, 84쪽 참고.

19 모든 과학자가 과학자의 사회적 책임을 수용하는 것은 아니다. 수용하지 않는 과학자들은 견고한 이론적 기반을 가지고 있다. 과학자는 과학적 지식 자체를 추구하며, 연구의 사회적 결과를 다루는 것은 과학자가 아니라 정치인이나 시민이라는 것이다. 과학의 사회적 영향에 대한 책임은 과학자가 아니라 미디어, 정치가, 시민이 져야 한다는 입장이다. 이런 주장에 따르면 과학자들의 목적은 자연법칙을 이해하는 것이다. 인간의 반응이나 감정이 자연법칙에 영향을 미칠 수 없기 때문에 자연 탐구에서 인간의 반응이나 감정이 차지할 자리가 없다. 이런 입장은 '과학 자체를 위한 과학', '과학 탐구에는 한계가 없다', '과학은 합리적이고 객관적이다', '과학은 가치중립적이다', '과학은 정치와 아무런 관련이 없다', '과학자들은 단지 기술적인 작업을 하는 사람일 뿐이다', '과학의 잘못된 응용에 대해 과학을 비난해서는 안 된다'와 같은 격언을 만들어냈다.

거해야 할 의무를 가지고 있음을 의미한다."[20]

과학기술자의 사회적 책임은 윤리적 행동지침으로 표현되며, 그것의 핵심 내용을 조지프 로트블랫(Joseph Rotblat)은 "과학의 중요한 목적은 지식의 영역을 확장하는 것이지만, 과학의 탐구는 유용성, 즉 인류 공동체의 이익을 포함해야만 한다"[21]라고 말한다. 이것은 베이컨의 전통에 따른 것이다. 베이컨은 400년 전에 다음과 같이 말했다.

> 모두에게 한 가지 일반적인 충고를 하겠다. 지식의 진정한 목적이 무엇인지를 생각하라. 지식의 추구는 정신의 즐거움이나 만족을 위해서가 아니라 인간의 삶의 이익과 유용을 위해 이루어져야 한다. 그러면 인간의 궁핍과 불행을 완화하고 극복시켜 줄 일련의 발명들이 생겨나 인간에게 도움을 줄 것이다.[22]

과학기술자의 '사회적 책임'에 대한 강조는 1948년 '세계과학자연맹'이 제정하고 공포한 '과학자헌장'[23]으로 거슬러 올라간다. 이 헌장의 기본 정신은 1999년 세계과학회의가 발표한 '과학과 과학지식의 이용에 관한 선언'에도 잘 나타나 있다. 세계과학회의는 "전 세계 국가들과 과학자들은 모든 과학 분야에서 나오는 지식을 오용 없이 인간의 필요와 염원을 충족시키는 책임 있는 방식으로 이용해야 한다는 긴급성을 인정하도록 요청받고 있다"고 전제하면서[24] '사회적 책임'을 다음과 같이

20 David B. Resnik, 1988, p. 63.

21 조지프 로트블랫, "과학과 인간의 가치," 유네스코한국위원회 편, 《과학연구윤리》, 당대, 2001, 288쪽.

22 조지프 로트블랫, 앞의 글, 288~289쪽.

선언했다.[25]

> 과학은 인류 전체에 봉사해야 하며, 모든 이들에게 자연과 사회에 대한 더 나은 이해, 더 나은 삶의 질, 그리고 현 세대와 미래 세대들을 위한 지속가능하고 건강한 환경을 제공하는 데 기여해야 한다.

일본 과학기술정책위원회 상임위원인 혼조 다스쿠(本庶佑) 교토대 교수는 한 강연[26]에서 후쿠시마 원전 사고에 대해 과학기술자들도 '사회적 책임'이 있다고 했다. 그는 과학기술자들에 대한 사회적 비판 부재가 참혹한 결과를 낳았다고 강조하면서 과학기술자의 사회적 책임을 강조했다. 그는 일본의 제4차 과학기술 기본계획(2011~2015)[27]에 '과학

23 과학자의 사회적 책임을 다음과 같이 규정하고 있다. [과학에 대하여] 1) 과학 연구의 건전성 유지, 과학적 지식의 억압과 왜곡에 대한 저항, 2) 과학적 성과의 완전한 공표, 3) 인종적 내지는 민족적 장벽을 넘어 다른 과학자와 협력할 것, 4) 기초과학과 응용과학의 균형을 올바르게 고려하여 과학의 발달을 확실하게 할 것. [사회에 대하여] 1) 과학, 특히 자기 자신의 분야가 당면한 경제적·사회적·정치적 문제들에 대하여 지니는 의미를 연구할 것. 그리고 이런 지식이 광범위하게 이해되고 실행으로 옮겨질 수 있도록 노력할 것, 2) 기아 및 질병과 싸우고, 모든 나라의 생활과 노동 조건을 평등하게 개선하기 위해서 과학을 사용할 새로운 방법을 탐구할 것. 이 경우 궁극적으로 같은 목적을 지닌 모든 조직 및 개인과 협력할 것, 3) 공공행정의 모든 측면을 연구하고, 과학적 방법이 충분히 사용될 수 있도록 노력하며, 또 이 분야에서 과학의 진보가 갖는 의의를 국민과 정부가 항상 알 수 있도록 할 것. [세계에 대하여] 1) 과학의 국제적 성격을 유지할 것, 2) 전쟁의 근원을 연구할 것, 3) 전쟁을 막고 평화를 위해 안정된 기반 구축을 추구하는 세력을 지원할 것, 4) 과학자의 노력이 전쟁 준비의 방향으로 전환되는 것에 대하여, 특히 과학이 대량 파괴의 수단으로 사용되는 것에 반대할 것, 5) 비합리주의, 신비주의, 인종차별, 권력 찬미 등과 같은 반과학적 사상에 의해 고취된 운동에 저항할 것. 김우재, "두 개의 과학자 헌장,"《사이언스타임즈》, 인터넷과학신문, 2011년 9월 2일.

24 세계과학회의, "과학과 과학지식의 이용에 관한 선언," 과학기술부 유네스코한국위원회, 1999, 8쪽.

25 세계과학회의, 1999, 9쪽.

기술자의 사회적 책임과 원칙'을 명시했다고 했다.

이어 일본학술회의는 2013년 1월 25일에 '과학자의 행동규범(개정판)'에 관한 성명서를 발표하면서 'I. 과학자의 책무'에서 '과학자의 기본적 책임', '과학자의 자세', '사회 속의 과학자', '사회의 기대에 부응하는 과학자', '설명과 공개', '과학 연구 이용의 양의성(兩義性)'을 규정하고 있다. 이 가운데 첫 자리에 나오는 '과학자의 기본적 책임'에서는 "과학자는 자신이 창출한 전문 지식이나 기술의 질을 담보할 책임을 가지며, 한층 더 자신의 전문 지식, 기술, 경험을 살려 인류의 건강과 복지, 사회의 안전과 안녕, 그리고 지구 환경의 지속성에 공헌한다는 책임을 가져야 한다"고 규정하고 있다.

우리나라의 '과학기술기본법'[28]은 "과학기술 발전을 위한 기반을 조성하여 과학기술을 혁신하고 국가경쟁력을 강화함으로써 국민경제의 발전을 도모하며 나아가 국민의 삶의 질을 높이고 인류 사회의 발전에 이바지함을 목적으로 한다(제1조)"고 규정했다. 나아가 이 법은 "과학기술 혁신이 인간의 존엄을 바탕으로 자연환경 및 사회윤리적 가치와 조화를 이루고 경제·사회 발전의 원동력이 되도록 하며, 과학기술인의 자율성과 창의성이 존중받도록 하고, 자연과학과 인문·사회과학이 서로 균형적으로 연계하여 발전하도록 함을 기본이념으로 한다(제2조)" 고 했다. 나아가 제4조에서는 '국가 등의 책무와 과학기술인의 윤리'를

26 2011년 9월 20일 서울에서 국가과학기술위원회(위원장 김도연)가 주최한 '한·중·일 미래전략 성장 심포지엄'에서 한 강연이다. 《사이언스타임즈》 2011년 9월 21일.

27 일본 정부는 4차 기본계획 기간인 2011~2015년까지 5년간 25조 엔(약 325조 원)을 연구개발 투자비로 책정해놓았다.

28 법률 제11713호로 2013년 3월 23일에 일부 개정되어 2013년 3월 23일부터 시행됐다.

"① 국가는 과학기술 혁신과 이를 통한 경제·사회 발전을 위하여 종합적인 시책을 세우고 추진하여야 한다. ② 지방자치단체는 국가의 시책과 지역적 특성을 고려하여 지방과학기술진흥시책을 세우고 추진해야 한다. ③ 과학기술인은 경제와 사회의 발전을 위하여 과학기술의 역할이 매우 크다는 점을 인식하고 자신의 능력과 창의력을 발휘하여 이 법의 기본이념을 구현하고 과학기술의 발전에 이바지하여야 한다"고 규정했다.

사회적 책임론자들은 과학기술자들이 사회적 책임을 피할 수 없게 된 이유로 여러 가지를 제시하면서 "과학자들은 일반 정치가나 시민에 비해 기술적인 문제들을 더 잘 이해하고 있으며, 이러한 지식에는 책임이 따른다"[29]고 주장한다. 이런 입장을 유지하는 사람들은 "자신의 행동이 가져올 수 있는 결과에 대한 개인적 책임을 회피하려는 태도"는 "부도덕한 태도"라고 비난한다.[30]

과학기술자의 '사회적 책임'은 일종의 과학기술자 공동체의 자율 규제로 시민의 과학자에 대하여 갖는 이미지가 과학의 발전에 영향을 미친다는 사실을 중시한다. 핵무기나 인간복제와 같은 과학에 대한 대중의 부정적인 이미지는 선거를 통해 정부에 영향을 미침으로써 과학에 대한 통제를 강화하는 수단을 강구하게 만든다. 이렇게 되면 정부의 재정 지원이 줄어들 수도 있고, 과학에 피해를 주는 규제가 강화될 수도 있다. 과학자의 자율적 규제가 아닌 외부에 의한 규제는 과학의 발전을 가로막는 장애이기 때문에, 이 장애를 피하기 위해서 과학자는 대중이

29 이 말은 1997년 '슈뢰딩거 강연'에서 마이클 아티야(Michael Atiyah)가 한 말이다. 조지프 로트블랫, 앞의 글, 287쪽.

30 조지프 로트블랫, 같은 글, 287쪽.

갖는 이미지를 개선하고, 과학의 정직성에 대한 사회적 존경을 회복하며, 과학적 의견에 대한 신뢰를 재정립할 필요가 있다.

이를 위해 과학기술자 공동체는 스스로 헌장이나 행동 규범을 정하여 그것을 '사회적 책임'으로 규정하고 구성원들에게 그것의 중요성을 인식하고 실행할 것을 권장한다. '사회적 책임'은 의무-책임, 비난-책임, 역할-책임을 포괄하는 책임이며, 이 책임을 수행하기 위해서는 "분별력과 판단력을 작동하지 못하게 하는 이기심, 두려움, 자기기만, 무지, 자기중심적 성향, 미시적인 시각, 권위의 무비판적 수용, 집단 사고를 이겨내야 한다"[31]고 주장한다.

그러나 이런 것들을 모두 이겨낸다고 하더라도 헌장에 명시된 '사회적 책임'이 구현되는 것은 아니다. 과학기술의 위험은 과학기술자의 노력으로 약간은 통제될 수도 있겠지만, 그들의 노력은 명백한 한계를 갖기 때문이다. 이처럼 과학기술자의 '사회적 책임론'은 명백한 한계가 있다.

책임론을 강조하는 사람들은 순수과학과 응용과학의 경계가 사라졌다고 주장하지만, 이런 주장은 부분적인 사실일 뿐이다. 순수과학과 응용과학의 경계가 흐려졌다고 하지만, 과학기술과 그것의 구현은 구별될 수 있다. 과학기술자의 연구 결과가 모두 현실적으로 구현되는 것은 아니다. 원자폭탄이 이론적으로 기술적으로 가능하다는 것을 과학기술자가 보여준다고 할지라도, 그것을 실제로 제조하고 어디에 사용할 것인가를 결정하는 것은 과학기술자의 몫이 아니다. 항암제가 과학기술

31 Charles E. Harris, Michael S. Pritchard, Michael J. Rabins, 김유신 외 옮김, 《공학윤리》, 북스힐, 2006, 28~62쪽.

적으로 가능하게 되었다고 할지라도, 그것을 제조하여 판매할 것인가 말 것인가를 결정하는 것은 그것을 만든 과학기술자의 몫이 아니라 정부와 기업가의 몫이다. 정부와 기업가가 어떤 결정을 하는가에 대해서는 시민과 소비자가 영향을 미친다. 이러한 결정에 과학기술자의 역할을 강조하는 것은 좋지만, 순수과학과 응용과학의 구분이 없어졌다는 사실을 근거로 과학기술자가 정책 결정에 결정적인 역할을 한다고 믿는 것은 현실을 제대로 이해하지 못하고, 정책 결정의 중요성을 과소평가해 역으로 과학기술의 폐해를 막을 수 있는 방책을 제한할 수 있다.

따라서 과학기술에서 '윤리적 개인주의'를 표방하는 것을 '부도덕하고 무책임한 일'로 매도하는 것은 현실 인식을 제대로 하지 못한 결과다. 과학기술자가 현대 문명에 대한 사회적 책임을 과도하게 해석해 그들이 문명의 흐름에 결정적인 영향을 미칠 수 있다고 생각하는 것은 일종의 오만일 수도 있다. 어느 특정 집단도 세상의 흐름에 결정적인 영향을 미칠 수는 없다.

그리고 과학기술의 사회적 이미지가 과학기술 투자에 영향을 미친다고 하지만, 이것도 부분적인 사실일 뿐이다. 국가나 기업 차원에서 과학기술에 대한 투자는 그들의 필요에 의한 것이지 과학기술자에 대한 신뢰의 유무에 의존하는 것은 아니다. 이것을 프랜시스 후쿠야마(Francis Fukuyama)는 간명하게 설명했다. 그의 통찰에 따르면 '방위적 근대화'와 '경제적 근대화'는 인류의 생존에 직결되어 있기 때문에 과학기술의 발전은 인류의 피할 수 없는 추세가 되었다는 것이다.[32] 최근 세계적으로 과학기술 연구에 대한 투자가 증대하는 것은 과학기술이

32 Francis Fukuyama, *The End of History and the Last Man*, Free Press, 1992, p. 14.

나 과학기술자에 대한 시민의 신뢰가 높아졌기 때문이 아니라 과학기술이 국가[33]와 기업의 생존에 미치는 영향력이 증대되었기 때문이다. 세계화의 진전과 치열한 경쟁은 국가와 기업이 과학기술 연구에 대한 투자[34]를 확대하는 결정적인 계기가 되었다.

2. 시민과학론의 타율적 통제

과학기술자의 책임을 통한 과학기술의 통제는 하나의 담론으로 설득력이 있지만, 실제로 과학기술의 위협에 대한 불안을 잠재우는 데는 한계가 있다. 이런 한계를 보완하기 위해 제시된 이론이 '시민과학론'이다. 시민과학론은 과학기술자의 '사회적 책임'이 아니라 시민이 참여하는, 과학기술에 대한 민주적 통제로 과학기술의 문제점이 해결될 수 있다고 믿는다. 시민과학론은 과학기술의 위험성에 대한 통제를 과학

33 대부분의 국가의 헌법에는 국가가 과학기술의 발전에 기여해야 할 책임을 명시하고 있다. 대한민국헌법 제127조는 "① 국가는 과학기술의 혁신과 정보 및 인력의 개발을 통하여 국민경제의 발전에 노력하여야 한다"고 규정하고 있고, 북한 헌법은 더 강한 주장을 하고 있다. 북한의 '사회주의 헌법' 제9조에는 "조선민주주의인민공화국은 북반구에서 인민정권을 강화하고 사상, 기술, 문화의 3대 혁명을 힘있게 벌여 사회주의의 완전한 승리를 이룩하며 자주, 평화통일, 민족대단결의 원칙에서 조국통일을 실현하기 위하여 투쟁한다." 제50조에는 "국가는 과학연구사업에서 주체를 세우며 선진과학기술을 적극 받아들이고 새로운 분야를 개척하여 나라의 과학기술을 세계적 수준에 올려 세운다." 제51조에는 "국가는 과학기술발전계획을 바로 세우고 철저히 수행하여 규율을 세우며 과학자, 기술자들과 생산자들의 창조적 협조를 강화하도록 한다"고 함으로써 과학기술의 발전에 대한 국가의 책무를 강조하고 있다.

34 우리나라의 연구개발비는 매년 증가하고 있다. 2007년 31조 3000억 원, 2008년 34조 4000억 원, 2009년 36조 9000억 원, 2010년에는 43조 8000억 원, 2011년에는 49조 8000억 원으로 증가했다. GDP 대비 연구개발비 비중도 2007년 3.21%에서 2011년은 4.03%로 늘어났다. 이 가운데 정부의 연구개발 투자도 2008년 11조 1000억 원, 2009년 12조 3000억 원, 2010년 13조 7000억 원, 2011년 14조 9000억 원, 2012년 16조 원, 2013년에는 16조 8000억 원으로 늘어났다.

기술자 사회와 정책입안자에게만 맡길 것이 아니라 시민의 참여를 끌어들인다는 점에서 외부 개입을 통한 통제라고 할 수는 있지만, 과학기술의 위험성을 통제할 수 있다고 믿는다는 점에서 '사회적 책임론'과 '시민과학론' 또는 '민주적 통제론'은 동일한 기반 위에 서 있다. '과학기술의 민주화'를 주장하는 학자들에게 이것은 '불확실성과 위험이 점차 커지는 과학기술 사회에서 반드시 갖추어야 할 새로운 성찰의 윤리이자 제도적 장치'다. 그들은 "과학기술 관련 의사 결정을 과거처럼 소수의 파워 엘리트와 전문가에게만 맡기지 말고 다양한 가치와 이해관계를 지닌 시민 대중도 참여할 수 있도록 보장함으로써 보다 안전하고 바람직한 과학기술 사회를 만들어갈 수 있다"[35]고 믿을 뿐만 아니라 "과학기술의 미래가 근본적으로 비결정적이며 우리의 선택과 행위에 따라 그것이 달라질 수 있다"[36]고 생각한다.

'시민과학론'[37]은 시민의 삶에 결정적인 영향을 미치는 과학기술 관련 의사 결정에 시민 참여를 차단해온 전문가주의 이데올로기에 대한 대항 이론이다. 시민과학론에 따르면 과학기술과 관련된 정책이나 이슈들이 순수하게 과학적 또는 기술적 문제만은 아니며, 이것들은 모두 근본적인 차원에서 사회적·정치적 성격을 강하게 띠고 있다. 따라서 과학기술에 대한 기존의 전문가 독점구조를 타파하고 과학기술의 연구개발 과정이나 정책결정 과정에 이해당사자로서 시민이 주체적으로 참여해야 한다. 과학기술에 대한 '사회적 통제(social control)'란 "전

35 김환석, 《과학사회학의 쟁점들》, 문학과지성사, 2006, 9쪽.

36 김환석, 같은 책, 2006, 10쪽.

37 이영희, 《과학기술의 사회학: 과학기술과 현대사회에 대한 성찰》, 한울아카데미, 2000, 258쪽.

통적으로 소수의 전문가만이 독점하던 과학기술의 통제 과정에 직·간접적인 이해당사자로서 일반 시민이 폭넓게 개입함으로써 시민사회가 통제의 주체가 되는 것을 의미한다."[38]

시민과학론은 과학기술에 대한 시민 참여의 근거로 (1) 과학기술의 공공성[39] (2) 과학기술에 대한 민주적 통제의 필요성[40] (3) 평범한 지식의 중요성을 제시한다. 그리고 서구의 경험을 중심으로 과학기술에 대한 시민 참여 제도로 (1) 정보에 대한 참여 (2) 자문기구를 통한 참여 (3) 사법적 수단을 통한 참여 (4) 시민조사위원회 (5) 합의회의 (6) 사이언스 숍 (7) 시나리오 워크숍 등을 제시한다.

시민과학론이 전제하고 있는 과학기술에 대한 '동태적 상호작용론'은 과학기술이 숙명적인 것이 아니라 사회적 개입과 통제를 통해서 전개 방향과 내용이 변할 수 있다고 전제한다. 과학기술이 초래할 수 있는 긍정적인 측면과 부정적인 측면 가운데 어느 부분을 더 확장할 것인가는 과학기술 자체의 내적 논리에 의해 주어지는 것이 아니라 사회적

38 이영희, "과학기술의 사회적 통제와 수용성 연구: 생명공학을 중심으로," 《과학기술학연구》 제1권 제1호, 한국과학기술학연구회, 2001, 72쪽. 과학기술에 대한 민주적 통제에 대한 논의는 김환석, 앞의 책, '제2부 과학기술의 윤리와 민주화' 2006. 이영희, 앞의 책, 7장, 9장, 2000 참고.

39 과학기술의 공공성은 과학기술의 영향의 범위가 포괄적이라는 사실과 연구개발의 재원이 시민의 세금에서 나온다는 사실을 의미한다. 이영희, 앞의 책, 2000, 259~260쪽.

40 민주적 통제의 필요성은 과학기술의 공공성에서 나오며, 민주적 통제를 통해 일반 시민의 이해관계가 자연스럽게 반영될 수 있다. 여기에서는 시민의 이익과 과학기술자 집단이나 기업 집단의 이익이 맞서게 된다. 여기에서 부각되는 것이 '기술시민권'이다. 기술시민권에는 지식 또는 정보에 접근할 권리, 과학기술 정책 결정 과정에 대한 참여의 권리, 의사 결정이 합의에 기초해야 함을 주장할 권리, 집단이나 개인을 위험에 빠지게 할 가능성을 제한시킬 권리 등으로 구성된다. 이영희, 앞의 책, 261~262쪽.

선택과 개입, 그리고 통제의 내용에 좌우될 수 있다고 믿는다.[41]

그러나 "이미 발전하고 있는 어떤 과학기술에 바람직하지 못하다고 여겨지는 부분이 있을 경우, 이를 제어하기 위한 사회적 통제 노력이 전혀 없을 때는 그 과학기술에 대한 불신이 증대될 가능성이 크지만, 반대로 그러한 바람직하지 못한 부분을 제거하거나 완화시키기 위한 사회적 통제 노력이 의도적으로 가해진다면……"이라는 주장은 어떤 과학기술을 적용하기 전에 그것이 초래할 결과를 사전에 알 수 있다고 전제한다. 그러나 실제로 그것이 가능할까. 사전에 통제할 내용이 시민의 참여를 통해 확인될 수 있을까. 물론 어떤 경우에는 명백하게 부정적인 결과가 초래될 것이라고 미리 알 수도 있을 것이다. 그것은 합의의 문제가 아니라 사실의 문제다. 합의를 통해 사실이 달라지는 것은 아니다.

그뿐만 아니라 미리 알지 못하는 상황에서 사회적 합의를 통해 어떤 의사 결정을 하는 경우 그것이 반드시 좋은 결과를 초래하리라는 보장은 없다. 시민의 참여가 '과학기술이 초래할 바람직하지 못한 결과'를 제거하는 방향의 의사 결정을 보장하지는 못한다. 민주적이란 '특정 결과의 도출'을 전제하지 않기 때문이다. 민주적 의사 결정은 항상 결과의 개방성을 전제할 때 성립한다. 과학기술 관련 의사 결정이 민주적으로 이루어질 때 좋은 결과가 나올 것이라는 주장은 민주적 의사 결정의 개방성을 부정하는 것이다.

공상과학소설의 성격을 지니고 있는 영화(《설국열차》) 속 이야기지만, 지구 온난화를 방지하기 위해서 특수한 화학물질을 대기권에 살포하

41 이영희, 앞의 책, 2000, 73쪽.

기로 한 민주적 결정이 지구빙하기를 초래했다. 이것은 민주적 결정을 통한 과학 통제의 한계며, '민주적 통제만능주의'의 한계다.

그뿐만 아니라 시민 참여라고 해서 모든 시민이 참여하는 것도 아니다. 누가 참여해야 하는가? 소수자, 빈곤층, 노동자, 소비자가 참여해야 하는가, 아니면 다른 집단에 속한 사람이 참여해야 하는가? 민주적 정부라고 하더라도 모든 의사 결정이 모든 사람의 이익을 증진하는 것은 아니다.[42] 현실에서 의사 결정이 이루어지는 과정은 롤스(John Rawls)가 설정한 원초적 상황에서 무지의 베일에 가려진 사람들이 내리는 결정은 아니다.

이런 한계가 있음에도 과학에 대한 민주적 통제론은 그것이 잘 작동한다면, 다이슨이 '이데올로기가 주도한 기술'[43]이라고 부른 기술이나, 위너가 '정치적인 기술'이라고 부른 기술의 개발을 방지하는 데 긍정적인 역할을 할 수 있을 것이다. 그뿐만 아니라 민주적 통제론은 과학기술의 사용에 대한 공동책임론을 이끌어낼 수 있다는 장점은 있다. 과학의 폐해가 특정 과학자나 정책 입안자 또는 기업의 책임이 아니라 우리 모두의 책임이라는 책임의식을 모든 시민이 갖게 함으로써 과학기술의 사용에 대한 일반인의 관심을 이끌어낼 수 있음은 부정하기 어렵다. 민주주의가 최상의 선택을 하는 것이 아니라 공동의 책임을 이끌어낼 수 있다는 측면에 주목해 우리는 민주주의의 한계와 의의를 동시에 인

42 프레더릭 페레, 박준호 옮김, 《기술철학》, 서광사, 2009, 184쪽.

43 정치적 필요에 의해 개발되는 기술을 의미한다. 다이슨은 그 예로 영국의 비행선 R101 개발과 코멧 제트 여객기 개발을 제시했다. 프리먼 다이슨, 신중섭 옮김, 《상상의 세계》, 29~34쪽; 위너는 '정치적인 기술'의 예로 핵폭탄을 제시했다. 랭던 위너, 손화철 옮김, 《길을 묻는 테크놀로지: 첨단 기술 시대의 한계를 찾아서》, 씨아이알, 2010, 49쪽.

정해야 할 것이다.

3. 우리는 과학기술을 완벽하게 통제할 수 있는가

많은 사람들은 아직도 인간이 과학기술을 통제할 수 있다는 희망을 버리지 않고 있다. 홍성욱은 다음과 같이 말한다.

> 지난 이삼십 년간의 과학기술학 연구가 낳은 통찰은 과학기술 역시 인간 활동이라는 평범한 진리다. 그렇지만 이러한 인식은 우리가 새로운 문명을 건설하기 위해서 지금의 과학기술 중 일부를 바꾸는 일이 전혀 불가능한 일이 아님을 가리킨다. 앞으로 고민할 문제는 원칙이 아니라 공룡이 돼버린 현대 과학기술의 무엇을, 누가 주체가 되어, 어떤 속도로 바꾸는가라는 구체적인 지침에 대한 것이다.[44]

이런 희망과 태도는 우리가 취할 수 있는 가장 이성적인 태도일 것이다. 그러나 그것이 가능할 것인가에 대해서는 의문을 제기할 수 있다. 넓게 보면 '과학의 사회적 책임'이나 '과학의 민주적 통제'도 이런 노력의 일환이다. 그러나 그것들이 성공해 우리가 과학을 우리의 의지에 따라 '길들일 수 있다'는 희망이 실현되기는 어렵다.

물론 어떤 기술이 좋은 기술인가 나쁜 기술인가에 대한 사회적 합의가 있을 수는 있다. 이러한 합의를 기초로 해당 기술의 발전에 한계를 설정할 수 있을 것이다. 랭던 위너(Langdon Winner)는 다음에 해당하는 기술의 발전에 한계를 설정하는 것에 대해서는 동의가 쉬울 것이라고

44 홍성욱 외, "기술은 인간처럼 행동한다," 《필로테크놀로지를 말한다》, 해나무, 2008, 57쪽.

말한다.[45]

(1) 만약 그 기술의 사용이 대중의 건강과 안전을 위협하는 경우

(2) 그 기술의 사용이 매우 중요한 자원을 고갈시키는 경우

(3) 만약 그것이 환경(공기, 땅, 물)의 질을 떨어뜨리는 경우

(4) 그것이 보존되어야 할 자연종이나 미개지를 위협하는 경우

(5) 그 기술의 사용이 과도한 사회적 스트레스와 긴장을 유발하는 경우

그러나 해로운 기술 통제에는 한계가 있게 마련이다. 세상은 인간 행위의 의도적인 결과만으로 이루어지는 것은 아니다. 인간 행위의 의도적인 결과만으로 세상을 이해하는 사람들은 인간의 행위를 결정하는 의식이나 세계관을 바꿈으로써 세계를 통제할 수 있다고 생각하지만, 세상은 인간 행위의 의도적인 결과가 아니다. 애덤 스미스와 하이에크의 통찰에 따르면 세상은 자생적 질서의 소산이고, 진화론에 따르면 세상은 유전자의 지배 아래에 놓여 있다.[46] 완전 통제의 꿈에 대한 강력한 반론은 '인간 지식의 한계'와 '과학기술의 본질적 속성'에서 나왔다.

전기, 수도, 가스와 더불어 세탁기, 식기세척기, 청소기의 등장은 여성의 가사노동 시간을 절약해줌으로써 여성들의 삶에 혁명적인 변화를 가져왔다. 가전제품은 많은 여성들이 노동시장에 참여할 수 있도록

45 랭던 위너, 앞의 책, 75쪽.

46 자생적 질서론, 진화론을 통한 인간 세상에 대한 설명은 '비인간적 행위자'가 세상의 질서와 관련이 있다는 라투르의 주장과 유사성이 있다. 라투르가 말하는 '비인간적 행위자'에 대해서는 홍성욱, 앞의 글, 2008, 56쪽 참고. 기술과 같은 '비인간적 행위'는 그것 나름의 자체 논리를 갖기 때문에 인간의 통제 밖에 있다고 생각한다면 이들 사이의 유사성은 실제로 존재한다.

했다. 여성들이 경제활동에 참여하면서 육아에 대한 기회비용이 높아졌고, 그에 따라 자녀수가 줄어들었다. 여성이 경제력을 확보하면서 남자와 여자의 지위에도 변화가 생겼다.[47] 이런 논리에 따르면 과학기술의 발전은 인간의 사회적 지위를 변화시키고 인구 변화에도 영향을 미친다. 이런 논리를 더 확장하면 인류 역사에서 노예가 사라진 것도 인간의 권리에 대한 존중뿐만 아니라 노동력으로서 인력보다 기계의 값이 더 저렴하게 되었기 때문이다. 이런 논리에 따르면 개발도상국을 돕는 효과적인 방법은 그 나라들에 인터넷과 컴퓨터를 보급하는 것이 아니라 "우물을 파주고, 전기를 넣어주며, 세탁기를 구입할 수 있도록 자금을 지원하는 것"이다.

좋은 것으로 시작된 산업 발전이 너무나 쉽게 그 반대의 것으로 바뀐다. 자동차의 발명은 결국 대기오염을 유발한다. 녹색혁명, 화석연료, 농업에서 화학물질의 사용, 자연수림의 개발은 사람의 생존을 위협하는 결과를 산출했다. DDT의 사용이 '침묵의 봄'을 야기할 것임을 누가 예상할 수 있었겠는가. 자동차와 에어컨에 사용하는 프레온 가스가 생명체에 대한 위협이 될 줄을 어떻게 알 수 있었겠는가. 핵에너지의 평화적 사용이 엄청난 재난의 원인이 된다는 것을 그 당시 어떻게 예측할 수 있었겠는가. 과학기술이 초래할 위험에 대한 과학적 판단은 본질적으로 불완전하며, 따라서 위험 판단에는 규범적 요소가 본질적으로 포함될 수밖에 없다.[48]

기술 발달 결과의 예측 불가능성은 여러 가지 요인에 기인한다. 어떤

47 장하준, 김희정·안세민 옮김, 《그들이 말하지 않는 23가지》, 부키, 2010, 61~62쪽.

48 이봉재, "위험과 무능: 생태 위기와 과학적 합리성의 문제," 과학사상연구회 편, 《과학과 철학》 제11집, 통나무, 2000, 53쪽.

사람은 기술도 인간처럼 생명[49]을 가지고 있어서 그렇다고 주장하고, 어떤 사람은 기술에 영향을 미치는 사회집단 사이의 타협을 예측하기 어렵기 때문이라고 주장한다.

그뿐만 아니라 눈에 직접 보이는 과학기술의 부정적인 현상을 방지하기 위한 통제는 눈에 보이지 않는 장기적이고 간접적인 이익을 가로막는 장애로 작용할 수 있다. 예를 들면 유전변형식품(GMO)에 대한 규제는 유럽의 농업 발전을 저해하고, 아프리카 등 식량 부족 국가를 기아에서 벗어나게 할 수 있는 효율적인 방법을 차단하고 있다. GMO를 규제하지 않을 때 생기는 피해는 직접적이고 눈에 보이지만 그 규제 때문에 상실된 이익은 눈에 보이지 않는다.[50]

그러나 가장 근본적인 것은 인간의 인식 능력의 한계다. 기술의 부정적인 결과는 의도된 것이 아니었다. 부분은 인식할 수 있지만, 그것이 모여 전체를 이룰 때 어떤 현상이 나타날 것인가를 알지 못한다. 인간사를 예측하는 것은 인간의 인식의 한계를 넘어선다. 인간사는 "인간 행위의 결과이지 설계의 결과는 아니다."[51] 퍼거슨은 언어, 법, 자유 시장, 화폐와 같은 것은 "결코 사전에 고안되지 않은 인간 행위의 결과"[52]

49 하이데거와 엘륄은 기술이 인간을 옥죄고 통제한다고 주장했다. 기술이 그것을 만든 인간에게서 독립하여 자율성을 가지게 되었다는 의미에서 엘륄은 '자율적 기술(autonomous technology)'이라는 이름을 붙였다. 이 이론은 일종의 강한 의미의 기술결정론이다. 홍성욱, "기술은 인간처럼 행동한다," 이중원·홍성욱 외, 《필로테크놀로지를 말한다》, 해나무, 2008, 125쪽.

50 이와 관련해 월 포트 박사는 규제 당국의 인센티브가 비대칭적이기 때문에 이러한 현상이 생긴다고 설명했다. 오세정, "창의적 연구를 가로막는 과잉 규제," 《중앙일보》 2013년 12월 12일.

51 F. A. Hayek, "The Results of Human Action but not of Human Design," in *Studies in Philosophy Politics and Economics*, RKP, 1967. p. 96.

라고 했다. 이런 생각은 인간은 이성을 통해 자신의 모든 것을 이성에 합당한 상태로 만들 수 있다는 사상과 대립한다.

과학사회학자들이 주장하는 '과학자의 사회적 책임'이나 '민주적 통제'로 과학기술을 통제할 수는 없다. 우리가 모든 사람을 통제하지 않는 한 과학기술을 통제할 수는 없다. 기술이 그것을 사용하는 사람의 의지에 반항하는 경우는 없다. 곧 과학기술이 스스로 의지를 가지고 있는 것은 아니기 때문이다. 이것이 기술의 본성이다. 사용자가 누구든지 기술은 동일한 방식으로 작동한다. 이런 기술의 속성을 우리는 통제할 수 없다. '과학기술자의 책임감'의 함양, '민주적 통제', 인간의 윤리의식 고양, 책임윤리 등으로 과학기술의 구체적인 오용이나 남용을 부분적으로 줄일 수는 있지만, 전면적으로 통제할 수는 없다. 세계 정부나 개별 국가가 아무리 통제를 강화한다고 해도 특정 집단이나 개인의 과학기술의 위험한 사용을 완전히 통제할 수는 없다. 모든 인간을 완전히 통제하는 세상이 존재한다면 그것은 이미 인간의 세상이 아닐 것이다. 이는 우리가 꿈꾸는 세상이 아니다. 이런 상황을 고려하여 과학기술에 대해 '양심과 양심 있는 행동(conscience and conscientious action)'을 강조하는 철학자도 있다.[53]

52 Adam Ferguson, *An Essay on the History of Civil Society*, London, 1767, p. 187: "Nations stumble upon establishments, which are indeed the result of human action, but not the execution of any human design." F. A. Hayek, *Studies in Philosophy Politics and Economics*, RKP, 1967, p. 96에서 재인용.

53 Mary Tiles and Hans Oberdiek, *Living in a Technological Culture: Human Tools and Human Values*, Routledge, 1995, pp. 172~179.

맺음말

현대 과학기술에는 실용적 유용성만이 아니라 인간 이성에 대한 신뢰가 자리 잡고 있다. 이성은 결정적으로 인간의 정신을 자유롭게 했으며, 자유로운 정신은 인간의 존엄성을 높이는 보편적 이념으로 인식되었다. 이런 측면에서 본다면 과학기술에 대한 존중과 추구는 단순히 물질적 풍요만이 아니라 정신의 해방을 함축하는 것이었다. 산업화는 물질의 변화뿐만 아니라 합리화라는 이름의 정신적 변화를 수반했다.

과학기술에서 우리가 주목해야 하는 것은 단순히 물질적 변화만이 아니다. 인간 정신을 확장했다는 점에 주목해야 한다. 과학은 우리가 포기할 수 없는 중요한 가치인 진리와 자유, 개방성과 개체성과 같은 가치를 구현하고 있으며 문명은 이런 가치들과 분리되어 존립할 수 없다.[54] 과학은 우리를 '인식의 감옥(cognitive prison)'에서 벗어나도록 도우며, 우리는 과학을 통해 세상을 멀리 그리고 깊이 살필 수 있으며, 우리를 '상식의 압제'로부터 풀어준다.[55] 과학과 기술은 단순히 물질적인 성과만 내는 것은 아니다. 과학기술의 성과는 인간 정신의 범위를 확장해준다. 그뿐만 아니라 지식으로서 과학은 끊임없는 비판과 토론의 토양에서 꽃을 피웠다. 이는 민주주의의 근본정신이기도 하다. 이성의 한계를 받아들이면서 그 한계를 넘어서려는 겸손한 인간적인 노력을 제도적으로 허용하는 것이 바로 자유민주주의 체제다.

54 이것은 브로노프스키의 과학인식론이다. 브로노프스키, 우정원 옮김, 《과학과 인간의 가치》, 이화여자대학교출판부, 1994 ; J. Bronowski, *A Sense of the Future*, MIT Press, 1977, "The Values of Science" 참고. 좀 더 자세한 논의는 이봉재, "과학과 가치," 《과학철학》 제6권 2호, 한국과학철학회, 2003, 33쪽 참고.

55 복거일, 《벗어남으로서의 과학》, 문학과지성사, 2007, 7~10쪽.

프리먼 다이슨은 이런 자유민주주의 체제의 강점에 주목해 그것을 '복합적 동적 평형 기구(complex homeostatic mechanism)'로 인식했다.[56] 모든 조직은 일정한 균형 또는 안정이 필요하다. 이 개념은 분자생물학에서 생태학, 경제학, 문화에 확대 적용되면서 나온 것이다. 다이슨은 평형 기구를 '단순 평형 기구'와 '복합적 평형 기구'로 구분한다. 복합적 호메오스타시스(homeostasis) 기구는 자연에서 복합적 요소들을 다양하게 포용함으로써 단순한 그것보다 효율적이고 강한 생존 능력을 갖는다. 자연계에서 생명체가 번성하는 안정된 환경은 고도로 전문화되어 있으며 상호 의존적인 수많은 종들이 모여 있는 상당히 넓은 숲이나 풀밭이다.

다이슨은 이러한 생태학적 관찰을 자유경제체제와 계획경제체제의 비교에 응용한다. 얼핏 보면 경제, 사회, 문화 또는 한 사회의 일체의 삶을 포섭하는 계획경제가 더 이성적인 것처럼 보인다. 그러나 "중앙 통제의 단순 호메오스타시스 기구는 개방시장과 검열이 없는 언론을 핵심으로 하는 복합적 호메오스타시스보다 취약하고 역사의 충격을 처리하는 데 유능하지 못한 것으로 밝혀졌다."[57] 복합적 호메오스타시스의 강점은 다양성과 유연성, 소화할 수 있는 오류의 폭이 넓다는 사실에서 나온다. 달리 말하면 중앙에 의한 통제의 약화가 자생적 질서를 창출했다는 것이다. 이런 생각의 원형은 스토아학파의 '조화로운 체계'나 애덤 스미스의 '보이지 않는 손'의 개념 속에 들어 있다. '복합적 호

56 김우창, "과학기술과 그 문제들: 복합적 평형체제를 향하여," 《과학사상》 제2호, 1992, 14~18쪽의 논의를 그대로 가져온 것이다.

57 Dyson, *Infinite in All Directions*, Gifford Lectures Given at Aberdeen, Scotland, Harper & Row, April-November 1985, p. 91.

메오스타시스'는 우리에게 과학기술의 위험성을 인식하고 현대 문명을 반성적으로 성찰할 수 있는 계기를 제공했다.

현재와 같은 상태로 과학기술을 발전시키면 엄청난 결과를 감수해야 할 것이라는 위기의식은 과학기술의 발전에 대해 인간이 책임 있는 태도를 가져야 한다는 사실을 일깨워주었다. 과학기술자들이 책임 있는 태도를 취해야 한다는 '사회적 책임'과 시민들도 과학기술의 의사결정에 참여해야 한다는 과학기술에 대한 '민주적 통제론' 또는 '시민과학론'은 그것의 이론적 한계가 있음에도 과학기술의 위험성을 완화시키는 데 큰 역할을 할 수 있다. 그러나 우리는 인간의 인식적 한계와 인간이 예측 불가능한 과학기술 자체의 속성, 제어 불가능한 자본주의적 생산 양식의 특성으로 말미암아 과학기술의 위험성을 만족스럽게 통제하는 것이 불가능한 과제라는 사실을 받아들여야 한다. 이런 상황에서 과학기술에 대한 계몽주의적 낙관론과 묵시론적 비관론을 넘어 현실을 있는 그대로 '관조(contemplation)'[58]하여 과학기술의 자율성을 존중해야 하고, 통제는 그것이 초래할 수 있는 결과가 명확히 나쁜 것으로 확인될 경우에만 제한되어야 한다.

58 플라톤은 '관조'를 인간 행위 가운데 가장 높은 형태로 보았다. 고대 인도에도 이와 유사한 입장이 있었다. 이런 관점에 따르면 인생의 목적은 세상을 바꾸는 것이 아니라 세상을 올바르게 바라보는 것이다. J. Gray, *Straw Dogs: Thoughts on Human and Other Animals*, Grants Book, 2002, p. 14. 세상, 현대 문명, 과학기술을 제대로 바라보려면, 기억의 학문인 역사학, 상상력의 학문인 문학, 이성의 학문인 철학(베이컨은 이 세 학문을 '인간적 학문'이라고 했다. 베이컨, 이종흡 옮김, 《학문의 진보》, 아카넷, 2002, 155쪽)뿐만 아니라 사회과학, 자연과학, 공학에 대한 지식도 필요하다.

지구촌을 배회하는 근본주의라는 유령을 어떻게 물리칠 것인가?*

강학순**

마르크스와 엥겔스는 1848년 2월에 발표한《공산당 선언》에서 "유럽에 공산주의라는 유령이 떠돌고 있다"고 확언했다. 그 후 170여 년이 지난 오늘날 근본주의(fundamentalism)라는 유령이 지구촌을 배회하고 있다. 21세기 지구촌 도처에서 발흥하는 '노마드 테러(nomad terror)'와 이에 대항하는 보복전쟁은 악순환의 고리를 벗어나지 못하고 있다. 이는 '근본주의 vs 근본주의'의 갈등과 대립의 징후들이다. 이제 '근본주의라는 유령'이 출몰하여 지구촌 전체를 불안과 공포의 도가니로 몰아넣고 있다. 싸우고 죽이기 좋아하는 호전성, 반인륜적 사회적·문화적 관습, 선동하는 지도자에 대한 무조건적 복종, 이방인에 대한 이유 없는 적개심, 적대적 타자에 대한 증오와 불신의 버릇 등[1]은 저 유령의 민낯이다.

* 이 글은《근본주의의 유혹과 야만성》(미다스북스, 2015)에 게재된 것을 수정·보완했다.

** 안양대학교 명예교수, 한국 하이데거학회 및 한국기독교철학회 회장 역임.

1 칼 세이건, 현정준 옮김,《창백한 푸른 점》, 사이언스북스, 2001, 403쪽 참조.

'근본주의 유령'의 출몰

무엇보다 종교 근본주의는 종교 간의 갈등과 대립을 불러온다. 일반적으로 "종교적인 갈등은 절대적인 갈등이기에 화해나 조정, 평화적인 타협의 여지가 없는 갈등이다."[2] 이러한 종교 간의 갈등을 종교 내에서 풀기가 어렵다. 왜냐하면 그들이 서 있는 제일 밑바닥에서 싸우는 것이기 때문이다. 종교 근본주의의 예로는 미국 중심의 신제국주의적 보수 기독교 근본주의, 서양 유럽세계의 기독교 근본주의, 아랍세계의 수니파 지역과 시아파 지역의 이슬람 근본주의, 그리고 인도 중심의 힌두교 근본주의, 남아시아, 스리랑카 등지의 이슬람 근본주의와 힌두교 근본주의, 이스라엘 중심의 유태교 근본주의 등이다. 또한 근본주의는 종교에서뿐 아니라 도덕, 정치, 경제, 과학기술, 정신분석, 여성, 생태환경 등에서도 나타나고 있다.

이러한 근본주의 사이의 문제와 갈등이 있음에도 우리는 근본주의자들과 함께 살아갈 수밖에 없는 현실을 인정해야 한다. 근본주의에 깃든 급진적 사고의 온상은 현실의 막다른 골목, 즉 불행한 현실에서 생긴다. 퓨르트너(S. H. Pfürtner)에 따르면, 삶에 대해 불안을 느낄 정도로 자신이 무능력하고 빠져나갈 출구가 없다는 경험이 근본주의의 본래적인 맨 밑바닥 동인이다. 따라서 근본주의는 불안에서 기인하는 도피운동이며 퇴행이다. 그 불안은 공격성으로 반전하기도 한다.[3] 무엇보다도 세계 종교인들은 대부분 확고한 종교적 신념과 신앙을 근본으로 삼고 있기에 대체로 근본주의적 사고를 지니고 있다. 특히 혈통과 신앙

2 조너선 색스, 임재서 옮김, 《차이의 존중》, 말글빛냄, 2012, 27쪽.

3 S. H. Pfürtner, *Fundamentalismus: Die Flucht ins Radikale*. Freiburg, 1991 참조.

은 사람들이 정체성을 확인하는 것인 동시에, 그것을 위해 싸우거나 목숨을 바칠 수도 있는 것이기도 하다. 따라서 "내 안의 근본주의로의 경향성"[4]을 전적으로 부정할 수 없다. 언제든지 누구나 사고의 비판력과 도덕적 판단력이 부재하면 쉽게 어떤 가치를 무비판적으로 수용하게 된다. 그 결과 쉽게 근본주의로 치닫는다. 아무도 '신의 관점(God's Eye View)'에 설 수 없는데도 그러한 관점을 견지하면서 자신의 사고의 오류 가능성과 유한성을 인정하지 않는 우(憂)를 범한다. 대체로 근본주의는 정치적으로 선동주의와 무비판적인 사유를 추동하는 강령주의와 열광주의로 치닫는다.

불행한 현실의 막다른 골목에 처할 경우, 그곳에서는 언제나 야만적인 얼굴을 숨긴 근본주의의 유령이 출몰한다. 테러리스트들이나 '테러와의 전쟁'을 치르는 자들은 똑같이 자신의 공격 행위를 자기중심적으로 해석한 근본악에 대한 정당한 응징과 복수로 정당화한다. 여기에 바로 우리 모두가 빠지기 쉬운 '생각의 오류의 함정'이 등장하고, 이른바 참을 수 없는 '복수의 악순환'이 시작된다. 말하자면 쌍방이 자신의 입장과 이익만을 고려한 선택이 결국에는 상대방뿐만 아니라 자신에게도 불리한 결과를 유발하는 '죄수의 딜레마'에 사로잡히게 된다.

보수주의 정권과 손을 잡은 미국의 기독교 근본주의는 분쟁 중에 있는 국가들을 정치적으로 선도한다는 미명하에 또는 '세계화'의 빌미로 정치적·문화적 제국주의적 이념으로 드러난다. 이런 현상들을 통해 종교적 근본주의가 정치와 결탁해 '정치화된 근본주의'의 모습으로 등장하고 있음을 확인할 수 있다. 종교 근본주의가 권력과 결탁해 정치적

4 양권석, "근본주의적 경향 혹은 욕망,"《기독교사상》620호, 대한기독교서회, 2010, 8쪽.

차원으로 확대되면 대외적으로는 '신제국주의'가 된다는 사실을 미국 주도의 '이라크 전쟁'에서 이미 목격한 바 있다. 네오콘(neocons)에서 볼 수 있듯이, 종교와 권력의 결합은 "불붙기 좋은 조합"[5]이다. 그것은 한편으로는 자국의 이익을 극대화하기 위한 세계화의 모습으로, 다른 한편으로는 각각의 종교적 극단주의 및 새로운 형태의 종족주의의 모습으로 창궐한다.

문제가 되는 것은 종교 근본주의가 정치권력의 도구가 됨으로써 종교적인 것을 넘어서서 강대국이 만들어낸 '정치적 담론'으로 변한다는 사실이다. 그것은 인위적으로 형성되고 해석된 역사적·문화적인 담론이다. 이런 토대를 계승하면서 오늘날 미국의 보수적 근본주의자들은 성(聖)과 속(俗)으로 구분짓는 이원론에 근거해 정치에 무관심했던 모습에서 탈피해, 소위 신복음주의, 오순절교회 등과 더불어 국수주의, 반공주의 등이 특징인 기독교 우파라는 이름으로 정치세력화되고 있다.

이런 현상의 배후와 근저에는 '적과 동지의 도식'으로 서로를 적대적으로 타자화하는 일종의 '근본주의 유령'이 은닉되어 있다. 여기서는 근본주의와 철학적 사고 사이에 가족 유사성이 있다는 전제하에 논의를 시작하고자 한다. 왜냐하면 근본주의 속에 철학적 사고가 깃들어 있고, 특정 철학적 사고 속에 근본주의적 함축이 있기 때문이다. 각각의 근본주의에서는 자신들이 '근본'이라고 생각하는 것에 대한 거부나 부정은 '적대적 모순' 내지 '절대 악' 또는 '악의 축'으로 간주된다. 그리하여 테러리스트들과 '테러와의 전쟁'을 감행하는 쌍방이 '적대적 타자들'을 흉측한 병원균이나 벌레로 여기면서 말끔히 청소하고자 한다. 그

5 조너선 색스, 앞의 책, 80쪽.

러한 근본주의를 배태한 원인과 문제 지평을 철학적으로 진단하고, 근본주의-패닉(panic)을 극복할 수 있는 현 인류의 공존과 상생의 해법을 찾아보고자 한다.

근본주의의 어원적 의미와 발생적 기원

근본주의는 어원적으로 '극단의 어느 끝자락에 매달림', 어느 곳에 '닻을 내리기'라는 의미가 있다. 그것은 어떤 사상이나 원칙 또는 이념에 대한 엄격한 복종과 신앙적 고수를 의미한다. 근본주의는 원칙상 종교적 신앙, 도덕적 이념, 정치적 신념, 이데올로기적 강령의 뿌리를 수호하고 방어하려는 태도다. 이는 어떤 개인과 신앙공동체의 종교적이며 실존적인 태도 및 종족·민족주의적 태도로 간주되기도 한다. 따라서 근본주의는 마지막까지 지켜야 할 어떤 기본적인 가치나 기본적인 사상에 대한 철저한 태도를 의미한다. 근본주의는 다른 가치들과 타협하면 이러한 가치를 상실하리라는 두려움도 있는 절대적인 것이다.[6]

원래 근본주의라는 용어는 1910에서 1915년 사이 미국 프린스턴 대학교에서 발행된《근본: 진리를 향한 증언(*The Fundamentals: A Testmony to the Truth*)》에서 처음으로 등장했다. 여기에는 근본주의적 기독교 진리를 위해 집필된 짧은 논문과 평론들이 수록되어 있다. 과학의 혁혁한 발전, 근대주의의 등장과 다원적 문화의 확장 및 자유주의 신학이 활발히 논의되던 시대적 정신에 반발하면서 이 소책자는 양보할 수 없는 "다섯 가지의 기독교 교리들"[7]을 주장했다. 이것들이 미

6 권터 홀, "정신의학의 관점에서 본 근본주의, 교리주의, 열광주의,"《기독교사상》제37권 제9호(통권 제417호), 대한기독교서회, 1993, 172쪽.

국 복음주의 그리스도교의 특성이라고 할 수 있는데, 유럽의 근본주의 진영에서는 이 다섯 가지 요소들 외에 다원주의와 종교 간의 대화에 대한 비판을 첨가하고 있다.[8] 이 교리들은 움직일 수 없고 타협할 수 없는 '절대 진리'라는 것이다. 이 근본들은 외부의 혼합적·반종교적·비종교적 문화 상황에서 신자들을 위협하는 외부의 침략으로부터 보호하는 신앙적 성곽으로 제시되었다. 특히 종교적 근본주의에서는 정경(canon)의 '문자주의(literalism)'를 기반으로 성서를 무오류의 신적 계시로 받아들인다. 따라서 문자주의적 강령과 연계되어 있는 삶의 형식이 부정될 경우 시대정신에 집요하게 저항하는 문화투쟁적인 이데올로기로 간주되기도 한다.

근본주의는 언급한 바대로 20세기 초에 일어난 미국 프로테스탄트 교회 내의 보수적인 신학운동을 가리킨다. 이는 근대화에 따른 합리주의 및 자유주의로 인해 그리스도교 신앙의 근본 요소가 위태롭게 된다는 위기의식에서 출발한 신학 사조다. 근본주의에서 사람들의 이완된 신앙이나 세속화된 생활에 반성을 촉진하고 순결한 경건을 보존하고자 한 점은 높이 평가된다. 그러나 과학적 이론들을 전격적으로 부정하고 유럽식 자유주의 신학의 산물인 근대적 성서 비평학의 성과를 무조건 적대시하며 여성해방운동 역시 전통적 질서와 문화에 대한 도전으로 치부한 점은 경계할 점이다. 근본주의자들은 자신들의 신앙에 동조하지 않는 자를 비난하고 공격하는 배타적이고 편협한 태도를 견지한다. 사실 '근본주의'라는 말 속에는 그것의 본래적 의미와는 다르게 '현

7 이 근본 강령은 '성서 무오영감설', '그리스도의 동정녀 탄생', '속죄', '부활', '기적적인 능력'을 신조로 삼는다.

8 빌프리트 뢰리히, 이혁배 옮김, 《종교 근본주의와 종교분쟁》, 바이북스, 2007, 69~70쪽.

실 적합성이 떨어지고', '과거 회귀적'이고, '자족적'이라는 부정적 의미들이 내포되어 있음은 분명하다.

현대의 다원주의 사회에서 복합적인 삶의 상황을 무시하는 일방적인 이슬람 근본주의가 문제시된다. 1970년대부터 이슬람 부흥현상이 일어나 그 일부가 급진적인 활동을 진행하자 그러한 동향을 이슬람적 근본주의라고 했다. 이 경우에는 '원리주의'라는 번역이 정착했다. "현시대의 이란과 같은 정권이 이러한 정·교 분리를 거부하거나 또는 종교적인 이유에서 시작된 사회운동이 이슬람적인 신정정치의 형태를 재구축하려고 할 때 우리는 그것을 가리켜 근본주의라고 말한다."[9] 한편 이슬람 세계에서 서구의 근대주의는 종교적 가치체계를 위협하는 이데올로기로 간주된다. 이슬람주의에 따르면, 이런 근대주의적 이데올로기는 근대화의 모든 성과물을 '자율적 존재'인 인간에 의해 이루어진 것으로 보면서 인간을 '알라(Allāh)'의 자리에 올려놓는다. 특히 이슬람주의에서는 서구적 근대화의 거부 이유를 식민주의의 부당함과 경제적 세계화의 불평등, 그리고 세속화된 근대화에서 찾고 있다.[10]

알카에다(Al-Qaeda) 하부조직으로 출발해 2014년에 칼리프 국가를 선언한 '이슬람 국가(IS)'는 이슬람 수니파[11] 근본주의 무장단체다. 이는 이슬람 율법인 샤리아(Sharī'ah)에 따라 세계가 통치되길 원하면서, 특히 이라크, 시리아, 레바논을 포괄하는 레반트 지역에 이슬람 국가를 세우려는 목표를 지닌 조직이다. 이들에 의해 자행되고 있는 끔직한 민간인 참수, 인권 탄압, 문화유산 파괴, 노예제 부활 등은 세계 약 60개

9 지오반나 보라도리, 손철성 옮김, 《테러시대의 철학: 하버마스, 데리다와의 대화》, 문학과지성, 2004, 71쪽.

10 뢰리히, 앞의 책, 18~19쪽.

국이 동참한 격퇴작전으로 이라크, 시리아 IS에 대한 무차별적 공습을 불러왔다. IS의 테러리즘은 마땅히 비난의 대상이 되어야 하고 그러한 만행은 근절되어야 한다. 특히 IS는 야만적인 테러와 참수 행위, 그리고 우상 숭배적이거나 이단이라고 판단되는 세계 문화유산과 유적들을 파괴하는 야만성의 극치를 보여주고 있다. 나아가 최근의 테러의 일상화는 자생적 테러리스트, 소위 '외로운 늑대'가 증가했다는 사실과 무관하지 않다. 인터넷과 SNS가 보편화되면서 특정 종교 신도들과 반체제적 사상을 지닌 세력들 내지 극우세력들을 테러리스트로 전환시키는 원격조정이 가능해진 것이다.

무엇보다 최근 도처에서 발흥하는 불온한 '근본주의 유령'은 그것을 불러오는 원인 제공자인 미국 주도의 '세계화'에 대한 방어기제로 나타난다고 볼 수 있다. 따라서 우리는 근본주의 현상을 비판하기에 앞서 그것을 불러일으키는 제1원인을 문제 삼아야 한다. 거슬러 올라가면 문제는 '계몽에 대한 믿음'에 뿌리를 내리고 있는 서구의 세속주의가 근본주의를 불러온 최초의 원인이었다.

결국 종교적 근본주의는 종교의 외피를 드러낼 뿐 참된 의미의 개별 종교의 근본정신 및 본령을 드러내지 못한 특정 종교적 게토주의 및 분리주의다. 이는 단적으로 보편적 가치와 도덕성이 결핍되어 있고, 종교의 근본정신인 이웃사랑과 생명 존중이 결여되어 있다. 따라서 현대 종교의 폭력성은 종교를 통해 자신의 정치적 목적을 이루고자 하는 근본

11 오늘날 무슬림의 대다수(거의 90%)는 수니파다. 수니파는 '순나(sunnah)', 즉 전통과 관습을 지키는 사람들을 의미한다. 그들은 이슬람 공동체의 투표 혹은 능력 있는 대표자들의 투표를 통해서 예언자의 후계자를 뽑아야 한다고 주장한다. 한스 큉, 손성현 옮김, 《한스 큉의 이슬람: 역사, 현재, 미래》, 시와진실, 2012, 357쪽 참조.

주의자들의 잘못된 신앙 이해에서 출발한다. 이제 근본주의에 깃든 사고와 논리가 무엇이며, 그것이 왜 문제가 되는가를 살펴보도록 하자.

근본주의에 내재한 사고와 논리

1. 교조주의적·독단론적 사고

근본주의에 내재한 사고방식은 교조주의적·독단론적 사고(Dogmatism)이다. 이는 의견이나 신념을 뜻하는 희랍어 '도그마(δόγμα, dogma)'에서 유래한 말로 다음과 같은 뜻을 지닌다. 신에 의해 계시된 진리 또는 규정된 신앙의 근본 명제들을 믿는 신앙이다. 교조주의는 전통적·종교적 권위를 대변하는 신념체계이고, 또한 그 출발점으로서 특정한 원리를 가정하는 철학체계이기도 하다. 일반적으로 지식의 본질이라든가 한계성을 인식론적인 비판을 거치지도 않은 채 무반성적으로 형이상학적인 명제를 믿는 것을 가리킨다.

대부분의 종교가 궁극적인 진리를 주장하고, 궁극적인 실재나 절대적인 경지를 기본적으로 받아들이고 있다. 종교적 진리에 근거한 신앙은 절대 불변의 확고한 신념체계인 도그마를 전제한다. 그것은 신앙의 토대와 신앙을 영구화시키고 신앙공동체를 결속하기 위한 기초로서 순기능의 역할을 한다. 도그마에 대한 선험적 정당화는 신앙적 관점이 매개된다. 반면에 그러한 도그마가 강제적 억압과 무비판적 종속의 이데올로기로서 역기능의 역할도 한다. 그러한 종교적 신념이 역사적으로 독단론적이 될 때 역설적이게도 그것은 종교의 근본적 이념을 무너뜨리고 위협할 정도로 반종교적·반인륜적이고 해악적인 것이 되기도 한다.

잘 알려져 있듯이, 독단론은 충분한 증거도 없는 명제를 믿는 신념이며, 확고하고, 우월감을 지닌 신념이다. 이것에는 그 어떤 이유가 있더라도 신념의 근거를 조회해보려 하거나 신념을 바꿔보려 하는 데 동의하지 않는 속성이 함께 뒤따른다.[12] 그러나 종교적 도그마는 초월적 계시로서의 권위와 연관되기도 하지만, 인간의 역사적으로 구성된 문화적인 해석이 개입되고, 때로는 외부적으로 강요된 '진리에 대한 의지'에 의해 생성된 일종의 담론으로 간주될 수 있다.

거창한 역사적 이상의 제단에 개인들을 희생시킨 데 대한 책임을 져야 할 것은 다름 아닌 독단론적·배타적 신념이다. '우리'의 신앙 또는 인종이나 이데올로기가 다른 '그들'은 우리와 동일한 사람이 아니라는 신념이다. '그들'은 기껏해야 이등 시민일 뿐이며, '그들'은 구제받지 못할 불신자이며 이단자이고 구원의 영역에 들어올 수 없는 이방인이다. 우리와 다른 신념을 가진 자들을 적대적 타자로 폄훼하는 이런 사고방식에서 십자군 전쟁과 종교재판, 지하드, 러시아의 유대인 대학살(pogrom), 나치의 홀로코스트(holocaust) 등 인간의 생명을 무자비하게 희생시키는 끔찍한 사건이 발생했던 것이다.[13]

근본주의 사고 속에 깃든 확증 편향은 자신의 신념과 일치하는 정보는 받아들이고 신념과 일치하지 않는 정보는 무시하는 경향으로, confirmatory bias 또는 myside bias라고 한다. 확증 편향을 논리학에서는 '불완전 증거의 오류' 또는 체리피킹(cherry picking)이라고 한다. 자신의 주장을 뒷받침할 증거나 자료만 선택적으로 제시하는 것을 가리킨다.

12 《기독교 대백과사전》, 기독교문사, 1996, 277쪽 참조.

13 색스, 앞의 책, 86쪽 이하.

무엇보다 근본주의는 도그마를 앞세워 진리에 대한 배타적 독점을 감행한다. 도그마 자체는 존재할 수 있다. 그러나 인간이 정한 도그마는 그것이 지닌 상대성, 역사성, 상황성, 언어적 제한성이 있다. 도그마는 필요하지만 해석의 다양성에 열려 있는 도그마가 되어야 한다. 도그마는 개인이나 특정 공동체가 전유하거나 독점할 수 있는 것이 아니라 진리와 사랑을 담보하는 모든 인류에게 공평하게 열려 있는 지혜의 도구가 되어야 한다. 따라서 근본주의에 깃든 교조주의적·독단론적 사고는 재고되어야 하고 극복되어야 한다.

2. 신적 관점을 지닌 절대주의적 사고

근본주의는 '신적 관점'을 전제한다. '신적 관점'은 우리의 경험적 조건에 부합하지 않는다. 하지만 그것은 전적으로 상상 불가능하거나 무용한 관점은 아니다. 그것이 가능하다는 것은 우리의 상상력을 통해 그것을 떠올릴 수 있다는 것을 의미한다. 그것이 무용하지 않다는 것은 우리의 이상으로 주어짐으로써 삶에 방향성을 부여하고 우리의 삶을 이끌어가는 추동력의 역할을 한다는 것을 말한다. 그러나 '신적 관점'도 인간이 상상하고 구성해낸, 다시 말해 인간이 개입한 관점이기도 하다.

레셔(N. Rescher)는 이런 '신적 관점'이 우리의 행위와 사고의 방향성을 제시할 수 있다는 점에서 유용성을 갖는다는 것을 인정한다. 그러나 시종일관 그것에 집착하는 것이 위험하며, 동시에 이 문제가 구체적 사실의 문제이기보다는 일종의 철학적 희망의 표현이라는 점을 지적한다. 동시에 자기 기만적일 수 있다고 경고한다.[14]

인간은 자기가 진리를 소유하고 상대는 오류에 빠져 있다는 이유로 살인하는 존재이기도 하다. 하느님의 말씀은 천국에서 내려왔다. 하지만 해석은 지상에서 한다. 하느님의 빛은 무한하지만 우리 눈에 보이기 위해서는 유한한 이해를 통과하며 굴절될 수밖에 없다. 천국의 진리는 시·공을 초월하지만 인간의 지각은 시·공의 제약을 받는다. 두 명제가 충돌한다고 해서 반드시 어느 한쪽은 옳고 다른 쪽은 그른 것이 아니다. 어쩌면 양쪽은 각기 실재에 대한 다른 관점, 질서를 세우는 양자택일적인 방식을 나타내는 것일지도 모른다.[15]

'신의 관점'을 지닌 절대주의적 사고도 경우에 따라 무용한 것만은 아니다. 그럼에도 인간은 '신적 관점'에 서고자 해서는 안 된다. 왜냐하면 우리는 이성적 인식의 한계와 언어의 한계로 말미암아 절대적 관점을 확보할 수 없기 때문이다. 따라서 진리를 모두 아는 사람은 드물고 우리들은 저마다 진리의 일부만을 알기 때문이다. 아무튼 지식의 경우 '절대'를 말할 수 없다. 이런 점에서 '진리의 상대성'은 말할 수 있지만 그렇다고 해서 모든 지식이 동등하다는 의미는 아니다. 상대적으로 더 적절한 지식이 있고 그렇지 않은 지식이 있다. 옳다/그르다가 아니라 지식의 적절성 정도의 차이가 있음을 인정한다. 모든 지식은 더 적절한 지식으로 바뀔 수 있다. 따라서 순수한 신앙과 구별해, 또한 그것을 훼손하지 않는 한 '신적 관점'을 상대화, 객관화시키는 지적 용기가 요구된다.

3. 선·악의 이분법적 사고

근본주의는 '선·악의 이분법'을 전제한다. 그것은 태생적으로 세속

14 N. Rescher, *Pluralism: Against the Demand of Consensus*, Clarendon Press, 2003, p. 1, p. 198.

15 색스, 앞의 책, 117쪽.

세계에 대한 적대성과 그것으로부터의 분리주의 또는 고립주의라는 이념적 특성들을 지니고 있다. 세속세계가 다원주의적이고 상대주의적이며 종교를 위협하는 악의 세력이라면, 이에 적대적인 근본주의자들은 자신들이 일원적이고 절대적인 선의 세력에 속한다고 자부한다. 따라서 근본주의에서는 선을 보호하기 위하여 악한 세상과 싸워야 하고, 세상과 타협한 교파나 신도들을 적대시하며, 이교도와 사탄의 세력에 대해 투쟁해야 한다고 주장한다.[16]

근본주의에 내재한 '선·악의 이분법적 사고'의 특징은 아래와 같다. 첫째, 세계를 선과 악이라는 도덕적 이원주의로 간단히 구분해서 판단한다. 둘째, 자기는 항상 선이고 상대는 항상 악이라고 단호하게 규정한다. 셋째, 악의 축인 상대방을 어떻게든 제거해야 한다고 믿는다. 그래서 어떤 수단과 방법을 써서라도 악의 존재를 축출하려고 노력한다. 넷째, 이 단순한 선악의 편가름과 도식화는 다시 주변을 계속해서 편가름의 분열로 몰아넣어 인류의 평화를 위협하는 야만적 폭력과 전쟁의 원인이 된다. 따라서 '선·악의 이분법적 사고'는 재고되고 극복되어야 하는 과제다.

4. 자문화중심의 이항대립적 사고

근본주의 속에 내재한 논리는 도도한 서양 정신의 적자(嫡子)다. 이는 서양의 형식적 논리학의 사고의 법칙인 모순율에 기초한다. 그것에 의거해서 옳음과 틀림을 엄격하게 구분한다. '이것이냐 저것이냐'라는 양자택일을 하고 모든 것을 단순화해 이 잣대를 절대화한다. 예컨대 테러

16 색스, 앞의 책, 249쪽 이하 참조.

와 반테러의 보편적인 분류 원칙이란, 그들이 우리나 우리의 우방에 공격 행위를 자행한다면 그것은 테러다. 그러나 우리나 우방이 다른 나라를 대상으로 테러를 가한다면 정도가 훨씬 심할지라도 '반(反)테러'나 '정당한 전쟁'이라고 한다. 우리가 그들에게 가하는 테러는 정당한 것으로서 야만 세계에 문명을 가져다주는 것으로 강변한다.[17]

종교 근본주의에 내재하는 자문화중심주의(ethnocentrism)의 이항대립적 사고는 '우리와 그들의 이분법'으로 나타난다. 이슬람교와 기독교는 모두 일신교다. 그러나 일신교는 다신교와는 달리 자기 외부의 신성을 좀처럼 수용하려 들지 않으며, 세계를 '우리'와 '그들'이라는 이원적 구도로 파악한다. 둘 다 하나의 유일한 신앙을 모든 인간이 추종해야 한다고 주장하면서 자기중심의 보편주의를 내건다. 이교도를 참다운 유일 신앙으로 개종시켜야 할 의무가 신앙인에게 있다고 본다. 처음부터 이슬람은 정복을 통해 교세를 넓혔으며, 기독교도 그런 기회를 철저히 이용했다. '지하드'와 '십자군'이라는 평행선상에 놓인 개념은 서로 유사할 뿐 아니라 세계의 다른 주요 종교들과 이 두 종교의 차이점을 극명하게 드러낸다.[18]

이런 점에서 이항대립적 사고는 자문화중심주의 논리다. 이것은 자신의 민족성·국민성 또는 문화를 기초로 하여 다른 나라·민족 집단·문화를 해석하고 평가하는 것을 뜻한다. 자신의 집단이 다른 모든 집단보다 우월하다고 여기면서 자기 문화의 틀 속에서 다른 문화를 해석·평가하는 경향을 말한다. 이는 자신의 집단을 모든 것의 중심으로

17 존 준커먼, 다케이 마사카즈, 노엄 촘스키, 홍한별 옮김, 《권력과 테러: 노엄 촘스키와의 대화》, 양철북, 2003, 76~77쪽.

18 새뮤얼 헌팅턴, 이희재 옮김, 《문명의 충돌》, 김영사, 2003, 282쪽.

보며 그 집단을 기준으로 나머지 모두를 측정하고 평가하는 관점을 의미한다.

> 이성(문명)과 비이성(야만)의 이원론에서 드러나는 계몽주의와 식민주의의 상호 관련성은 인간에 대한 이중적 개념에서 더 확연해진다. 계몽주의의 저변에 깔린 근본정신이 인간의 문제를 스스로의 능력으로 해결하고자 하는 인간중심주의, 즉 휴머니즘임은 주지의 사실이다. 그런데 계몽주의자들이 관심을 기울였던 '보편적 인간(the universal man)'은 유색인, 노예, 여성이 배제된 제한적 범주임을 상기할 필요가 있다.[19]

이와 같이 자문화중심주의에 따르면, 우리 자신의 철학, 즉 우리 자신의 견고하게 확립된 신념, 태도, 표준, 방법, 절차들 내에 있는 것보다 더 나은 것은 있을 수 없다고 생각하는 것이다. 예컨대 나치즘, 스탈린주의, 파시즘, 일본 제국주의의 근본이념도 자민족중심주의에 속한다. 나아가 유대 근본주의의 선민사상, 기독교 근본주의에 깃든 백인 '앵글로 아메리카니즘(Anglo-Americanism)', 이슬람 근본주의의 국수주의도 이에 속한다. 여기서는 '자국의 이익', 즉 자신의 나라에 이로우냐 해로우냐가 모든 것의 판단기준이 된다.

또한 자문화중심주의에는 '문명과 야만의 이분법'이 깃들어 있다. 문명의 야만성은 스스로를 야만에서 구분하는 바로 그곳에서 시작된다.

19 이경원, "문명과 야만의 이분법: 계몽주의의 양면성과 식민지 타자,"《외국문학》47호, 열음사, 1996, 181쪽.

이론적 구별이 실제적 차별을 정당화하는 담론을 제공한다. 이러한 관점에서 문명담론의 역사를 돌아보면 이것이 거의 언제나 중심국과 주변국, 유럽과 주변세계, 문명권과 비문명권을 구분함으로써 타자와의 차별을 조장하고 자신의 폭력을 정당화해왔음을 확인하게 된다.[20]

'중심'과 '주변'을 구분함으로써 자국 문화의 우월성을 자랑하고 타민족의 문화를 멸시하는 차별적 문명담론은 동서고금을 막론하고 항상 있어왔다. 예를 들자면 독일의 '피와 대지'의 이데올로기, 중국의 중화사상, 일본의 신도이즘 등이 대표적이다. 그러나 '문명의 이름으로' 야만을 행하는 위선, 즉 이중 잣대가 문제다. 이를테면 우리가 하면 문명, 그들이 하면 야만, 우리가 하면 정당한 복수, 그들이 하면 테러다. 자문화중심적 이항대립적 사고, 문명과 야만의 이분법은 종교적 근본주의의 사고에 깊이 연루되어 있다. 타자 및 타자 문화와의 차이를 인정하지 않고 그들을 자기에게 동화시키려는 사고는 다원화 시대를 역행하는 불온하고 일방주의적·획일주의적 사고다. 이것은 상대방과의 끊임없는 적대와 충돌을 야기해 전쟁과 공멸로 귀결되는 '야만의 논리'다. 이는 금세기에 인류가 함께 극복해야 할 화급한 과제임에 틀림없다.

근본주의 해법을 위한 새로운 사유의 패러다임

1. 상대적 절대주의를 지향하는 각자적 근본주의

무엇보다도 유념해야 할 것은 근본주의에서 근본이 지닌 과정적·유동적·역사적·문화적 성격을 주목해야 한다. 진리의 근본을 추구하는

20 안성찬, "문명 속의 야만 1: 차별의 문명담론," 《인물과 사상》 통권 130호, 인물과사상사, 2009, 126~127쪽.

것은 모든 종교의 기본 속성이지만, 그 근본의 현대적 의미에 대해서는 끊임없는 해석과 재해석의 과정이 필요하다.

각각의 종교는 자신의 신앙공동체 안에서는 절대성과 유일성을 주장할 수 있다. '우리 아빠 엄마가 최고!'라고 주장하는 것이 아름답고 유해하지 않듯이, 자신이 믿고 있는 종교에 대해 절대성을 부여하는 것은 인정할 수 있다. 여기서 상대적 절대성을 추구하는 '각자적 근본주의'가 그 정당성을 확보한다. "자기 신념의 상대적 타당성을 깨닫는 동시에 자기 신념을 결단코 포기하지 않는 것이야말로 야만인과 구별되는 문명인의 태도다."[21]

근본주의는 각자성을 지니고 특정 공동체 안에서만 통용되는 근원성·절대성을 표방할 수 있다. 그것은 각자의 공동체 안에서 유의미한 숭고한 미덕이 될 수 있다. 각자 자기의 신앙과 신념의 뿌리를 지키고 계승하는 일이다. 이것은 비난받을 일이 아니라 존중되어야 할 덕목이다. 이런 점에서 그것은 상대적 절대성을 갖는다. 반면 다른 공동체에서는 통용될 수 없다는 인식이 뒤따를 때 상생과 공존이 가능하게 된다.

2. 맥락적·관계론적 사고에 기초한 조건적 근본주의

근본주의에서는 항상 근본을 어떤 고립된 실체로 파악하고 문자적으로 집착한다. 그것은 어떤 절대적인 것으로 설정된 권위에 대한 신념에서 일탈된 모든 것을 제외시키려 하기 때문에 분열이 계속될 수밖에 없다. 근본주의의 퇴행성은 절대적인 것으로 설정된 거점들 앞에서 모든 질문을 중지하고 그것에 안주하는 데서 그 절정에 이른다.

21 I. Berlin, *Liberty*, Oxford University Press, 2002, p. 217.

'조건적 근본주의'란 어떤 조건하에서 통용될 수 있는 근본주의를 의미한다. 그것은 어떤 특정한 신념 공동체 내지 신앙 공동체 안에서 고백되고 영향력을 미칠 수 있다는 의미다. 그 내부에서는 배타성과 절대성을 주장할 수 있다. 그러나 외부적 타자에 대해서는 배타성과 절대성을 강요하지 않는다. 조건적 근본주의는 타자에게 강요나 억압 그리고 피해를 주지 않는다는 입장이다.

그러나 무조건적인 근본주의는 위험하고 유해하다. 어떤 특정한 조건하에서 논의되고 통용되는 '조건적 근본주의'는 존중되고 보호되어야 한다. 이는 인간의 자연스러운 근본주의에로의 경향성과 사회적·도덕적·종교적 필요조건을 충족시킬 수 있는 대안으로 여겨진다. 따라서 조건적 근본주의는 인류의 평화로운 공존과 상생을 가능하게 하는 데 이바지할 수 있을 것이다.

사람들은 자기가 속한 문화권의 한계 속에서 각기 자신들에게 익숙한 이미지를 따라 자신들이 인식한 것을 진리라고 주장하며 상대방을 설득하려고 한다. 그러나 루트비히 비트겐슈타인(Ludwig Wittgenstein)이 분석했듯이 각각의 그룹은 자신들이 본 것을 이야기했다는 점에서 모두 옳을 수 있지만, 만약 자신들이 본 것만 진리이고 상대방이 보고 인식한 것은 틀렸다고 주장한다면 그것은 잘못이라는 것이다.[22] 따라서 이항대립적 모순율에 의해 어떤 다른 주장을 논박한다고 진리가 움터 나오는 것은 아니다.

22 루트비히 비트겐슈타인, 이승종 옮김, 《철학적 탐구》, 아카넷, 2016, 565~614쪽.

3. 인간의 얼굴을 한 근본주의

이른바 '근본주의의 교조화'는 인간을 도외시하거나 배제시킬 수 있다. 근본주의 자체를 절대화해 억압의 기제로 등장한다. 절대적 근본주의에서는 이론이 사람 위에서 주인 노릇을 한다. 따라서 근본주의는 인간의 고유한 권리와 자유를 침해하거나 부정할 수 있다. 그러나 근본주의는 인간성을 복권하고 인간을 바로 세우는 데 이바지할 때 그것의 존재가치와 의미가 확보될 수 있다. 그것은 인간의 삶을 풍요롭게 하고 인간을 위한 개인이나 공동체 모두에게 참된 방향성을 제시할 수 있어야 한다.

중요한 것은 사랑, 자비, 평화와 같은 종교적 가치가 진정한 근본으로 추구되고 구현되어야 한다. 종교의 핵심은 '이웃 존중'과 '생명 회복의 행위'의 차원에 있다. 그것이 종교의 근본이다. 특정한 교리, 문자, 경전이라는 토대보다도 먼저 근원적 관계성으로서의 '사랑'과 '자비'라는 근본을 추구하는 것이 진정한 근본주의다. 고유한 전통, 문화, 신앙을 수호하는 일은 근본주의의 미덕이다. 그러나 그것이 배타성을 가질 때 문제가 생긴다. 따라서 사랑이 지닌 이타성의 출발은 '자기중심성'을 극복하고 타자의 다른 입장에 대한 '차이의 감수성'을 길러나가는 것이다. 상대의 도덕 감정을 모욕하고 조롱하는 것보다 상대도 공감할 만한 부분을 넓혀가는 것이 현명하다.

역설적이게도 인류는 휴머니즘과 인간의 이름으로 야만적 만행을 저질러 왔다. 왜냐하면 인간의 얼굴이 배제된 근본주의는 정치적 이데올로기나 종교적 극단주의, 신앙적 광신주의로 쉽게 치닫기 때문이다. 자문화중심의 인간관에서 벗어나서 타문화의 관점에서도 바라볼 줄 아는 상호 호혜적 관점이 요청된다. 이런 바탕 위에서 가능한 '진정한 인간의 얼굴을 한 근본주의'는 새로운 패러다임으로 제시될 수 있다.

4. 전범적인 대안들

위르겐 하버마스(Jurgen Habermas)에게 이성은 투명하고 조작되지 않는 의사소통의 가능성이다. 따라서 그는 이성을 통해 근본주의나 테러리즘과 같은 근대화의 병폐는 치료될 수 있다고 본다.[23] 그는 테러리즘을 병적인 속도로 세계로 확산되는 근대화의 외상이 낳은 결과로 본다. 그러나 그것으로 만병통치약의 효능을 기대해서는 안 된다.

근본주의 문제에 좋은 멘토가 될 수 있는 만델라(Nelson Mandela)는 "적과의 대화"[24]를 시도한다. 그는 적이 진실로 나올 때 우리는 용서와 화해에 이를 수 있다고 보았고 그것을 실천에 옮겼다. '복수의 악순환'의 고리를 끊기 위한 만델라의 해법에 귀를 기울여야 한다.

> 우리의 이야기와 심각한 충돌을 빚을지도 모르는 다른 사람들의 이야기에 마음을 열어야 하며, 때로는 그들의 고통과 모욕감과 원한을 귀담아들을 줄도 알아야 하고, 그들이 생각하는 우리와 우리가 스스로 생각하는 우리가 다르다는 사실도 인정할 줄 알아야 한다. 그러기 위해서 우리는 대화의 기술을 배워야 한다. 그러나 그것은 오류에 대한 논박에서 진리가 움터 나온다는 소크라테스식 대화술이 아니다. 우리가 배워야 하는 대화의 기술은 우리와는 전혀 다른 방식으로 생각하고 행동하며 세상을 해석하는 타자들을 용인하는 과정을 통해서만 배

23 보라도리, 앞의 책, 53쪽.

24 넬슨 만델라, 김대중 옮김, 《만델라 자서전: 자유를 향한 머나먼 길》, 두레, 2012, 735~800쪽.

울 수 있다. 우리는 보편이 아니라 특수에 주의를 기울여야 한다.[25]

에마뉘엘 레비나스(Emmanuel Levinas)에 따르면, 모든 전쟁은 서양철학 전통과 관계가 있다고 생각한다. 전쟁은 사람을 전체에 복종시킨다. 전체에 복종하지 않는 사람은 무참하게 제거해버리는 것이 전체의 속성이다. 이런 의미에서 전쟁은 전체주의적이다. 서양철학은 대체로 하나의 이념으로 모든 것을 통일하고 포괄하고자 하는 노력이었다고 레비나스는 본다. 예컨대 자연, 역사, 물질, 신, 자아, 존재, 권력에의 의지는 모든 것을 통일하고 설명하고자 한 전체성의 이념이다. 그는 전체성의 철학 또는 '전쟁의 철학'에 대항해서 어떤 무엇으로도 환원될 수 없는 개인의 인격적 가치와 타자에 대한 책임을 보여주는 '평화의 철학'을 구축하고자 한다.[26]

에이브럼 놈 촘스키(Avram Noam Chomsky)도 '약한 자의 테러리즘'과 '강한 자의 테러리즘'을 구분한다. 미국이 주도하는 '서구의 이중 잣대'의 문제점을 지적하면서 서구의 위선적인 태도를 비난한다. 자국의 이해관계를 벗어나야만 진정한 의미의 서구적 가치가 실현될 수 있다는 것을 보여준다. 결국 지식인의 책무는 폭력의 악순환의 원인을 올바로 규명하고 진실을 진실로서 알리는 일이다. "지식인의 책무는 진실을 말하는 것이다."[27] 이를 통해 우리는 근본주의 문제의 본령으로 진입하여 그것의 해법의 실마리를 올바로 찾을 수 있을 것으로 기대한다.

25 색스, 앞의 책, 51쪽.

26 에마뉘엘 레비나스, 강영안 옮김, 《시간과 타자》, 문예출판사, 1999 참조.

27 노암 촘스키, 강주헌 옮김, 《지식인의 책무》, 황소걸음, 2005, 15쪽.

맺음말

우리는 문화와 믿음, 가치관, 이해관계 등이 우리 자신들의 그것들과 충돌하는 사람들과 만나야 한다. 따라서 반드시 이야기를 걸고 귀를 기울여야 하는 사람들을 이해하고, 또한 그런 사람들에게 이해를 받을 수 있는 능력을 길러야 한다.[28] 이런 태도야말로 근본주의에서 배태되는 '복수의 악순환'을 가져오는 본능과 열정이 재촉하는 대로 하지 않겠다는 것을 의미한다.

결론적으로 근본주의를 전면적으로 부정하면서 해체를 시도하는 것은 바람직하지 않고, 비현실적인 것으로 여겨진다. 우리의 관심사는 근본주의의 문제를 외과적 수술요법으로 환부를 도려내어 제거하기 위한 것이 아니다. 오히려 그것의 문제를 받아들이면서 그 원인을 철학적으로 진단하고 그 해법을 찾아보고자 하는 시도였다. 말하자면 근본주의를 뿌리째 뽑아내려는 것이 아니라, 그것이 지닌 폐해와 반인륜성을 최소화하거나 제거할 수 있는 사고의 새로운 패러다임을 모색해보고자 했다. 그리하여 우리에게는 근본주의가 태동하고 자랄 수 있는 토양을 제거하거나 그것을 조성하지 않으려는 노력이 요청된다.

근본주의 문제의 해법을 찾기 위해서는 우선적으로 소위 '적대적 타자'의 생각에 대해 열려 있어야 한다. 즉, '근본' 개념의 탄력적 이해에 항상 열려 있고 '진리'에 대한 인식에 열려 있는 근본주의가 요청된다. 특히 종교 근본주의에서는 경전에 대한 특정한 해석에만 매달려 있지 않고 다양한 해석들에 열려 있는 자세를 의미한다. 일체의 시원인 '신의 사랑'의 차원을 경험하고자 하는 '열린 신앙적 자세'와도 흡사하다.

28 색스, 앞의 책, 18쪽.

근본은 존재하지만 인간 인식의 유한성과 불완전성으로 인해 그것은 결코 고정된 것으로 간주되어서는 안 된다. 도리어 그것은 언제나 해석학적 탄력 속에 보존될 수 있고 새로운 재해석에 열려 있어야 한다. 그리고 그 의미는 관점 및 상황 의존적으로 드러날 수 있다고도 생각할 수 있어야 한다. 전통 속에 흐르고 있는 건강한 보수적인 전통적 가치를 보존하면서도 배타적이지 않고 상호 호혜적일 수 있는 열려 있는 개방적인 근본주의가 요구된다. 그러면 어떠한 새로운 버전을 통해 '배타적인 독선적 근본주의'를 넘어서서 근본을 존중하고 옹호하는 '새로운 열린 근본주의'가 가능할 것이다.

모름지기 근본주의는 특정한 개인이나 집단의 사고체계가 아니라 누구에게나 조건만 주어지면 쉽사리 근본주의로 경도될 수 있는 보편적 특성을 지닌다. 이는 모두가 근본주의의 유혹을 받을 수 있는 경향성이 있음을 반증한다. 그것은 낭만적 유토피아주의로의 유혹, 배타적 선민주의와 불온한 정체성 옹호로의 유혹, 위험한 광신주의와 비합리적 순응주의로의 유혹, 차이의 소멸로의 유혹이다. 또한 근본주의가 배태하는 야만성이란 반인륜적 야만성의 확산과 복수의 악순환, 적대적 타자의 악마화와 희생양 만들기, 정체성 수호를 위한 반인권적 차별주의의 옹호, 제노사이드(genocide, 집단학살)와 우생학적 인종주의의 옹호이다. 근본주의 논의에서 유념해야 할 것은 근본주의에 문제가 있다고 해서 근본의 가치와 중요성마저 부정되어서는 안 된다.

보편윤리에 대한 보편주의적 접근방식의 비판적 고찰*

강준호**

'윤리학'을 행위의 시비나 인격의 선악에 대한 보편화 가능한 믿음의 합당한 근거를 찾으려는 반성적 시도라고 정의한다면, '보편윤리(universal ethics)'라는 표현은 다분히 중복적인 표현이다. 서양 윤리학사에서 주류로 간주되어온 이론들—예컨대 덕윤리, 기독교윤리, 자연법주의, 공리주의, 의무론, 계약론 등등—가운데 인간의 형이상학적 구성이나 이성적 사고력이나 도덕적 판단력이나 정서적 반응 능력 등의 보편성—또는 평등성—을 가정하지 않은 이론은 발견하기 어렵다.

물론 특정 개인이나 집단을 둘러싼 정치적·문화적·역사적 환경과 우연적 경험이 그 개인이나 집단의 도덕적 감수성과 편향에 심대한 영향을 미칠 수 있음은 부인할 수 없다. 그럼에도 주류 이론들이 완전한 인격의 필요조건으로 제시한 덕목이나 인간 사회를 규율할 기본 규범으로 제시한 원칙은 특정 시대, 문화, 종교, 민족, 인종, 계급, 성별, 지리

* 이 글은《인문학연구》제29호(2015)에 게재한 것을 일부 수정했다.

** 경희대학교 후마니타스칼리지 부교수. 한국윤리학회 임원. 서울대학교 동물실험윤리위원회 위원.

적 위치, 역사적 경험, 국가 등의 경계를 설정하지 않는다. 도덕적 삶과 행위의 주체인 인간의 존재나 기능이나 가치에 대하여 시공간과 모든 자연적·인위적 경계를 초월하는 무제약적 보편성의 가정은 분명 근대 계몽주의 기획에서 정점에 이르지만 그러한 기획에 원천적으로 의존하는 것은 아니다. 지나친 일반화일 수 있으나 서양 윤리학의 주류 이론들은 근본적으로 보편윤리를 지향한다.

그러나 20세기 말의 지구적 논쟁에서 거론되는 보편윤리는 주류 이론들의 공통적 속성으로서의 보편윤리와는 다른 수준과 대상을 가진 논구다. 후자가 인간 행위의 시비나 인간 본성 및 성품의 선악에 대한 순전히 이론적인 논구라면, 전자는 오늘날의 특수한 의제—특히 세계화에 의해 유발된 다방면의 쟁점—에 초점을 맞춘 다분히 실천적 논구다. 이러한 의미에서 오늘날 논의되는 보편윤리는 실천윤리(practical ethics)로의 지향을 강하게 내포하고 있다.

그럼에도 전자와 후자, 즉 오늘날의 특수한 의제에 대한 실천적 논구로서의 보편윤리와 서양 윤리학의 공통적 속성으로서의 보편윤리는 분명 밀접하게 결합되어 있다. 다른 여러 실천윤리 분야들, 예컨대 생명윤리·환경윤리·정보윤리 등의 논의가 대체로 서양 윤리학의 주류 이론들이 제시한 덕목이나 기준이나 원칙을 현실문제에 대한 접근의 단초로 삼듯이, 오늘날 보편윤리 논쟁에 참여하는 학자들도 대체로 이러한 이론들을 지구적 의제에 대한 자신의 접근방식의 단초로 활용한다. 따라서 기존 이론적 논구의 다양성만큼 또는 그 이상으로, 이러한 논구를 배경으로 삼아 실천적 논구로서의 보편윤리에 접근하는 방식 역시 다양한 듯하다.

일부 학자들—예컨대 일부 공동체주의자들이나 다원주의자들—은 보편윤리의 구상 자체에 찬동하지 않는다. 그 구상에 찬동하는 학자들이 취하는 접근방식이나 태도도 그들이 배경으로 삼는 이론적 토대에 따라서 가지각색이다. 또한 그 구상에 찬동하더라도 그것에 대한 철학적 정당화가 별로 중요하지 않다는 입장도 발견할 수 있다. 그럼에도 지구적 대화의 토대로서 보편윤리의 구상에 전향적인 입장을 가진 소위 '보편주의자들'은 몇몇 기본 전제와 전형적인 논리에 바탕을 두고 있는 듯하다. 필자는 이러한 전제와 논리에 대한 검토를 통해 보편윤리와 보편적 인권 개념의 관계를 살펴보고, 보편윤리에 대한 보편주의적 접근방식의 한계들을 지적하고자 한다. 그런 다음 대안적 보편윤리로서 생존권 개념과 다원주의적 관점을 단초로 삼는 유형들의 근본 문제를 지적하고자 한다.

보편적 인권과 문화적 다양성

세계화 시대의 의제에 초점을 맞춘 논구라는 맥락에서 오늘날의 보편윤리는 흔히 '지구윤리(global ethics)'라고도 불린다. 이것은 흔히 더 나은 세계에 대한 실천적 비전—예컨대 지구적 규모의 분배 정의, 평화로운 공존, 지속가능한 성장, 깨끗한 환경, 세계 빈곤의 구제 등—을 설정하고, 그 비전의 실현을 뒷받침하는 보편적 덕목이나 가치나 원칙의 천명에서 출발한다. 따라서 보편윤리의 불가결한 전제는 인류가 공동으로 추구해야 할 핵심적 덕목이나 가치나 원칙이 존재한다는 것이다.

이러한 덕목이나 가치, 원칙에 대한 정당화는 예컨대 아마르티아 센(Amartya Sen)이나 마사 누스바움(Martha Nussbaum)의 경우처럼 인간의 기능(human functions)에 대한 직관이나, 존 롤스(John Rawls)의 경우처럼 상이한 가치관·인생관·종교관 등을 가진 다원주의적 사회의 성원들 간의 '중첩적 합의(overlapping consensus)'나, 피터 싱어(Peter Singer)의 경우처럼 '이익의 평등한 고려(equal consideration of interests)'에 기초할 수 있다. 여기서 주목할 현상은 더 나은 세계에 대한 실천적 비전으로서 무엇을 역설하든 그 비전의 근거로 제시된 핵심적 덕목이나 가치나 원칙의 실질적 내용은 대체로 인권(human rights) 개념과 긴밀히 결부되는 경향을 가진다는 것이다.

오늘날 인권에 대한 수사는 보편윤리에 대한 거의 모든 접근방식에 강력한 영향력을 행사한다. 보편윤리의 구상 자체에 찬성하든 반대하든 그것에 대한 논의에 참여하는 학자들은 자신의 이론이 어떻게 인권 개념을 지지하는지, 아니면 적어도 그것과 어떤 연관을 갖는가를 설명해야 하는 부담을 가진다.

예컨대 마사 누스바움은 보편윤리에 대한 자신의 접근방식인 소위 '역량 접근방식(capabilities approach)'과 '인권중심 접근방식(human rights-based approach)'을 대조하면서 다음과 같은 두 가지 이유에서 후자를 거부해야 한다고 논한다. 첫째, 흔히 인권 옹호자들은 복지나 자원이나 기회에 대한 권리주장에 초점을 두는 경향이 있지만, 단순히 복지나 자원이나 기회의 제공이 사람들이 제 기능을 발휘할 수 있는 역량을 동일한 수준으로 끌어올리지는 못한다. 둘째, 인권 개념에 대한 철학적 정당화의 근거와 그것의 실질적 내용에 대하여 좀처럼 좁혀지지 않는 이견들이 존재한다.[1] 이외에도 누스바움 자신은 그렇게 생각하지 않지만, '인권' 개념 자체나 그 개념에 대한 이론적·실천적 논의의 틀

1 Martha Nussbaum, *Women and Human Development: The Capabilities Approach*, Cambridge University Press, 2000 참고.

자체가 순전히 '서구적'이라는 비판은 여전히 강력하다.

그러나 이렇게 인권중심 접근방식의 한계와 문제점을 지적하면서도 인권 개념이 자신의 접근방식에서 제안하는 기본 역량(basic capabilities)의 목록과 상당 부분 중첩된다는 점에서, 오늘날 매우 강력한 수사적 힘을 발휘한다는 점에서, 그리고 현실의 부정의에 대한 주장들의 심각성을 밝혀준다는 점에서, 누스바움도 그것이 보편윤리의 구상에서 매우 중요한 역할을 수행한다는 사실을 부정하지 않는다. 필자가 보기에 인권 개념에 대한 누스바움의 태도는 이중적인 듯하다. 한편으로는 자신의 역량 접근방식이 인권 개념의 모호함을 둘러싼 논쟁에 연루되는 것을 꺼리면서도 다른 한편으로 자신의 역량 접근방식이 인권에 집중하는 태도와 결합될 필요가 있다고 말한다.[2] 누스바움은 자신의 역량 접근방식이 의존하는 아리스토텔레스 이론의 중대한 결함이 기본 인권에 대한 이론의 결여에 있다고 지적하면서 결국 자신의 역량 접근방식은 "인권에 대한 설명을 더욱 구체화하는 방편"이라고 진술한다.[3]

보편적 인권의 존재에 대한 가정은 보편윤리에 대한 보편주의적 접근방식의 구심점이다. 보편적 인권의 철학적 정당화와 그것에 포함될 내용에 대한 이견들이 여전함에도 상대주의(relativism)에 대한 일반적 거부감은 보편적 인권의 존재에 대한 신념에 버팀목이 되는 듯하다. 공동체주의나 다문화주의(multiculturalism)의 지지자들조차 자신의 입장

2 Martha Nussbaum, "Capabilities and Human Rights," *Fordham Law Review* 66, 1997, p. 276.

3 Martha Nussbaum, *Women and Human Development: The Capabilities Approach*, Cambridge University Press, 2000, pp. 148~149.

을 도덕상대주의나 문화상대주의로부터 구별하려는 경향을 가진다.

그러나 보편윤리에 대한 보편주의적 접근방식이나 보편적 인권의 옹호는 그것 자체가 하나의 상대주의, 말하자면 '제국주의적 상대주의(imperialist relativism)' 또는 '도덕적 제국주의(moral imperialism)'라는 비판적 인식에 대응해야 한다. 인권에 대한 수사가 오늘날 지구적으로 얼마나 강력한 영향력을 발휘하든 인권 기준은 문화적으로 상대적이며, 예컨대 국제 인권법은 서양적 제도라는 인식이 상존하는 것처럼 보이기 때문이다.[4] 이러한 불편한 인식을 회피할 방편으로서 보편주의적 접근방식은 다문화주의를 제한적으로 포용하는 자세를 취할 수도 있다.

다문화주의는 "다양성의 가치를 핵심 원칙으로 장려하며 모든 문화 집단은 동등하게 존중받아야 한다고 주장하는 사회적·지적 움직임"이다.[5] 아무런 위협이나 해악을 끼치지 않는 다른 문화 집단의 전통이나 관행에 대한 관용과 이해는 오늘날 지구사회에서 중대한 덕목 내지는 원칙처럼 여겨진다. 다문화주의가 도덕적 진보를 끌어낸 사례는 각종 차별의 종식을 위한 현재진행형의 여러 국제·국내 활동과 성과에서 발견할 수 있다. 보편주의적 접근방식은 다문화주의의 요구, 말하자면 문화적 정체성이나 연대나 전통에 대한 권리주장을 보편적 인권의 일부로 편입하는 전략을 취한다.

다문화주의는 모든 문화 집단의 모든 전통과 관행이 동등하게 존중받아야 한다는 주장을 반드시 함축한 것은 아니다. 문화(또는 종교 또는 민

4 Guyora Binder, "Cultural Relativism and Cultural Imperialism in Human Rights Law," *Buffalo Human Rights Law Review* 5, 1999, pp. 211~221.

5 B. J. Flowers and F. C. Richardson, "Why is multiculturalism good?," *American Psychologist* 51, 1996, p. 609.

족) 집단들이 동등하게 존중받아야 한다고 말하는 것과 모든 문화적 전통과 관행이 관용되고 동등하게 존중받아야 한다고 말하는 것은 다르다. 특정 집단의 사람들을 인종·성별·종교 등의 차이에 근거해 차별하는 문화적 전통이나 관행이 인권의 보편적 적용을 제한할 수 없다.[6]

보편윤리에 대한 보편주의적 관점에서 다문화주의의 요구를 고려한다는 것은 문화 또는 도덕 상대주의를 수용하는 것과는 거리가 멀다. 다문화주의는 문화 집단마다의 도덕적 다양성에 대한 인식, 그러한 다양성에 대한 관용과 이해의 필요를 제기한다. 그러나 이러한 인식과 필요가 그 자체로 어떤 특수한 관행이나 전통에 대한 도덕적 정당화일 수는 없으며, 그것은 단지 어떤 문화 집단의 성원들이 오랜 세월 행해온 관행이나 전통을 왜 계속 행하고 있는가를 설명할 뿐이다.

어떤 특수한 관행이나 전통에 대한 도덕적 정당화의 궁극적 근거는 언제나 모든 자연적·인위적 경계를 초월하여 모든 개인에게 속하는 것으로 간주되는 불가침한 인권 내지는 공유하는 도덕적 언어에 있다. 예컨대 대표적인 다문화주의 학자인 윌 킴리카(Will Kymlicka) 역시 개인의 권리와 문화 집단의 권리를 구분하면서 문화 집단의 권리는 개인의 권리에 대하여 '이차적(secondary)'이라고 주장한다. 그는 문화 집단의 권리는 자유주의적 규범과 가치, 즉 개인에게 속하는 보편적 인권을 침해하지 않는 한에서만 바람직하다는 견해를 취한다.[7] 요컨대 한 개인은 그 자신을 포함한 모든 개인에게 속하는 엄밀한 의미의 보편적 권리와

6 Alan Gewirth, *The Community of Rights*, University of Chicago Press, 1996, p. 68. 앨런 게워스는 공동체가 우리의 삶에서 차지하는 역할을 존중하면서도 보편적 인권이 공동체적 정체성과 전통에 우선한다는 것을 철학적으로 증명하려고 시도한다. 이러한 관점에서 그는 인권주의를 지지하지 않는 공동체는 정당한 공동체가 아니라고 역설한다.

한 특정한 문화 공동체의 일원으로서 자신의 문화적 관행과 전통에 대한 특수하면서도 보편적인 권리를 가진다. 그러나 전자의 권리가 항상 후자의 권리에 우선한다.

이처럼 문화적 관행과 전통에 대한 권리를 이차적 권리로 규정하더라도 문화적 다원성의 고려는 보편적 인권에 기초한 보편윤리의 구상에 중대한 함의를 갖는다. 요컨대 문화적 다원성의 고려는 보편윤리의 실질적 내용을 수축시킬 수 있다. 그래서 다음과 같은 결론에 도달할 수도 있다: "이 같은 다원주의를 관리해줄 평화공존을 위한 지침은 가치관이나 인생철학 전반에 걸친 포괄적 합의가 아니라 중첩적 합의에 의한 최소 윤리 혹은 엷은 윤리관(thin conception of morality)을 도출함으로써 모색하는 길 이외에 다른 방도가 없다."[8]

보편윤리의 주요 모델은 최소주의 전략(minimalist strategy)을 취할 수 있다. 요컨대 실질적 내용을 구성할 덕목이나 가치나 원칙의 수를 적절히 제한하고, 그 덕목이나 가치나 원칙을 가급적 모호하게 규정하는 전략이다. 다시 누스바움의 예를 들면, 그녀는 열 가지 기본 역량의 목록을 제시한다. 그 목록에 포함된 역량은 다음과 같다: (1) 생명(life) (2) 신체적 건강(bodily health) (3) 신체적 온전성(bodily integrity) (4) 감각, 상상, 사고 (5) 정서 (6) 실천이성 (7) 우호관계(affiliation) (8) 다른 종들 (9) 놀이 (10) 자신의 환경에 대한 통제력. 누스바움은 이 목록이 "인간 존엄성에 대한 존중이 요구하는 분명한 최소한도(minimum)"

7 Will Kymlicka, *Multicultural Citizenship: A Liberal Theory of Minority Rights*, Oxford University Press, 1995.

8 황경식, "보편윤리와 지구촌 정의,"《인문과학》제32권, 성균관대학교 인문과학연구소, 2002, 214쪽.

라고 말한다.[9] 그녀는 보편주의적 접근방식을 옹호하는 동시에 그것이 문화적 다양성을 포용할 수 있음을 밝히려는 취지에서 자신의 목록은 "모든 지역적 전통에 깔려 있는 인간다움(humanness)의 특징들"을 가리킨다고 주장한다.[10] 또 다른 예로 게워스는 자유(freedom)와 복리(well-being)에 대한 권리를 보편적 인권의 핵심으로 간주하는 훨씬 더 단순한 목록을 제시한다.

이와 같은 최소주의 전략은 표면적으로는 보편주의적 접근방식의 직관적 설득력을 극대화하는 효과를 가진 듯하다. 그러나 이러한 전략을 구사하는 대부분의 접근방식이 세계시민사회(cosmopolitan society) 이념으로 대표되는 서양의 근대적 기획과 자유주의적 가치에 기초하고 있다는 점에 주목하면서 공동체주의자들 또는 다원주의자들은 그 접근방식의 한계를 지적해왔다.

보편윤리에 대한 보편주의적 접근방식의 한계

오늘날 자유주의적 가치에 기초한 보편윤리의 구상은 그것이 본질적으로 '서양 중심적'이고 '제국주의적'이라는 인식을 떨쳐낼 수 있을까? 이러한 구상의 대표적인 인물로 꼽히는 존 롤스에 대한 공동체주의자들의 비판을 통해서 보편주의적 접근방식의 한계로 지적되는 문제의 전형을 살펴보자.

9 Martha Nussbaum, *Frontiers of justice: disability, nationality, species membership*, Harvard University Press, 2006, p. 70.

10 Martha Nussbaum & Amartya Sen, *The Quality of life*, Clarendon Press, 1993, p. 243. 여기서 누스바움은 자신이 제시한 목록이 "모든 지역적 전통에 깔려 있는 인간다움(humanness)의 특징들"을 가리킨다고 논한다.

롤스는《정의론》의 기본 발상을《정치적 자유주의》와《만민법》으로 이어가서, 자유주의에 기초한 정의관이 한 자유주의 사회 내부와 여러 자유주의 사회들 사이의 관계뿐만 아니라 자유주의 사회와 비자유주의 사회 사이의 관계에도 적용될 수 있음을 보여주려 했다. 그는 여러 사회 사이의 관계를 규율할 만민법의 구상에서도《정의론》에서 도입한 가상적 무대인—물론 이번에는 지구적 규모의—'원초적 입장(original position)'을 설정하고 '무지의 장막(veil of ignorance)'을 원칙 도출의 핵심 장치로 이용한다. 만민을 구성하는 각 인민의 대표들은 자신들이 속하는 사회의 영토나 인구 규모, 상대적 힘을 알지 못한다. 이러한 조건하에서 만민은 대표들의 합의를 통해 민법의 원칙들을 도출해낸다. 각 인민의 독립성에 대한 존중, 인권 존중의 의무, 자기방어의 권리, 다른 인민에 대한 불간섭의 의무 등이 그 원칙들이다.[11]

《만민법》은 무지의 장막을 쓰고 원초적 입장에 기꺼이 참여하리라고 기대할 수 있는 기본적으로 자유주의 사회들 사이의 합의에서 출발해 비자유주의 사회들에까지 확장해간다는 구상이다. 그런데 이러한 구상은 의도하든 의도하지 않든 현실의 불균등한 관계, 즉 여러 사회들 사이의 힘의 불균형에서 비롯되는 관계들을 백안시할 위험이 있다. 그래서 롤스가 말하는 만민법은 "힘 있는 자유주의 사회의 행위를 규율한다기보다는 그 사회 중심의 질서를 다른 사회에 대한 관계에 덮어씌우는 데 일조할 가능성이 있다"고 볼 수 있다.[12] 좀 더 노골적으로 표현하면, 그가 제시한 만민법의 질서는 "사실상 미국을 중심으로 하는 이

11 존 롤스, 장동진 외 옮김,《만민법》, 이끌리오, 2000, 65쪽.

12 문성원, "자유주의와 정의의 문제: 세계화 시대의 자유주의 정의관,"《시대와 철학》12권 2호, 2001, 282쪽.

른바 선진 자본주의 국가들의 자유주의를 비중립적으로 옹호하고 있다고 볼 만한 소지가 많다."[13]

《정의론》의 출판 직후에 제기된 유력한 지적 가운데 하나도 '무지의 장막'이라는 장치에 의해 가려지는 현실의 불균등한 관계와 개인의 특수성(또는 고유성)에 대한 것이다. 롤스는 원초적 입장이 지닌 특징으로 상호성(reciprocity)을 강조하면서, 이 상호성을 근거로 개인의 현실적인 특수한 처지와 관계를 사상(捨象)한다. 그렇다면 이러한 발상을 원용한 만민법의 구상에 대해서도 동일한 문제가 제기될 수 있다. 즉 그 구상은 각 현실 사회의 특수한 처지와 관계를 사상한다는 것이다.

이에 반해, 마이클 월저(Michael Walzer)는 롤스가 무지의 장막으로 가리려 했던 특수성에서 출발한다. 현실 세계의 모든 사회는 나름의 특수성을 지닌, 그의 표현대로 '두꺼운(thick)' 사회다. 이 특수성에서만 공통적인 것, 즉 보편적인 것이 나올 수 있는데, 이러한 보편성은 그의 표현대로 '얇은(thin)' 것이다. 여기서 주목해야 할 사실은 두꺼운 것이, 특수한 전체가 얇은 것, 즉 보편적인 부분에 선행한다는 것이다. 다시 말해서 특수하고 두꺼운 것들이 먼저 있고 나서 그 가운데서 얇게 겹치는 공통된 부분, 즉 보편적인 부분이 드러난다는 것이다.

오늘날의 인권 개념은 두꺼움과 얇음 사이의, 또는 특수성과 보편성 사이의 긴장관계 속에 있다. 앞서 말한 것처럼 보편윤리에 대한 보편주의적 접근방식에서 포용할 만한 인권 개념은 얇은 또는 최소의 것일 가능성이 크다. 이러한 최소주의 전략은 높은 추상성 속에서 특수한 처지와 관계 아래에 있는 집단이나 개인의 특수한 요구들을, 예컨대 가치

13 문성원, 같은 글, 284쪽.

중립성에 기초한 자유주의적 정의의 명목으로 묵살할 수 있다. 그런데 공동체주의 일반의 관점에 따르면, 최소적인 '보편'을 앞세워 최대적인 '특수'를 규율하려는 롤스의 시도처럼 어떤 특수한 이해관계에도 봉사하지 않는 보편적 원칙을 찾아내서 이것을 통해 모든 사회의 행동을 획일적으로 규율하려는 시도는 근본적으로 잘못된 발상이다. 최소적인 보편은—즉 얇은 인권 개념은—실제로는 중립적일 수 없다. 왜냐하면 어떤 최소적인(얇은) 것이든 최대적인(두꺼운) 것에서 비롯되기 때문이다.[14] 흔히 보편적 정의의 기준으로 제시되는 원칙들은 어떤 두꺼운 도덕들 가운데서 반복되는 특징들일 뿐이다. 이 특징들을 통해 여러 사회 사이의 연대를 확인하고 증진할 수는 있지만 다른 사회를 비판할 수는 없다. 왜냐하면 월저에 따르면, 어떤 보편을 내세워 다른 사회를 비판하려 할 경우, 우리의 특수한 입장을 완전히 배제할 수 없기 때문이다.

계몽주의 시대로부터 인간의 보편적 존엄성에 대한 인식을 근거로 고양된 자유주의는 모든 전통적 차별—인종·성별·종교 등에 대한 차별—을 거부한다는 점에서 한 사회 내에서뿐만 아니라 지구적 규모에서 해방적인 힘으로 작용해왔다. 그러나 롤스의 경우처럼 모든 특수성이 사상된, 무지의 장막에 가려진 개인들에 의해 형성된 보편적 정의의 원칙뿐만 아니라 그러한 원칙을 도출하는 방법론조차도 본질적으로 서구중심적이다. 찰스 테일러(Charles Taylor)에 따르면, 이러한 원칙에 근거하는 자유주의는 문화적 중립성을 주장할 수 없으며, 다른 문화의 세계 이해와 일치할 수 없는 "문화에 대한 특수한 관점의 정치적 표현"

14 Michael Walzer, *Thick and Thin: Moral Argument at Home and Abroad*, University of Notre Dame Press, 1994, p. 9.

으로서 “전투적인 세계 해석”의 한 방식일 뿐이다.[15]

필자는 이와 같은 맥락의 지적이 누스바움에게도 적용될 가능성이 있다고 생각한다. 한편으로 그녀는 자원의 공정한 분배에만 집중하면서 개인들의 필요의 다양성을 충분히 고려하지 않는다는 이유로 롤스의 접근방식을 비판한다. 그러나 누스바움은 개인을 존엄한 존재로—칸트의 표현대로 ‘목적(end)’으로—대우해야 하며 개인의 자율성을 존중해야 한다는 자유주의적 존재론의 틀을 공유할 뿐만 아니라 자신의 기본 역량의 목록에 대한 정당화에서도 롤스식의 ‘중첩적 합의’ 내지는 ‘절차주의적 정당화’의 방법론을 채용한다.

한편으로 위에서 인용한 그녀의 목록은 롤스가 말하는 ‘기본적인 재화(primary goods)’의 공정한 분배만으로는 충족될 수 없는 개인의 고유한 필요와 삶의 질을 상대적으로 더 충실히 담아낼 수 있을 듯하며, 누스바움은 이것이 자신의 역량 접근방식의 우월성임을 역설한다. 그러나 그 목록은 인간의 참된 기능에 대한 아리스토텔레스적인 관념 혹은 직관, 즉 기원적으로 서구적 관념 혹은 직관에 바탕을 둔 보편주의를 지향한다. 이러한 지향과 관련해 누스바움 역시 서구 사회와 비서구 사회 사이에 존재하는 현실적 힘의 불균형에 무관심하다.

그래서 그녀의 목록에 대한 직관주의적이고 절차주의적인 정당화는 신식민주의적(neo-colonialist)이라는 비판이 제기되기도 한다. 예컨대 앨리슨 재거(Alison Jagger)는 누스바움의 이론은 힘 있는 사회의 목소리가 다른 사회의 목소리들의 도덕적 가치를 평가할 최종적 권위를 갖

15 Charles Taylor, “Die Politik der Anerkennung,” In *Multikulturalismus und die Politik der Anerkennung*, Frankfurt a. M. 1997, p. 57. 인용 부분은 정미라, “문화다원주의와 인정윤리학,” 《범한철학》 제36집, 2005에서 재인용.

게 만든다는 점에서 신식민주의적 이론으로 비쳐질 가능성이 있음을 지적한다.[16] 누스바움의 접근방식에는 그녀가 제시한 목록에 동의하는 사회 내부의 자기비판(self-criticism)을 가능하게 하는 메커니즘이 없는 듯하다. 그녀의 접근방식은 모든 사람들의 직관을 고려한다는 점에서 분명 정치적으로 자유주의적 기획인 듯하지만, 그 접근방식에 대한 직관주의적 정당화는 그녀가 제시한 이론에 부합하지 않는 생각들을 기각한다. 요컨대 그녀의 접근방식은 역설적으로 다른 목소리들을 반자유주의적으로 제압할 소지가 있으며, 이것은 그녀가 현실 사회들 사이의 불균형한 힘의 관계를 무시한 결과일 수 있다.

그런데 이러한 지적은 자기 문화에 대한 비판적 검토의 역량과 문화적 차이에 대한 상상력의 함양을 강조하는 누스바움의 교육관에 비추어보면 다소 일방적인 것처럼 들릴 수 있다. 그녀에 따르면, 자유주의적 교육은 "습관과 관습의 구속"으로부터 마음을 해방시키는 기능을 하며, 세계 시민이 되는 데 필요한 감수성과 합리성을 지닌 학생들을 낳을 수 있는 교육적 수단을 제공한다.[17] 그녀는 이러한 교육이 사람들로 하여금 편협한 전통·관습·습관으로부터 자신의 마음을 해방시킬 수 있는 역량을 함양할 수 있는데, 거기에는 자기 자신과 자신의 문화적 전통에 대한 비판적 검토—그녀의 표현대로 "소크라테스적 자기 검

16 Alison Jagger, "Reasoning About Well-Being: Nussbaum's Methods of Justifying the Capabilities," *The Journal of Political Philosophy* 14, 2006, pp. 301~322. 앨리슨 재거는 역량 접근방식 자체를 거부하는 것이 아니라 그것이 서구적이든 비서구적이든 모든 직관을 포용할 수 있어야 한다는 점을 지적하는 것이다.

17 Martha Nussbaum, *Cultivating humanity: A classical defense of reform in liberal education*, Harvard University Press, 1997, p. 80.

토(Socratic selfexamination)"—의 역량이 포함된다고 말한다.[18]

누스바움에 따르면, 자유주의적 교육에 의해 함양될 수 있는 또 다른 역량으로는 다른 문화의 이야기들(narratives)을 해독하기 위해 문화적 차이를 상상할 수 있는 역량이 포함된다. 그녀는 이러한 자기 검토와 비판적 반성의 역량이 자동적으로 지구적 관계에서 주목할 만한 변화를 일으키거나 문화 집단들 사이의 상호이해를 획기적으로 향상시킬 수 있는 것은 아니나, 여러 쟁점들에 대하여 함께 고민할 수 있는 기회를 창출한다고 논한다. 그리고 문화적 차이에 대한 상상력의 함양은 관용, 존중, 책임에 대한 의식뿐만 아니라 세계 시민을 위한 중심 요소인 이해와 동정심을 증진한다.

그럼에도 누스바움은 다문화주의의 수용에 대해서는 극히 경계하는 태도를 취한다. "세계적인 시민들(world class citizens)을 낳는다는 목표는 한 개인의 일차적 우호관계는 종교적이든 민족적이든 성별이나 젠더에 근거한 것이든 자신의 지역적 집단과 맺어진다는 정체성 정치(identity politics)와는 심히 대립된다."[19] 그녀는 다문화주의적 교육과 세계시민주의적(cosmopolitan) 교육을 구별한다. 왜냐하면 그녀가 보기에 전자는 "새로운 반인도주의적(anti-humanist) 견해 (……) 차이를 무비판적으로 찬양하고 공동의 이익과 이해의 가능성을, 심지어 한 개인을 자기 자신의 집단 밖으로 데려가는 대화와 논쟁의 가능성마저 부정하는 견해"이기 때문이다.[20] 그래서 문화 집단들 또는 민족들 사이의 특수한 차이와 행태상의 편차를 확인하는 데 초점을 두는 교육은 인류의 공통

18 M. Nussbaum, 같은 책, chap. 1.

19 M. Nussbaum, 같은 책, pp. 109~110.

20 M. Nussbaum, 같은 책, p. 110.

된 자질을 설명하는 교육과 명확히 구별된다.

엄밀히 말해서 누스바움은 문화적 다양성에 대한 인식 또는 다문화주의 자체를 거부하는 것은 아니다. 그러나 그녀는 다문화주의의 유형들 가운데 정체성 정치나 문화상대주의로 전락하기 쉬운 유형들을 경계한다. 그럼에도 자기 검토 역량의 함양에 초점을 둔 자유주의적 교육을 바탕으로 세계시민주의를 위한 토양을 만든다는 그녀의 구상은 민주주의 정치체제와 자유주의 교육체제를 가진 문화 집단들과 계급들 사이에서만 적용될 수 있을 것처럼 보인다. 에이미 거트먼(Amy Gutmann)의 견해에 따르면, 그 구상은 최악의 경우 엘리트 미국인의 문화적 가치들을 전파하려는 시도처럼 보일 수도 있다.[21]

이 논의를 요약하자면, 롤스와 누스바움 등은 인간의 보편적 존엄성을 전제하고 자율성 혹은 자기결정권(self-determination)을 근간으로 삼는 근대 이래의 자유주의 이념에 기초한 보편윤리를 구상한다. 그들이 제안한 보편윤리의 핵심 가치나 덕목이나 원칙은 문화 집단들 사이의 차이를 매개하고 전 인류의 결속을 확인하는 역할을 수행할 수 있을 것으로 기대된다. 그러나 이러한 구상의 공통적 한계로 지적된 것은, (1) 그것이 취하는 최소주의적 보편은 지나치게 추상적이어서 낯선 문화를 그것이 지닌 특수성 내지는 고유성 속에서 이해할 수 있을 가능성을 원천적으로 배제하며, 따라서 (2) 그것이 포함하는 가치나 덕목이나 원칙은 근본적으로 서구중심적이며 팽창주의적 또는 제국주의적이

21 Amy Gutmann, "Democratic Citizenship," *For Lover of Country: Debating the limits of patriotism*, edited by Martha Nussbaum & J. Cohen, Beacon Press, 1996, pp. 66~71. 거트먼은 우리의 일차적 충성은 세계 공동체(world community)에 향한 것이어야 한다는 누스바움의 주장은 문제가 많다고 보았다. 왜냐하면 그러한 공동체는 실제로 존재하지 않기 때문이다.

라는 인상을 떨치기가 쉽지 않다.

보편윤리의 대안들에 대한 검토

그렇다면 위와 같은 비판적 지적을 모면할 수 있는 보편윤리는 어떤 형태를 가질 수 있는가? 수많은 유형들에 대한 제안이 가능하겠지만, 필자는 여기서 다소는 극단적인 두 가지 대안만을 검토해보고, 이 검토를 통해 보편윤리에 대한 지향 자체에 내포된 근원적 문제점을 살펴보고자 한다. 한 가지 가능성은 보편주의적 접근방식의 최소주의 전략을 더욱 극단으로 몰아가는 방법이다. 다른 한 가지 가능성은 정반대로 다원주의적 관점을 보편윤리의 단초로서 고려해보는 방법이다. 전자와 관련해서는 '공통된 이해관심(common interests)' 개념을 보편윤리의 단초로 삼을 수 있는 가능성을 살펴볼 것이고, 후자와 관련해서는 문화다원주의로부터 보편적 규범을 도출할 수 있는 가능성을 살펴볼 것이다.

우선 전자에서 보편주의적 접근방식의 최소주의 전략을 더욱더 극단으로 몰아간다는 것은 그 접근방식을 통한 보편윤리의 구상에서 되도록 서구중심적이라고 간주될 만한 내용, 요컨대 자유주의적 가치나 정치이념 등을 배제한다는 것을 의미한다. 그래서 그러한 구상에 포함될 수 있는 보편적 인권의 주요 항목도 한층 더 수축시켜서, 요컨대 누구도 부정하기 어려운 인간의 공통적이고 항구적인 이해관심인 '생존(subsistence)' 내지는 어떤 최소한의 복리 수준에 대한 권리만을 포함하는 것이다.[22]

이렇게 수축된 형태의 보편윤리는 자유주의 이론가의 구상보다 훨

22 황경식, 앞의 글, 2002, pp. 221~222.

씬 더 넓은 보편성을 확보할 수 있는 동시에 '서구중심적' 또는 '신식민주의적'이라는 낙인을 피하는 데에도 훨씬 유리할 듯하다. '생존권'을 음식, 주거, 의복, 최소한의 의료, 청정한 공기와 물 등에 대한 최소한의 요구조건이라고 정의한다면, 이러한 형태의 보편윤리는 오늘날 여러 인권 단체나 기구가 관심을 집중하는 세계 빈곤 문제 등에 대응하는 유용한 논변을 제공할 수 있을 것이다. 또한 이러한 형태의 보편윤리는 예컨대 최근 에볼라 바이러스의 확산으로 말미암아 국제적 쟁점이 된 빈곤 지역에 대한 의료 지원과 같은 문제에 적용될 수 있다.

그러나 이렇게 생존권에 한정된 보편윤리의 구상은 그 장점만큼 분명한 한계를 가지는 듯하다. 첫째, 그 구상은 생존권과 직접 관련이 없는 국가·민족·인종 집단들 사이의 충돌, 예컨대 최근 여러 지역의 영토 분쟁이나 종교적·역사적 갈등에는 적용되기 어려울 것이다. 물론 그러한 충돌이 최근 이스라엘의 팔레스타인 공습과 같이 생존권과 아주 무관하지 않은 문제를 일으킨다면 사정은 달라질 수도 있다. 하지만 오늘날 인권 문제의 전형으로 간주되는—예컨대 성별 간의 소득 차이와 같은—것들은 최소 수준의 복리에 대한 권리로 이해되는 생존권과의 연관성이 명확하지 않은 경우가 대부분이다.

둘째, 생존권은 독립적인(standalone) 권리일 수 없다. 생존권이 실현 가능한 권리가 되려면 생존에 요구되는 자원과 기회의 분배를 규율하고 그것들의 제공과 관련된 의무를 할당하는 규범이 필요하다. 다시 말해서 생존권은 그것을 실현하기에 적합한 일정한 형태의 정치·경제 질서를 요구할 권리들에 의해 현실적으로 뒷받침되어야 한다. 이것은 생존권의 국내적 실현뿐만 아니라 국제적 실현에서도 마찬가지다. 예컨대 피터 싱어가 세계 빈곤 문제에 대응해 인간의 공통된 이해관심이라는 견지에서 도출한 논변은 생존에 어려움을 겪는 사람들에 대한 보편적인 도덕적 의무를 제시하지만, 그 사람들이 생존의 위협에서 벗어날 엄밀한 의미의 권리를 확립하지는 못한다.[23] 최근 에볼라 바이러스의 확산과 관련된 사태에서도 선진국에 의한 백신의 개발 및 공급은 주요 감염 지역 사람들의 생존권에 대한 주장만으로는 현실적인 한계에 부딪힐 공산이 크다.

이러한 한계가 있음에도 생존권에 초점을 두는 보편윤리의 구상은 확실히 자유주의적 보편주의 관점보다는 서구중심적이라는 비판에서 자유로울 수 있다는 장점을 지닌 듯하다. 이러한 구상은 흔히 결과주의적 관점에서 도출된, '인간의 공통적 이해관심을 증진해야 한다'는 보편적 원칙을 발판으로 삼아 인류의 공통적 이해관심으로 간주할 수 있는—예컨대 환경오염이나 핵무기 확산 방지 등의—여러 지구적 현안에 대해 실천적 목표를 제시하고 그 목표의 실현을 위한 구체적 대안들을 비교·고량할 수 있는 척도를 제공하는 것으로까지 확장될 수 있다.

그런데 '공통적 이해관심'이라는 개념과 결합해 생존권의 범위를 이렇게 확장하는 것은 생존권 의미의 불명확성을 증가시킨다. 또 무엇이 인류의 공통적 이해관심이며 생존권과 어떻게 관련되는지를 결정하는 데 집단들 간의 정치적·경제적 이해관계 및 현실적인 힘의 불균형이 개입할 여지를 남긴다. 예컨대 강대국들은 여러 국제기구들을 통해 인류가 공동으로 관심을 기울여야 할 현안을 결정하는 데 우월한 영향력을 발휘한다. 또한 많은 민족·문화·종교 집단들은 종종 자신들의 특수

23 Peter Singer, "Famine, Affluence, and Morality," *Philosophy and Public Affairs* 1, 1972, pp. 229~243.

한 정치적·경제적 이해관계에서 비롯된 요구들을 생존권 문제라고 주장하기도 한다.

그래서 일체의 특수성을 배제한 보편윤리의 구상을 위해서는 생존권의 범위가—'음식, 주거, 의복, 최소한의 의료, 청정한 공기와 물 등에 대한 최소한의 요구조건'이라는—원래의 정의를 따라서 논란의 여지를 최소화하는 한도로 제한되어야 한다고 주장할 수 있다. 이렇게 최소화된 범위의 생존권과 직접 관련된 현안 해결을 위한 공동의 노력만으로도 지구상의 고통은 상당 부분 해소될 수 있을 것이다. 그런데 일부 학자들은 이렇게 최소화된 범위의 생존권을 보편적 인권 개념에 포함시키는 것이 오히려 인권 개념을 지나치게 부풀릴 것이라는 우려를 표현한다.[24] 유사한 맥락에서 생존권을 인권 개념에 포함시키는 것에 반대하는 또 다른 학자들은 생존권 개념이 적극적인 의무를 산출하지 못한다고 지적한다.[25]

이러한 반응은 더욱 철저한 보편성을 확보하기 위해 최소주의 전략을 선택한 의도와는 상반되는 반응이다. 흔히 생존권에 초점을 두는 보편윤리의 구상은 생존권을 논란의 여지가 최소화된 보편적 인권의 중심으로 간주되며, 보편적 인권에 포함된 다른 요구들에 대한 의무보다 더 적극적으로 끌어내려고 한다. 그런데 위와 같은 학자들의 반응은 어려움에 처한 다른 사람을 돕는 것이 불완전한(imperfect) 의무에 지나지

24 Maurice Cranston, "Human Rights, Real and Supposed," in *The Philosophy of Human Rights*, edited by Patrick Hayden, St Paul: Paragon House, 2001, pp. 163~173.

25 Jan Narveson, "Welfare, Wealth, Poverty, and Injustice in Today's World," *Journal of Ethics* 8, 2004, pp. 305~348.

않는다는 생각에 기초한다.[26] 물론 이러한 반응이 생존권에 대한 일반적인 생각을 대변하지는 않는다. 그러나 이러한 반응을 심각하게 받아들인다면 보편윤리의 구상을 최소화된 생존권으로 수축시킴으로써 얻는 정당화 역시 상당히 퇴색되는 듯하다.

이제 두 번째 가능성으로서 다원주의적 관점을 출발점으로 삼아 보편적인 규범적 요구를 발견하기 위한 대안을 모색해보자. 이러한 대안의 한 전형으로 찰스 테일러의 입장을 살펴보고자 한다. 테일러는 각 개인과 민족이 지닌 역사적·문화적 여건 차이의 상호 인정이나 존중을 다원주의의 중요한 윤리적 요청으로 규정한다. 이러한 윤리적 요청의 규정을 뒷받침하는 형이상학적 근거로서, 그는 타자로부터 또는 역사적·문화적 연관으로부터 자유로운 원자적 개인이란 존재하지 않는다는 것을 전제한다. 이러한 관점에서 보면 그러한 연관으로부터 완전히 자유로운 원자적 개체, 소위 무연고적 자아(unencumbered self)로서 개인의 존재를 전제하는 롤스를 비롯한 미국 자유주의자들의 계약론은 개인의 정체성에 대한 완전히 잘못된 관념에서 출발한다. 공동체주의 일반의 지적처럼, 테일러도 원자적 개체로서의 개인의 권리에 기초한 정치질서가 한편으로는 해방적인 힘을 가졌음을 인정하지만, 그는 그러한 질서가 특수성에 대한 억압적 폭력의 요소를 내재하고 있다는 점에 주목한다.

테일러의 관점을 개인들 사이의 관계에서 문화 집단들 사이의 관계에 적용하면 그것에서 자연스럽게 문화다원주의가 도출된다. 그런데

26 Onora O'Neill, *Towards Justice and Virtue: A Constructive Account of Practical Reasoning*, Cambridge University Press, 1996 참고.

누스바움이 경계했던 것처럼, 테일러도 문화다원주의가 상대주의로 전락하는 상황을 우려한다. 그래서 그는 모든 문화에 각각의 고유한 가치가 있다는 사실 판단과 모든 문화에 동일한 가치를 인정해야 한다는 규범 판단을 엄밀히 구분한다. 즉 모든 문화에 내재한 고유한 가치에 대한 인정에서 모든 문화에 동일한 가치를 부여해야 한다는 당위는 도출되지 않는다. 다만 문화의 고유한 가치에 대한 사실 판단에서 낯선 문화를 접할 경우에 편견 없는 참된 이해의 태도, 요컨대 개방적 태도에 대한 요청을 끌어낸다. 개방적 태도에 대한 요청이 바로 문화다원주의에서 도출되는 보편적 도덕규범이며, 롤스 등의 계약론자들이 가정하는 상호성을 보다 더 현실적으로 표현한다.

문화적·역사적 특수성을 고려한다는 점에서 다원주의적 관점은 서구중심적이라는 비판을 모면하는 데 확실히 유리한 위치를 선취한다. 그러나 그 관점에서 개방적 태도 또는 인정이라는 윤리적 요청을 도출하고 이 요청을 보편적 도덕규범으로 규정하려는 시도는 한편으로는 상호이해(mutual understanding)의 증진을 통해 문화적·역사적 갈등의 해소에 접근하는 것이—필시 학구적인 관점에서는—매우 바람직한 것처럼 보이지만, 다른 한편으로 그러한 갈등에 놓인 현실의 당사자들의 관점에서는 이러한 구상은 문화상대주의자나 도덕상대주의자가 취할 태도와 구별되기 어려울 수 있다.

필자에게는 이러한 구상이 예컨대 남한과 북한 사이의, 그리고 우리나라와 일본 사이의 갈등에 대해 양 당사자가 모두 호응할 만한 대답을 제시할 수 있을까 하는 의문이 든다. 예컨대 일본인들이 어떤 문화적·역사적 경험을 겪었는가를 이해하는 것이 오늘날 우리와 그들 사이의 갈등을 일으키는 쟁점—예컨대 위안부 문제—에 대한 우리의 태도와 접근방식에 어떤 영향을 미칠 수 있는가, 아니 그러한 이해가 우리의 태도와 접근방식에 영향을 미쳐야 하는가라고 물을 수 있다. 물론 그러한 이해는 그들이 이 쟁점에 대해 왜 그런 태도를 보이는가를 더 잘 이해할 수 있게 해줄지도 모른다. 그럼에도 필자는 그러한 이해가 이 쟁점으로 말미암은 양 국민들 사이의 갈등 해소에 어떤 식으로 도움이 될지 알기 어렵다고 생각한다.

또한 롤스와 누스바움의 구상에서 제기된 것과 유사한 문제, 요컨대 그것들은 합의 당사자들 간의 불균등한 힘의 관계를 고려하지 않는다는 문제를 테일러의 구상에서도 제기할 수 있다. 왜냐하면 문화 집단들 사이의 상호 인정의 요청은 현실에서는 각 문화가 자신의 생존권을 요구할 수 있는 적절한 또는 균등한 힘을 가졌다고 가정할 경우에만 가능한 것처럼 보이기 때문이다. 요컨대 문화다원주의의 상호 인정의 윤리적 요청은 롤스가 만민법의 구상에 적용한 원초적 입장과 유사한 가상적 상황을 가정해야 한다는 것이다.

문화다원주의의 상호 인정이 단순한 윤리적 요청이 아니라 현실 지구사회의 규범으로 작용하기 위해서는 특수성과 특수성 사이의 충돌, 그리고 특수성과 보편성 사이의 충돌의 해소를 위한 방안을 제시할 수 있어야 한다. 다시 말해서 특수한 역사·전통·관행을 가진 문화 집단들 사이의 충돌, 그리고 특정한 문화적 전통 및 관행과 지구적 이해관심 및 보편적 도덕심 사이의 충돌 해소를 위한 현실적이고도 유용한 방안을 제시할 수 있어야 한다. 그런데 문화다원주의의 요청은 다소 우회적이고 실천적이라기보다는 학구적인 방향만을 제시하는 듯하다.

맺음말

다른 실천윤리 분야에서와 마찬가지로, 오늘날의 지구적 현안과 관련해 보편윤리의 구상이나 수립을 위한 논의에 참여하는 사람들은 두 부류, 요컨대 학자(academic)와 활동가(activist)로 나뉠 수 있다. 물론 이 두 부류의 사람들이 엄밀히 구별되지는 않는다. 그럼에도 확실히 후자로 분류되는 사람들이 있으며, 보편윤리에 대한 그들의 태도는 모종의 보편윤리 없이 여러 현안에 대한 논의가 앞으로 나아갈 수 없을 것이며 변화의 가능성도 없다는 것이다. 요컨대 그들에게 보편윤리는 이론적 정당화의 대상이라기보다는 현실적 문제 해결을 위한 도구의 성격이 강하다. 물론 이러한 도구의 원료를 제공하는 것은 학자 집단일 것이다. 그리고 여기서 논의하는 보편윤리를 앞서 말한 것처럼 하나의 실천윤리로 규정한다면, 보편윤리의 구상에서 학자 집단의 노력은 실천성을 고려해야 한다.

실천성 고려를 위해 최근 실천윤리 분야에서 두드러진 경향은 지금까지 제시된 모든 주요 방법론을 결합하는 것이다. 이러한 시도는 예컨대 전통적으로 서양 윤리학사에서 대립항들로 여겨온 이론들, 예컨대 결과주의와 칸트주의, 자유주의와 공동체주의, 보편주의와 다원주의 사이의 관계가 실제로는 상보적인 관계이며, 모두를 하나의 일관적인 틀로 결합할 수 있음을 보여주려는 것이다.

앞서 설명한 것처럼, 결과주의적 관점에서 인간의 공통된 이해관심에 기초한 생존권 중심의 보편윤리는 그것의 실현가능성을 도모하기 위해 평등한 생존권을 보장하는 일정한 범위의 국내적·국제적 정치경제 질서를 요구할 권리를 포함하는, 예컨대 자유주의적 권리론에 기초한 보편윤리에 의해 보완되어야 한다. 다시 후자의 보편윤리는 개인의 자유주의적 권리와 더불어 공동선도 고려해야 한다는 공동체주의의 요구와 상호 인정을 통해 특수한 문화적 전통과 관행에 대한 권리를 존중해야 한다는 문화다원주의의 요구와 대립해서는 안 된다. 실은 그것들에 의해 보완되어야 한다.

물론 이러한 요소들을 모두 결합한 형태는 여전히 서구중심적인 것처럼 보일 수 있다. 그럼에도 그것은 공동체주의와 문화다원주의의 요구를 수용함으로써 모든 문화권의 가치관과 담론에 열려 있는 형태일 수 있다. 요컨대 필자는 오늘날 갖가지 현안에 대응할 수 있는 실천윤리로서의 보편윤리는 몇 개의 기본 원칙이나 강령으로 닫혀 있는 것이 아니라, 기존 문제와 새로운 문제를 해결하는 과정에서 축적된 경험을 바탕으로 개선될 수 있는 개방성을 가져야 한다고 생각한다.

AI의 도래, 인간의 미래 그리고 4차 산업혁명의 향방

이종관*

미래, 오직 어른거리는 이미지로만 존재하는 비전의 영역. 이러한 미래가 2016년부터 급격히 선명한 모습을 지닌 설계도로 다가오고 있다. 현재 독일이 주도하고 있는 인더스트리 4.0, 나아가 4차 산업혁명이 그것이다.

과학기술의 가속적 발전은 사실 인류 역사에서 전대미문의 사건으로, 인류를 빈곤으로부터 해방하여 경제적 번영을 가져온 것으로 찬양받고 있다. 실로 증기기관을 기반으로 일어난 1차 산업혁명 그리고 20세기 초엽 전기를 기반으로 일어난 2차 산업혁명이 이러한 경제성장을 이룩하는 데 결정적 역할을 했다. 그러다가 20세기 후반에 출현한 디지털 기술은 경제를 디지털 경제로 혁신하는 3차 산업혁명을 촉발한다. 3차 산업혁명의 진행 과정은 다시 산업기술과 경제 영역의 혁신 속도와 강도를 증가시키며 최근 새로운 변곡점에 도달했다. 디지털 정보화로 일어난 3차 산업혁명은 이제 4차 산업혁명으로 비약하고 있다.

* 성균관대학교 철학과/ 미래인문학 연계전공 주임교수, 성균관대학교 하이브리드 미래문화 연구소장.

낙원을 향한 4차 산업혁명의 꿈: 경제적 번영과 죽지 않는 인간의 도래

4차 산업혁명은 가상세계와 현실세계가 상호 침투하는 사이버 물리 시스템이 구축되면서 자동화와 지능화된 생산체제가 경제구조를 급격히 혁신하는 과정이다. 20세기 후반부터 출현한 정보화 기술, 즉 IT는 4차 산업혁명을 주도하고 있는데, 중요한 것은 IT가 인간과 인간의 소통기술로서 실현되는 ICT의 단계를 넘어섰다는 점이다. IT는 이제 인간을 포함한 모든 사물에 스며들어 만물의 소통과 조작을 실현시키는 사물인터넷 IOT, 더 나아가 만물인터넷 IOE의 단계로 진입하고 있다. 만물인터넷은 인적, 기계, 설비, 물류 및 제품이 직접 정보를 교환하고 협력하는 지능형 디지털 네트워크 시스템이다. 이 시스템은 기업 간의 생산 및 물류 프로세스가 지능적으로 상호 연결되어 생산을 더욱 효율적이고 유연하게 만든다. 아울러 제품 아이디어, 개발, 제조, 사용 및 유지 보수에서부터 재활용에 이르기까지 제품 수명 주기의 모든 단계를 포함하는 지능형 가치 사슬이 창조된다. 이러한 방식으로 제품 아이디어에서부터 관련 서비스를 포함하는 재활용에 이르기까지 고객의 요구를 반영할 수 있다. 그리하여 기업은 개별 고객 요구 사항을 충족시키는 맞춤형 제품을 생산할 수 있고, 이것은 고객 개인을 위한 제품의 개별 생산 및 유지 보수가 가능한 새로운 표준이 된다.

이렇게 4차 산업혁명이 향해가는 미래에는 이 기계들이 지능화되어 서로 정보를 주고받으며 스스로 자신을 작동시키는 소프트웨어를 업그레이드하면서 진화한다. 기계를 지능화하는 데 필수적인 컴퓨터와 인공지능의 생산비용이 급속도로 줄어들고 있어 기업은 고비용화하는 인간의 노동력을 지능화된 기계로 대체하는 과정을 본격화하고 있다.

이는 인건비의 급속한 절감을 통한 기업 이익의 급증으로 이어질 것이다. 지능화된 기계의 전면적이고 급속한 도입은 생산 부문에만 머무르지 않는다. 경영관리 분야에서도 딥러닝(deeplearning) 그리고 딥디시전(deepdecision)의 방식으로 지능화된 인공지능(AI)의 도입이 급속히 일어날 것이다. 경영관리자의 다양한 의견과 결정은 이제 디지털 네트워크를 타고 광속으로 순환하게 될 것이다. 딥러닝 프로그램은 이러한 의견의 다양성과 또 엄청나게 축적된 경영 관련 빅데이터를 매우 빠른 속도로 처리함으로써 미래 상황을 정확하게 예측해 최적의 결정을 내릴 수 있게 만든다. 이러한 과정을 통해 기존의 인간 조직이 의견의 조율 과정에서 보여준 시간의 지체 그리고 조직의 경직화로 인한 관료화와 같은 문제점을 극복할 수 있을 것이다. 또한 신속하고 합리적인 결정으로 경제 운영의 오류가 줄어들고 운영의 속도도 가속화될 것이다. 이렇게 경제 전반이 컴퓨터에 의해 지능화되면 디지털 기술의 발전 속도인 거듭제곱의 속도가 경제 전반에도 나타나 경제적 풍요를 가져올 것이다.

경제적 풍요를 기대하게 하는 4차 산업혁명이 좌절 없이 계속된다면, 인간의 시대를 넘어서는 새로운 역사의 장, 즉 포스트휴먼(posthuman)의 시대가 열릴 것이라고 한다. 포스트휴먼은 소위 트랜스휴머니스트(Transhumanist)라고 불리는 미래주의자들이 미래에 출현할 역사의 주인공으로 예견하는 존재자다. 즉 여러 가지 첨단기술이 미래의 어느 때(아마도 2050년 즈음) 성공적으로 융합돼 급격한 기술의 발전이 일어나는 소위 특이점(singularity)에 도달하면, 이런 융합기술로 개조돼 탄생할 인간 이후의 존재자가 바로 포스트휴먼의 정체다. 그리고 첨단기술로 완전히 증강된 성능의 인간 이후 존재자가 출현하면 인간의 생물학적 몸은 도태된다. 그러나 이러한 생물학적인 인간 몸의 도태는 불행한 사건이 아니다. 인간은 이제 과학기술을 통해 그동안 그를 괴롭히던 질병, 나아가 죽음으로부터 해방될 수 있기 때문이다.

4차 산업혁명: 누가 지휘하는가?

혁명은 원래 역사를 인간이 원하는 방향으로 변혁하겠다는 역사 주체로서의 인간 선언이다. 혁명은 인간이 역사를 미래로 지휘하는 역사의 새로운 단계였다. 근대에서부터 인간은 자신이 역사의 주인으로 등장하는 혁명을 선언했다. 4차 산업혁명도 그러한가?

만일 과학기술의 발전이 트랜스휴머니즘이 예고하는 방향으로 진행되고 그 방향으로 4차 산업혁명이 추진된다면, 혁명이 도달한 미래는 인간을 무기력한 위치에 배치할지도 모른다. 이 이상한 조짐은 바로 4차 산업혁명의 기반인 바로 만물인터넷에서 예감된다.

만물인터넷은 인간을 둘러싼 환경의 복잡성과 그 복잡성이 야기하는 여러 가지 문제들을 정확히 인지하고 복잡성을 제어할 목적으로 개발되고 있다. IOT가 구현해야 할 기능은 인간의 명령에 따라 타율적으로 행동하지 않고 인간의 명령 이전에 인간이 원하는 것을 인간보다 먼저 파악해 행동할 수 있는 자율성이다. 그런데 문제는 이렇게 IOT가 행동의 자율성을 실현할 수 있는 방향으로 발전할수록, 그리하여 모든 문제를 인간에 앞서 해결할수록, 인간은 자유로운 행위자의 존재방식을 상실해간다는 사실이다. IOT에서는 자율적 인지행위 기능이 극소화되고 분산화되어 도처에 스며든다. 그럼으로써 사용자인 인간은 자율성을 IOT에 이양해 IOT의 일부로 편입된다. 이는 인간이 연결망 시스템을 제어하는 사용자의 능력을 상실함을 의미한다.

물론 현대 영미 철학 일각에서 현대과학의 기본적인 태도인 물질주의에 편승해 자유로운 존재로서의 인간을 부정하고 물질과 동일하게 취급하는 입장도 있다. 하지만 우리가 우리 자신으로 되돌아가 자신을 살펴보면 부정할 수 없는 절대적 실존적 진리가 있다. 그것은 어느 누구와도 또 무엇과도 동일할 수 없는 자기 자신이라는 체험이다. 이렇게 인간은 자기 자신이기 때문에 남을 따라 하는 선택을 할 수도 있고 자신으로 사는 선택을 할 수도 있는 자율성을 갖는다. 또한 인간이 인간으로서의 정체성과 인권을 주장할 수 있는 근거도 인간은 다른 무엇과도 바꿀 수 없는 자기 자신으로 사는 자율적 행위자라는 사실에 있다. 나아가 오직 이러한 인간의 인간성을 인정함으로써 인권을 존중하는 민주적·인도주의적 시민사회가 성립한다. 따라서 인권이 존중되는 시민사회를 포기하지 않는 한, 인간은 이러한 자유로운 행위자로서의 인간성을 보존해야 하고 신장시켜야 할 사회적 의무를 갖는다.

IOT는 미래의 먹을거리를 보장할 것이란 기대하에 대대적인 자본투자를 흡입하며 개발되고 있다. 그러나 유감스럽게도 IOT 개발 현장에서 IOT를 통해 인간의 자율성이 얼마나 신장될 수 있는지를 활발하게 논의하고 있다는 소식은 거의 들리지 않는다. 그래서 우려가 된다. 만일 IOT가 현재와 같은 방식으로 발전한다면 인간의 자율성이 탄생시킨 인도적 민주사회는 포기해야 할지도 모른다.

사실 미래의 인간에게 다가올 운명이 좀 더 자극적으로 적나라하게 노출되는 것은 만물인터넷이 결국 인공지능이 갖게 될 관계 때문이다. 인간은 더 이상 혁명의 주인공이 될 수 없을 것이다.

만물인터넷은 인간, 기계, 사물 등 모든 것이 인터넷으로 연결되고 이 모든 것으로부터 무한 양의 데이터가 광속으로 생산 순환되며, 빅데이터 안에 사실상 진리가 숨어 있는 상태를 의미한다. 따라서 진리를 정확하게 인지해 가공하는 작업이 무엇보다 중요하다. 하지만 불행하게도 인간의 능력은 이를 감당하지 못한다. 무한 규모로 집적되는 빅데이터 안에 숨어 있는 진리는 알파고와 같은 인공지능을 통해서만 파악될 수 있다. 이제 인간은 진리를 인식하고 무엇을 어떻게 생산해 소비로 유혹할 것인지를 결정하는 주체가 아니다. 인공지능이 진리 인식의 주체가 되어 생산방식과 소비양식을 결정하고 생산 작업 자체가 다시 사이버 물리시스템으로 대체된다. 생산설비의 운영과 심지어는 서비스까지 인공지능을 탑재한 로봇이 담당하게 될 것이다. 결국 4차 산업혁명을 실질적으로 지휘하는 두뇌는 알파고에서 그 출현이 예고된 인공지능이 될 전망이다. 반면 인간은 인공지능이 지시하는 바에 따라 행위를 하는 아바타로 전락할지도 모른다. 이는 과장이 아니다. 알파고와 이세돌의 바둑 대결은 4차 산업혁명에서 인간이 처하게 될 미래의 상황을 이미 적나라하게 폭로하고 있다. 이 대결에서 인간의 미래 모습을 보여주는 것은 알파고도 이세돌도 아니다. 그것은 바로 아자황이다. 아자황은 이번 대결에서 인간으로서는 완전히 잠들어버렸다. 그는 오로지 알파고의 아바타로만 존재했다.

일을 둘러싼 논쟁의 점화

여기서 노출되듯 그리고 4차 산업혁명이 오로지 현재와 같은 방향으로만 추진된다면 상당수의 인간이 일을 잃는 미래가 올 것이다. 물론 낙관적 전망도 있다. 4차 산업혁명이 기존의 일자리를 파괴하는 기술 혁신(disruptive technological innovation)으로 진행되지만 기술의 혁신은 다른 한편으로는 새로운 일자리를 창출할 것이라는 예측이다. 마치 산업혁명이 농업 분야의 일자리를 대대적으로 파괴했지만, 공장노동자와 사무직 관리자라는 새로운 일자리를 만들어낸 것과 같다. 그러나 4차 산업혁명이 그 이전의 혁명과 근본적으로 다른 점이 있다. 그것은 현재 기조가 기본적으로 인간이 서로를 필요로 하지 않는 미래로 향하고 있다는 사실이다. 또 실질적으로 새로운 기술에 의해 창출되는 일자리의 수는 그 기술에 의해 사라지는 일자리 수를 대체하기에는 턱없이 부족하다. 4차 산업혁명의 초창기인 현재 시점에서 이미 급격히 일자리가 줄어드는 것이 세계 도처에서 목격되고 있다. 일례를 들면, 1990년대 초 제조업 경제의 메카였던 디트로이트의 자동차 회사들은 140만에 달하는 인원을 고용했지만, 4차 산업혁명의 발화 지역인 실리콘밸리에 고용된 인원은 14만에 지나지 않는다.

물론 앞에서 언급된 바와 같이 인공지능이 일으키는 4차 산업혁명은 제조업 분야의 일자리로부터 인간을 해방시켜 보다 양질의 일자리를 제공하게 될 것이라는 전망도 있다. 특히 4차 산업혁명에서 인공지능이 대체할 수 없는 고도의 지적 능력을 갖춘 지식자본가 그리고 인공지능과 로봇을 소유한 물적 자본가를 중심으로 한 소위 슈퍼스타 경제가 출현할 것이기 때문이다. 이들은 천문학적 규모의 부를 축적하여 엄청나게 다양화된 욕망의 충족을 위해 소비할 것이다. 그리고 이는 새로운 서비스 산업의 출현을 촉진시킬 것이다. 하지만 4차 산업혁명 시대의 인공지능 개발은 인간들이 서로에 대해 요구하는 서비스조차 인공지능 로봇이나 가상현실로 대체하려는 목적도 갖고 있다. 백화점 안내, 노인 간호, 심지어 섹스까지 인공지능이 담당하는 미래를 열려고 한다. 일본에서 이미 시판된 감정 인식 로봇 페퍼, 그리고 인공지능학자 데이비드 레비(David Levy)가 주도하는 'sex with robot' 프로젝트가 이를 증언한다. 이러한 추세가 계속된다면, 그리고 이러한 추세가 미래의 어느 시점에 완성기에 도달한다면, 나는 어느 누구도 필요로 하지 않으며 어느 누구도 나를 필요로 하지 않는 상황이 전개될 것이다. 그 미래에 나라는 인간도, 너라는 인간도, 그들이라는 인간들도 모두 필요 없는 존재가 될 것이다. 요컨대 인간은 할 일이 없는 미래가 우리를 기다리고 있는 것이다.

일 없는 미래를 생각해볼 때 가장 먼저 예상되는 사태는 일 없는 자들의 빈곤이다. 그리고 실업에 따른 빈곤이 만연할 경우, 시장에서 소비자가 사라져 결국 총수요 부족이라는 경제적 파국을 맞을 것이다. 경제학자들은 4차 산업혁명으로 도래할 미래의 포스트휴먼 경제에서는 일 없는 자들에게도 기본임금(basic income)을 주는 정책을 도입해 문제를 해결하려 한다. 심지어 이제 인간은 로봇에게 일을 위임하고 정부가 기업으로부터 로봇세를 징수해 이를 재원으로 기본소득을 받으며 일을 하지 않고 살 수 있는 시대를 예고한다. 4차 산업혁명의 미래는 일로부터 해방된 인간의 삶이라는 낙원으로 향하는 길이라는 것이다.

일 없는 인간의 삶: 중독의 만연?

4차 산업혁명의 미래가 일로부터 해방된 인간의 삶이라는 낙원으로 향하는 길이라고 생각하는 것은 인간과 일의 관계에 대한 지극히 단순한 사고다. 물론 기본소득이 일시적으로 경제적 궁핍과 사회의 양극화 그리고 총수요 부족을 진정시킬 수는 있다. 그리고 기본소득제도가 사회의 기초 복지 안전망으로서 기능할 것이라는 점에서 긍정적이다. 그러나 그것만으로 일 없는 미래의 문제를 해결할 수 있다고 생각한다면 그것은 큰 오산이다. 인간의 일은 단순히 생존을 위해 먹이를 구하는 동물의 일과는 다른 차원에 속한다. 기존 경제학에서 일은 노동으로 정의되어 생산요소와 비용에 지나지 않는다. 그러나 인간의 삶을 전체적으로 성찰해보면, 일은 인간의 품격, 개인의 사회적 가치를 실현하는 인간의 실존적 처신이다. 그리고 실존적 처신인 이상 일 없는 상태는 인간의 실존적 삶에 많은 문제를 일으킨다. 그중에서도 철학적으로 가장 심각한 것은 인간의 삶이 병리적 상황에 빠질 위험이다. 인간이 탈(실)존적으로 처신하며 살아가는 존재라면, 일이 없는 자들에게 경제적 궁핍보다 더 위험한 사태는 그들이 미래라는 시간국면이 상실되는 권태에 빠져 결국 중독자로 전락한다는 것이다.

중독은 단순한 질병이 아니다. 그것은 어떤 바이러스나 물질적 궁핍이 원인인 병이 아니다. 중독은 물질적 풍요 속에서 인간에게만 발생하는 독특한 시간적 질병이다. 인간은 할 일이 없는 상태에서 미래라는 시간과 관계가 절연된 상황, 즉 절망적 상황에 처한다. 미래와의 관계가 단절된 상황에 있는 인간은 현재의 시간이 미래로 흐르지 않는 권태 상태에 빠진다. 아무리 물질적으로 영양학적으로 좋은 조건이 제공된다고 해도 자신의 미래를 기획하고 일을 통해 그 기획을 적극적으로 실현시키는 일이 사라지면, 사람은 절망에 빠지고 권태에 찌들게 되는 것이다. 시간이 미래로 흐르지 않아 미래를 기획할 수 없는 병, '중독'에 걸리고 만다. 이러한 사례를 대표적으로 보여주는 것이 게임 중독이다. 게임 중독은 게임을 하는 시간에 비례해 발병하는 병리증상이 아니다. 컴퓨터 프로게이머는 게임 중독자가 아니다. 그는 컴퓨터게임이라는 일을 함으로써 아직 오지 않은 자신의 다른 가능성을 향해 탈(실)존하는 인간이다. 프로게이머는 컴퓨터게임을 일로 함으로써 미래로 향한다. 그러나 아직 오지 않은 자신의 다른 가능성을 향해 가야 하는 일을 잃은 자들에게는 미래라는 시간이 증발한다. 오직 현재만이 있을 뿐 시간이 흐르지 않고 따라서 떨쳐버릴 수 없는 권태의 상황에 처한다. 이 권태를 일시적으로 마비시키는 수단이 오직 컴퓨터게임이라면 그는 게임 중독자가 되는 것이다.

인간의 일, 시간성 그리고 중독 현상을 살펴본 결과 이제 우리는 다음과 같이 주장할 수 있다. 아무리 자율적 효율성과 정확성이 높은 미래적 기술이라 할지라도 그것이 인간에게서 일을 박탈하는 기술이라면, 그러한 기술이 지배하는 사회는 그 사회 구성원들을 중독의 늪으로 침몰시켜 결국 사회를 붕괴시킬 것이다.

4차 산업혁명의 인도적 전환: 적응형 자동화와 블록체인 기술에서 암시되는 희망

이제 이러한 사실을 염두에 두면서, 인간과 기술은 어떤 관계에 있는가를 생각해보자. 이때 우리가 잊지 말아야 할 사실이 있다. 인간의 일은 단순히 생존을 위해 먹이를 구하는 동물의 행동과는 다른 차원의 주권적 처신이다. 인간만이 어떤 미래의 가치를 향하는 주권적 인격을 갖고 있으며 그러한 미래를 성취하기 위해 일을 한다. 기계는 작동할 뿐 일하지 않는다. 인간이 일하기 때문에 기계, 나아가 인공지능이 필요한 것이다. 그리고 여기서 또 주목해야 할 사실이 있다. 그것은 인간이 이 과정에서 몸으로 살지만 또 맨몸으로만 살 수 없다는 점이다. 자신의 삶을 몸으로 살아내는 인간은 항상 도구와 기술에 의탁하며 삶을 살아낸다. 인간의 몸은 기술과 함께 일을 함으로써 인간의 삶을 생동적으로 살아가게 하는 살로 된 삶의 주인공이다. 사실 고깃덩어리에 지나지 않는 몸은 도구와 기술이 필요하지 않다. 몸은 삶을 주체적으로 살아나갈 때 도구와 기술이 필요하다. 그러나 도구와 기술이 포스트휴먼처럼 몸을 장식물로 전락시켜 무력화함으로써 삶으로부터 몸을 배척하면 그 몸은 죽어가며 결국 삶도 멸망한다.

지금까지의 논의를 다시 4차 산업혁명과 연관시켜보자. 4차 산업혁명은 지능적 첨단기술의 발전이 전 산업에 매끄럽게 스며들어 산업과 시장의 모든 구성 요소, 즉 산업 설비, 생산자와 소비자를 연결시키며 지능적으로 운영되는 경제를 향한다. 이때 결정적인 역할을 하는 것이 바로 IOT를 기반으로 작동하는 인공지능, 즉 AIOE(AI of Everything)다. 그러나 AIOE가 완성되어 사실상 AIOE에 의해 운영되는 미래가 현재 4차 산업혁명을 이끌어가는 비전이라면, 그 미래는 역설적으로 인간에게서 일을 빼앗아 인간에게 미래라는 시간을 증발시키고 몸을 무력화하여 중독의 상태로 몰고 갈 위험이 있다. 그리고 또 인간에게 인격적 주권을 인정하는 인도적 민주주의도 파산의 위험에 처할 것이다.

결국 4차 산업혁명이 인간의 삶에서 미래와 자율적 주권을 박탈하는 무의미한 미래가 되지 않기 위해서 인공지능과 모든 첨단기술은 인간과의 상호작용을 고려하며 개발되어야 한다.

이러한 관점에서 눈여겨볼 가치가 있는 기술이 적응형 자동화(adaptive automation)이다. 적응형 자동화는 인공지능에 의한 완전 자동화와 같이 인간을 일로부터 추방하는 것이 아니라 인간과 기계의 협업을 친인간적으로 조율하는 역할을 인공지능에 부여하는 방식으로 활용하는 것이다. 즉 기계에 설치된 인공지능이 그 기계로 작업하는 인간의 일하는 방식을 모니터하다가 과업에 과부하가 걸릴 경우 개입하여 힘든 일을 대신 처리해주거나 기계의 작동방식을 인간에게 유리한 쪽으로 재조정한다. 이렇게 하면 인간은 과부하에 걸리거나 기계에 또 다른 부품으로 종속되지 않고 몰입을 지속하며 삶을 성취해가면서 일을 계속할 수 있다.

이제 기술개발의 최우선 목표는 적응형 자동화와 같은 방향에서 몸과 함께 삶의 성취를 제공하는 일을 만들어내는 것이다. 일은 인간의 품격, 개인의 사회적 가치를 실현하는 인간의 실존적 처신이다. 그리고 이것이 실존적 처신인 이상 일 없는 상태는 인간의 실존적 삶의 조건을 심각하게 훼손한다. 실존적 조건이 훼손될 때 인간은 생리적 원인이 아닌 병에 걸리거나 자살한다. 늘 각성해야 할 사실이 있다. 인간만이 일한다. 인공지능은 다만 작동할 뿐이다. 인간은 자신의 삶을 성취하기 위해 일하는 것이기에 기술이 필요하다. 즉 기술은 인간과 일을 매개하여 인간의 실존적 삶을 미래로 성취시키는 역할을 해야 한다. 인공지능도 마찬가지다. 인공지능은 인간을 대신하기 위해 존재하는 것이 아니라 일과 인간을 좀 더 지능적으로 바람직하게 중재하기 위해 존재해야 한다. 이것이 바로 인공지능에 주어진 일종의 윤리적 사명이다.

하지만 불행하게도 우리가 제안한 기술 발전의 방향 전환은 시간이 필요하다. 최근 일어나고 있는 4차 산업혁명은 당분간 생산성의 급격한 향상과 효율성에 의한 비용 절감에 집착하며 인간을 필요로 하지 않는 방향으로 발전할 것이다. 이에 따라 기술 발전과 인간의 일자리가 반비례 관계에 진입하는 기술적 실업(technological unemployment)이 불가피하며 이러한 상황에서 인간은 자신의 삶을 유지하는 데 필요한 비용을 감당할 수 없다. 4차 산업혁명을 맞아 인간이 인간으로서의 품격과 성취감 그리고 존중받기 위해서는 새로운 사회질서가 필요하다.

4차 산업혁명은 기술적 혁신과 더불어 기존의 경제적·금전적 가치 중심의 사회에서 사회적 가치를 인정하고 보상하는 보다 유연한 사회로 이행하는 사회적 혁신이 필요하다. 일례로 온라인으로 실행되는 사회적 기여 보상제도 도입은 4차 산업혁명이 수반할 기술적 실업을 극복하는 구체적 방안이 될 수 있다. IT는 이러한 새로운 사회적 인정시스템을 구축하는 데 긍정적으로 활용될 수 있다. 개인의 행적이 실시간으로 로그인되는 플랫폼이 블록체인 기술과 결합해 완성되면 특정 개인이나 집단에 의한 조작이 거의 불가능한 신뢰도 높은 디지털 사회적 기여 평가 시스템을 구축할 수 있다.

과학기술의 선용과 사회적 자본

분명한 것은 미래로 향하는 역사의 장과 역사가 진행되는 양상이 바뀌고 있다는 것이다. 따라서 이 장은 새로운 사유 또는 혁신적 성찰을 살펴보려 한다.

역사적 체험을 통해 과학기술이 인간의 물질적 복리 향상에 지대한 기여를 해왔다는 사실은 입증되었다. 따라서 미래로 가는 4차 산업혁명의 도정에서 과학기술 발전의 중요성은 아무리 강조해도 지나치지 않을 것이다. 그러나 그렇다고 해서 과학기술이 인간을 천국으로 이끄는 구원의 신은 아니다.

안타깝게도 과학기술은 가치를 판단하는 데는 무기력하다. 과학은 이미 그 연구 방식 자체가 가치중립적이다. 이러한 방식에 의해 발견된 원리 역시 가치중립적이고, 과학적 원리의 응용으로 구현되는 기술 역시 가치중립적이다. 가치중립성은 어떤 면에서는 객관성으로 미화되지만, 바로 여기에 과학기술이 가치를 판단하는 데 무기력할 수밖에 없는 이유가 있다. 그 때문에 과학기술은 추구되는 가치에 상관없이 수단으로 사용된다. 그것은 많은 사람을 구할 수도 또 많은 사람을 살해할 수도 있다. 또 많은 사람을 윤택하게 할 수도 있고 또 소수에게 엄청난 부를 집중시킬 수도 있다. 과학기술은 선용될 수도 있지만 악용될 수도 있다. 그러기에 과학기술은 민주주의를 발전시키는 데 선용되기도 했지만, 제국주의의 팽창에 효과적으로 악용되기도 했다. 나치의 인종주의를 정당화하고 인종청소를 자행하는 데도 악용되었다. 이처럼 과학기술 자체의 발전은 가치의 발전과는 무관한 것이다.

우리가 명심해야 할 것은 과학기술의 발전만으로는 좋은 가치를 갖는 미래가 올 수 없다는 점이다. 좋은 가치를 향해 가는 미래는 과학기술의 발전 그 자체가 아니라 과학기술을 선용하는 사회에서 도래한다. 따라서 과학기술의 발전에 선행해야 하는 국가적 과제는 과학기술을 선용하는 사회가 되기 위한 정책의 마련이다.

그런데 과학기술이 선용되는 사회는 어떤 사회인가. 인간과 인간의 관계가 경쟁과 갈등 그리고 적대로 점철된 사회, 그런 사회에서 과학기술은 인간과 인간이 서로 경쟁하고 대립하고 서로를 기만하고 결국 제거하는 데 사용될 수밖에 없다. 따라서 과학기술을 선용하는 사회의 필수조건은 인간과 인간의 관계를 배려와 신뢰의 관계로 구축하는 것이다. 사회의 구성원들이 서로를 신뢰하고 배려하는 협력의 역량, 이를 사회과학에서는 '사회적 자본(social capital)'이라고 한다.

사회적 자본 확충을 통한 헬조선 탈출: 성찰적 4차 산업혁명을 향하여

현재 4차 산업혁명의 추진 목적이 과학기술의 발전을 통한 시장 자본(market capital)의 축적 그리고 그에 기반을 둔 경제성장에만 집중되어 있는 듯하다. 그러나 4차 산업혁명은 시장 자본만으로는 실현될 수 없다. 물론 과학기술의 발전은 시장 자본의 축적을 가능하게 할 수 있을 것이다. 그러나 사회적 정의, 신뢰, 상호 인정과 존중으로 활성화되는 사회적 협력 역량, 즉 사회적 자본이 없는 곳에서는 과학기술이 선용되는 미래가 펼쳐질 가능성은 희박하다. 과학기술이 사회적 자본의 확충 없이 시장 자본의 축적 수단으로만 발전할 때, 시장 자본의 축적은 급격한 빈부격차를 유발해 사회적 갈등만을 심화시킬 뿐이다. 사회 구성원들이 갈등으로 고통받는 사회, 이러한 사회에서는 과학기술은 선용될 수 없다. 그런 위험을 잠복하고 있는 기술의 예가 최근 경제적 부가가치를 엄청나게 생산할 것으로 주목받고 있는 가상현실 기술이다. 여기서 가상현실의 열렬한 옹호자였던 재런 래니어(Jaron Lanier)의 고백에 귀 기울일 필요가 있다. 그는 왜 가상현실에 몰두했느냐는 질문에 자신이 처한 비참하고 우울한 현실을 잊기 위해서라고 답했다. 래니어의 고백은 시사하는 바가 크다. 현재 우리 사회는 치열한 경쟁, 청년 실업, 고령층 빈곤화, 계층 양극화, 미세먼지, 자살률 1위 등의 키워드가 지배하는 대단히 우울한 현실에 처해 있기 때문이다. 청년들은 그들이 처한 이러한 현실을 헬조선이라고 비관하고 있다. 물론 여러 가지 계량적 경제지표를 근거로 헬조선이 아니라는 반박도 가능하다. 그러나 심각한 것은 현재 우리 사회 현실이 청년들을 심리적 비탄 속에 몰아넣고 있다는 사실이다. 이러한 상황에서는 가상현실 기술이 재런 래니어의 경우처럼 사용될 가능성이 농후하다. 만약 청년들에게 환영을 제공함으로써 현실의 우울감을 마비시키는 효과적 수단으로 그 시장 가치를 발휘하게 되면 어떻게 될까? 이는 마약이 진통제로 선용될 수도 있지만 현실의 문제로부터 도피하는 환각제로 악용되는 것과 유사한 상황이 아닐까? 물론 일부의 철학자들은 현실과 가상현실의 경계가 없다고 주장하며, 가상현실로 몰입해가는 삶을 정당화하기도 한다. 그러나 가상현실은 인간의 탄생과 죽음이 일어나는 실존적 삶의 현장이 아니다. 니체식으로 표현하면, 인간이 삶을 사는 실존적 공간은 인간이 피와 살로 살고 또 죽는 현실이다. 그리고 이러한 실존적 현실에서 인간들은 서로 관계하며 서로에게 책임을 지며 사회를 형성한다. 따라서 모순으로 가득 찬 실존적 사회 현실 속에서 사회를 구성하는 인간들이 이를 현실적으로 개선할 의지를 포기한 채 가상현실로 도피한다면, 인간이 몸으로 태어나 살고 죽는 실존적 현실이 더욱더 비극적이 될 수밖에 없다. 결국 미래로 향하는 4차 산업혁명이 성공하기 위해서는 사회적 자본의 확충을 위한 사회 구성원들, 즉 시민들의 자발적이고 민주적인 협력이 필수적이다.

미래로 가는 4차 산업혁명의 행로는 과학기술의 혁신만으로는 열리지 않을 것이다. 오히려 과학기술의 발전에만 집착해 진행되는 혁명은 미래의 문을 닫을지도 모른다. 미래로 가기 위해서는, 더구나 보다 가치 있는 미래로 가기 위해서는 사회적 동력의 확보가 필수적이며, 사회적 자본을 확충하기 위한 사회적 혁신이 무엇보다 중요하다.

사회적 혁신을 위해서는 정책에 발상의 전환이 있어야 한다. 과학기술을 발전시키고, 그것으로 시장수요를 만들어내 시장 자본을 축적하고, 그때 발생하는 부작용을 후순위의 부수적 과제로 생각하는 정책 기획에 혁신이 일어나야 한다. 사회적 자본을 확충하기 위한 사회 혁신 정책이 과학기술 발전 정책과 마찬가지의 중요성을 갖고 마련되어야 한다. 그리고 이에 기초하여 과학기술이 선용될 수 있는 법 제도가 구축되어야 한다. 나아가 이러한 제도가 시장에서 지속될 수 있는 시장의 메커니즘이 디자인되어야 할 것이다.

제2부

문명 전환의 양상들

신자유주의 시대의 문화적 지구화와 한류

양종회 *

지구화(globalization)는 현대사회의 변동을 설명하는 가장 중요한 용어 가운데 하나로 자리 잡았다. 18세기 말과 19세기에 여행과 커뮤니케이션(communication)에 커다란 변동이 일어났고, 이것이 지구화를 촉진했으며, 이로 인해 새로운 세계가 출현했다. 지구화라는 용어는 1980년대 이래 본격적으로 사용되기 시작해 논의의 초점이 되었다(Robertson & White, 2003). 서구의 경우 지구화는 1500년대부터 시작되었지만(Wallerstein, 1974; Pieterse, 1995) 다른 지역의 지구화는 훨씬 이후에 시작되었다는 것이 전문가들의 견해다. 이러한 지구화 시점에 관한 의견의 차이는 이후 다른 여러 가지 요인과 더불어 지구화 전개 과정이나 지구화 효과 측면에서 많은 차이를 낸 것이 사실이다. 이외에도 국가나 지역에 따른 지구화의 경험은 다양한, 때로는 상반되는 이론과 담론을 낳는 계기가 되었고 많은 논쟁의 초점이 되었다.

한국은 20세기 초까지 소수의 주변국을 제외하고는 외국과의 교환

* 성균관대학교 사회학과 명예교수, 한국사회학회 회장 역임.

이 거의 없는 은둔국가로 있었고, 20세기에 들어 일제의 식민지가 되면서 외국, 특히 서구의 문물이 들어오기 시작했지만 현대적 의미에서 본격적으로 지구화 과정에 편입된 것은 최근의 일이다. 특히 문화적 차원에서 우리나라의 지구화는 최근 20년 동안 급격히 진행되었는데, 그 첨병(尖兵) 역할을 한 것이 이른바 한류라고 할 수 있다. 한류에 대해서는 그동안 많은 연구가 이루어졌고 한류의 성격, 원인, 결과에 대한 다양한 해석도 제시되었다. 한류는 현대 한국의 문화 변동을 설명할 수 있는 중요한 사건이지만, 그것이 한국이라는 국가 범위에 그치지 않고 국경을 넘어 전 세계로 확산되고 있다는 점에서 지구화의 한 사례로 간주될 수 있다. 한류는 특히 중심부에서 주변부로 흐르는 지배적인 문화적 흐름과는 달리 문화적으로 중심부가 아닌 곳에서 출발한 문화가 중심부를 포함한 다른 지역으로 전파되고 영향을 주고 있다는 점에서 기존의 이론을 입증하거나 반증하는 좋은 사례를 제공한다. 더욱이 현대의 경제적·기술적·정치적 상황, 특히 디지털 기술에 바탕을 둔 새로운 미디어(new media)에 크게 힘입어 단기간에 전 세계로 확산되고 있다는 점에서 문화적 지구화 이론에 중요한 함의를 제공한다고 할 수 있다.

이 연구의 목적은 많은 기존의 한류 연구를 입증 또는 수정하거나, 거기에 새로운 발견 또는 해석을 덧붙이기보다는 지구화라는 틀에서 한류를 보다 종합적으로 재구성하고, 그 작업을 통해 신자유주의적 자본주의가 지배적인 현대의 문화적 지구화 과정에 대한 이해를 돕고자 하는 것이다.

문화적 지구화 이론

지구화는 이론적 입장에 따라 그리고 강조점에 따라 다양하게 정의

된다. 시공간의 압축이라든가, 시간에 의한 공간의 대체 같은 정의로부터 복잡한 연결성 또는 연결망, 상호의존성을 강조하는 정의까지 다양하다. 헬드(David Held)와 그의 동료들은 이런 정의를 종합했다고 할 수 있는 "대상, 기호 혹은 사람이 지역과 대륙의 공간을 가로질러 이동하는 흐름(혹은 물질적·정치적·상징적 교환), 그리고 그것들 간의 연결성, 혹은 상호의존성"이라는 정의를 제시한다(Held et al., 1999: 22).

문화적 지구화는 문화적 차원의 지구화를 의미하며, 경제적·정치적·사회적 차원의 지구화와 구분된다. 그러나 이들은 서로 밀접하게 관련되어 있어서 한 가지 차원을 이해하려면 반드시 다른 차원을 고려해야 한다. 문화적 지구화는 경제적 지구화 또는 정치적 지구화의 결과 또는 그 영향으로 일어난다는 주장이 상당한 설득력을 얻고 있다. 예를 들어 울리히 벡(Ulich Beck, 2000)은 지구화의 추진 세력으로 단일한 지배적 논리, 특히 경제적 논리가 지배한다는 이론과 경제적 논리를 포함한 사회적·문화적·정치적 요인들이 복합적으로 작용한다는 두 가지 이론이 있음을 지적한다.

지구화가 단일한 요인 또는 논리에 의해 일어난다는 주장은 지구화를 자본주의 조건의 변화로 설명한다. 대표적인 이론이 월러스틴(Immanuel Wallerstein, 1974; 1979)의 세계체계 이론이다. 이 이론은 자본주의가 작동하는 논리는 필연적으로 지구적이며, 16세기 유럽에서 일어난 근대 자본주의의 성장은 세계의 모든 요소들을 구속력 있는 단일한 분업체계에 통합시킴으로써 자본주의 세계체계를 형성했다고 보는 것이다. 이 근대 자본주의 세계체계는 세 가지 요소로 되어 있다. 첫째, 이익 극대화의 원칙이 지배하는 단일한 시장, 둘째, 국민국가들로 이루어진 국가체계, 그리고 셋째, 중심부, 주변부, 반주변부로 이루어진 계층체계로 이 계층 간의 관계는 지배 착취 관계다. 자본주의 세계체계는 주기적으로 위기를 만나게 되고, 그 위기는 분업과 불평등을 심화시키며 갈등의 수준을 증가시킨다. 결과적으로 자본주의 세계체계의 내적 논리는 세계적 통합과 해체를 발생시키며, 결국은 붕괴될 것이라고 월러스틴은 예측한다. 월러스틴의 세계체계 이론은 마르크스주의 전통 내에서 전개되기 때문에 세계체계의 역동성은 경제적 논리에 따르며, 문화는 경제논리의 영향을 받는 것으로 간주된다. 바꾸어 말하면 문화적 지구화는 경제적 지구화 논리의 지배를 받는다는 것이다.

지구화 과정을 변하는 자본주의의 조건이라는 차원에서 접근하는 이론은 많으며, 특히 현대의 지구화를 설명하는 이론으로 경제적 논리를 강조하는 이론은 사회과학에서 상당한 지지를 받고 있다. 예를 들어 미텔만(James H. Mittelman, 2000)은 현 단계 지구화의 기원을 1970년대에 서구 국가가 경험한 심각한 경기침체에서 찾는다. 그것은 자본주의 역사에서 하나의 중요한 전환점으로 경기침체를 극복하기 위해 생산체제를 포디즘(Fordism)에서 포스트포디즘(Post-Fordism)으로 재구조화했는데, 후자는 보다 융통성 있고, 자본집약적인 그리고 기술집약적인 운영을 강조한다. 이 전략을 집중적으로 채용한 결과 재구조화, 탈규제, 사유화 및 경쟁이 증가했다. 미텔만에 따르면, 자유시장의 경쟁은 신자유주의 이데올로기가 되었는데, 이 이데올로기는 IMF, World Bank, WTO 같은 국제조직이 채용해 지구화의 첨병이 되었다.

이와 유사하게 마틴 앨브로(Martin Albrow)는 자본주의는 국가 규제와 통제를 반대하는 체제이며, 국경과 경계를 가로지르는 재화와 용역의 자유로운 흐름을 위한 것이라고 주장한다(Albrow, 1996: 142~143). 한편 마우로 구일렌(Mauro F. Guillen)은 이데올로기로서 지구화는 "신자유주의와 관련되고 경제발전과 개혁에 대한 기술적 해결과 관련된다"고 주장한다(Guillen, 2001: 236). 라메시 미시라(Ramesh Mishra) 역시 지구화는 신자유주의의 초국가적 이데올로기일 뿐만 아니라 앵글로색슨(Anglo-Saxon) 형태의 자본주의적 헤게모니를 전 세계적으로 공고하게 하는 것이라고 한다(Mishra, 1999: 7~8).

지구화를 자본주의 경제의 최근 변동과 관련해서 신자유주의 이데올로기와 연결시키는 이러한 접근들은 하나의 공통점이 있는데, 그것은 지구화를 제국주의와 관련시키는 것이다. 실제로 제국주의는 많은 학자들이 문화적 지구화의 초기 모델로 간주한다(Tomlinson, 1992; Schiller, 1998; Crane, 2002; Curren and Park, 2000). 크레인에 따르면, 문화적 제국주의 이론은 가장 잘 알려진 문화적 지구화 모델로서 이것은 선진 자본주의 문화, 특히 소비주의와 매스컴에 대한 마르크스주의적 비판의 일부로 1960년대에 출현했다. 이 모델의 핵심은 중심국가의 주변국가에 대한 문화적 지배 또는 특정 국가의 신념, 가치, 지식, 행동규범이나 생활양식의 부과라고 할 수 있다. 제국주의는 정치적으로는 강대국이 약소국을 식민지로 삼아 지배하는 식민주의에서 전형적으로 볼 수 있는 현상인데, 오늘날에는 이러한 형태의 정치적 제국주의는 드물고, 대신 경제적 또는 문화적 제국주의가 다양한 형태로 존재한다. 문화적 제국주의는 소수의 서구 국가나 미국이 다른 많은 사회에 그들의 문화를 부과한다는 주장에서 전형적으로 나타난다. 예를 들면, 할리우드 영화가 전 세계 영화계를 지배한다든가, 미국의 음료(코카콜라)나 패스트푸드(햄버거)가 전 세계인의 식생활에 침투한다는 등의 미국 문화가 세계를 지배하는 현상이 자주 논의된다. 조지 리처(George Ritzer, 2000)는 최근에 맥도날드화(McDonaldization) 이론을 발표했는데, 이 이론에 따르면 미국의 패스트푸드 식당인 맥도날드가 햄버거라는 패스트푸드를 준비, 공급하는 독특하고 합리적이며 고도로 표준화된 방법으로 전 세계를 지배했을뿐더러 그에 따른 여러 가지 생활습관도 확산되었다. 맥도날드가 생산하고 광고하는 방법은 미국화의 패러다임으로 간주되어 패스트푸드에 국한되지 않고 서구의 초국적 기업뿐만 아니라 작은 사업에도 적용되었으며, 일상생활의 많은 부분에 영향을 주었다. 이것은 지구적 문화가 지배적 문화에 수렴되어 동질화한다는 문화적 제국주의의 좋은 예를 제공한다.

존 톰린슨(John Tomlinson, 1997)은 그 외에도 문화적 제국주의는 몇 가지 중요한 경험적 사실에 기초하고 있기 때문에 오늘날에도 중요한 조망으로 남아 있다고 주장한다. 그 중요한 경험적 사실은 첫째, 서구 또는 미국 문화의 편재성(ubiquity)으로 서구의 문화적 취향과 실천(의복, 음식, 음악, 영화, TV 등)이 지구적인 것이 되고 있다. 둘째, 서구 제국주의의 오랜 역사로 서구는 오랫동안 후진국을 정치적·경제적으로 지배했고, 이 지배-복종의 역사적 관계가 지구화 이해의 강력한 기반을 제공한다. 셋째, 현대사회에서 자본주의의 역동성이 지구화의 핵심에 있다. 문화는 자본주의 생산체계와 시장의 확장과 밀접히 관련되어 있다. 그러므로 문화적 지배를 경제적 지배와 착취의 연장으로 보는 것이 논리적이라는 것이다.

그러나 문화적 제국주의 이론은 최근에 지속적인 비판을 받고 있다. 이러한 비판은 최근의 여러 사회문화적 변동을 반영하는 것일 뿐만 아니라 문화적 제국주의가 기초하고 있는 전제와 가정에 대한 근본적인 도전의 결과다.

문화적 제국주의 이론의 기본적 가정 가운데 하나는 미디어가 문화

과정을 형성하는 데 중심적인 역할을 한다는 것이다. 미디어가 문화 과정의 중심에 있기 때문에 "문화적 지배의 문제는 미디어 지배의 문제로 돌려진다"고 톰린슨은 주장한다(Tomlinson, 1992: 58). 실제로 현대의 문화적 지배는 대부분 미디어의 영역에서 다국적 미디어 산업에 의해 수행되며 그렇기 때문에 미디어 제국주의라고 불리기도 한다.

그러나 미디어가 문화적 지구화에 중심적이라는 가정은 도전받고 있다. 현대사회에서 대중매체는 정보나 지식 또는 가치를 전파하는 매체로서 과거보다 덜 중요하며(디지털 기술을 이용한 개인적 커뮤니케이션과 양방향적 커뮤니케이션의 활성화 때문에) 미디어의 전파는 자동적이거나 무차별적이 아니라는 것이다. 즉 미디어를 통한 전파 과정은 많은 요인들(사회경제적 요인, 구조적 요인 등)에 의해 굴절되며, 최근에 아시아 등에서 나타나고 있는 문화 생산의 다원화 경향이 과거와 같은 미디어 콘텐츠의 일방적 흐름이라는 가정을 재고하게 한다. 일본의 문화적 품목이 서구에서 영향력을 발휘한 경우나, 최근 한국의 대중문화가 세계적으로 전파되는 한류가 좋은 예라고 할 수 있다.

문화적 커뮤니케이션의 흐름이 단일방향적이고 문화에 대해 동질화 효과를 갖는다는 문화적 또는 미디어 제국주의 이론의 주장도 비판을 받았다. 하나의 비판은, 문화적 커뮤니케이션의 흐름이 단일방향이 아니라 복수방향적이며, 지구적 미디어 기업은 지속적 확장을 위해서 지방문화를 수용하고 지방기업과 협력해야 한다고 주장한다. 예를 들어, 맥도날드화 이론에 대한 많은 비판적 연구를 보면 다른 나라에서는 그 지방문화에 저항하거나 무시하는 대신 적응하거나 협상함으로써 원래 맥도날드와는 다른 제품, 경영방식을 채택하고 있는 것을 알 수 있다. 이것은 지구화 세력과 지방세력 간의 관계, 그리고 지구적 문화와 지방

문화 간의 관계에 대한 제국주의와는 다른 이론과 해석이 필요하다는 것을 시사한다.

지구화 세력과 지방세력 간의 관계에 대해 롤랜드 로버트슨(Roland Robertson)은 제국주의 이론과는 매우 다른 이론을 제시한다. 로버트슨은 지구화가 항상 지방화 과정과 관련된다고 보고 지구화 대신 세방화(glocalization)라는 용어를 사용할 것을 제안한다. 즉 문화적 지구화는 변증법적 과정으로 지구화는 지방과의 관계에서만 가능하며, 지방이 없는 지구화는 가능하지 않다는 것이다. 바꾸어 말하면, "지구적인 것은 그 자체로서 지방적인 것에 대립되는 것이 아니며", "지구화는 지방들 간의 연계를 포함하고", "동시에 그것은 지방성(locality)의 발명과 관련된다"(Robertson, 1994). 여기서 지구화는 지방을 벗어나는, 즉 탈장소화(delocalization)를 의미할 뿐만 아니라 지구적인 것이 한 번에 여러 장소에 있는 재장소화(relocalization)를 의미한다. 이 입장에서는 지구화를 자동적이고, 일방적이고, 일차원적인 것으로 볼 수 없다. 지구적 문화는 정태적 현상이라기보다는 상황의존적이고, 변증법적 과정으로만 이해될 수 있는 것으로, 모순적 요소들이 통일성에서 고려되고 해석될 수 있는 세방화 모델에서만 이해될 수 있다는 것이 로버트슨의 주장이다.

인류학자인 아르준 아파두라이(Arjun Appadurai, 1990)는 지구화의 중심적 문제는 문화적 동질화와 이질화 간의 긴장이라고 주장한다. 동질화 주장은 미국화 또는 상품화 주장이며, 이 양자는 연결되어 있다고 한다. 그러나 동질화 주장은 앞의 맥도날드의 예에서 살펴본 것처럼 중심부에서 온 상품이 새로운 사회에 들어가면, 토착화된다는 사실을 간과하고 있다는 점을 아파두라이는 지적한다. 그는 로버트슨보다 한 걸음 더 나아가서 문화와 경제의 상대적 자율성을 인정할 뿐만 아니라, 지구화 시대에 문화를 구성하는 다양한 차원이 분리되어 있고, 독자적 논리에 따라 움직인다는 이론을 전개한다. 그는 문화적 지구화를 지구적 문화적 흐름으로 보고, 이 흐름을 다섯 차원으로 구분한다. 이 다섯 차원은 사람(ethnoscape), 기술(technoscape), 돈(financescape), 정보(mediascape), 이데올로기(Ideoscape)가 흐르는 풍경을 나타낸다. 여기서 사용된 scape란 용어는 문화적 풍경이 유동적이고 불규칙적이라는 것을 가리킨다. 예를 들어 사람(ethnoscape)은 관광객, 이민, 피난민, 망명객, 초청 노동자 등 이동하는 사람들, 즉 정착하지 않은 사람들의 움직이는 풍경을 말한다. 이처럼 오늘날 지구적 문화는 장소나 시대에 연계되지 않으며, 맥락에서 자유롭다. 이런 풍경의 흐름은 중심과 주변이라는 전통적 구분을 무의미하게 하며, 이것은 끊임없이 이동하는 사람들에 의해 교환되고 경험되는 것으로 상이한 의미가 제공되는 상상된 세계의 초석이다.

문화적 제국주의에 대한 이상의 비판은 문화적 흐름 또는 연결망 모델의 기초가 되었는데, 이 모델은 문화적 전파가 반드시 같은 장소에서 유래하지 않으며, 같은 방향으로 흐르지도 않는다고 주장한다. 바꾸어 말하면, 분명히 규정된 중심이나 주변이 존재하는 것은 아니며, 수용자가 기원자가 될 수도 있다는 것이다. 이 모델에 관해 피터 루트비히 버거(Peter Ludwig Berger)는 "대안적 지구화라는 것이 점점 중요해지는 현상, 즉 서구 밖에서 출발한 문화운동이 서구에 영향을 미치는 그런 운동, 그 가운데 일본이 가장 중요한 '예'인 그런 현상에 주목한다(Berger, 2002: 12). 또한 버거가 '하위지구화(sub-globalization)'라 부른 현상이 있는데, 이는 전지구적 이동이 아니라 한 지역 내에서의 문화

이동을 말한다(Berger, 2002: 14). 다른 학자들은 이 현상을 '지역화'라 부른다.

이러한 중심이 없는 양방향적인 문화 흐름의 효과는 "동질화 대신에 문화적 혼종"이 될 가능성이 많다(Crane, 2002: 4). 얀 네더빈 피터스(Jan Nederveen Pieterse, 1995)는 지구화를 혼종화 과정으로 보는 이론을 발전시켰다. 그는 지구화를 표준화나 일차원적 과정으로 보는 대신 유동적이고 비결정적이며 개방적으로 보는 관점을 채택한다. 이 관점에서는 지구화 역사를 서구의 역사에서 시작하는 것으로 보거나, 지구화를 근대화 이론의 부록으로 여기는 견해를 거부한다. 대신 지구화는 초국가적 지역주의나 국가적 지역주의를 강화할 수도 있고, 파편화와 통일을 동시에 발생시킬 수도 있으며, 공통의 정체와 동시에 정치적 차이의 인지를 발전시킬 수도 있다. 그 결과는 혼종화로, 이것은 형태가 기존의 실천과 분리되고, 새로운 형태의 새로운 실천에서 재조합하는 방법으로 정의된다. 혼종적 구성체는 혼종적 장소와 공간에서 자신을 나타내는 다양한 논리의 상호 침투에 의해 구성되며, 전근대, 근대 그리고 탈근대가 공존하는 시간의 혼종을 경험한다. 문화적 혼종성은 다양한 방법으로 드러나는데, 서구 문화에 의한 비서구 문화의 반대 경향, 서구 문화와 비서구 문화의 혼합, 서구 문화의 지방적 수용의 역할에서 볼 수 있다. 그러나 네더빈 피터스는 혼종이나 혼합에서 간과할 수 있는 실질적 불균형, 비대칭, 불평등도 인정할 필요가 있음을 강조한다. 혼종화는 문화들 간의 교차만을 의미하는 것이 아니고 한 문화에서 다른 문화로의 이전을 의미한다. 그뿐만 아니라 최근의 정보기술과 생물학적 기술의 발전은 상이한 형태의 혼종성이 출현하고 있다는 점을 지적한다.

또 다른 비판은 문화적 지배에 대한 지방의 저항을 강조하는데, 여기에는 소비자의 입장에서 미국 혹은 중심국가의 문화 상품에 대해 다양한 방법으로 저항하는 행위와 보조금 지급, 투자 할당, 수입 규제 같은 수단에 의해 지방문화와 국내 미디어 산업을 보호하려는 정부의 노력이 포함된다(Curren & Park, 2000).

이와 관련해 크레인은 문화적 지구화에 대한 다양한 행위자들의 반응에 초점을 둔 두 가지 모델을 제시한다(Crane, 2002). 하나는 수용이론으로 문화적 지구화에 대한 공중의 반응을 다룬다. 이 이론은 초국적 미디어에 대한 청중의 적극적 반응과 다양한 판단에 따라 같은 내용에 대한 다른 해석을 가정한다. 그러므로 문화적 지구화는 동질화된 세계문화를 낳지 않으며, 대신 다문화주의가 지배적 경향이고, 국가적·지방적 정체(identity)는 비교적 그대로 유지된다.

크레인이 제시한 다른 모델은 "전해 내려온 문화를 보존하고 보호하며, 전통적 문화를 재생하고, 문화적 지구화에 저항하며, 지구적 소비를 위해 지방문화나 국가문화를 변경시키고 전환시키는 것에 저항하는" 국가, 도시 및 조직의 다양한 전략에 초점을 둔다(Crane, 2002: 4). 이 관점에 따르면, 문화적 지구화는 지구적 공간에서 그들의 문화를 보존하고 위치지우며, 제시하는 과정에서 이루어지는 경쟁과 협상을 포함한다. 그러므로 문화적 지구화는 질서 있는 단일방향적 과정으로서가 아니라 긴장, 경쟁, 갈등이 가득한 무질서한 것으로 간주된다. 그러나 새뮤얼 헌팅턴(Samuel Huntington)에 따르면, 문화는 강하거나 약할 수 있고, 지구화에 대처하는 정부나 조직의 능력은 다르다(Berger, 2002: 15). 그러므로 관리된 혹은 통제된 지구화가 있는가 하면, 통제되지 않은 혹은 강요된 지구화도 존재한다.

크레인과 같이 우리는 문화적 지구화를 반응의 형태에 따라 접근할 수 있다. 극단적 반응 형태 가운데 하나는 자민족중심주의로, 이것은 자신의 문화를 가장 좋은 것으로 간주하고 다른 문화는 열등하거나 약한 것으로 거부하는 것이다. 보다 보통의 형태는 민족주의로, 이는 민족의 자긍심을 촉진하고 토착 문화적 전통을 재생하는 것이다. 어떤 경우든 문화적 지구화는 "다원주의라는 엄청난 도전을 제기한다. 당연시되던 전통이 붕괴되고 신념, 가치 및 생활양식의 다양한 선택이 열리는 것이다. 그러나 보통은 수용과 극렬한 저항 간에, 그리고 지구적 동질성과 지방적 고립 간의 중간을 택한다"(Berger, 2002: 16).

지구화의 결과는 무엇일까? 지구화에 의해 공고화되거나 완성되는 상황을 학자들은 세계사회(Meyers, 1980; Beck, 2000; Luhmann, 1997), 연결망 사회(Castells, 1996), 세계체계(Wallerstein, 1974) 또는 지구사회, 지구체계(Sklair, 1995; Giddens, 1990) 등으로 규정한다. 그러나 소수를 제외하고는 통합되고 동질화된 세계 또는 문화를 가정하지 않는다. 대신에 문화적 양극화 이론과 문화적 혼종화 이론이 제시된다(Holton, 2000). 혼종화 이론은 앞에서 살펴본 바와 같이 문화의 동질적 통합 대신에 문화적 교환의 결과 다양한 문화적 원천에서 온 문화적 요소의 통합을 강조한다. 이 경우 거의 모든 문화는 혼합되어 있어서 순수하거나 진정한 문화는 없다는 주장과 연결된다. 양극화 이론은 서구의 기독교 문명과 이슬람-유교 문명 축 간의 충돌을 예측한 헌팅턴(Huntington, 1996)의 문명 충돌론, 서구와 비서구 생활양식 간의 문화적 이원론이 구축된 방법을 분석한 사이드(Edward Said, 1978)의 오리엔탈리즘(Orinetalism)론, 그리고 지구적 소비자 자본주의와 문화적 또는 종교적 근본주의 간의 갈등을 분석한 벤자민 바버(Benjamin Barber, 1995)의 지구적인 문화적 양극화론 등이 있다.

그러나 많은 문화이론가들은 문화적 지구화의 결과로 지구문화의 물리적 통합 대신에 지구적 의식을 강조하고, 물리적으로는 유동적이고 정착되지 않은 흐름을 지적한다. 예를 들어 로버트슨과 그의 동료들은 지구화가 가져올 일반적 결과로서 (1) 광범위한 연결성 혹은 상호 관련성과 (2) 광범위한 지구적 의식을 제시한다(Robertson & White, 2003). 특히 지구적 의식(global consciousness) 또는 세계에 대한 이미지(image of the world)가 문화적 지구화와 관련되어 중요하다. 지구화는 지방에 살고 있는 개인들도 그들의 일상생활에서 지구적 고려, 지구적 준거 또는 지구적 기준을 적용하도록 한다. 로버트슨이 말한 "단일한 장소로서의 세계 인식"이 대표적인 예다. '지구적으로 생각하고 지방적으로 행동하라(Think globally, act locally)'는 환경운동 표어도 이 지구적 의식을 잘 표현하고 있다. 더 나아가 아파두라이는 지구적 문화의 한 측면으로서 물리적 불안정성 또는 정착되지 않은 세계를 들고 있고, 새로운 지구적 질서의 핵심 성분으로 상상을 들고 있다. 아파두라이에 따르면 상상은 현대의 사회생활에서 새로운 역할을 하고 있는데, "일의 한 형태이고, 행위 간 협상의 한 형태이며, 지구적으로 규정된 가능성의 영역"이다. 결국 이들이 발견하는 지구적 풍경은 여러 가지 분리된 흐름의 조합이 만드는 특수성을 허용하는 가능한 생활의 모호한 상상이다.

문화적 지구화에 대한 이상의 여러 이론이나 모델은 경험적 사례에서 서로 배타적이지 않다. 한 지구화의 사례에서 복수의 요인, 다양한 반응, 그리고 많은 형태를 발견할 가능성이 많다. 경험적 연구에서 많은 이론적 접근 가운데 하나 또는 그 이상을 선택하는 것은 대부분 정도의 문제이거나 적절성의 문제다. 이 연구에서는 문화적 지구화의 한 사례로 한류를 설명하는 데 이론적으로나 경험적으로 선택적일 것이며, 한국에서 일어나는 최근의 문화적 지구화의 과정을 더 잘 이해하고 기존 지구화 이론을 개선하는 데 이바지할 수 있는 주요 특징을 부각하는 데 초점을 둘 것이다.

한국의 문화적 지구화와 한류의 탄생[1]

한국은 20세기 초까지 수천 년 동안을 인접한 중국이나 일본의 제한된 교류 외에는 외국과의 접촉이 거의 없었다. 한반도의 마지막 왕국인 조선은 서구의 영향에 대해 쇄국정책으로 대항했으나, 막강한 서구세력과 서구의 영향을 받은 일본의 강요로 국경을 열 수밖에 없었고, 결과적으로 서구문화는 서구의 선교사와 서구화된 일본을 통해서 들어왔다. 1910년에는 일본에 의해 강제 합병되어 1945년 해방될 때까지 일본의 식민지였고, 한국은 현대 일본 사회를 닮은 근대국가로 전환되었다. 이 시기에 일본화 된 서구문화라고 할 수 있는 일본의 대중문화가 한국에 대량으로 유입되고, 전통적인 한국 문화를 대체하는 주류문화가 되었다. 이 의미에서 근대 한국의 대중문화의 역사는 신문, 잡지, 라디오, 영화 같은 근대적 형태의 대중매체가 한국에 최초로 도입된 식민지 시절에 시작되었다고 할 수 있다(INC, 1977).

이러한 서구문화의 유입은 식민세력에 의한 강요된 지구화 또는 문화적 제국주의라고 할 수 있다. 그것은 일본 문화가 한국의 토착문화를

1 Jonghoe Yang, "Globalization, Nationalism, and Regionalization: The Case of Korean Popular Culture," *Development and Society* 16(2), 2007.

지배하는 일방적 지구화였다. 식민지 시대 이래로 한국의 전통문화는 한국 사회에서 더 이상 주류문화가 되지 못하고 박물관에서나 볼 수 있는 박제된 문화로 퇴보했다.

1945년 일본으로부터 해방된 후에는 미국의 군사정권이 3년 동안 한반도를 지배했고, 이 기간 동안에 한국 사회의 주요 제도가 근대 서구적 제도로 전환되었다. 1950년 공산정권이 장악한 북한과 자유주의 정권의 남한 간에 전쟁이 일어나 3년 동안 지속되었는데, 이 기간 동안에 미국 주도의 유엔군이 남한을 도왔고, 1953년 휴전 후에는 상당수의 미군이 남한에 주둔하게 되었으며, 미국으로부터 많은 물질적 원조가 답지했다. 결과적으로 대한민국 국민들은 미국에 호의적인 태도를 갖게 되었고 미국 문화와 직접적인 접촉을 하게 되면서 미국의 대중문화가 자연스럽게 한국의 주류 대중문화로 자리 잡았다.

다른 한편 한국의 대중문화에 대한 일본의 영향은 해방 후 급격히 감소했는데, 그 이유는 한국 정부가 일본 대중문화의 수입을 금지했기 때문이다. 그러나 일본의 대중문화는 다양한 통로를 통해서 밀수입되었으며, 이러한 밀수입과 오랜 일제시대의 영향으로 한국의 대중문화에는 일본의 흔적이 많이 남아 있다(김현미, 2003; 윤경원, 나미수, 2005).

전반적으로 한국에서 문화적 지구화는 1987년 정치적 민주화가 회복될 때까지는 매우 제한적이었는데, 그것은 거의 30년의 군사독재체제 동안 외국 문화의 수입 금지, 검열, 외국 여행의 제한 때문이었다. 한국 국민이 제약 없이 자유로이 해외를 여행할 수 있게 된 것은 1989년부터다. 결과적으로 해외여행자 수가 급격히 증가해 1993년 150만 명에서 2000년에는 500만 명으로 그리고 2006년에는 1500만 명으로 증가했다. 예술 공연이나 오락 공연은 오랫동안 정부의 검열을 받았고, 공연윤리위원회가 1976년 정부기구로 설립되어(나중에는 사립기구가 되었다) 공연의 대본이나 각본을 사전에 검열해 공연 여부를 결정했다. 그러나 사전검열이 위헌이라는 헌법재판소의 결정에 따라 1999년 사전검열제도가 폐지되었다. 한국 정부는 오랫동안 한국의 문화시장을 외국의 침투로부터 보호하는 정책을 채택했지만 1980년대에 문화시장을 개방하라는 미국을 비롯한 서구의 지속적 압력을 받았다. 또한 1994년 우루과이라운드(Uruguay Round)에 가입하고, 1996년에는 OECD 회원국이 되었으며, 1997년 외환 위기와 IMF의 개입으로 한국 정부는 문화시장을 점진적으로 개방했다.

결과적으로 1990년대 중반, 한국은 새로운 (제2의) 지구화 단계에 진입했다. 1992년 30년 만에 최초의 진정한 민간인 대통령으로 선출된 김영삼 정권은 신자유주의를 기본적 이데올로기로 채택하고 세계화를 추구하기 시작했다. 김영삼 정권의 경제 자유화 정책은 1997년 경제위기에 적어도 부분적으로 책임이 있다고 할 수 있는데, 그 위기는 한국 역사상 최초로 IMF의 개입을 초래했다. IMF는 부채 상환을 위한 자금 융자의 조건으로 한국 정부가 일련의 정책을 이행하도록 요구했는데, 이 정책은 신자유주의 이데올로기에 따른 자유화, 탈규제화, 사유화를 강조하는 것이었다. 1998년 김영삼 정권을 이어받은 김대중 정권은 IMF가 요구한 구조개혁을 받아들였고, 빠른 시간 내에 경제위기를 극복해냈다. 그러나 구조개혁 과정에서 한국은 경제제도와 경제적 실천에서만이 아니라 사회조직과 문화적 가치의 차원에서 심대한 변동을 겪었다. 근대에 들어 한국 사회는 효율성, 자유경쟁, 물질적 부, 지구화 및 생존경쟁 같은 가치로 대표되는 자유주의적 경제 논리에 그처럼 철저히 휘둘린 적이 없었다.

그러나 이 단계의 지구화는 IMF에 의해 부과된 것이기 때문에 강요된 지구화라 부를 수 있다. 그것은 문화산업을 재구조화했고, 제도와 문화적 가치를 전통적인 유교적인 것에서 근대 서구적인 것으로 바꾸었다. 그러나 역설적으로 이처럼 강요된 문화적 지구화는 한국의 문화시장과 문화산업을 획기적으로 발전시키는 계기가 되었다.

외환위기 이후 한국의 문화시장은 외국의 수입품과 영향에 완전히 노출되었는데, 이는 그 시장을 더욱 경쟁력 있게 만드는 계기가 되었다. 동시에 정부는 지금까지 영세한 문화산업을 보호한다는 명목으로 대기업이 문화산업에 투자하는 것을 금지했는데, 이 금지를 풀었다. 따라서 국내외 대기업이 한국의 문화산업에 투자하기 시작했고, 정부도 문화산업과 미디어 산업의 경제적 가치를 인정해 1994년 문화부에 처음으로 문화산업국을 설치했으며 1999년에는 문화산업촉진법을 제정했다. 이러한 문화산업에 대한 투자의 확대, 경쟁의 심화, 정부의 지원 등의 요인이 한국의 문화산업과 대중문화를 크게 전환시켰다. 한국의 문화산업과 문화시장은 최근의 정보통신산업의 확대와 일상생활의 광범위한 정보기술의 이용으로 질적으로나 양적으로 크게 발전했다. 특히 정보통신산업의 극적인 확장과 개인용 컴퓨터, 휴대전화, 위성 TV, 인터넷 같은 정보기술이 일상생활에 광범위하게 침투한 정보 혁명은 외국 문화에 대한 거의 제한 없는 접근을 허용함으로써 문화적 지구화를 크게 촉진했다.

문화산업과 문화시장의 엄청난 성장은 문화소비의 변동을 수반했다. 문화소비가 양적으로 성장했을 뿐만 아니라 소비의 유형도 크게 변했다. 1990년대 후반 문화적 확장 이전에 한국의 문화소비는 문화자본의 결여, 경제적 수단의 희소성, 문화상품의 제약 등으로 한계가 있었다. 그러나 그 이후 문화적 관심이 한국민의 일상생활에서 점점 더 중요해졌다. 이는 젊은이의 소비행동에서 분명히 드러나는데, 이들은 선진국의 젊은이들처럼 사회적 지위와 사회적 정체를 획득하기 위해 소비하는 경향이 있다(이수범, 2004; 손상희, 1997). 이들은 지위의 상징으로, 그리고 사회적 인정의 수단으로 간주되는 문화적 상품의 주요 소비자다(황혜자, 2003). 한국의 젊은이들은 외국의 문화적 콘텐츠를 가장 적극적으로 수용하는 층이다. 이들은 문화적 상품을 그 상품이 어느 나라에서 생산되었는지보다는 그들 자신의 취향에 맞는지에 따라 소비하는 경향이 있다. 한 표본조사에 따르면, 한국 젊은이의 거의 반은 외국의 문화상품을 선호한다. 이들이 가장 좋아하는 문화상품은 일본제와 미국제다(이민희, 맹영임, 정문성, 2000: 140~148). 그러나 홍콩, 대만, 중국 같은 동아시아 국가의 대중문화상품도 점점 한국 문화시장과 한국인의 문화생활에 침투했다. 외국의 대중문화를 선호하는 많은 한국인들이 문화적 선택을 개인적 자유로 간주하고, 의식적이지는 않지만 새로운 초국적 정체를 수립하고, 그들 자신을 지구적 시민 혹은 지구적 문화적 중개자로 간주한다(양은경, 2006).

유사한 경향이 다른 동아시아 국가에서도 발견된다. 아시아에서 가장 먼저 근대화한 나라인 일본은 20세기 초반 동아시아의 대부분을 식민지화했고, 그 이래로 이 지역에서 커다란 문화적 영향력을 행사했다. 최근에는 중화권 국가들, 즉 중국, 대만, 홍콩, 싱가포르 간의 문화적 교환도 활발해지고 있다. 한국의 대중문화는 1990년대 중반 이후로 일본, 중국, 대만, 베트남 등을 중심으로 한 동아시아와 동남아시아 국가들로 수출되기 시작해서 소위 '한류'라는 새로운 현상을 탄생시켰다. 동아시아 국가들 간의 이러한 문화적 교환과 흐름은 최근 지리적 문화적 근접성, 새로운 디지털미디어 기술의 발전, 생활수준의 향상, 지구적 자본주의의 구조적 전환에 힘입어 극적으로 증가했으며, 한류는 이러한 경향의 일부로 간주될 수 있다. 다음 절에서는 동아시아, 특히 일본, 중국, 대만에서 한류가 성장한 과정을 보다 자세히 살펴볼 것이다.

동아시아의 한류: 제1단계[2]

한류는 동아시아 국가들, 특히 일본, 중국, 대만에서 처음 시작되었다. 1990년대 후반부터 한국은 대중문화상품을 이들 국가에 수출하기 시작했는데, 이것은 근대 역사상 한국의 대중문화가 다른 나라에 대량으로 흘러들어가는 최초의 사건이었다. 앞에서 본 것처럼 한류는 한국경제의 지구적 전환, 즉 한국 문화산업과 문화시장의 지구적 전환이 없었다면 불가능했을 것이다. 동시에 한국의 대중문화를 수용한 다른 동아시아 국가들에서 유사한 경제적·문화적 전환이 없었다면 한류는 역시 가능하지 않았을 것이다. 아래에서는 한류를 가능하게 한 일본, 중국, 대만의 변동을 살펴보고자 한다.

일본은 동아시아에서 독특한 위치를 점하고 있는데, 그 이유는 일본이 아시아에서 최초로 근대화한 나라이고, 이 지역의 대부분을 식민지화한 유일한 국가이기 때문이다. 이 때문에 일본은 '앞서 있고 나머지는 모두 뒤처져 있다'는 태도를 가졌고, 이 지역의 다른 나라와 적극적으로 문화적 관계를 갖기를 꺼렸다. 그러나 1970년대 이래로 일본의 대중문화는 대만, 홍콩, 싱가포르, 한국 등에서 인기가 있었다. 처음에

2 Jonghoe Yang, "The Korean Wave (Hallyu) in East Asia: A Comparison of the Chinese, Japanese, and Taiwanese Audiences Who Watch Korean TV Dramas," *Development and Society* 41(1), 2012.

는 이들 국가의 일본 대중문화 소비자들이 소수의 열성팬에 국한되었으나 1990년대부터는 젊은 층을 중심으로 광범위하게 확대되었다. 이때까지 일본의 문화산업은 대체로 내부지향적이었는데, 그 이유는 국내시장이 충분히 커서 해외시장을 찾을 필요가 없었기 때문이다. 1990년대에 들어 일본의 문화산업은 해외 문화시장의 문을 두드리기 시작했는데, 역설적이게도 일본 대중문화의 인기는 이때부터 시들어갔다(Iwabuchi, 2002).

일본과 한국의 문화적 관계는 오랫동안 긴장 상태에 있었는데, 그것은 한국이 일제 식민지 경험 때문에 일본의 대중문화 유입을 금지했기 때문이다. 그러나 한국의 문화시장이 일본의 문화상품에 개방되기 전에도 일본의 대중문화는 열성팬들에 의해 여러 불법적 경로를 통해 밀수입되었고, 많은 한국의 대중문화상품이 일본의 상품을 흉내 내거나 복사했다. 이와 동시에 일부 한국의 대중음악 가수들이 일본에서 인기리에 공연을 했고, 2000년대 초에는 일부 한국의 영화가 일본에서 성공리에 상영되기도 했다(신경미, 2006). 한국에 대한 일본 사람들의 이미지는 1988년 서울올림픽과 2002년 한국-일본 공동주최의 월드컵 대회를 계기로 상당히 호의적으로 바뀌고, 두 나라의 불편했던 관계도 우호적으로 바뀌었다(Mori, 2008).

일본에서 한류를 정점으로 끌어올린 것은 무엇보다 〈겨울연가〉라는 TV 연속극이었다. 〈겨울연가〉는 NHK 위성방송이 2003년 처음 방영했고, 엄청난 인기에 힘입어 2004년 NHK 지상파 방송이 다시 방영했다. 그것은 일본인의 한국 대중문화 수용에 커다란 전환점이 되었는데, 2004년에만 29편의 한국 영화가 상영되었고, 2005년 초에는 127개의 일본 지상파 TV 방송국 가운데 63개의 방송국에서 70편의 한국 드라마를 방송했다(신경미, 2006, 234쪽). 이것은 〈겨울연가〉의 엄청난 인기에 힘입은 것이었는데, 일본과 한국의 학자들은 이 연속극이 인기 있었던 이유로 일본 시청자의 향수, 드라마의 높은 질적 수준, 가족 중심성, 순수한 사랑, 절제된 인간관계 같은 전통적 가치, 단순하고 느린 줄거리, 오랜 경제 침체에 따른 일본 사회의 침울함, 그리고 한국에 대한 이미지의 변화 등을 들고 있다(신경미, 2006: 236~242; 윤경원, 나미수, 2005).

중국은 1949년 중국공산당이 정권을 장악한 이래 폐쇄적인 은둔 국가였는데, 1980년대 등소평은 네 가지 근대화 정책으로 공산주의 경제를 시장경제로 극적으로 전환시켰다. 자유주의적 경제개혁은 대중매체를 크게 확장했을 뿐만 아니라 대중매체에 대한 정책을 보다 상업적으로 변화시켰다. 시청자를 유인하려는 대중매체 간의 경쟁은 더욱 심해지고, 이는 더욱 오락성이 강하고, 이윤이 많은 프로그램을 만들기 위해 해외에서 수입하거나 다른 나라와 공동생산을 하는 등의 조치를 취하도록 유도했다(Stockman, 2000: 169~170).

중국의 지방 TV 방송국의 난립과 낮은 프로그램 생산능력 때문에 중국의 TV 방송국은 값싼 외국 프로그램에 크게 의존하는 편이었으며, 외국 프로그램은 지방방송 프로그램 생산자들에게 아이디어와 포맷을 제공하는 주요 원천이었다(Leung, 2008). 그러나 중국에서 대중매체의 자유화는 서구에서처럼 완전한 언론의 자유를 의미하는 것은 아니었다. TV프로그램 생산은 정부 기구에 의해 엄하게 규제되고 검열되었다. 중국 정부는 특히 '외국의 요소'에 민감해 할당 제도를 통해 이를 규제하고 외국 프로그램을 전체 방송시간의 20% 이내로 제한했으며, 주요 시간대에는 외국 프로그램을 방송하지 못하게 했다(Leung, 2008).

그렇기 때문에 중국의 한류는 "시장 중심의 근대화와 사회적 보수주의 및 정치적 이데올로기 간의 균형"이라는 맥락에서 검토되어야 한다고 주장한다(Leung, 2008: 58). 중국에서 전례 없는 인기를 끈 한국 TV 드라마 〈대장금〉의 경우가 좋은 예다. 〈대장금〉은 처음에는 지방 위성 방송국인 후난 TV가 그 드라마의 판권을 가지고 있는 대만 TV 방송국에서 수입했다. 후난 TV가 〈대장금〉을 수입한 주요 이유는 그 드라마가 대만과 홍콩에서 매우 인기가 높았기 때문이다. 중국의 지방 방송국은 외국 배급사로부터 직접 수입할 수 없기 때문에 대만 방송국에서 방송권을 샀다. 이 한국 드라마를 판촉하기 위해 후난 TV는 여러 판촉 프로그램을 채택했는데, 여기에는 드라마의 줄거리, 등장인물, 역사적 배경 등을 묘사하는 책자를 포함하며, 더빙과 자막을 붙여서 그 드라마를 토착화했다(Leung, 2008; Chua & Iwabuchi, 2008). 〈대장금〉이 성공한 또 다른 이유로는 그것이 탈정치화하고 문화적으로 옳다는 것인데, 이 드라마는 이데올로기적으로 위협적이고 감정적으로 용납하기 어려운 일본이나 서구의 대중문화와는 달리(Yun, 2009) 문화적 근접성과 정치적 중립성을 가진 가족의 가치와 상업적 경쟁에 초점을 둔 프로그램이라는 것이다(Leung, 2008: 64).

대만의 경우는 처음부터 케이블 TV가 TV 산업의 대부분을 차지했다. 지상파 TV 방송은 일부 지역에서 송신이 불가능해서 케이블이 지상파를 대신했다. 1970년대 이래로 대만의 TV 방송은 권위주의적 정부의 엄격한 통제하에 있었는데, 3개의 지상파 방송은 시청자의 오락 프로그램 수요를 충족시키지 못해서 불법적인 케이블 TV가 급격히 증가했다. 대만은 1949년 본토에서 내려온 국민당 정부에 의한 독립국이 되었고, 계엄령으로 사회 전체가 삼엄한 통제하에 있었다.

대만 정부는 불법적인 케이블 채널을 통제하려 했으나 성공하지 못했다. 아니면 정부가 일부러 통제를 엄하게 하지 않고 손을 놓고 있었다는 것이 더 정확한 표현이라는 의견도 있다. 1980년대 이래, 급격한 경제성장과 시장 자유화의 결과로 민주적 자유화 운동이 번성했고, 정부는 마침내 1987년 계엄령을 철폐했다. 미국의 압력으로 1992년에는 지적재산권법이 통과되었고, 1993년에는 새로운 케이블 TV법이 통과됨으로써 케이블 TV 방송국이 합법화되고 방송시간의 80%까지 외국 프로그램을 방송할 수 있도록 허용되었다. 2000년대 초 조사에 따르면, 대만의 케이블 TV 채널은 120개가 넘었고 시청자의 80% 이상이 케이블 TV를 시청하는 것으로 나타났다(Lin, 2006; 김현미, 2003).

미디어 산업의 이러한 변동의 결과로 대만의 케이블 TV는 1990년대부터 많은 외국 프로그램을 수입하기 시작했다. 채널 수의 증가는 많은 프로그램을 요구하며, TV 시장에서 차지하는 각 채널의 지분은 감소했다. 예를 들어 한 연구에 따르면, 시청률에서 상위 10위까지의 프로그램이 차지하는 비율은 4%에 지나지 않는다. 고로 이익을 남기기 위해서 각 채널은 질은 좋지만 값이 싼 해외 프로그램에 의존할 수밖에 없었다. 불법 케이블 TV 시절에 수입된 프로그램은 주로 홍콩, 중국, 일본제였다(Lin, 2006). 대만 정부가 1993년 일본 문화상품 수입 금지를 해제한 후 일본 드라마의 수입이 급증했고, 일본 TV 드라마의 시청자는 대부분 현대적인 문화적 취향을 가진 젊은 층이었다(Iwabuchi, 2002).

그러나 미디어 산업의 규제 철폐 후에도 대만의 케이블 TV는 한국 드라마에 관심이 별로 없었다. 그 이유는 언어와 문화적 장벽 외에도 정치적인 이유가 있다. 한국과 대만은 오랫동안 우호적 관계를 맺고 있었으나, 1992년 한국이 중국과 공식적인 외교관계를 맺은 이후 급속히 냉각되었다. 문화적 이유도 있는데 대만 소비자들은 한국의 문화상품을 자기들 제품보다 후진 것으로 간주하는 경향이 있었다(Lin, 2006; 김현미, 2003). 이 상황은 1990년대 이래 변하기 시작하는데, 주로 농촌의 주부를 대상으로 국내 프로그램을 방송하던 GTV라는 케이블 TV가 값싸고도 질 좋은 한국 드라마를 수입하면서부터다. 수입된 한국 드라마는 방송되기 전에 중국어 더빙과 자막을 달고, OST 대신에 대만 팝송을 삽입했으며, 번역도 직접적이라기보다는 대만식으로 번안(대만 문화체계에 맞게 드라마를 재구성)함으로써 국내화했다(황창림, 2007; 김현미(b), 2003). GTV는 수입된 한국 드라마를 한국 드라마라고 명시하지도 않았다.

대만에서 한류가 뜬 것은 2000년으로 〈불꽃〉이라는 한국 드라마가 커다란 성공을 거두면서부터다. 이후 다른 채널도 한국 드라마를 방송하기 시작했으며, 한국 드라마가 대만 TV에서 일본 드라마를 대체하는 계기가 되었다. 그 이후 한국 드라마는 대만에서 인기 있는 프로그램으로 자리 잡았으며, 다른 한국의 대중문화상품의 수입도 증가했다.

이후에 한류는 이들 동아시아 국가들을 넘어 베트남, 필리핀, 인도네시아, 말레이시아 등 동남아시아는 물론 아프리카, 유럽, 북남미 국가들에까지 확산되어 하나의 전 세계적인 현상이 되었다. 동시에 한류의 내용도 한국의 팝송, 패션, 음식, 게임, 공연예술, 한국어로까지 확대되었다. 이러한 한류의 내용과 대상국가의 광범위한 확대는 2010년을 전후로 전개되었고, 이것은 한류가 시작 단계를 넘어서 제2의 단계로 진입했음을 의미한다. 다음 절에서는 지난 10~15년에 걸친 한류의 성장을 다루고, 한국의 TV 드라마와 K-pop이 아시아 국가를 넘어서 전 세계로 확산되고 수용되는 제2단계의 한류를 검토한다.

제2단계 한류의 성장

한류와 더불어 한국의 문화산업은 지난 20여 년 동안 질적으로나 양적으로 놀랄 만큼 성장했다. 한국의 문화산업은 오랫동안 침체되어 있었으나 1990년대 후반 국내 환경과 국제적 환경의 변화에 힘입어 폭발적으로 확장됐다. 2003년 조사에 따르면 총 588개의 문화산업 가운데 53%가 2000년 이후 설립된 것이며, 26%가 1995~1999년 사이에 설립된 것이다. 바꾸어 말하면 전체 기업의 80%가 1995~2003년 사이에 설립된 것이라는 얘기다(MCT, 2004: 61).

유사한 경향이 한국 문화산업의 총매출의 변동에서도 발견된다. 한국 문화산업의 총매출은 1999~2003년 사이에 매년 21%씩 성장했는데, 이 시기에 GDP는 연평균 성장률이 6.1%에 지나지 않았다. 문화산업의 성장률은 2003년 이래 크게 감소했는데, 2004~2008년 사이에는 연평균 4.2% 성장하는 데 그쳤고, 2008~2012년 기간에는 다시 8.2%로 증가율이 상승했다. 이는 같은 기간 GDP 성장률의 두 배에 달하는 것이다(문화관광부, 2003: 38; 문화체육관광부, 2010: 19; 문화체육관광부, 2013: 64).

한류 성장의 양적 지표는 한국 문화산업 수출의 총량의 변화로 나타낼 수 있다. 한국 문화산업의 수출액은 1998년 4억 1300만 달러였는데, 2004년에는 9억 3900만 달러로 두 배 이상 증가했다. 다음 4년 동안에 수출액은 다시 두 배가 증가해 2008년 18억 8400만 달러가 되었으며, 2012년에는 46억 1100만 달러를 수출하여 배 이상이 증가했다(문화체육관광부, 2013: 74). 수출 산업별로 보면, 디지털 게임 산업이 가장 비중이 높아 2008년 전체 수출액의 58%를 차지했고, 다음은 출판이 13%, 캐릭터 12.1%, 방송 8.5% 등의 순이었다. 이 네 개 부문이 전체

문화산업 수출의 90% 이상을 차지하여 1998~2008년 기간 동안 수출을 주도했다. 2012년에도 게임 산업이 수출을 주도하여 전체 수출액의 57%를 차지했는데, 2위는 지식정보 부문으로 9.6%였고, 다음은 캐릭터 9.0%, 출판 5.3% 순이었다(문화체육관광부, 2013: 74).

수출대상국으로는 수출액의 반 이상이 아시아 국가들이었고, 2위는 북미였는데 그 차이가 상당하다. 일본이 한국 문화산업의 가장 큰 수입국인데, 중국과 동남아 국가들의 수입 비율이 점점 더 높아지고 있다. 2006년 통계에 따르면, 일본은 한국 문화산업 총수출의 27.2%를 수입했고, 다음으로 북미가 27.0%, 중국이 18.5%, 동남아가 8.7%였다. 2012년에도 여전히 일본이 한국 문화상품의 가장 큰 수입국으로 전체 수출액의 30.2%를 차지하며, 중국이 다음으로 27.6%, 동남아시아 19.3%, 북미 11.0%, 유럽 7.4% 등이다(문화체육관광부, 2013: 75).

한류가 한국 TV 드라마의 수출을 시작한 이래 2000년대에 들어서는 한국의 팝 음악이 한류의 주도권을 잡았다. 다음에서는 한국의 방송산업과 음악산업을 좀 더 자세히 살펴본다.

1996년에 한국은 겨우 600만 달러어치의 방송 프로그램을 수출하는데, 같은 해 6390만 달러어치의 외국 프로그램을 수입한다. 그러나 5년도 안 되어 방송 수출은 세 배로 증가해 2001년 1890만 달러어치를 수출하고, 같은 기간 수입은 1/3로 줄어든다. 2000년 들어 처음 10년 동안 방송 프로그램 수출은 2001년 1890만 달러에서 2010년 1억 8700만 달러로 증가하고, 2012년에는 2억 3300만 달러로 증가한다(문화체육관광부, 2013: 200).

수출된 프로그램 가운데 드라마가 으뜸으로 2005년 이래 총 방송 수출의 90% 이상을 차지한다. 수출 대상국 가운데는 일본이 가장 큰 수입국으로 2012년 기준 총 방송 수출액의 62.4%, 1억 1200만 달러어치를 수입했으며, 다음으로 대만 8.1%, 미국 7.0%, 중국 6.0% 순이다(문화체육관광부, 2013: 201). 최근 한류는 동아시아 너머로 확산되고 있으나 일본, 중국, 대만이 여전히 가장 중요한 수출 대상국으로, 이 세 국가가 한국방송 프로그램 수출 총량의 3/4을 수입하고 있다.

한국의 음악산업도 빠르게 성장하고 있다. 2008년에서 2012년까지 4년 동안 음악산업 총매출은 2조 6000억 원에서 3조 9000억 원으로 크게 증가했으며, 이 기간 동안 연평균 성장률은 11.3%로, 문화산업 전체 매출액 증가율 8.2%에 비해 월등히 높은 것이다. 음악산업 수출량 역시 최근 급속히 증가했는데, 2010년 8320만 달러에서 2012년 2억 3510만 달러로 증가했다(문화체육관광부, 2013: 138). 여전히 일본이 한국 음악의 가장 큰 수입국으로 2012년 한국 음악 총수출의 80%인 1억 8900만 달러어치를 수입했고, 다음이 동남아시아 13.2%, 중국 3.7% 등이다(문화체육관광부, 2013: 138).

그러나 한국 문화상품 수출의 확대는 한류 확산을 나타내는 부분적 증거일 뿐이다. 사람들의 태도와 인식을 포함하는 문화현상으로서 한류의 확산은 반드시 한국 문화상품의 대량 구매를 필요로 하지 않는다. 한류는 보통 TV를 시청하거나 음악을 듣는 것 같은 광범위한 문화 수용 행태를 통해서 확산된다. 그러므로 일본의 〈겨울연가〉, 대만과 중국의 〈대장금〉의 예에서 보는 것처럼 단 하나의 TV 프로그램이 한국의 문화상품에 대한 관심을 확산시키면서 한류가 시작된다. 한류의 논의에서 문제가 되는 것은 얼마나 많은 사람이 한국의 문화 콘텐츠를 선호하고 실제로 시청하는가이다. 현재와 같은 디지털미디어 시대에는 특히 정보통신기술의 광범위한 사용이 문화 콘텐츠의 수용자를 문화산업이 만든 문화상품을 단순히 구매하는 소비자일 뿐만 아니라, 그들 자신의 문화 콘텐츠를 창조해 디지털미디어를 통해 전달하고, 상업적 문화상품을 그들 자신의 목적에 맞게 수정해 사용하는 프로슈머(prosumer)로 만들고 있다. 따라서 문화상품의 수용자의 역할이나 수용 과정이 문화상품의 확산을 이해하고, 앞으로 다가올 문화적 풍경 전반을 이해하는 데 더욱 중요해진다.

실제로 한국 문화상품의 수용률이 수입량과 반드시 일치하지는 않는다. 예를 들어 동아시아 3국—일본, 중국, 대만—을 대상으로 2008년 실시한 한 표본조사는 한국 TV 드라마 시청률이 가장 높은 나라는 중국으로 중국 표본의 40%가 한국 드라마를 자주 혹은 가끔 시청하고 있으며, 그 비율이 대만은 33%, 일본은 23%에 그치고 있다(Yang, 2012: Table 8). 이들 국가에서는 여성 시청자가 같은 연령의 남성 시청자보다 한국 TV 드라마를 더 자주 보는 것으로 드러나고 있다. 연령으로 보면, 한국 드라마를 보는 중국 시청자가 가장 젊은 층이 다수를 이루고, 다음으로 대만, 일본의 순이다.

그 조사는 이들 나라에서 시청자들이 왜 한국 TV 드라마를 선호하는지, 그 이유를 밝히고 있다. 일본의 시청자들은 전형적으로 중년의 여성으로 주로 옛날의 향수 때문에 한국 드라마를 시청한다고 응답하고 있다. 그런가 하면 젊은 중국의 시청자들은 한국의 대중문화에서 그들이 닮고 싶고 소비하고 싶은 근대 서구문화의 요소를 발견하고 있다. 대만의 한국 드라마 팬들은 일본과 중국의 중간쯤에 있는 것 같다. 그들은 한국의 대중문화를 그들의 대중문화와 같은 수준에 있는 것으로 보고, 대만과 한국 간의 문화적 공통성을 발견한다. 실제로 문화적·사회적 공통성이 동아시아에서 한류가 성장하는 핵심 요인인 것 같다

(Yang, 2012). 이 문화적·사회적 유사성 요인 외에 한국의 대중문화가 전통적인 한국의 (유교) 문화와 근대 서구문화를 혼합한 혼종문화의 일종이라는 사실이 한류가 이 지역에서 환산되는 주요 요인으로 보인다. 동아시아 문화 전문가들은 한류를 고립된 현상으로 보기보다는 새로 출현하는 동아시아 지역의 대중문화의 한 사례로서 동아시아의 정체를 강화하고 있다고 본다.

그러나 한류는 동아시아의 경계에서 멈추지 않고 있다. 대신 한류는 유럽, 중동, 북남미, 아프리카를 포함한 세계 곳곳으로 확산되고 있다. 한류의 콘텐츠는 더욱 포괄적이 되어 K-pop을 비롯한 많은 문화품목을 포함하고 있다. 실제로 지난 수년 동안에 K-pop은 전 세계적으로 인기를 끌고 있고, 제2단계의 한류를 주도하고 있다. 2012년 싸이의 〈강남스타일〉이 세계적으로 인기를 얻은 것이 제2단계 한류의 좋은 예다.

2011년 한국무역협회에서 실시한 한류 팬에 대한 세계적 조사는 한류가 전 세계적으로 얼마나 널리 확산되었는지를 여실히 보여준다. 이 조사는 전 세계 표본 1만 5070명에게 그들이 전통 한국 문화, 드라마, 영화, K-pop을 포함한 한국 대중문화를 보거나 들은 적이 있느냐고 물었다. 만약 한 사람이 지난 한 해 동안 이 가운데 한 품목이라도 한 번 이상 소비했다면, 그는 한류를 경험한 사람으로 간주된다. 이 기준에 따르면, 일본과 카자흐스탄을 제외한 거의 모든 아시아 국가에서 표본의 40%가 한국 대중문화의 경험자인 것으로 드러났다. 일본, 카자흐스탄, 이집트는 30% 이상의 경험률을 보였고 폴란드, 러시아, 멕시코, 아랍에미리트, 브라질은 20~30%의 한류 경험률을 보였다. 대부분의 서구 국가들과 미국, 캐나다, 오스트레일리아, 칠레, 남아공은 10~20%의 표본이 한류를 경험한 것으로 나타났다(이호영 외, 2012: 90, 표 3~4).

제1단계와 비교할 때, 제2단계의 한류는 몇 가지 점에서 차이가 난다. 환경적 요인으로서 SNS 같은 새로운 커뮤니케이션 연결망이 TV, 신문, 라디오 같은 전통적 미디어보다 정보, 지식 및 뉴스를 전달하는 데 더욱 효과적이고 효율적이다. 그 이유는 전통적 미디어가 대부분 상업적 이익에 의해 통제되는 데 반해서 새로운 미디어는 대체로 개인적 취향과 이익을 대변하기 때문이다. 새로운 미디어 기술과 서비스를 통해서 개인 사용자는 보다 직접적으로 보다 자유롭게 다른 사용자와 커뮤니케이션을 할 수 있기 때문에 문화상품 소비에 대한 그들의 경험을 다른 사람과 공유하고, 또한 팬덤, 블로그 및 다른 종류의 투입 수단을 통해서 문화품목의 생산과 분배 과정에 개입할 수 있다. 바꾸어 말하면 문화상품의 수용자는 문화상품의 생산, 분배, 소비의 모든 과정에 대해서 전보다 더 많은 영향력 또는 권력을 행사할 수 있다.

그러므로 K-pop은 한국 음악산업의 상업적 노력 이전에 이미 일부 유럽 팬들에게 알려져 있었다. 그들은 K-pop을 상업적 통로를 통해서보다는 사회연결망 서비스(SNS)를 통해서 경험했고, 마케팅 전략에 의해서가 아니라 자발적으로 팬이 되었다. 이처럼 제2단계의 한류의 확산은 팬들의 자발적 활동에 의해 전개되었고, 따라서 풀뿌리 문화 수용의 한 예로 간주될 수 있다. 이런 한류의 전파 과정은 서유럽뿐만 아니라 동유럽(윤선희, 2014), 중동(김수완, 2014), 남미(Ko et al., 2014)에서도 볼 수 있다.

제2단계는 한류의 내용이 더욱 다양해지고, 한국의 TV 드라마보다는 K-pop이 주도적 역할을 하고 있다는 점에서 제1단계와는 다르다. K-pop과 TV 드라마는 많이 다른데 생산, 소비, 유통 환경의 측면에서 차이가 난다. 그러므로 제2단계의 한류를 신한류로 부르기도 한다. 신

한류의 주요 추진력은 인터넷 그리고 유튜브, 페이스북, 트위터, 마이스페이스 같은 인터넷을 기반으로 한 사회적 미디어 플랫폼이다. 이 새로운 미디어는 생산자와 소비자 모두에게 새로운 공간을 제공한다. 이 공간에서 (1) 음악가 혹은 음악 생산자와 그들의 팬이 장애 없이 자유롭게 의사소통할 수 있으며, (2) 팬들은 음악, 음악가 및 생산자에 대한 그들의 의견을 자유롭게 공유할 수 있고, (3) 전 세계에 걸쳐 음악 분배를 독점하고 있는 소수의 다국적 기업이 세운 접근 장벽을 우회해 음악이 보다 자유롭게 유통될 수 있으며, (4) 인디 같은 비주류 음악이 보다 쉽게 그리고 광범위하게 유통될 수 있다. 다른 한편, 최근의 정보 및 통신기술의 발전은 CD나 테이프 같은 전통적 도구를 쓸모없이 만들고, 대신 인터넷 TV 같은 스트리밍 매체(streaming media)가 발명되어 수용자가 지속적으로 공급자가 제공하는 음악을 수용할 수 있게 되었다. 이것이 한국의 음악시장을 엄청나게 변화시켰으며, 전통적 음악시장에 의존하던 음악산업은 이익의 급격한 감소를 경험했다. 나아가 한국 음악시장은 점점 커지는 음악산업에 비해 규모가 작았다. 고로 한국 음악산업은 해외로 눈을 돌렸다. 그들의 생산체계도 해외시장을 겨냥하여 전환되었다. 첫째, 그들은 한류 스타를 일찍부터 선발해 오랜 기간 때로는 10년이 넘게 훈련시킨다. 둘째, 그들의 훈련과 음악은 처음부터 국내 시장보다는 국제적 시청자를 목표로 한다. 훈련 과정에서 그들은 국제적 트레이너에게 외국어와 무용을 배우고, 그들의 노래는 일련의 유명한 외국 작곡가들이 작곡한다. 셋째, 그들은 체계적이고 과학적인 경영체계를 채택하고 주의 깊은 계획을 통해서 문화시장의 불확실성을 감소시킨다(Yang, 2012: 146).

음악세계의 기술적 환경의 변동은 소위 능동적 시청자를 창조했는데, 이들은 생산자와 협력해 미디어 콘텐츠를 판촉하는 데 적극적으로 그리고 감정적으로 가담하고, SNS를 이용해 그들 자신이 풀뿌리 판촉자로서 적극적 판촉자가 된다. 팬은 이제 문지기로서, 필터로서, 영향력 추구자로서 그 과정에서 문화자본을 축적한다.

많은 전문가들은 K-pop이 인기가 있는 이유를 다음과 같이 열거한다. (1) 내용 면에서 K-pop은 독특한 장르인데, 그것은 한국의 팝송과 미국의 팝송을 혼합하며 댄스 음악이다. 게다가 가수들은 아름다운 얼굴과 몸, 유행을 앞서는 의상, 댄스와 연기 능력을 가진 스타의 자질을 갖추고 있다. (2) 수요의 측면에서 볼 때 열성적인 팬과 마니아들이 존재한다. K-pop은 초기 채용자들이 그들의 정보를 사회적 미디어를 통해 다른 팬에게 전달함으로써 인기를 얻는다. 게다가 대중음악은 인터넷과 휴대전화를 통해서 쉽게 접근이 가능하며, SNS를 통해서 분배 장벽 없이 전 세계로 유통될 수 있다. (3) 공급 측면에서 유선상의 음악은 지리적 제약 없이 대량으로 유통될 수 있다. 다른 한편 유선상의 음악은 전통적 음악산업에 비해 이익이 적다. 그러므로 대규모 음악기업이 이익을 위해 해외시장으로 눈을 돌리게 된다. 이들은 해외시장에 진입하기 위해 해외 분배회사와 협력하고, 그들 자신의 아이돌 그룹에 해외 가수를 초빙하며, 해외 작곡가를 고용해 해외시장에 팔릴 수 있는 음악을 생산한다.

제2단계의 한류에서 K-pop이 선도적 위치에 있다고 하나 한국의 TV 드라마는 여전히 한류의 주요 구성 요소다. 한국의 드라마는 동아시아를 넘어 많은 국가에서 유통되고 있다. 유럽에서 한국 드라마는 헝가리와 루마니아는 지상파 방송국에서 방영되고 있으나(윤선희, 2014), 서유럽에서는 방송되고 있지 않다. 프랑스의 경우, 적어도 2013년까지 한국 드라마는 지상파 TV나 케이블 TV에서 한 번도 방송된 적이 없다. 그러나 프랑스에도 상당수의 한국 드라마 팬이 존재하며, 이들은 주로 인터넷을 통해서 정기적으로 한국 드라마를 시청하고 있다. 프랑스 시청자가 한국 드라마를 시청할 때 가장 중요한 장애는 언어다. 그러나 인터넷 web 2.0이 전 세계의 시청자가 자막을 다는 데 빠르게 협조할 수 있게 했다. 전 세계적으로 조직된 전문적 팬자막(fansubs-자막을 만드는 팀)이 있을 정도다. 예를 들어 〈꽃보다 남자〉라는 한국 드라마는 한국에서 처음 방영된 후 3~4일 만에 20개의 언어로 자막이 달렸다. 블로거들은 한국 드라마를 유럽에 전파하는 데 중요한 역할을 수행하고 있다. 일부 블로거들은 동아시아 대중문화의 전문가이고, 다른 팬들에게 한국 드라마의 내용, 정보, 비평을 제공한다. 2011년 1월에 요금을 받고 한국 드라마를 제공하는 'Drama Passion'이라는 인터넷 사이트가 개설되어 프랑스, 벨기에, 스위스, 룩셈부르크, 네덜란드, 영국에서 서비스를 제공하기 시작했다(홍석경, 2013).

대부분의 서구 한국 드라마 팬은 일본과 대만 드라마의 팬이기도 하다. 그들은 보통 일본 드라마를 보았는데, 그 과정에서 한국 드라마와 대만 드라마를 만나게 되고, 동아시아 드라마의 팬이 된다(홍석경, 2013; 류은영, 2011; 윤선희, 2014). 한국 드라마만을 보는 팬은 드물다. 그러므로 서구의 한류는 잡식 취향(omnivore) 현상의 일부로 이해될 수 있다. 문화적 잡식 취향은 고급문화와 대중문화, 옛것과 새것, 외국 것과 국내 것 모두를 어우르는 다양한 문화적 콘텐츠를 소비한다. 실제로 문화적 실천에 대한 프랑스인의 조사에 따르면 다양한 문화상품을 향유하는 문화적 잡식가의 수는 증가하고 있고, 계급에 기초한 문화적 소비는 감소하고 있다. 따라서 프랑스의 한류는 예상치 못한 현상이라기보다는 급속히 확산되는 문화적 잡식의 일부로 이해되어야 한다.

한국 드라마의 어떤 요소가 서구 시청자들에게 특히 매력이 있는가? 프랑스의 한국 드라마 팬에 대한 한 연구는 그에 대한 몇 가지 이유를 제시한다(홍석경, 2013). 그 표본조사에 응한 팬들에 따르면, 한국 드라마는 서구의 드라마보다 더 현실적이고 보다 감정을 잘 다룬다. 다른 팬들은 지적하기를, 한국의 낭만적 코미디와 멜로드라마에서 볼 수 있는 구식의 사랑 이야기가 낭만주의가 완전히 사라진 서구 대중문화에 식상한 여성 시청자들에게 호소력이 있다고 한다. 한국 드라마의 순수한 사랑과 애정표현이 성적 관계에만 초점을 둔 프랑스식 사랑에 거부감을 가진 프랑스 시청자에게 매력적으로 보인다는 것이다. 그 외에 동아시아의 남성 배우가 매우 잘생겼고 연기를 잘한다는 지적도 있다. TV 드라마는 실제 생활을 묘사하므로 동아시아 젊은이들의 가치와 일상생활에 호기심을 가진 프랑스 팬들이 다른 시청자들보다 한국 드라마를 더 많이 보는 경향이 있다. 한국 드라마를 일본 드라마와 비교할 때, 한국 드라마는 보다 미묘하고 암시적이며 계약사랑 같은 흥미 있는 시나리오, 연기를 잘하는 배우들, 유머러스한 상황과 슬픈 상황을 잘 혼합하는 기술 등을 가지고 있다는 점에서 일본 드라마와 차이가 있다는 지적이다. 한국 드라마의 팬들은 높은 수준의 집착과 열정을 가진 매우 열성적인 집단으로 보인다.

이와 유사하게 독일의 한류 팬들은 유순하고 겸손한 동양적 가치와 태도에 매료되고(이수안, 2012), 동구의 팬들은 한국 드라마에서 발견되는 예의바름과 전통을 존중하는 태도를 보고 과거에 대한 추억과 향수에 잠긴다고 한다(윤선희, 2014). 가족관계를 중시하고 전통을 존중하는 태도, 그리고 과격한 폭력이나 지나친 성적 묘사 대신 아름다운 사랑을 표현하는 한국 드라마는 중동에서도 통하는 가치를 보여준다. 그뿐만 아니라 힘든 과정 후에 성공을 쟁취하는 드라마 스토리도 중동 팬들이 한국 드라마를 선호하는 이유 가운데 하나다(김수완, 2014). 그런가 하면 남미에서는 한류가 과도하게 남성적인(또는 마초적인) 남미 남성에 대한 대안적 이미지를 제공하고, 가난하거나 약한 사람도 노력 끝에 높은 지위에 오를 수 있음을 보여줌으로써 계급 이동의 희망을 갖게 한다는 점도 매력 포인트로 지적되고 있다(Ko et al., 2014). 결국 한류는 한류를 수용하는 국가의 부족한 무엇인가를 채워주기 때문에 인기가 있는데, 그것은 나라마다 약간씩 다르기는 하나 일반적으로 선진국의 경우는 호기심을 자극하는 이국적 정서와 아날로그 시대의 사랑이나 인간관계에 대한 향수를 한류가 제공하는 것으로 지적되고 있다. 동유럽이나 중동, 남미의 경우도 비슷하나 각국의 사회적·경제적 상황이 반영되어 이들 국가들이 부족한 측면을 한류가 채워주는 역할을 하는 것으로 보인다.

전반적으로 볼 때, 한류의 서구 팬들은 대부분 여성이며, 한류는 강제적 소비의 힘에 의해 부과된 것이 아니고, 하나의 선택으로 제시된 것이다. 한국 드라마는 다른 국가의 드라마와 같이 수용되었으며, 기존의 취향을 힘으로 대체하지 않는다. 외국의 팬들에게 인기가 있는 한국 드라마의 내용은 현대 서구적 가치나 실천과는 다른 전통적이고 유교적인 측면이 많이 지적되고 있으며, 서구의 문화와 한국의 문화가 혼합된 혼종적인 성격을 가진 것으로 제시된다. 한류의 인기는 정치적·경제적·문화적 세력에 의해 위로부터 부과된 것이 아니며, 수용자에 의해 밑으로부터 자발적이고 열성적으로 받아들여진 것이다.

맺음말: 문화적 지구화에 대해 한류가 가지는 함의

여러 이론가들이 제시한 것처럼 문화적 지구화는 지구화의 다른 차원(경제적·정치적·사회적 차원)과 밀접하고도 복잡한 관계를 맺고 있다. 이 차원들은 서로 영향을 주며, 상호 형성하고, 모순된 방향으로 발전하기도 한다. 이 글에서 필자는 지구화의 다른 차원들, 특히 지구적 자본주의가 어떻게 문화적 지구화에 영향을 주는가를 보여주려 했다. 보다 자세히 말하면, 지난 20년 동안의 한류의 전개 과정을 분석함으로써 아파두라이의 의미에서 지구적 문화풍경(cultural landscape)이 어떻게 형성되는가를 분석하려 했다. 한류는 이 점에서 볼 때, 다음과 같은 독특한 특징을 가진 흥미 있는 현상이다.

첫째, 주변에서 중심으로 문화가 흐른 경우는 역사적으로 매우 드물다. 자본주의는 자주 문화적 제국주의를 수반하는데, 그 이유는 자본주의 경제가 주기적 침체를 극복하기 위해서는 시장 확장이 필요하기 때문이다. 한국은 일본의 식민지 시절 자본주의 확장의 희생자였다. 그러나 한류의 형성은 식민주의를 낳은 패권적 자본주의 확장의 결과로 보기는 어렵다. 한류는 자발적으로, 상황 의존적으로 그리고 강요된 부과 없이 발생했다.

둘째, 한류는 자본주의 확장의 강요된 일부가 아닐지 모르나 자본주의적 경제변동, 특히 자본주의 경제의 지구화 없이는 존재하지 않았을 것이다. 지구적 자본주의는 각국의 문화시장을 개방하고, 신자유주의 이데올로기를 전파하며, 국경을 넘어 문화가 자유롭게 흐를 수 있도록 하는 국제기구를 설립함으로써 한류에 필요한 하부구조를 제공했다.

셋째, 한류는 완전히 서구적이지도 않고 그렇다고 완전히 전통적이지도 않은 문화적 콘텐츠를 전파한다. 한류가 전하는 문화적 콘텐츠는 혼종 문화로 규정될 수 있는데, 디지털 문화와 아날로그 문화를 혼합하고, 근대문화와 전통문화를 혼합하며, 서구문화와 동양문화를 혼합한다. 어떤 의미에서 한류는 그것을 구성하는 어떤 한 요소로 환원할 수 없는 그 자신만의 독특한 문화다.

넷째, 한류는 지구적 자본주의, 혼종문화 그리고 첨단기술, 특히 정보통신기술이 특별하게 조합된 산물이다. 이들 가운데 어느 하나라도 없었다면 한류는 존재하지 않았을 것이다. 이 특징들은 앞으로 출현할 혹은 출현하고 있는 지구적 문화풍경과 많은 점을 공유한다.

그렇다면 현재 출현하고 있는 지구적 문화풍경은 어떤 것이 될 것인가? 한류의 분석은 이에 대해 몇 가지 실마리를 제공한다.

첫째, 문화, 특히 대중문화는 주요 산업이 되었다. 지구적 자본주의는 정보통신기술의 발전과 더불어 대중문화를 사적인 시간 보내기나 사소한 상업적 노력으로부터 하나의 주요 산업으로 바꾸어놓았다. 어떤 의미에서 문화는 전보다 더 많이 경제와 통합되어 지구적 자본주의 시대에 경제가 문화가 되고, 문화 그 자체가 경제가 되고 있다.

둘째, 지구적 문화가 출현한다면, 그것은 고급문화와 대중문화를 혼합하고, 근대문화와 전통문화를 혼합하며, 서구적인 문화와 동양적인 문화를 혼합하고, 아날로그 문화와 디지털 문화를 혼합하는 혼종문화가 될 것이다. 지구적 자본주의 시대에는 어떤 한 문화가 지배적일 수 없다. 그 이유는 다양한 원천에서 오는 문화 콘텐츠가 빠르게 유통되고, 그것들이 소비자들에 의해 빠르게 그리고 쉽게 혼합될 수 있기 때문이다. 또한 문화는 자본주의 세계체계에서 한 방향으로만 흐르는 것이 아니라 중심부에서 주변부로, 주변부에서 중심부로 다양한 방향으로 흐른다. 한류는 이러한 다양한 문화 흐름의 한 예이며, 피터 버거가 말하는 대안적 지구화의 한 예가 될 것이다.

셋째, 새로운 지구적 문화풍경에서 계급구조에 기초한 문화적 위계서열은 사라질 것이며, 수평적인 문화적 잡식 취향(omnivore)에 의해 대체될 것이다. 이 지구적 자본주의의 문화적 소비자는 광범위한 문화적 산물을 소비하는 문화적 잡식가가 될 가능성이 많다. 그들은 새롭고 이국적이며, 개인적 취향에 맞는 품목을 찾는 호기심 많은 소비자다. 이 의미에서 볼 때 동질적인 세계문화가 출현할 가능성은 적으며, 지구적인 잡식형 문화 계급이 출현할 것이다.

넷째, 디지털 문화는 디지털 기술의 산물이며, 그 문화의 주요 콘텐츠는 가상현실, 가상공간, 가상정체 등등으로 지구적 문화풍경에서 크게 자리할 것이다. 그러나 디지털 문화와는 대조적인 느리고, 구식이고, 아날로그적이고, 향수적인 문화를 바라는 소비자도 또한 존재한다. 한류는 아날로그적인 대항문화를 바라는 서구 소비자들에게 호소력이 있다.

다섯째, 문화 콘텐츠의 시청자는 디지털 시대에 수동적인 수용자가 아니다. 대신 그들은 적극적 프로슈머로서 주어진 문화 콘텐츠를 의도적으로 바꿀 수 있고, 새로운 의미를 창출할 수 있다. 그러므로 문화산업과 문화소비자의 관계는 일방적인 관계가 아니고 양방향적이며, 서로 영향을 주고받는 관계다. 문화생산자와 문화수용자의 구분 자체가 모호해지고 있다.

문화적 지구화는 지구의 문화적 모습을 크게 바꾸어놓고 있다. 많은 지방과 국가의 문화들이 통합되거나 동질화되지는 않지만, 다양한 문화들이 지속적으로 상호작용하고 흐름으로써 이제는 단일한 장소에서 접근과 접촉이 가능한 문화로 인식되고 있다. 타 문화에 대한 기존의 인식, 예를 들어 문화제국주의, 자민족중심주의는 범세계주의(cosmopolitanism)로 바뀌고 있으며, 지구 문화는 지배-복종 관계나 서열화된 관계보다는 선택이 가능한 다문화주의로 묘사되고 있다. 한류가 잘 예시하고 있는 이러한 변화는 지구화에 대한 저항이나 문화 간의 충돌 가능성이 있는데도 문화적 지구화가 앞으로 형성될(또는 형성되고 있는) 지구 문화에 대해 긍정적 결과를 가져오는 가능성을 보여주는 중요한 예라고 할 수 있다.

인공지능 시대
"Historia, Quo Vadis?" *

김기봉 **

인류 삶의 기록의 역사는 인간만이 가진다. 인간은 살았던 과거는 알 수 있지만 살아야 하는 미래는 모르기 때문에 역사라는 서사를 발명했다. 인간의 미래에 대한 무지로부터 갖는 불안감과 기대가 인간을 고인(故人)들의 발자국을 보존하고 이어가면서 미래를 향해 나아가는 삶을 사는 '역사적 존재(homo historicus)'로 만들었다.

역사는 인간을 위해 기록에 의거한 기억과 사례로부터 배우는 교훈의 기능을 한다. 기억을 위해 과거를 탐구해 역사를 썼던 서양 최초의 역사가로 불리는 사람은 헤로도토스(Herodotos)다. 그는《역사(*Historiai*)》의 첫 문장에서 서술의 목적을 명확히 밝혔다: "할리카르네소스의 헤로도토스는 그의 탐구 결과를 다음과 같이 밝힌다. 이는 인간들이 이룬 일들이 시간이 흐르면서 잊히지 않도록 하고, 또 헬라스인들과 이방인(異邦人)들이 보여준 위대하고 놀라운 행적, 특히 그들이 전쟁을 벌인 원인이 세상에 널리 알려지도록 하려는 것이다"[1](Herodotos, I: 1).

* 이 글은《역사학보》제233집(2017년 3월)에 게재된 것을 수정·보완했다.

** 경기대학교 사학과 교수, 수선사학회 회장, 한국연구재단 인문학단장 역임.

다음으로 교훈을 얻을 목적으로 또 다른 역사책을 쓴 그리스의 역사가는 투키디데스(Thucydides)다. 그는 자신의 《역사》 서술 동기를 다음과 같이 밝혔다: "인간성으로 말미암아(kata to anthropinon) 반복되거나 유사할 것이 틀림없는 미래에 대한 해석을 위해 과거에 대한 정확한 지식을 얻고자 하는 연구자들은 본인의 《역사》가 유용한 것으로 판단되면 그것으로 만족할 것이다. 《역사》는 한순간의 박수갈채를 얻기 위해 쓴 글이 아니라 영원한 유산으로 쓴 것이다"[2](Thucydides, I: 22, 4).

똑같은 사건이 일어나지는 않지만, 인간성의 동일함이 역사의 반복을 낳은 구조이기 때문에 인간은 과거 사례에서 교훈을 얻는다. 전통시대 중국인들은 '일은 같지 않지만 이치는 동일하다(事不同而理同)'는 논리로 역사의 유용함을 말했다. 그들은 역사의 동인이 되는 동일한 이치를 천도(天道)라고 지칭했다. 역사 그 자체가 정의롭지 못한데도 천도란 과연 있는가의 문제의식으로 《사기》를 썼던 동아시아 역사의 아버지가 사마천(司馬遷)이다. 그는 《사기》의 집필 목적을 "하늘과 인간의 관계를 연구해서 고금의 변화를 통달하여 일가를 이루기 위함"이라고 밝혔다.[3] 전통시대 동아시아인들은 역사를 정치의 거울[鑑]로 여겼고, 전근대 서구인들은 '역사는 생의 스승이다(Historia magistra vitae)'라고 믿었다.

1 헤로도토스, 김봉철 옮김, 《역사(*Historiai*)》, 길, 2016, 59쪽.

2 오흥식, "그리스인의 역사 서술", 김진경 외, 《서양 고대사 강의》, 한울, 1996, 198쪽에서 재인용.

3 《漢書》 卷62, 〈司馬遷傳〉, "凡百三十編 亦欲以究天人之際, 通古今之變, 成一家之言."

빅데이터와 인공지능 시대의 사학사적 의미

역사란 기록하는 것을 넘어서 만드는 것이라는 믿음과 함께 밝아온 시대가 근대다. 이런 근대에서는 '역사는 생의 스승이다'라는 담론은 권위를 상실한다. 근대 이전 '역사'란 단어는 주로 과거에 대한 이야기들을 지칭하는 복수로 사용되었다. 헤로도토스와 투키디데스가 썼던 책 제목도 복수인 Historiai다. 독일의 역사가 코젤렉(Reinhart Koselleck)은 개념사 연구를 통해 대략 프랑스 혁명을 기점으로 근대 거대담론인 집합단수명사(Kollective Singular)로서 역사 개념이 탄생했다는 것을 밝혔다.[4] 공간적으로 전 세계 인류의 삶과 시간적으로 과거, 현재, 미래를 포괄하는 대문자 역사(the History) 개념은 역사를 과거의 사건이나 그에 대한 기록을 넘어 계획해서 만드는 미래로 여겨 생의 스승으로서의 역사의 지위를 박탈했다. 이로써 인간이 역사를 탐구하는 가장 중요한 목적이 역사(서술)로 역사(과거)를 극복해 새 역사(미래)를 창조하는 것이 되었다.

근대 거대담론 역사가 탄생한 이후에도 기억을 위한 기록과 과거 사례로부터 배우는 지혜라는 역사의 두 번째 기능은 여전히 유효했다. 이때 역사는 어떻게 행동할 것인가의 지침을 주는 생의 스승이라기보다는 과오를 범하지 않게 하는 반면교사(反面教師)의 의미가 있었다. 반면교사라는 말을 처음 한 사람은 마오쩌둥(毛澤東)이다. 그는 문화혁명 당시 '잘못하고 있는 사람도 잘하기 위해서는 필요한 교사'라는 뜻으로 이 말을 했다. 문화혁명과 마오쩌둥의 과오 자체가 오늘날 중국의 반면

4 라인하르트 코젤렉, 한철 옮김, 《지나간 미래(*Vergangene Zukunft. Zur Semantik geschichtlicher Zeiten*)》, 문학동네, 1998.

교사라는 게 역사의 아이러니다. 톨스토이(Leo Tolstoy)가 《안나 카레니나》 도입에 쓴 문장, "행복한 가정은 모두 엇비슷하고 불행한 가정은 불행한 이유가 제각기 다르다"에서 알 수 있듯이 행복한 이야기보다는 불행한 이야기를 통해 더 많은 교훈을 얻을 수 있다. 하지만 근대에서 역사는 문학이나 도덕이 아니라 과학으로서 정체성을 추구했다. 거대담론 역사가 시효 만료된 탈근대에서 역사는 다시 과학에서 서사로 회귀하는 경향성을 보였다.

여기서 다루려는 문제는 빅데이터와 인공지능 시대에서 역사의 정체성과 기능이다. 사료라는 데이터가 없다면, 역사 연구는 불가능하기 때문에 역사학은 기본적으로 데이터 과학이다. 역사학의 데이터는 주로 문자 텍스트다. 따라서 구텐베르크 시대에서 디지털 시대로의 전환은 역사학의 위기를 초래한다. 디지털 정보량이 아날로그 정보량을 초월하는 2002년이 디지털 시대 원년이라고 말할 수 있다. 디지털 데이터의 양은 2년마다 약 두 배씩 기하급수적으로 증가한다. 그 결과로 양의 증가가 질적 전환을 가져오는 빅데이터가 탄생했다.

빅데이터의 출현은 인간의 생각, 삶 그리고 일의 혁명적 변화를 일으켰다.[5] 빅데이터 시대의 특이성은 인류 역사상 초유로 사람들이 기억을 위한 기록이 아니라 기록된 것을 지울 수 있는 방도를 찾는다는 사실이다.[6] 기억이 아니라 망각이 화두가 된 시대에서 역사학이 존재해야만

5 빅토르 마이어 쇤버거, 케네스 쿠키어, 이지연 옮김, 《빅 데이터가 만드는 세상: 데이터는 알고 있다(*Big data: a revolution that will transform how we live work and think*)》, 21세기북스, 2013.

6 Viktor Mayer-Schönberger, *Delete: The Virtue of Forgetting in the Digital Age*, Princeton, NJ: Princeton University Press, 2009.

하는 이유는 무엇인가? 데이터에 근거한 시대 구분에 따르면, 역사학은 더 이상 '역사시대'가 아니라 빅데이터 출현 이전 시대라는 의미에서 '선사(先史)시대'에 대한 학문, 곧 기껏해야 현재의 고고학의 위치로 밀려나야 한다. 그렇지 않으려면 역사학은 문자 데이터에만 빠져 있지 말고 빅데이터를 활용할 수 있는 방안을 모색해야 한다. 하지만 딜레마는 문자 기록을 통한 기억이라는 역사의 근본을 포기한 이후에도 하나의 데이터 과학으로서 역사학의 정체성이 보전될 수 있느냐다.

인공지능 시대에서 사례에서 배우는 교훈이라는 역사의 두 번째 기능은 더 심각하게 훼손된다. 미래학자 커즈와일(Ray Kurzweil)은 2045년에는 보통 컴퓨터 한 대가 인류 전체 뇌를 합한 것보다 더 뛰어난 연산력을 가질 것으로 전망했다.[7] 이렇게 인공지능이 모든 인류의 한계를 초월하는 시점을 '기술적 특이점(technological singularity)'이라 부른다. 그 같은 '특이점'이 도래할 때 어떤 일이 벌어질지를 미리 보여준 영화가 〈그녀(Her)〉(스파이크 존즈 감독, 2013)다. 영화에 나오는 '사만다'라고 불리는 인공지능 운영체제(OS)는 남의 편지를 대필하는 작가인 남자 주인공과 교감을 통해 날마다 진화한다. '그녀'는 그와의 소통뿐 아니라 데이터 마이닝을 통해 인류가 1만 년에 걸쳐 축적한 모든 기록과 지식을 습득한다. '그녀'의 학습능력은 마침내 인간 한계를 넘어섬으로써 공간과 시간을 초월하는 다른 차원으로 떠나는 것으로 영화는 끝난다.

기성세대가 미래세대에게 경험과 지식을 전수하는 교육의 총체가 역사다. 그런데 지금 10대 학생들이 학교에서 배우는 지식 중 80~90%

7 레이 커즈와일, 장시형·김명남 옮김, 진대제 감수, 《특이점이 온다: 기술이 인간을 초월하는 순간(*The Singularity Is Near: When Humans Transcend Biology*)》, 김영사, 2007.

가 '특이점'이 도래한다는 40대에선 무용하다면 역사를 안다는 것이 무슨 쓸모가 있는가? 문명사적 전환기에서 오늘의 역사학은 '존재하느냐, 존재하지 않느냐(to be, or not to be)'의 위기에 직면해 있다. 이 지점에서 우리는 묻지 않을 수 없다. "히스토리아, 쿠오바디스(Historia, Quo Vadis)?" 여기서 Historia는 역사와 역사학의 이중 의미를 가진다. 따라서 먼저 '역사, 어디로 가는가?'를 다루고, 그 문제에 답하기 위해 '역사학, 어디로 가야 하는가?'에 대해 생각해본다.

역사, 어디로 가는가?

인문학(人文學, Humanities)이란 인간과 인간의 근원적 문제, 인간의 사상과 문화에 관해 탐구하는 학문이다. 인문학 본질을 꿰뚫는 질문은 '우리는 어디서 와서, 무엇이며, 어디로 가는가?'이다. 이 세 가지 빅 퀘스천(big questions)이 인문학 3문(問)이다. 인류의 과거, 현재, 미래에 관해 묻는 인문학 3문을 가장 직접적으로 다루는 것이 역사이며, 역사가 3문에 답하는 고유한 방식은 인간·공간·시간이라는 3간(間)을 매개변수로 해서 구성하는 이야기 방정식이다. 역사 3간을 가장 포괄적으로 조합하여 인문학 3문에 대한 가장 큰 답을 추구하는 역사 서술이 문명사다. 프랑수와 기조(François Guizot)는 "문명의 역사는 모든 역사 가운데 실로 그 모든 것을 포함하는 가장 거대한 역사"라고 말했다.[8] 중세를 암흑시대가 아니라 하나의 문명으로 파악하고자 했던 르 고프(Jacques Le Goff)는 문명을 역사 3간을 조합해서 "인간이 시간과 공간을 지배하

8 프랑수아 기조, 임승휘 옮김, 《유럽 문명의 역사: 로마 제국의 몰락부터 프랑스 혁명까지(*Histoire de la civilisation en Europe: Depuis la chute de l'Empire romain jusqu'à la révolution française*)》, 아카넷, 2014, 33쪽.

는 방식"이라 정의했다.[9]

근대 역사학은 문명사를 역사학 밖으로 추방했다. 슈펭글러나 토인비는 역사학자로 인정받지 못했고, 문명사를 배제한 역사학은 인문학 3문에 대한 탐구를 망각했다. 하지만 최근 인류 문명의 지속 가능성과 인류의 생존 문제에 대해 성찰하지 않을 수 없는 상황이 발생함으로써 문명사가 귀환했다. 우리 시대 '역사, 어디로 가는가?'에 대해 탐구할 목적으로 새롭게 등장한 문명사의 유형이 빅 히스토리(big history)다.

빅 히스토리는 역사 3간을 가장 크고 멀리 확장해서 재구성한다. 먼저 인간을 인류 종 전체의 역사로 보고, 시간을 빅뱅 이후부터 '인류세(anthropocene)'[10]로 불리는 현재까지, 그리고 공간을 우주와 전 지구는 물론 가상현실까지 확장해서 인문학 3문에 답한다. 이 같은 문명사적 빅 히스토리로 세계적 베스트셀러가 된 책이 유발 하라리(Yuval Harari)의 《사피엔스(*Sapiens*)》다.[11] 하라리는 그의 책 제목이 시사하듯이 사피엔스라는 인류 종을 '우리'로 설정하고 인문학 3문에 답했다. 본래 중세 전쟁사를 전공한 역사학자 하라리는 이 책에서 근대 역사학 패러다임을 해체하는 '생물학적 전환'과 '허구적 전환'을 동시에 꾀했다.

먼저 인류를 하나의 생물학적 종으로 접근하는 '생물학적 전환'은 역

9 자크 르 고프, 장-모리스드 몽트르미, 최애리 옮김, 《중세를 찾아서(*A La Recherche du Moyen Age*)》, 해나무, 2005, 183쪽.

10 '인류세'란 2000년 네덜란드 노벨 화학상 수상자 크루첸(Paul J. Crutzen)이 새로운 지질시대 용어로 제안하면서 일반화됐다. 이는 지구의 운명이 인류에게 달려 있는 현재의 특이성을 지칭하기 위해 만든 새로운 시대 개념이다. Paul J. Crutzen, "The Geology of Mankind," *Nature* Vol. 415, 3 January 2002, p. 23.

11 유발 하라리, 조현욱 옮김, 이태수 감수, 《사피엔스: 유인원에서 사이보그까지, 인간 역사의 대담하고 위대한 질문(*Sapiens: A Brief History of Humankind*)》, 김영사, 2015.

사와 과학의 경계를 허물고 하나의 분과학문으로서 역사학 정체성을 해체했다. 근대 역사학 패러다임이 역사 3간을 구성하는 모델은 '국사(the national history)'였다. '국사'란 현재의 국가와 민족이란 주인공이 성립하기까지의 과정을 시간과 공간을 씨줄과 날줄로 엮어 짜서 만든 이야기다. 이에 비해 하라리의 빅 히스토리는 보잘것없는 유인원으로 탄생한 사피엔스라는 현생 인류가 어떻게 만물의 영장으로 등극할 수 있었으며, 급기야는 과학기술이 창조한 '포스트휴먼'의 출현을 통해 멸종의 위기에 직면해 있는지에 대한 인류 문명의 드라마를 이야기했다.

역사의 '생물학적 전환'에 따라 문명사의 플롯도 진보에서 진화로 바뀌었다. 리처드 도킨스(Richard Dawkins)는 인류가 '우리는 어디서 왔는가?'를 해명하는 열쇠로 진화를 알았다는 것이 인류 문명사의 이전과 이후로 나누는 시대 구분의 기점과 같은 것이라 했다.[12] 진화의 관점으로 볼 때, 우리 삶의 진짜 주인공은 인류가 아니라 유전자다. 도킨스는 인간의 실체란 유전자로 알려진 이기적 분자들을 보존하기 위해 맹목적인 프로그램으로 짜인 로봇 기계라고 말했다.[13]

인류를 신의 형상을 모방한 특별한 창조물이 아니라 다른 생명체와의 연속선상에서 발생한 진화의 산물로 보는 '생물학적 전환'은 기본적으로 인간중심주의에 입각했던 기존의 역사학과는 인문학 3문에 대한 완전히 다른 차원의 답을 제시한다. 인간은 이기적 유전자의 노예이지

12 도킨스는 "어떤 행성에서 지적 생물이 성숙했다고 말할 수 있는 것은 그 생물이 자기의 존재 이유를 처음으로 알아냈을 때"이며, "만약 우주의 다른 곳에서 지적으로 뛰어난 생물이 지구를 방문했을 때 그들이 우리의 문명 수준을 파악하기 위해 맨 처음 던지는 질문은 '당신들은 진화를 발견했는가?'의 물음일 것"이라고 했다. 리처드 도킨스, 홍영남 옮김, 《이기적 유전자(*The Selfish Gene*)》, 을유문화사, 2006, 40쪽.

13 도킨스, 같은 책, 30쪽.

만, 자신이 그렇다는 것을 아는 유일한 생명체다. 도킨스는 이 같은 인류 종의 특이성을 생물학적 유전자와 다른 문화적 유전자를 갖고 있기 때문이라고 설명했다. 예컨대 인간은 자기 개체를 늘리는 것을 지상과제로 삼는 이기적 유전자를 거역하고 피임 방법과 도구를 개발한 유일한 생명체다. 인간의 뇌가 유전자의 독재에 반항하는 능력을 갖는 시점이 의식의 생성이다. 도킨스는 "의식이란 실행의 결정권을 갖는 생존기계가 궁극적 주인인 유전자로부터 해방되는 진화 경향의 극치"라고 했다.[14]

도킨스의 《이기적 유전자》는 인문학 3문의 첫 번째 물음 '우리는 어디서 왔는가?'에 대한 답을 '생물학적 전환'을 통해 제시한 문제작이다. 하라리의 《사피엔스》는 도킨스의 테제를 기반으로 해서 두 번째 물음 '우리는 무엇인가?'에 대한 탐구 방식의 '허구적 전환'을 했다. 하라리는 다윈이 발견한 '생명의 나무(the Tree of Life)'의 한 곁가지에 지나지 않았던 사피엔스가 만물의 영장으로 등극한 결정적 계기는 7만 년 전의 인식혁명이라고 했다. 그가 말하는 인식혁명이란 인류가 허구 서사를 매개로 익명의 수많은 개체들이 모여 거대한 협력공동체를 구성하는 삶의 방식으로의 전환을 지칭한다. 인식혁명 이전까지 인간 행위는 생물학적 영역을 벗어나지 못했다. 하지만 "인식혁명 이후에는 생물학 이론이 아니라 역사적 서사가 호모 사피엔스의 발달을 설명하는 일차적 수단이 되었다."[15]

인지혁명과 함께 전설, 신화, 신, 종교가 처음 등장했다. 그 이전에는

14 도킨스, 앞의 책, 130쪽.

15 하라리, 앞의 책, 66쪽.

사피엔스도 다른 동물들과 마찬가지로 "저기 곰이 있다. 조심해!"라고 말하는 수준으로 의사소통을 했다. 하지만 인지혁명 이후에는 '곰은 우리 종족의 수호신이다'라는 생각으로 공동체의 정체성을 규정하는 서사를 만들기 시작했다. 이 같은 허구 서사의 발명 덕분에 사피엔스는 이기적 유전자의 명령에 따르지 않고 자기 자신이 짠 의미의 거미줄인 문화에 매달리는 존재가 됐다.[16] "신화와 허구는 사람들을 거의 출생 직후부터 길들여 특정한 방식으로 생각하고, 특정한 기준에 맞게 처신하며, 특정한 것을 원하고, 특정한 규칙을 준수하도록 만들었다. 그럼으로써 수백만 명이 효과적으로 협력할 수 있게 해주는 인공적 본능을 창조했다. 이런 인공적 본능의 네트워크가 바로 문화다."[17]

인지혁명 이후 사피엔스는 문화라는 가상 실재의 네트워크 확장을 통해 문명을 건설했다. 이런 문명사의 대표 업적으로 하라리는 종교, 제국, 화폐를 거론했다. 인간의 뇌가 자의식을 갖는 단계로 진화했을 때, 개체의 죽음을 깨달은 인간은 영원불멸 존재에 대한 상상력으로 종교를 만들어냈다. 《사피엔스》 테제를 한마디로 요약한 문장이 "인간이 신을 발명했을 때 역사는 시작됐고 인간이 신이 될 때 역사는 끝난다"이다. 여기서 신이란 허구 중의 허구다. 인간은 곰을 하나의 힘센 동물로만 보는 것이 아니라 종족의 토템으로 숭배하는 신화를 바탕으로 정치공동체를 형성한다. 개미, 벌, 침팬지도 위계질서를 가진 집단생활을 영위한다. 하지만 왕을 처형하고 공화국을 세우는 혁명을 일으키지는 못한다. 결국 인류만이 아리스토텔레스가 말하는 '폴리스적 동물(zoon

16 Clifford Geertz, *Dichte Beschreibung. Beiträge zum Verstehen kultureller Systeme*, Frankfurt/M., 1987, p. 7.

17 하라리, 앞의 책, 234쪽.

politikon)'이 될 수 있었던 이유는 신화, 역사, 사상과 같은 허구 서사를 매개로 이기적 개인이 이타적 공동체를 형성하는 방향으로 문화적 유전자를 진화시켰기 때문이다.

가장 큰 정치공동체인 제국은 고유한 정치질서의 기본구조를 훼손하지 않는 범위 내에서 문화의 다양성을 포용해 많은 국가와 영토를 포섭할 수 있을 때 성립한다. 그렇다면 G2 시대에서 미국과 중국 가운데 누가 세계를 지배하는 제국이 될 것인가? 이 문제를 니얼 퍼거슨(Niall Ferguson)은 문명의 문제로 접근했고,[18] 조지프 나이(Joseph S. Nye Jr.)는 하드파워와 소프트파워를 결합한 스마트파워를 둘 중 어느 나라가 갖고 있느냐로 대답했다.[19] 여기서 문명과 스마트파워를 최근 용어로 표현하면 현실과 허구가 혼합된 '증강현실(AR)'이다.

인간이 실재세계가 아니라 '증강현실'에 산다는 것을 가장 잘 보여주는 것이 화폐다. 화폐 자체는 종이일 뿐이다. 그것에 가치를 부여하는 것은 보이지 않는 상호 신뢰 시스템이다. 그런 시스템이 '보이지 않는 손'처럼 작동할 수 있는 근거는 계약, 국가, 법 등과 같은 가상실재(VR)에 대한 믿음이다. 하라리는 오늘날 가장 많은 사람들이 믿는 유일한 이야기는 달러(dollar)라고 했다. IS나 북한 정권도 미국은 증오하지만 달러는 좋아한다. 서양이 근대 이후 세계를 지배한 이유는 신용카드, 부채, 증권과 같은 허구를 발명해 미래의 돈을 미리 갖다 쓰고 전 지구를 하나의 네트워크로 연결하는 시공간적 통합을 하는 자본주의를 먼

18 니얼 퍼거슨, 김정희·구세희 옮김, 《시빌라이제이션: 서양과 나머지 세계(*Civilization: the West and the Rest*)》, 21세기북스, 2011.

19 조지프 나이, 이기동 옮김, 《미국의 세기는 끝났는가(*Is the American Century Over*)》, 프리뷰, 2015.

저 발명했기 때문이다.

오늘날 디지털 문명을 연 17세기 과학혁명이다. 과학혁명을 가능하게 만든 것은 '세계의 수량화'다. 자연이란 수학으로 쓰인 책이라는 생각이 과학혁명의 시작이고, 세계의 패권이 유럽으로 넘어가는 전환점이다.[20] 수학의 기호인 숫자는 허구다. 0과 무한대, 원과 삼각형 그리고 미분과 적분은 현실이 아닌 관념의 영역이다. 디지털 시대란 세상의 모든 것을 0과 1의 코드로 환원해 기호화하는 '제2 수량화 혁명'으로 열린 시대다.

오늘날 과학혁명의 성과는 진화의 패러다임을 바꾸는 단계에까지 이르렀다. 지난 40억 년 동안 지구상의 모든 생명체는 자연 선택에 따라 진화했고, 지적인 창조자가 설계해서 만든 생명체는 없었다. 하지만 이제는 지적인 설계가 가능한 우주의 새 시대가 열리고 있다. 생명공학, 사이보그 공학, 비유기물 공학은 '포스트휴먼'이란 새로운 생명체의 탄생을 예고한다. '특이점'에 도달하면 인류는 생물학적 한계를 초월할 수 있다. 모든 인간을 평등하게 만든 마지막 보루가 죽음이었다. 죽음이라는 한계지점에서 인류는 죽음을 수용할 수밖에 없기 때문에 의미부여를 하는 것으로 만족했다. 종래 이 같은 인간 실존의 의미부여를 전담했던 것이 인문학이었다. 하지만 '특이점'의 도래와 함께 죽음이 기술적인 문제로 바뀔 때 인문학은 무엇을 할 것인가?

질주하는 과학기술이라는 호랑이 등을 타고 있는 우리는 '특이점'을 향해 계속 달릴 수밖에 없는 운명이다.[21] 마침내 거기에 도달하면 인

20 앨프리드 W. 크로스비, 김병화 옮김, 《수량화 혁명: 유럽의 패권을 가져온 세계관의 탄생(*The Measure of Reality: Quantification and Western Society, 1250-1600*)》, 심산, 2005.

간은 죽음뿐 아니라 욕망 자체도 설계할 수 있는 신적인 능력을 갖는다. 이 단계에서 인류가 고뇌하는 문제는 "'우리가 무엇이 되길 원하는가?'가 아니라 '우리가 원하는 것은 무엇인가?'(not 'What do we want to become?' but 'What do we want to want?')"가 될 것이라고 하라리는 말했다. 이 같은 난제(難題)를 제기했던 《사피엔스》의 마지막 문장은 "스스로 무엇을 원하는지도 모르는 채 불만족스러워하며 무책임한 신들, 이보다 더 위험한 존재가 또 있을까?(Is there anything more dangerous than dissatisfied andirresponsible gods who don't know what they want?)"이다.[22]

인문학 3문의 마지막 물음은 '우리는 어디로 가는가?'이다. 이 물음에 답하기 위해 하라리가 《사피엔스》 후속으로 쓴 책이 《호모 데우스(*Homo Deus: A Brief History of Tomorrow*)》다.[23] 여기서 그는 신적인 능력을 가진 인류가 자멸의 길로 접어들지 않기 위해서는 풍요로운 삶을 영위하기 위한 양적인 성장이 아니라 지구 생태계 모든 존재의 질적인 행복을 목표로 하는 역사의 방향 전환이라고 역설했다.

역사학, 어디로 가야 하는가?

과거 사실을 연구하는 역사학은 데이터 학문이다. '데이터(data)'의 어원은 라틴어로 사실로서 '주어진 것(given)'에서 유래했다. 유클리드(Euclid)는 이 말을 94개 공리들을 실은 《기하학원론(*Euclid's Data: The*

21 김기봉, "질주하는 과학기술시대 인문학이 필요한 이유: '우리는 어디서 왔고, 누구며, 어디로 가는가'," 《인문콘텐츠》 35, 2014.

22 하라리, 앞의 책, 588쪽.

23 Yuval Noah Harari, *Homo Deus: A Brief History of Tomorrow*, Random House, 2016.

Importance of Being Given)》 제목으로 사용했다. 그는 기하학은 알려진 것 또는 사실로 증명된 것을 토대로 한다는 취지로 그 제목을 붙였다. 수학 문제를 풀 때 '주어진 것'이 해결의 열쇠를 제공한다. 역사학도 마찬가지로 사료라는 데이터가 없으면 역사 연구는 불가능하다.

지식 정보의 원천이 되는 데이터란 기록되거나 분석되거나 재정리할 수 있는 것 일반을 지칭한다. 데이터로 변환시키는 작업인 '데이터화'가 디지털 시대에서는 어떤 현상을 표로 만들고 분석할 수 있게 수량화된 형태로 가공하는 것으로 이뤄진다. 이런 디지털 데이터화를 통해 데이터의 분량은 3년마다 두 배씩 증가했고, 그 결과로 '빅데이터 시대'가 도래했다. 빅데이터 시대로의 전환은 역사학의 위기이자 기회다. 문제는 빅데이터의 도전에 대한 역사학의 응전이다.[24]

2004년 구글은 전 세계 책들을 디지털화하는 '구글 북스 라이브러리 프로젝트(Google books library project)'를 선언했고, 9년 후엔 3000만 권 이상의 책을 디지털화했다. 2011년 추산 전 세계 책이 1억 3000만 권이라는 것을 감안하면 약 4분의 1을 디지털화한 셈이다. 이렇게 해서 생성된 빅데이터는 근대 이후 인류의 삶과 생각의 변화를 미세하게 관찰할 수 있게 해주는 현미경이며, 인류 문명의 전반적 흐름과 변화의 추세를 조망할 수 있게 해주는 망원경으로 활용될 수 있다. 에레즈 에이든과 장바티스트 미셸은 이 가운데 800만 권의 책을 추려서 클릭 한 번으로 책 전체를 읽는 '구글 엔그램 뷰어(Google Ngram Viewer)'를 창안했고, 그것을 이용해 인간 행동과 문화적 경향성을 분석하는 '컬처로믹스(culturomics)'라는 새로운 분야를 개척했다.[25] '컬처로믹스'의 연구

24 김기봉, "빅데이터의 도전과 인문학의 응전," 《시민인문학》 30, 2016, 9~37쪽.

자들은 과학과 인문학의 경계를 무너뜨리고 역사학자가 아니라 '디지털 인문학자'로 불리길 원한다.

아무리 많은 데이터가 있다고 해도 의미 해석이 부재한 데이터들은 잡음들(noises)에 지나지 않는다. 그것들이 어떤 의미 있는 신호(signal)로 읽히기 위해서는 해석이 필요하다. 문제는 빅데이터 분석과 역사학의 해석 방법이 다르다는 점이다. 의미 있는 데이터는 정보라 불리며, 그것은 데이터와 데이터의 관계에서 나온다. 관계를 정식화하는 과학적 방법은 일반적으로 인과론으로 여겨졌다. 역사학은 사료 해석을 통해서 과거와 현재의 인과관계를 이야기로 구성하는 것을 목표로 한다. 이 같은 인과관계 추론에서 가장 중요한 것이 '왜'라는 질문이다. 모든 역사 연구의 출발점은 '왜'라는 문제의식이며, 그 문제의식을 갖고 역사적 인과관계를 연구하는 이면에는 항상 직접적이든 간접적이든 목적론적 가치 추구가 전제되어 있다.[26]

하지만 빅데이터 분석은 다르다. 빅데이터는 데이터들의 집합적 관계가 드러내는 정보의 패턴을 통계 수치나 그래프로 보여주기 때문에 인과론적 추론을 할 필요가 없다. 예컨대 미래학자 커즈와일이 2045년쯤 '특이점'이 도래한다는 예측을 할 수 있었던 것은 데이터들의 상관성으로 정보의 패턴을 읽어냈기 때문이다. 그는 "세계는 원자가 아니라 이야기로 이루어져 있다"는 미국의 시인 뮤리엘 러카이저(Muriel Rukeyser)의 말을 인용하면서 이야기를 정보의 의미 있는 패턴이라고 정의했다.[27]

25 에레즈 에이든, 장바티스트 미셸, 김재중 옮김, 《빅데이터 인문학: 진격의 서막(*Uncharted: Big Data As a Lens on Human Culture*)》, 사계절, 2015, 247쪽.

26 에드워드 카, 김택현 옮김, 《역사란 무엇인가(*What is History*)》, 까치, 1997, 163쪽.

커즈와일이 말하는 이야기는 역사학의 스토리텔링이 아니다. 빅데이터 이론가들은 과학적 방법의 인과론이 데이터의 결핍으로 패턴을 알 수 없었던 '스몰 데이터' 시대의 유물이라고 주장한다.[28] 빅데이터 분석가들이 정보의 패턴으로 이야기를 구성하는 원리는 상관성(correlation)이다. 상관성이라는 개념은 1888년 찰스 다윈의 사촌인 프랜시스 골턴(Francis Galton)에 의해 처음 발표되었다. "상관성은 두 데이터 값 사이의 통계적 관련성을 수량화한다. 상관성이 강하다는 것은 하나의 데이터 값이 변화할 때 다른 하나도 변할 가능성이 매우 높다는 뜻이다."[29]

상관성이 문제 해결의 열쇠가 되는 빅데이터 시대에는 인간과 세상의 모든 문제를 수치적으로 정형화된 통계 및 데이터로 해결할 수 있는 방법을 제공하는 알고리즘이 만물의 공식으로 여겨졌다.[30] 오늘날 인공지능은 고흐와 세잔이 그렸던 그림들의 패턴을 읽어내는 알고리즘을 통해 그들이 실제로는 그리지 않았던 풍경화를 원본과 똑같이 그려낼 수 있다. 인공지능은 시 또한 창작할 수 있다. 커즈와일은 RKCP(Ray Kurzweil's Cybernetic Poet)로 불리는 알고리즘을 개발해 미국 문학사의 가장 매력적이고 도전적인 작품으로 평가받는 에밀리 디킨슨(Emily Dickinson)의 시들을 입력하여 그녀 고유의 시어와 문체의 패턴을 알아

27 커즈와일, 앞의 책, 22쪽.

28 빅토르 마이어 쇤버거, 케네스 쿠키어, 앞의 책, 133쪽.

29 같은 책, 102쪽 재인용.

30 루크 도멜, 노승영 옮김, 《만물의 공식: 우리의 관계, 미래, 사랑까지 수량화하는 알고리즘의 세계(*The Formula: How Algorithms Solve All Our Problems... and Create More*)》, 반니, 2014.

내 그녀가 짓지 않은 새로운 시를 창작했다.[31] 물론 이렇게 인공지능이 창작한 그림과 시는 인간들이 컴퓨터가 만든 작품임을 구분하지 못하는 튜링 테스트(Turing test)를 통과했다.

그렇다면 만물의 공식이라 불리는 알고리즘이 인문학 3문에 대한 답도 할 수 있는가? 알고리즘 세계에서는 인간은 수치화되고 개인은 분할자(dividual)로 바뀐다. 개인은 알고리즘 도구로 분석하기에 알맞은 성분들로 분해되어 데이터 수치로 환원된다. 이런 환원을 통해 알고리즘이 해명하는 것은 객관적인 사실관계일 뿐, 인간이 무엇을 위해 어떻게 살아야 하는지에 대한 답을 주지는 못한다.

인터넷 검색으로 수많은 지식을 얻을 수 있는 시대에서 인간 뇌 구조는 점점 생각하지 않는 사람들을 양산하는 방향으로 바뀐다는 것이 디지털 문명이 드리우는 어두운 그림자다.[32] '특이점'에 근접하는 발전을 이뤄낸 것은 과학혁명이다. 그런데 하라리가 말했듯이, 과학혁명을 낳은 것은 모른다는 것을 앎으로써 '왜'라는 문제를 제기하는 '무지혁명'이었다. '무지혁명' 없는 과학혁명은 인류가 나침판 없이 우주의 망망대해를 항해하는 것처럼 위험하다.

인공지능은 생각과 학습은 할 수 있지만 "나는 생각한다. 고로 존재한다"고 말할 수 있는 자의식이 없다. 인류 역사상 처음으로 지능과 의식의 '절연(絶緣, decoupling)'이 일어난 시대에서 인간에게 정말로 중요한 것은 사실이 아니라 가치와 의미다. 막스 베버는 '세계의 탈주술화'

31 Oscar Schwartz, "Can a computer write poetry?" (https://www.youtube.com/watch?v=UpkAqPEcMyE).

32 니콜라스 카, 최지향 옮김, 《생각하지 않는 사람들: 인터넷이 우리의 뇌 구조를 바꾸고 있다(*The Shallows: What the Internet Is Doing to Our Brains*)》, 청림출판, 2015.

라는 제2 인식의 나무를 먹은 이후 인류는 자기가 만든 의미와 가치의 정당성을 스스로 증명해야만 하는 딜레마에 빠졌다고 했다. 디지털 시대에서 그 딜레마는 더욱 심화된 형태로 나타난다. "과학은 세상에 무엇이 존재하는지, 사물이 어떻게 작동하는지, 미래에 무엇이 존재할지를 설명할 수 있다. 하지만 정의상 과학은 미래에 무엇이 존재해야 마땅한지를 안다고 허세를 부릴 수는 없다. 그런 질문에 대한 답을 추구하는 것은 종교와 이데올로기뿐이다."[33] 이 같은 딜레마를 극복해야 한다는 것이 포스트휴먼 시대에서도 인문학이 존재해야만 하는 이유다.

현재 인류는 한 번도 가지 않은 길을 가야만 하는 상황에 처해 있다. 지도 밖 행군을 하면서 길을 찾는 게 아니라 만들어야 하는 인류에게 지식보다 중요한 게 상상력이다. 현실이 과거로부터 주어진 현재라면, 꿈은 가능한 것으로서 미래다. 인간은 과거의 원인 때문이라기보다는 미래의 목표를 위해 행동한다는 점이 빅데이터가 보여주는 패턴의 노예가 아니라 그 패턴에 대한 반성을 통해 자기 삶의 주인공이 될 수 있는 가능성이다. 만약 이 가능성에 희망을 갖고 확장하려는 노력을 하지 않으면, 빅데이터는 우리 삶을 지배하는 빅브라더가 될 수 있다.

바둑 대결에서 알파고의 승리는 인공지능 시대에서 직업으로서 역사가의 존재 의미에 대한 심각한 문제를 제기했다. 바둑의 거의 모든 역사, 곧 기보를 기억하는 알파고를 인간이 이길 수 있는 하나의 방법은 알파고를 이용해 알파고와 대국을 벌이는 것으로 상상력을 극대화하는 것이다. 유약한 유인원이었던 사피엔스가 만물의 영장이 될 수 있었던 힘의 원천은 허구 서사를 통해 가상실재를 만들어내는 능력에 있

33 하라리, 《사피엔스》, 387쪽.

었다. 중요한 것은 사실과 지식이 아니라 허구와 상상력이다.

'특이점'의 도래를 눈앞에 두고 있는 우리는 인류 역사상 최초로 기성세대가 미래세대를 가르칠 수 없는 상황에 직면해 있다. 교육 덕분에 인류는 문명을 건설할 수 있었다. 그런데 이제는 점점 그런 교육이 불가능해지거나 무의미해지고 있다. 인간은 아버지보다 자기 시대를 더 많이 닮아야 한다고 말한다. 학교의 탄생과 함께 아버지가 했던 교육의 상당 부분이 대체됐다면, 디지털 문명의 세례를 받고 자라난 우리 시대의 신세대는 아버지로부터 배울 것이 별로 없는 '고아 세대'다. 인간이 사는 것은 과거가 아닌 미래다. 물론 과거 없는 미래는 없지만, 이제는 과거로서 미래를 살 수 없다는 것이 인류가 당면한 큰 문제다.

새 술은 새 부대에 담는 것으로 혁신은 계속되어야 한다. 어제의 정상(正常)이 내일의 정상이 아니게 되는 우리 시대의 특징을 지칭하는 말이 '뉴노멀(new normal) 시대'다. 패러다임 전환이 빠른 '뉴노멀 시대'에는 승자가 독식한다. 지금 당장은 아무리 잘나가도 한방에 훅 가는 것이 '뉴노멀 시대'의 생존경쟁이다. 제4차 산업혁명이 쓰나미처럼 밀려온다. 제4차 산업혁명이란 말을 유포시킨 클라우스 슈바프(Klaus Schwab) 다보스 포럼 회장은 지금의 변화는 속도와 범위, 깊이에서 인간의 지난 10만 년 역사 동안 유례없는 가장 큰 것이라고 했다. 과거의 정답을 추종하는 추격자(fellow)가 아니라 변화하는 현실이 낳는 새로운 문제를 찾아내 미래의 답을 만들어내는 선도자(first mover)의 삶을 살아야 하는 것이 제4차 산업혁명의 생존방식이다.

미래는 생각이고 상상이다. 자연과학이 현실과학이라면 인문학은 상상의 학문이다. 인공지능 시대에 인간의 상상력을 강화하는 것이 인문학이 나아갈 방향이고 역사학의 미래다. 역사학이란 과거에서 정답을 찾는 것이 아니라 과거의 목소리를 듣는 학문이다. 과거는 신도 바꿀 수 없는 필연이지만, 미래는 우리가 꿈을 갖고 설계할 수 있는 증강현실이다. 우리가 역사를 연구하는 궁극적인 목적은 물리학이나 경제학처럼 미래에 대한 정확한 예측을 하려는 것이 아니라 미래를 만들기 위해서다. 이 같은 맥락에서 과거에 대한 과학적 지식을 추구했던 근대 역사학은 변해야 한다. 과거에 대한 과학적 지식은 빅데이터나 인공지능을 통해 더 많이 그리고 더 정확하게 얻을 수 있다. 따라서 인공지능 시대에 역사학은 지식보다는 만들 수 있는 미래의 가능성에 대한 사고의 지평을 넓혀주는 역사적 상상력을 제고하는 방향으로 변화해야만 계속 의미 있는 학문으로 존속할 수 있다.

역사학이 지식에서 상상력으로 중심이동을 시도할 때 많은 시사를 얻을 수 있는 것이 사극이다. 역사학이 현실의 역사를 탐구하는 과학이라면, 사극은 '꿈꾸는 역사'를 재현하는 드라마다. 이 두 장르의 분화는 기본적으로 인간이 현실과 꿈의 두 세계를 살기 때문에 생겨났다. 현실과 꿈은 인간 삶의 동전의 양면처럼 다른 측면으로 같은 하나를 이룬다. 꿈은 어디까지나 현실의 그림자로 생겨난다. 하지만 꿈은 현실을 넘어서 새로운 현실을 창조하는 혼돈의 시공간이다. 현실과 꿈 사이에서 갈등하면서 번뇌하는 인간은 둘 가운데 무엇에 중점을 두고 사느냐에 따라 두 종류의 삶을 산다. 현실을 배경으로 꿈을 합성하면 증강현실의 삶을 사는 것이고, 그것을 넘어 현실의 한계에서 벗어나 꿈을 실현시키는 삶을 살면 가상현실의 세계에 사는 것이다. 이 같은 두 종류의 삶의 방식에 입각해서 분류하면, 전자가 역사학이라면 후자는 사극이다.

코젤렉은 근대 역사 개념의 특징을 "경험공간(Erfahrungsraum)"과

"기대지평(Erwartunshorizot)"의 두 범주로 구성되는 "지나간 미래(vergangene Zukunft)"라고 표현했다.[34] 인간이 과거에 있었던 일들을 역사로 이야기하는 이유는 꿈꾸는 미래가 있기 때문이다. 역사는 한 집단의 과거의 경험이면서 미래의 꿈을 함축하는 '지나간 미래'라는 속성을 가진다. 역사학은 과거 현실에 미래 기획을 덧붙인 증강현실을 '지나간 미래'로 발굴하는 학문이다. 이에 비해 현실의 역사를 소재로 하여 상상의 역사를 이야기하는 사극은 역사의 가상현실을 시뮬레이션하는 드라마다.

인공지능 시대는 증강현실과 가상현실 둘 다 화두가 된다. 이 둘은 화이부동(和而不同)의 관계로 모두 인간 삶의 장소다. 역사학자들은 사극의 '꿈꾸는 역사'를 역사로 인정하지 않는 경향이 있다. 하지만 지식보다도 상상력이 더 중요한 시대에 둘 사이의 불화는 해소되어야 한다. 둘은 어느 하나가 다른 하나를 배척하거나 지양하는 모순 관계가 아니라 각각 증강현실과 가상현실을 구현하는 역사 이야기로 역할을 분담하면서 상보적 관계로 진화해나간다면 시너지 효과를 얻을 수 있다. 요컨대 인공지능 시대에 역사학은 과거의 패턴에 의해 부과되는 운명에서 벗어날 수 있는 '마이너리티 리포트'를 작성하는 역할을 할 때 "시간 속의 인간에 관한 학문"으로 계속 존재해야 할 의미를 가질 수 있다.[35]

'지나간 미래'로서의 역사

근대 철학의 아버지 데카르트는 과학적 확실성이 없는 역사는 진리가 될 수 없다고 주장했다. 이에 대항해서 이탈리아 철학자인 비코

34 코젤렉, 앞의 책, 349~374쪽.

(Giarobattista Vico)는 인간이 아는 진리는 오직 역사라는 역사주의를 근대의 《신과학(*Sienza nuova*)》으로 정립하고자 했다. 비코의 유명한 명제는 "진리란 만들어진 것(verum=factum)"이다.[36] 이 명제에는 하나의 삼단논법이 함축돼 있다. "인간이 알 수 있는 것은 인간 자신이 만든 것이다. 인간이 만드는 것은 역사다. 고로 인간이 알 수 있는 것은 역사다." 이러한 삼단논법에 의거해서 인간은 역사를 통해서만 진리를 인식할 수 있다는 역사주의가 성립한다.

인간이 역사를 통해 진리를 인식할 수 있을 뿐 아니라 만드는 역사를 통해 새로운 진리를 만들 수도 있기에 역사는 인간 삶을 위한 가장 유용한 거울로 여겨졌다. 하지만 디지털 시대 빅데이터가 생겨나고 인공지능이 발명됨으로써 삶의 거울로서 역사의 기능은 낡은 것으로 사라질 위기에 봉착했다. 빅데이터는 내가 모르는 나를 알게 해주는 거울일 뿐 아니라 더 이상 기억이 아니라 망각을 추구하는 인류 문명사의 초유의 사태를 발생시켰다. 인공지능 시대에 나타난 최대의 역설은 인간이 발명한 인공지능을 통해 '포스트휴먼'이라는 새로운 종이 출현함으로써 사피엔스라 불리는 현생 인류 종의 멸종 위기와 함께 역사의 종말을 초래할 수 있다는 점이다.

이 같은 종말론을 가장 잘 보여주는 것이 SF 영화다. 이 방면에서 고전의 반열에 오른 작품이 〈터미네이터〉다. 이 영화의 주제는 미래에 일어날 컴퓨터와 인간 사이의 전쟁이다. 일반적으로 역사는 과거에서 현

35 마르크 블로크, 정남기 옮김, 《역사를 위한 변명, 역사가의 사명(*Apologie pour l'histoire ou Métier d'historien*)》, 한길사, 1979, 59~60쪽.

36 R. G. 콜링우드, 김봉호 옮김, 《서양사학사(*The Idea of History*)》, 탐구당, 1993, 105~116쪽.

재로 이어지는 시간의 흐름으로 이야기를 전개하지만, 〈터미네이터〉는 미래에서 과거로 시간을 거슬러서 이야기를 엮어낸다. 미래에 일어날 전쟁이 원인이 되어 과거에 새로운 싸움이 일어나는 것이 영화의 스토리다. 1984년 1편부터 2015년 5편까지 시리즈가 제작되는 동안 디지털 기술문명은 그야말로 눈부신 발전을 이룩했고, 이것을 반영해서 인류의 적인 컴퓨터도 진화된 형태로 등장했다. 시리즈 3편에서부터 컴퓨터 스카이넷(Skynet)은 이전의 슈퍼컴퓨터의 단계에서 벗어나 사물인터넷을 통해 모든 네트워크를 통합하는 인공지능의 형태로 나타났다. 이렇게 진화된 스카이넷 이름이 '제니시스(genisys)'다. '제니시스'란 genesis(기원, 생성, 탄생)+system의 합성어로 사전에는 없는 만든 말이다. 결국 이 말은 인공지능 시대란 컴퓨터가 인간을 지배하는 새로운 세상을 여는 창세기라는 뜻이다.

5편의 〈터미네이터 제니시스(Terminator Genisys)〉에서는 과거와 미래의 시간이 뫼비우스 띠처럼 연결되는 혼돈의 시간이 나타난다. 영화의 마지막 장면에서는 미래에서 온 성인 카일리스와 과거에 사는 소년 카일리스가 만나 대화를 한다. 미래의 카일리스는 과거의 어린 카일리스에게 '제니시스는 스카이넷'이라는 것을 꼭 기억하라고 신신당부한다. 이 말은 인공지능이 인류의 종말을 초래할 수 있다는 미래로부터의 메시지다.

현재의 우리가 과거로부터 메시지를 얻을 목적으로 '현재와 과거의 대화'를 하는 것이 역사학이라면, 〈터미네이터〉는 반대로 미래가 전하는 메시지에 귀를 기울이는 소통방식이다. 이 같은 소통방식이 아주 낯선 것은 아니다. E. H. 카(E. H. Carr)는 1961년에 출간한 《역사란 무엇인가》에서 루이스 네이미어(Lewis Namier)의 표현을 인용해 역사가들은 "과거는 상상하고 미래는 기억한다"라는 말을 했다. 카는 미래의 진보를 나침판으로 삼아 과거로의 시간 여행을 하라는 취지로 이 말을 했다. 하지만 21세기에 인류는 가장 큰 문명의 진보를 이룩했지만 종말론의 위기를 맞고 있다. 미래의 진보가 아닌 종말을 기억하고 과거를 상상하는 역사를 구성해야 할 필요성이 생겨났다. 미래를 기억하면서 상상하는 과거를 지칭하는 말이 '지나간 미래'다.

과연 인공지능이 인류와 역사의 종말을 초래할 것인가? 〈터미네이터〉 시리즈가 우리에게 주는 메시지는 초지일관 하나다. "미래는 정해져 있지 않다. 운명이란 없고, 미래는 우리 스스로가 만드는 것이다(The future's not set. There's no fate but what we make for ourselves)." 이 메시지가 'Historia, Quo Vadis?'에 대한 하나의 답이 될 뿐만 아니라 인공지능 시대에도 역사학이 존재해야만 하는 이유다.

한국사회과학 이론의 보편주의*

서구보편주의를 넘어 다원보편주의로

김현구**

우리가 서구의 근대 사회과학을 본격적으로 받아들인 지도 반세기를 훌쩍 넘어 한 세기를 바라보고 있지만, 한국 사회과학은 아직도 자기 정체성(self-identity)을 온전히 확립하지 못하고 있다. 우리는 그동안 주로 서구(이하 미국 포함)에서 풍미하는 사조나 이론을 여과 없이 받아들여 소개·해설하고 적용하기에 급급해왔다. 그래서 서구 이론에 준거한 '한국의 사회과학'은 비교적 번창해온 반면, 한국적 맥락의 진정한 '한국사회과학'은 빈약하기 짝이 없다. 이는 은연중에 우리의 학문적 사유(思惟)가 서구보편주의(European universalism)에 깊숙이 침윤되어 있다는 것을 말해준다. 서구보편주의로 말미암아 우리 나름의 구성개념(construct)이나 이론은 찾아보기 어렵고 이론과 현실의 괴리는 증폭될 수밖에 없었다. 우리는 독자적 개념화·이론화 능력을 상실한 채 서구에 의해 주어진 타자의 눈으로 자기를 관찰하고 재단해왔는지도 모른다.

* 이 글은《한국정치학회보》52집 1호에 게재된 김현구(2018)를 수정·보완한 것이다.

** 성균관대학교 행정학과·국정전문대학원 명예교수, 한국행정학회 회장 역임.

《뉴욕타임스》(2010.8.25.)가 〈섬뜩한 사고방식이 세계적인 것으로 통용되어왔다(A Weird Way of Thinking Has Prevailed Worldwide)〉라는 칼럼(Giridharadas, 2010)을 실어 학계에 파장을 불러일으킨 적이 있다. 그 요지는 세계의 다양한 문화권에 살고 있는 사람들이 자신의 심리가 아닌 '산업화된 서방세계의 부유한 민주국가 교양인'이라는 타자의 심리를 통해 자신을 들여다보고 있다는 것이다. 제목의 'Weird'는 이 칼럼이 인용한 헨리츠 외(Henrich et al., 2010)의 논문에 나오는 조어로 'Western, Educated, Industrialized, Rich and Democratic'의 머리글자에서 따온 것이다. 이들의 연구에 따르면 심리학 관련 저명 학술지에 실린 논문 주제의 68%가 미국을, 96%가 미국을 포함한 서방의 산업화 국가를 대상으로 한 것이며, 미국의 경우 논문의 67%, 다른 나라의 경우 80%가 심리학과 대학생들을 실험 대상으로 삼았다고 한다. 이와 같이 서구의 심리학자들이 인간의 행태에 대해 범세계적 대표성이 없는 표본을 바탕으로 일반화한 연구 결과를 저명 학술지에 게재했고 그것이 전문 서적과 대학교재를 통해 널리 확산되어왔다는 것이다.

한국 사회과학도 이 '섬뜩한(Weird)' 사고방식에서 자유로울 수 없다. 우리는 연구, 교수 요원, 대학 교재 등에서 고도로 서구(특히 미국) 의존적인 학문 관행에 안주해왔기 때문이다. 사회과학은 사회현실의 역사적 과정과 문화적 의미에 민감한 역사과학이요 문화과학이다. 연구 대상인 문제의 사회현실은 역사적·문화적 배경에 따라 이론화의 사회적 맥락을 달리하고, 이론화의 맥락이 다르면 그 문제를 설명하는 이론도 달라질 수밖에 없다. 이와 같이 맥락민감성(context sensitivity)을 띠는 사회과학에서 탈맥락적이고 통시대적인 보편성을 기대하기는 어렵다. 사회과학의 보편성은 이성의 기획에 의한 '추상적 보편성'이 아니라 현실의 경험에 토대하는 '구체적 보편성'이기 때문이다. 우리가 사회과학을 통해 이해하고자 하는 인간상은 진공 상태의 '가상 인간'이 아니라 생활세계의 '실존 인간'이다.

외래 학문의 발전 과정에 '우리는 누구인가'라는 학문적 자의식이 생기는 까닭이 여기에 있다. 우리의 학문적 정체성 확립을 위한 노력이 자아준거화[1] 문제로 표출되어왔다. 학문(이론)의 자아준거화란 우리의 필요에 조응해 우리 현실을 설명하는 데 적합하면서도 보편성을 띤 '이론'을 모색하는 학문적 정향을 말한다. 그 이론이 외래의 것일 때는 토착화, 우리 고유의 것일 때는 한국화라고 한다. 토착화가 외래 이론의 구상화(특수화) 과정이라면, 한국화는 한국 현실의 추상화(보편화) 과정이다. 다시 말해 토착화가 외래 이론을 한국적 맥락에 적응시키는 소극적 자아준거화라면, 한국화는 한국적 맥락의 이론을 창출하는 적극적 자아준거화라고 할 수 있다. 우리 학문의 신념체계로서 자아준거화는 이러한 토착화와 한국화를 통칭하는 개념이다. 학문의 본질은 이론의 보편성에 있다. 자아준거화도 그 범주 안에서 이루어지는 학문적 노력이므로 토착화와 한국화에는 각각 보편성 검토와 보편성 확보가 주요 논점으로 제기된다.

한국 사회는 한국 사회과학 존립의 터전이고 한국 현실은 한국 사회과학 이론 창출의 바탕이다. 사회과학 이론의 한국화란 한국의 사회 현

1 학문론에서 자아준거(自我準據)라는 용어를 처음 사용한 문승익(1974: 113)에 따르면, "학자들이 학문을 연구하되 자기들이 처한 상황이 갖는 제필요를 의식해서 그러한 자기 필요의 만족을 염두에 두고 학문적 문제와 과제를 선정하고, 또 그러한 문제와 과제를 해결해나갈 때 그 학문을 자아준거적 학문이라고 한다." 그래서 문승익(1979: 7)은 한국의 자아준거적 정치학을 '한국정치학'이라고 지칭하고 이를 "우리적 가치 정향에 준거해서 우리적으로 인식·설정된 정치적 문제의 우리적 해결을 추구하는 학문"으로 규정한다.

실을 추상화하여 대외적 확산 가능성이 있는 한국적 맥락의 이론을 창출하는 것을 말한다. 한국화의 본질은 '한국 현실의 보편적 이론화'에 있고, 그 정향은 '한국적 특수의 이론적 보편화'다. 한국화는 이러한 본질과 정향을 아우르는 약칭의 규약적 개념이다. 이론의 한국화에서 '한국'은 창출된 이론의 국적이라기보다는 맥적(脈籍), 즉 이론이 배태된 맥락적 정체성을 밝히는 표지(標識)로 보아야 한다. 한국화의 바탕 개념인 국가(한국)는 고유의 가치와 특유의 질서가 지배하는 문화공동체이고, 학문(이론)은 그 공동체의 맥락으로부터 자유로울 수 없는 문화적 소산이기 때문이다.

한국화론에서 한국화의 정향인 '보편화'를 어떤 관점에서 바라볼 것인가? 서구의 근대 이후 200여 년간 위세를 부리던 서구중심주의가 20세기 후반부터 쇠퇴의 길로 들어서면서 서구보편주의라는 중심축도 크게 흔들리고 있다. 일원적 서구보편주의의 상대화가 필요하지만, 그렇다고 공유의 보편적 가치를 전적으로 부정하는 문화상대주의가 그 대안이 될 수는 없다. 보편성의 다원화를 위해 윌러스틴 외(Wallerstein et al., 1996: 59~60)가 다원보편주의(plural universalism)를 언급한 바 있으나, 그 뒤 학계의 본격적인 논의가 이루어지지 않았다. 기존의 낡은 패러다임은 해체 일로에 있는데, 이를 대체할 새로운 패러다임은 아직 전모가 드러나지 않고 있다. 서구보편주의는 이제 우리가 극복해야 할 서구의 근대 유산이다.

서구보편주의의 틀에 갇히게 되면 우리의 창의적 발상이 제약될 수밖에 없다. 오늘날 보편의 지평을 열어가는 우리 문화의 창조성이 쉽게 눈에 띄지 않는 것은 서양의 유혹에 넘어간 우리의 눈이 서양을 내면화하고 우리 자신의 문화와 역사를 외면으로 바라보는 데 익숙해진 탓이다(김우창, 1993: 281). 그래서 우리는 은연중에 서구적인 것을 보편으로 알고 한국적인 것은 한낱 특수로 치부해버리고 만다. 보편주의는 보편성의 이념적 전제다. 우리가 한국화, 즉 보편성을 띤 한국적 맥락의 이론 개발과 관련하여 보편주의 문제를 제기하는 것도 이 때문이다.

이러한 문제의식에서 시도한 이 논문은 보편주의를 중심으로 한국 사회과학의 한국화에 필요한 인식론적 기반을 다지는 데 그 목적이 있다. 이를 위해 근대학문의 보편성을 지배해온 서구보편주의를 비판적으로 검토한 다음, 그 대안으로 다원보편주의 패러다임을 제시하고자 한다. 이 연구가 아직도 한국 사회과학계에 짙게 드리워진 서구보편주의를 창조적으로 극복하고 학문의 자아준거성을 높이는 데 도움이 될 수 있기를 기대한다.

서구보편주의의 비판적 검토

1. 서구보편주의의 실상

편파적 보편주의

인문사회과학에서 엄밀한 의미의 보편성—탈맥락적이고 통시대적인—을 기대하기도 어렵거니와 서구만이 그 기준과 모델이 될 수도 없는 문제다. 그런데도 근대 이래 서구의 이론이나 역사를 인류 사회에 보편타당한 것으로 신봉하는 이른바 서구보편주의가 은연중에 비서구권의 학문적 사유를 지배해왔다. 서구보편주의는 서구중심주의(Eurocentrism)[2]의 하위개념이다. 서구중심주의란 서구를 본받아야 할 이상으로 생각하는 이념인 동시에 서구를 중심으로 세계사를 바라보고 해석하는 역사관을 말한다.

서구중심주의는 세 가지 명제로 구성되어 있다(강정인, 2004: 47~48).

첫째는 근대 서구문명(미국·캐나다 포함)이 인류 역사의 발전단계 중 최고의 수준에 도달해 있다는 '서구우월주의' 명제다. 둘째는 서구문명의 역사 발전 경로가 서양뿐만 아니라 동양을 포함한 전 인류 사회에 보편적으로 타당하다는 '서구보편주의' 명제다. 셋째는 역사 발전의 저급한 단계에 머물러 있는 비서구 사회는 식민화(제국주의 시대) 또는 근대화(탈식민지 시대)를 통해 오직 서구 문명을 모방·수용함으로써 발전할 수 있다는 '서구화' 명제다.[3] 서구보편주의는 서구우월주의를 전제로 그것이 보편적이라는 명분을 내세워 서구화(식민화, 근대화)를 강제하는 추동력을 확보해왔다는 점에서 서구중심주의의 중심축이라고 할 수 있다.

문제는 주변과의 관계를 전제로 하는 '주의(ism)'로서의 중심이다. "철학의 중심은 어디에나 있지만 그 주변은 어디에도 없다"고 하는 메를로퐁티(Merleau-Ponty)의 탈중심주의 경구(이광래, 2003: 417)를 빌린다면, 이념과 역사의 중심은 어디에나 있지만 그 주변은 어디에도 없다. 그런데도 유독 서구에만 중심이 있다고 보고 다른 곳을 주변으로 격하시키는 것이 서구중심주의다. 이러한 서구중심주의가 내세우는 보편성은 범세계적 보편성이 아니라 '서구적' 보편성일 뿐이다. 안병영(2005: 8)이 지적한 대로 "그들[서구] 사회의 이론이나 제도도 대체로 그들 나라나 문화권의 특수한 사회문화적 토양에서 배태된 것이며, 그런

2 Eurocentrism은 유럽중심주의로 직역하기도 하지만 근대 유럽 문명의 중심지는 영국·프랑스·독일 등의 서유럽, 즉 서구(西歐)이므로 서구중심주의라고도 한다. 이때 서구는 지리적 위치보다는 그 문화적 뿌리를 서유럽에 두고 있는 북미의 미국과 캐나다까지 포함하는 하나의 문명권 단위로 이해해야 할 것이다. 이 글에서는 서구중심주의를 비롯하여 서구보편주의·서구문명·서구이론 등의 용어를 이러한 의미로 사용한다.

3 강정인(2004)의 두 번째 명제 '서구보편주의/역사주의'를 서구보편주의로, 세 번째 명제 '문명화/근대화/지구화'를 서구화로 단순화했다.

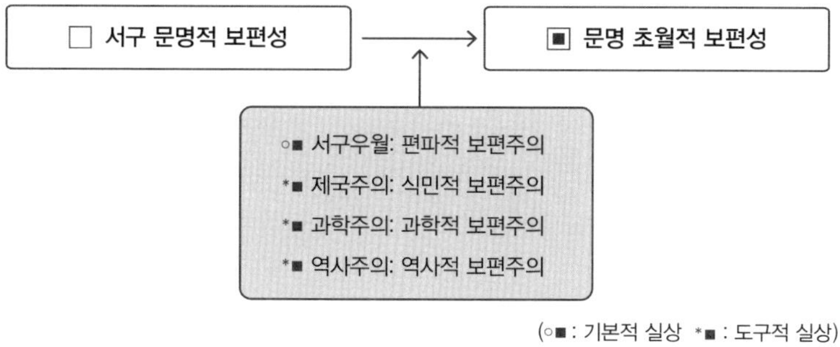

그림 1 서구보편주의의 실상

의미에서 어쩔 수 없이 지역적(parochial) 편향성을 함축하고 있다. 따라서 상당한 정도의 보편성을 갖고 있다고 하더라도 그것은 어디까지나 '제한된 보편성'이지 그 이상일 수 없다."

최근까지도 서구의 지도자들과 주류 언론 및 지식인들이 비서구권 국가나 국민들과 관련된 정책을 말할 때는 종종 독선적이고 허세와 오만으로 가득 찬 어조로 항상 자기네 정책이 보편적인 가치와 진실을 반영하는 것처럼 포장한다. 이와 같이 서구문명이 다른 문명보다 우월하다는 전제하에 제시된 서구보편주의는 서구의 지도자들과 지식인들이 근대 세계체제 지배계층의 이익을 도모할 목적으로 내놓았던 강자들의 보편주의이므로 그 실상은 편파적이고 왜곡된 보편주의다(Wallerstein, 2006: xi~xiii).

서구보편주의는 그림 1에서 보듯이 기본적으로 서구우월을 명분으로 내세워 서구 문명적 보편성을 문명초월적 보편성으로 분장한 편파적 보편주의(partial universalism)이다. 다시 말해 서구우월주의로 말미암아 서구의 문명적 특수성에 기반을 둔 이론과 서구의 역사 패턴이 범세계적 보편인 양 받아들여졌다. 이 과정에 (1) 제국주의에 의한 식민적 보편주의, (2) 과학주의에 의한 과학적 보편주의, (3) 역사주의[4]에 의한 역사적 보편주의가 그 도구로 동원된 것이다. 편파적 보편주의를 서구보편주의의 '기본적 실상'이라고 한다면, 식민적·과학적·역사적 보편주의는 '도구적 실상'이라고 할 수 있다.

식민적 보편주의

식민적 보편주의는 18세기 후반 서구의 제국주의적 침략이 본격화되면서 정치·경제·문화 등의 측면에서 식민화를 정당화하기 위해 개발된 것이다. 서양에서 중세까지만 해도 보편주의라는 용어가 학문적 개념어로는 사용되지 않다가 근대에 들어와 서구 제국주의가 팽창하면서 본격적으로 쓰이기 시작했다(양승태, 2016: 25~34). 서구는 식민지 지배의 정당화 논리를 '보편'의 이름으로 치장했기에, 헌팅턴은 보편주의를 비서구에 대한 서구의 지배 이념으로 규정한다(Huntington, 1996: 66).

> 보편문명이라는 개념은 서구 문명의 특징적 산물이다. 19세기에 이른바 '백인의 책무(the white man's burden)'라는 관념이 비서구 사회에 대한 서구의 정치적·경제적 지배 확대를 정당화하는 논거가 되었다. 20세기 말에 와서도 보편문명의 개념은 여전히 비서구 사회에 대한 서구의 문화적 지배를 정당화하면서 비서구 사회가 서구의 관습과 제도를 모방할 필요가 있다는 논리로 연결되고 있다. 보편주의는 서구

4 이한구(2010: 43~58)는 다양한 의미로 쓰이는 역사주의를 역사개성주의와 역사법칙주의의 두 유형으로 정형화한다. 전자가 "역사를 개성과 발전 및 연관성의 원리에 의해서 설명하려는 것"이라면, 후자는 "역사가 역사 법칙에 의해 지배된다는 주장"이다. 서구보편주의의 도구적 요인으로서 역사주의는 역사법칙주의를 의미한다.

가 비서구 문화를 겨냥해 내놓은 서구적 이념이다(밑줄 강조: 인용자).

서구보편주의야말로 문명화라는 명분을 내세워 지배집단의 경험과 문화를 보편화하여 표준화된 정상 규범으로 확립·유포함으로써 피지배집단에 대한 지배력을 강화하는 문화제국주의(cultural imperialism)의 야망을 드러낸 것이다. 문화제국주의로 인해 피지배문화가 열등한 것으로 재편되고 상위의 지배문화가 내면화되면 두 문화를 호흡하는 피지배자들은 이른바 이중의식(double consciousness)을 갖게 된다. 이는 경멸과 연민이라는 지배집단의 시선으로 자신을 바라보고 평가하는 한편, 다른 한편으로는 그러한 타자의 잣대를 거부하려는 의식을 말한다(Young, 1990: 58~60).

사이드(Said, 1978)는 《오리엔탈리즘(*Orientalism*)》을 통해 강자들의 지배 이념인 서구중심주의를 비판하는 데 선구적 역할을 했다. 오리엔탈리즘은 서양이 동양을 위압·지배하기 위해 서양인들의 동양(주로 중동과 인도)에 대한 지식을 분석하여 동양을 부정적으로 바라보는 서양의 우월주의적 사유양식을 개념화한 것으로 동양폄하주의라고 할 수 있다. 그래서 홉슨(Hobson, 2004: 7)은 "서구중심주의를 오리엔탈리즘과 교호적으로 쓴다"라고 밝히면서 이를 "동양에 비해 서양의 타고난 우월성을 강조하는 세계관"으로 정의하기도 한다.

과학적 보편주의

서구보편주의의 세 번째 실상은 과학의 보편성을 앞세운 과학주의 기치 아래 확산된 과학적 보편주의다. 18세기 후반에 제국주의적 식민화를 문명화로 포장해 출발한 식민적 보편주의가 19세기부터는 과학의 보편성과 맞물리면서 더욱 세(勢)를 얻게 된다. 서세동점(西勢東漸)의 거센 서구화 바람을 타고 서구의 과학문명에 기반을 둔 근대 학문이 비서구권으로 전파되면서, 문화초월적 성향의 과학주의를 배경으로 문화구속적일 수밖에 없는 인문사회과학에도 서구보편주의가 '과학'이라는 이름으로 쉽게 수용되었다.

과학적 보편주의는 사회적 수용 면에서 상대적 강점이 있기 때문에 1945년 이후에는 서구보편주의의 가장 유력한 형태로 확고히 자리 잡게 되었다(Wallerstein, 2006: 51). 서구보편주의가 서구우월주의를 전제로 서구화의 물꼬를 텄다면, 과학주의가 서구보편주의의 확산에 핵심 동력으로 작용한 셈이다. 인문사회과학에서도 자연과학 중심의 과학단일론(unity of science)에 입각한 실증주의(과학주의)가 서구보편주의를 별 거부감 없이 받아들일 수 있는 인식론적 명분을 제공함으로써 서구이론의 보편성을 신뢰하는 기류가 지배하게 되었다.

당시 서구문명과의 접촉 과정에서 한국은 우리의 전통사상을 지키면서 서양의 과학기술을 받아들인다는 이른바 동도서기(東道西器)를, 일본은 일본 고유의 정신으로 서양의 과학기술을 포섭한다는 화혼양재(和魂洋才)를, 중국은 유교적 원리를 바탕으로 서양의 과학기술을 이용한다는 중체서용(中體西用)을 근대화의 이념으로 삼았다. 이와 같이 동아시아 3국 모두 자신의 중심은 지키되 서양의 과학기술을 받아들이겠다고 한 것은 시대적 일대 전환기에 서구의 과학문명이 보여준 위세를 가히 짐작케 하는 대목이다.

그러나 맥락민감성을 띠는 사회과학에 엄정과학주의가 그대로 작동하기는 어렵다. 베버(Weber, 1904/2011: 72, 76)도 사회과학은 "구체적 현실에 기반을 둔 경험과학이므로, 우리가 속해 활동하고 있는 현실의 독자적 특성을 이해하는 데 그 목적이 있다"고 하면서 "문화적 의미의 맥락에서 삶의 현상을 분석하는 문화과학"이라고 했다. 자연주의적 실증과학과 대비되는 문화과학은 경험적·역사적·개체적 접근을 통해 구체적 생활 현실에 내재된 문화적 의미를 밝혀내려는 현실 탐구의 과학을 말한다. 때문에 모든 서구적 맥락의 사회과학 이론이 '과학'이라는 명분으로 비서구권의 사회 현실에 그대로 수용되기는 어렵다.

역사적 보편주의

역사적 보편주의는 서구의 사상가들과 사학자들의 역사주의(역사발전론)에 의해 정당화되고 조장된 이념이자 역사관이다. 서구를 중심에 두고 인류의 역사 발전을 설명하는 역사적 보편주의는 서양의 역사를 보편사로 만들고 비서양의 역사를 주변사로 격하시킨다. 대표적인 서구중심주의 사상가로 흔히 헤겔(G. Hegel)과 마르크스(K. Marx)를 들고, 베버(M. Weber)를 서구중심주의자로 보는 견해도 있다.[5]

헤겔은 역사를 정신의 역사로 규정하고 세계사의 발전을 정신의 자유를 확대해가는 과정으로 파악한다. 이러한 관점에서 역사가 (1) 한 사람만이 자유로운 동양 세계(전제군주제), (2) 소수의 사람들이 자유로운 그리스·로마 세계(귀족 지배), (3) 인간으로서 우리 모두가 자유로운

5 '베버가 과연 서구중심주의자인가'에 대해서는 견해가 엇갈리는데, 이 논란은 서구중심주의의 개념과도 관련이 있다. 베버를 서구중심주의자로 보는 학자들은 주로 그의 부정적 동양관, 즉 오리엔탈리즘을 문제시한다(Blaut, 2000: 19~30; 강철구, 2004: 48~50; Hobson, 2004: 14~19; 정대성, 2007; 박영식, 2011: 223~226). 헤겔과 마르크스는 서구우월주의자인 동시에 서구보편주의자로서 서구중심주의자이지만, 베버를 서구중심주의자로 본다면 그는 서구우월주의자이지 서구보편주의자는 아니다. 그는 오히려 다원적 합리주의와 가치다신주의를 신봉한 문화과학적 다원주의자였다. 문제는 그의 서구우월주의적 시각이 얼마나 정확한 역사적 사실에 근거하는가에 있다.

세계(게르만적 공화제)로 발전해왔다는 것이다. 그는 이 세 단계의 역사적 과정을 보편적 원리로 규정함으로써 정신의 자유를 실현하는 서양을 중심으로 세계사가 전개될 수밖에 없다고 보았다. 헤겔은 심지어 "아시아의 여러 나라들이 유럽인들에게 정복당하는 것은 필연적 운명이며, 중국 역시 이 운명으로부터 벗어나지 못할 것"이라고 했다(김기봉, 2004: 263 재인용). 그의 이러한 동양 폄하적 시각은 마르크스의 아시아관에도 상당한 영향을 미쳤다.

인류의 문명사가 여러 축을 중심으로 전개되어왔다는 이른바 기축시대론을 주창한 야스퍼스(K. Jaspers)는 유럽의 역사를 보편사적으로 인식하는 헤겔의 관점을 기독교인들에게만 정당한 것이라고 비판한다(김상준, 2013: 57~58). 고대 그리스와 로마의 노예사회는 말할 것도 없고 노예제를 용인하고 노예 노동에 상당히 의존했던 중세와 근대 초기의 유럽에서도 많은 사람들이 자유를 누리지 못했다는 점에서 그 실상은 동양사회와 다를 바가 없었다(Guha, 2002: 40~41). 김기봉(2004)은 칸트(Kant)의 보편사 이념, 헤르더(Herder)의 유럽예외주의, 그리고 헤겔의 세계사의 유럽화로 이어지는 독일 역사철학이 근대 이후 서구의 헤게모니를 보편사적으로 공인하고 이념적으로 정당화한 논리를 제공했다고 본다.

사회와 역사의 발전을 유물론적 변증법으로 해석한 마르크스에 의하면 역사는 사회의 생산양식에 따라 계급투쟁을 통해 다음의 여섯 단계로 진화한다는 것이다: (1) 무계급의 원시 공동체 사회, (2) 소유주가 노예를 착취하는 고대 노예제 사회, (3) 지주가 농노를 착취하는 중세 봉건사회, (4) 부르주아가 프롤레타리아를 착취하는 근대 자본주의 사회, (5) 국가가 노동자를 관리하는 사회주의 사회, (6) 무계급의 공산주의 사회. 마르크스는 헤겔의 자유 대신 평등의 확대를 역사의 보편적이고 필연적인 과정으로 인식한다. 그는 경제결정론적으로 해석한 유럽사를 중심으로 인류 보편의 역사법칙을 도출한 것이다. 마르크스는 근대에 이르기까지도 아시아의 이른바 '아시아적 생산양식'을 고대 노예제적 생산양식에서 벗어나지 못한 것으로 평가했다. 그래서 아시아인들은 사회주의 사회를 거쳐 이상적인 공산주의 사회를 이행하기 위한 전 단계로 "식민주의적 과정을 통해서라도 자본주의를 받아들여야 한다고 믿었다"(강철구, 2004: 47).

마르크스는 자본주의가 그 속에 내재한 생산양식의 모순 때문에 노동자들의 폭력혁명에 의해 멸망하고 사회주의(공산주의) 사회로 이행해 간다고 예언했지만, 오히려 공산주의는 1917년부터 1991년까지 70여 년 동안의 실험 끝에 그 깃발을 내린 반면, 자본주의는 빈부격차를 줄이기 위한 노력을 통해 내재적 모순을 해결해가면서 여전히 건재하고 있다. 마르크스가 추구했던 계급 없는 사회도 공산주의 사회에서 실현되지 않고 오히려 민주사회에서 실현되고 있다(박영식, 2011: 222).

헤겔이나 마르크스와 같이 위대한 사상가들도 결국 자신의 역사와 문화에 준거한 틀로 세계를 바라보고 재단하는 자민족중심주의(ethnocentrism)를 벗어나지는 못한 것 같다. 이들이 앞장섰던 서구중심의 보편주의 역사 인식은 비서구의 식민화를 정당화하는 이념에 봉사하는 결과를 초래했을 뿐만 아니라 비서구권 학자들의 서구중심적 역사관과 학문관에 지대한 영향을 미쳤다.

2. 서구보편주의의 쇠퇴

서구우월주의를 전제로 서구보편주의를 내세워 서구화를 확장해왔던 서구중심주의가 20세기 후반부터는 쇠퇴의 길로 들어섰다. 서구중심주의의 쇠퇴는 그 중심축을 이루고 있는 서구보편주의의 쇠퇴를 의미하는 것이기도 하다. 이러한 현상은 서구보편주의를 떠받치고 있던 세 가지의 '도구적 보편주의'가 정치적·경제적·사상적·학문적 요인에 의해 무너지고 있다는 데서 그 원인을 찾을 수 있다.

첫째, 1945년 제2차 세계대전 이후 가속화된 탈식민주의(decolonialism)의 정치적 기류로 인해 제국주의를 도구로 삼았던 식민적 보편주의가 쇠퇴하게 된 것이다. 서구중심주의는 유럽 열강이 비유럽을 지배하기 위한 제국주의적 식민화에서 비롯된 것인데, 그 기반이 해체됨으로써 서구보편주의도 계속 수용되기 어려운 상황에 직면했다. 제2차 대전이 끝나자 탈식민주의가 힘을 받게 된 것은 우선 초강대국으로 등장한 미국과 소련이 식민주의에 반대하는 입장을 취했고, 식민지 국가들의 격렬한 탈식민운동이 일어나 유럽 국가들도 해외 식민지를 유지하기 위해 더 이상 희생을 감내하기 어려워졌기 때문이다(박영식, 2011: 227).

둘째, 1970년대 이후 아시아 지역에서 이루어진 놀라운 경제적 성취로 역사주의를 도구로 하는 역사적 보편주의가 설득력을 잃게 되었다. 일본과 한국·대만·홍콩·싱가포르 등 아시아의 신흥공업국들이 눈부신 경제성장을 이룩해왔고, 최근에는 중국이 경제적으로 세계적 강대국으로 급부상하고 있다. 그뿐만 아니라 1990년대 이후에는 이른바 '아시아적 가치'라는 이름으로 동아시아 문명담론이 세계적 관심을 끌기도 했다. 이제 아시아는 더 이상 헤겔이나 마르크스가 편향된 역사주의 관점에서 규정했던 그런 정체된 사회가 아니라는 것이 입증된 셈이다. 월러스틴 외(1996: 52)는 동아시아 경제권이 부상하면서 비로소 서구사상의 문화적 보편성에 대한 도전이 심각하게 받아들여지기 시작했다고 본다.

셋째, 1960년대 이후 근대성을 비판하고 이를 넘어서려는 새로운 사조로 포스트모더니즘(postmodernism)이 등장하면서 과학주의를 도구로 하는 과학적 보편주의가 강한 도전에 직면하게 되었다. 서구보편주의는 근대의 합리성(이성주의)과 과학성(과학주의)을 기반으로 하는 것인데, 포스트모더니즘은 절대이념과 객관주의를 거부하고 자율성·다양성·맥락성 등을 중시하기 때문이다. 리오타르(Lyotard, 1984)가 지적한 대로 포스트모더니즘은 적어도 중심들의 해체(탈중심)와 거대담론에 대한 회의(탈경계)라는 두 가지의 특징적 함의를 갖는다. 더 이상 하나의 보편에만 의존하지 않는 포스트모던의 세계에서 근대적 보편의 질서와 이념이 탈근대의 이름으로 무너지기 시작했다.

넷째, 서구보편주의는 학문의 장에서도 도전을 받고 있다. 서구보편주의에 대해 비판적 시각을 가진 대표적인 사회과학자로 세계체제이론을 주창한 월러스틴(1996, 2006), 종속이론으로 유명한 경제사학자 프랭크(Frank, 1966, 1998), 문명론적 시각의 정치학자 헌팅턴(1996), 정신포로이론을 제시한 사회학자 알라타스(Alatas, 1972, 1974) 등을 들 수 있다. 국내에도 서구중심주의의 실체를 심층적으로 분석한 정치학자 강정인(2004)이 있으며, 실제로 사회과학계에서는 이론의 토착화·한국화·탈식민화, 토착(문화권)심리, '우리 안의 보편성' 등의 이름으로 서구보편주의를 극복하기 위한 학문적 노력이 이루어지고 있다.

서구보편주의의 세 가지 도구적 실상 중 제국주의는 이미 당초의 명분을 상실했고 역사주의도 허구임이 드러났다. 다만 과학주의는 여러 도전에도 불구하고 학문의 세계에서 아직도 상당한 위력을 발휘하고 있다. 이러한 서구보편주의가 근대 학문의 본질에 대한 인식의 지평을 넓히는 데 기여한 바도 있지만, 비서구권에 끼친 학문적 폐해도 무시할 수 없다.

3. 서구보편주의의 폐해

비서구권 학자들이 서구중심주의에 빠져들면 학문의 서구 종속 구조를 유발해 다음과 같은 양상의 폐해를 초래하게 된다(강정인, 2004: 391~425). 첫째, 서구의 문제의식까지도 보편적인 것으로 내면화하여 몰입함으로써 자기 사회에 대한 독자적 문제의식을 형성하지 못하거나 자기 사회의 맥락과 유리된 문제의식을 갖게 된다. 둘째, 자기 사회의 현실을 억지로 서구의 이론에 동화시켜 왜곡되게 적용·해석하려는 경향이 있다. 셋째, 비서구 사회의 현실과 사실은 단지 서구 이론의 적합성을 검증하는 대상으로 전락함으로써 이론화의 계기를 갖지 못한 채 사장되어버리고 만다.

이를테면 행정학만 해도 지난 50여 년간 미국 행정학의 역사성 및 지역 편협성에 대한 이해 없이 이를 마치 보편적 원리인 양 수용하고 한국의 행정 현실을 그에 맞추려고 노력해왔다(박종민, 2013). 근대학문의 불모지나 다름없었던 우리 입장에서 초창기의 이론적 서구 의존은 불가피한 상황이었다. 그러나 자체 연구 역량이 상당히 축적된 오늘날까지도 여전히 이를 탈피하지 못하고 있는 현실을 어떻게 설명할 것인가?

알라타스(1972, 1974)의 정신포로이론(mental captivity theory)에 의하면 비서구권 학자들이 무비판적으로 모방한 서구 사상의 영향으로 포로 심리에 사로잡히게 되면 독창적으로 문제를 제기해 분석할 능력이 떨어지고 내부 사회의 주요 문제로부터도 멀어진다고 한다. 정신적 포로 현상은 경험적 연구뿐만 아니라 이론적 연구, 그리고 문제 해결과 정책 제안에서도 나타난다는 것이다. 유사한 관점이지만 서구중심주의는 이른바 '의식의 식민화'를 유발하여 "지배세력이 자신의 세계관, 자신의 문화적 규범과 가치를 (식민화된) 인민들에게 부과함으로써 그들로 하여금 외래적인 사유체계를 자신의 것으로 받아들이고 그 결과 토착적인 문화와 정체성을 스스로 무시하거나 경멸하게 만든다"(강정인, 2004: 49).

한국은 일제 식민통치에 의한 전통 사상의 부정, 친미적 성향의 이승만 정부에 의한 전통 사상의 폄하, 박정희 정부의 서구 모방적 근대화 등으로 우리의 지적 전통이 단절되면서 혹독한 서구보편주의를 경험할 수밖에 없었다. 이승환(2003: 45~46)은 이러한 지성사적 행로를 밝히면서 모방적 근대화가 가중시킨 한국 철학의 주변부적 위상을 개탄한다.

> 근대화 과정에서 '보편'은 항상 서구에 있고, 우리의 전통·역사·문화는 시급히 척결되어야 하는 미개의 것으로 여겨졌다. 이에 따라 서구적 시각의 내재화, 자기비하의 현실 인식, 자신의 문화와 전통에 대한 혐오, 친미적 사대주의와 같은 종속적 사고의 패턴은 자연스럽게 지식인들에게 전염되었다. 아니면, 오히려 지식인들 자신이 이러한 전염병을 만들어낸 전염원일지도 모른다. 이러한 결과로 한국의 철학은 주체성과 자생력을 잃고 '보편'이라는 이름으로 밀려들어오는 서구의 철학을 수입하여 소개하고 해설하는 하층작업에만 종사하게 된 것이

다(밑줄 강조: 인용자).

이것이 어디 철학만의 문제이겠는가. 이는 서구보편주의에 깊숙이 침윤된 한국 인문사회과학의 현주소를 말해준다. 우리도 이론의 한국화를 통해 세계 학계에 창조적으로 기여하려면 서구보편주의를 대체할 새로운 패러다임을 모색하지 않을 수 없다. 그 대안은 '지배의 이념'인 일원주의가 아니라 '공존의 원리'인 다원주의에 기반을 둬야 할 것이다.

다원보편주의의 논리

1. 다원보편주의의 배경

20세기로 접어들면서 이미 서구 지성사의 저변에는 '절대주의'에서 '상대주의·다원주의'로 시대정신의 변화가 일어나고 있었다. 이는 무엇보다 "자본주의의 발달과 이에 따른 사회적 모순의 심화, 러시아의 공산혁명, 제1차 대전 등의 요인에 의해 팽배해진 '서구의 몰락'의 위기감이 서구인들로 하여금 서구 사회가 살아남기 위한 대안으로서 비서구 사회의 문화와 가치에 눈을 돌리게 했기" 때문이다(유명기, 1993: 36). 이러한 사상적 흐름 속에 인류학(특히 미국 인류학)을 중심으로 서구의 문화보편주의를 비판·성찰하면서 등장한 것이 문화상대주의(cultural relativism)[6]다.

문화상대주의는 각 문화의 고유한 규범체계에 '동등한' 타당성과 가

6 상대주의와 특수주의는 보편주의에 대응하는 개념이라는 점에서 맥을 같이하지만 대응의 차원을 달리한다. 즉, 보편주의에 대한 윤리적·문명론적 차원의 대응 개념이 상대주의(relativism)라면, 과학적·인식론적 차원의 대응 개념은 특수주의(particularism)이다. 서구보편주의는 두 차원을 다 포괄하는 것이므로 이 글에서는 필요에 따라 이를 상대주의 또는 특수주의에 대응하는 개념으로 보고 논의한다.

치를 인정함으로써 서로 다른 문화를 관용하고 존중해야 한다는 것이다. 문화들 간에 우열을 가릴 수 없다고 보는 문화상대주의 담론이 서구보편주의의 상대화에는 기여했지만, 그렇다고 이를 그 대안으로 받아들일 수는 없다. 왜냐하면 상대주의 논리는 공유의 보편적 가치를 전적으로 부정함으로써 지적 진보를 동결·방해하는 결과를 초래할 수 있기 때문이다. 더 좋은 세상과 더 나은 지적 탐구를 위해 우리는 문화적 차이를 존중하면서도 윤리적으로나 학문적으로 공유할 수 있는 가치를 어느 정도 인정하는 대안적 보편주의를 탐색할 필요가 있다. 이러한 현실적 요구에 부응할 수 있는 것이 바로 다양한 축(軸)의 보편을 상정하는 다원보편주의(plural universalism)다.

다원보편주의는 보편주의의 절대적 보편도 거부하지만, 상대주의의 폐쇄적 특수도 배격한다. 하버마스(Habermas, 1988/2000: 169)가 지적한 대로 "다양성에 대한 통일성의 형이상학적 우월과 통일성에 대한 다양성의 맥락주의적 우월은 은밀한 공범자들"이기 때문이다. 이들은 본질적으로 동일한 사유의 다른 얼굴일 뿐이다. 다원보편주의는 보편주의의 보편화 논리를 수용하되 이를 절대화하지 않고, 상대주의의 상대화 논리를 인정하되 그에 매몰되지 않는 제한된 보편주의(constrained universalism) 또는 완화된 상대주의(modified relativism)로서의 성격을 갖는다.

그림 2에서 보듯이 어떤 사회문화적 맥락에서도 두루 적용 가능한 보편성을 상정하는 맥락초월적(context-free) 성향의 서구보편주의와, 사회문화적 맥락에 의해 모든 가치가 상대적으로 결정된다고 보는 맥락결정적(context-determined) 성향의 문화상대주의가 각각 양 극단의 통일성과 다양성을 지향한다. 이들의 중간 지대에 위치하는 제3의 길

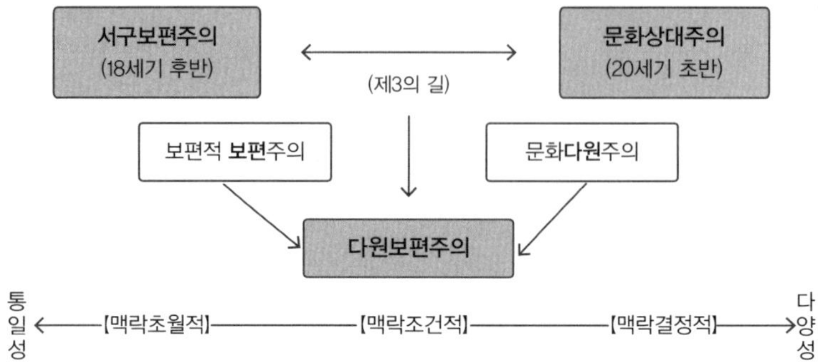

그림 2 다원보편주의의 개념적 지형도

이 맥락조건적(context-conditioned) 성향의 다원보편주의다. 이는 동일한 문제에 대하여도 다양한 차원의 보편성이 사회문화적 맥락에 의해 조건 지어진다고 보는 관점이다. 엄밀히 말하자면 다원보편주의는 문화다원주의의 '다원'과 보편적 보편주의의 '보편'의 양면성을 함축하고 있다. 문화다원주의와 보편적 보편주의 개념에 대해서는 뒤에 다시 논의하기로 한다.

2. 다원보편주의의 개념

월러스틴 외(1996: 59~60)에 의하면, 사회과학이 개방적인 자세로 지역편파주의를 극복하고 보편적 적실성·적용가능성·타당성에 대한 요구를 충족하기 위해서는 근대사회와 근대사상의 형식적 보편주의를 넘어 보편성 내부의 모순들까지도 품을 수 있는 심층적 보편주의가 필요한데, 그것이 다원보편주의라는 것이다. 이들이 제시하는 다원보편주의는 단일신이 수많은 화신을 거느리고 있는 인도의 만신전(pantheon)과도 같이, 불확실하고 복잡한 세계에 대해 다양한 해석이 공존할 수 있다는 것을 받아들임으로써 사회 현실의 풍부한 실재를 제대로 파악할 수 있는 보편주의를 말한다. 그 뒤 학계에서 다원보편주의에 대하여는 더 이상 구체적인 논의가 진전되지 않고 있다.

위에서 비친 바와 같이 다원보편주의는 다원주의적 관점에서 보편주의를 인식하고 접근하는 것이므로, 다원주의와 보편주의의 양면성을 견지하면서도 보편주의를 지향한다고 봐야 할 것이다. 문화다원주의자 테일러(C. Taylor)는 다원주의와 보편주의가 화해 불가능한 적대적 관계가 아니라 다원주의에 내재된 인정(recognition)의 개념을 매개로 필연적 연관 속에 공존할 수 있다고 본다. 다원주의는 누구나 고유한 정체성을 인정받을 수 있고 인정할 수 있다는 것을 전제로 하는데 이는 두 가지 점에서 보편적 요소를 함축하고 있다. 하나는 형식적 의미의 평등권이라는 보편적 규범의 요구이고, 다른 하나는 누구나 자신의 정체성을 발전시킬 수 있다는 인간의 보편적 잠재력이다(정미라, 2005: 213~214).

여기서는 먼저 다원주의와 보편주의 각각의 속성을 살핀 다음, 이들의 변증법적 통합으로 다원보편주의 개념을 규정하고자 한다.

다원주의는 다양한 종(種)의 인식 대상이 드러내는 개별적 차이를 전제로 하는 것이므로 일단 '개별성'을 기본으로 한다. 과학적 다원주의자 장하석(2014: 378~379)은 다원주의를 "과학의 한 분야 내에서도 가능한 한 여러 가지 실천체계(system of practice)를 발달시키고 유지하는 것이 좋다는 입장"으로 정의한다. 이는 결국 다원주의가 갖는 '다양성'을 강조한 것이다. 또한 다원주의는 타자에 대해 무관심하고 자기중심적인 상대주의와 달리, 자신의 존재와 정체성을 잃지 않으면서 타자와의 상호의존적 '연관관계'를 중시한다(Ro, 2011: 176~180). 이렇게 볼 때 다원주의는 개별성·다양성·연관성을 중시하는 관점이라고 할 수 있다.

한편, 지난 수 세기 동안 서구의 지성사를 지배해온 보편주의는 다양한 차원에서 논의되어 왔지만, 여기서는 서구보편주의를 중심으로 보편주의의 성격을 규정한다. 다원보편주의는 서구적 보편까지도 포용하면서 이를 넘어서기 위한 것이기 때문이다. 앞서 논의한 서구보편주의의 세 가지 도구적 실상 중 서구를 중심으로 돌아가는 하나의 세계를 강요한 식민적 보편주의나 하나의 역사 법칙을 제시한 역사적 보편주의 모두 '일원성'을 본질로 한다. 세 번째 실상인 과학적 시각의 보편주의는 "모든 시간과 공간에 걸쳐 타당한 과학적 진리가 존재한다고 보는 관점"을 말한다(Wallerstein, 1997: 96). 이는 과학적 보편성이 갖는 두 가지 성격, 즉 '일반성'과 '통일성'을 대변하는 개념 정의다. 따라서 보편주의는 일원성·일반성·통일성을 그 속성으로 한다고 볼 수 있다.

이러한 성격의 다원주의와 보편주의는 각자 자신을 '소거하는 동시에 보존하는' 변증법적 지양을 통해 다원보편주의라는 새로운 통합 개념으로 발전할 수 있다. 보편주의는 보편의 통일적 일원성을 소거하되 자신이 함축하고 있는 다양한 특수주의를 상대적 보편주의라는 형태로 '일반성'을 보존한다. 한편 다원주의는 '연관성'을 살리고 '다양성'의 형식은 유지하되 그 내용의 개별적 특수성은 소거한다. 이렇게 하여 정립된 것이 일반성 · 다양성 · 연관성을 개념적 속성으로 하는 다원보편주의다. 다원보편주의는 다양한 보편성의 중추이론들이 공존하면서 상호작용을 통해 인류 사회에 보편적 인식의 지평을 넓혀간다고 보는 관점을 말한다. 중추이론들 간의 상호작용은 수용, 동화, 융합, 공고화 등의 양상으로 나타난다. 다원보편주의는 동일한 문제에 대해서도 사회문화적 맥락에 따라 다양한 보편성이 경쟁하면서 공존하는, 보편성의 다중추체제라고 할 수 있다.

다원보편주의의 중추이론(pivot theory)이란 사회과학 이론의 전형인 맥락조건이론(context-conditioned theory) 중에서 중추성이 높은 이론이나 맥락초월이론(context-free theory)을 말한다. 맥락조건이론이 대외적으로 그 이론의 맥락과 유사한 조건의 맥락에서 널리 입증된 이론이라면, 맥락초월이론은 그 이론이 정립된 당초의 맥락과 관계없이 어떤 맥락에서도 두루 입증된 이론이다.[7] "인간사회는 인간이기에 보편적이지만 사회이기에 특수하다"(Huntington, 1996: 318). 그러므로 사회현실의 '보편적 특수(the universal particular)', 즉 보편적 의미나 가치를 함축한 특수 현상은 나라·문화권마다 다양한 형태로 표출되기 마련이다. 중추이론은 이론 창출 단계에서부터 이러한 '보편적 특수'를 추상화한 맥락특화이론이어야 한다.

다원보편주의 하에서는 동일한 문제에 대해서도 보편성의 내용과 보편화 수준(확장성)을 달리하는 다양한 중추이론들이 조화롭게 공존할 수 있다. 보편성의 내용이 중추이론의 성격을 나타낸다면, 보편화 수준은 중추이론의 중추성을 규정하는 핵심 요인이다. 중추성은 이론의 기능적 요건인 확장성을 비롯하여 설명력, 예측력, 교시적 가치 등에 좌우된다.

글로벌 지식장에 공존하는 다양한 보편성의 중추이론들은 다원보편주의라는 선의의 지적 '경쟁체제' 하에서 상호작용을 통해 수용, 동화,

7 이론의 보편화 수준(확장성)은 특정 맥락에서 창출된 가설적 맥락특화이론(context-specific theory)에서부터 대내적으로 입증된 맥락한정이론(context-limited theory), 대외적으로 입증된 맥락조건이론과 맥락초월이론의 순으로 높아진다. 탈맥락적 보편성의 맥락초월이론과 대비하여 맥락특화이론·맥락한정이론·맥락조건이론을 맥락기속이론(context-bounded theory)이라고 한다.

융합, 공고화 등의 조정 과정을 거치면서 이론의 진보와 보편적 인식의 확장을 도모한다. 수용(accommodation)은 자기 정체성을 유지한 채 다른 보편성의 내용을 일부 받아들이는 것을, 동화(assimilation)는 경쟁력을 잃고 다른 보편성에 완전히 흡수되어 소멸·해체되고 마는 것을, 융합(convergence)은 대등한 입장에서 상호 보완적 결합을 통해 새로운 형태의 보편성으로 거듭나는 것을, 공고화(consolidation)는 보편의 자기 정체성을 확고히 다지는 계기로 삼는 것을 의미한다.

우리는 학문의 다원주의를 통해 상호작용의 이득과 관용의 이득을 누릴 수 있다(장하석, 2014: 397~401). 상호작용의 이득이 서로 다른 실천체계(쿤의 패러다임에 상응하는 개념)들 간에 교류하면서 얻는 융합·채택·경쟁의 이점이라면, 관용의 이득은 과학의 한 분야에 다양한 실천체계가 공존함으로써 얻게 되는 지적 보험, 지적 분업, 다중접근, 다중성취의 이점을 말한다. 중추이론들 간의 상호작용에 의한 조정 양식을 장하석이 제시한 실천체계들 간의 상호작용 이득과 대비한다면, 중추이론들 간의 융합, 수용, 동화·공고화는 각각 실천체계들 간의 융합, 채택, 경쟁에 해당한다고 볼 수 있다. 관용의 이득에 대해서는 뒤의 '다원보편주의의 보편관'에서 다시 논의한다.

이론의 진보(학문의 발전)를 설명하는 기본 단위로서 다원보편주의의 중추이론을 과학혁명론(Kuhn, 1962)의 패러다임(paradigm)과 비교하면 표 1과 같다.

첫째, 패러다임이 학문의 준거틀(세계관)로서의 포괄적 이론체계라면, 중추이론은 설명의 준거축으로서 중추성이 높은 입증된 이론을 말한다. 둘째, 패러다임이 이론(학문)의 발전 과정을 도구적 상대주의 관점에서 역사적으로 접근한다면, 중추이론은 비판적 합리주의 관점에

표 1 패러다임과 중추이론: 이론의 진보

	패러다임(과학혁명론)	중추이론(다원보편주의)
개념속성	포괄적 이론체계(학문의 준거틀)	입증된 주요 이론(설명의 준거축)
접근방식	도구적 상대주의, 역사적 접근	비판적 합리주의, 논리적 접근
존재양상	일원적(독점적) 존재	다원적(경쟁적) 존재
상호관계	비통약적 관계	통약적 관계
평가기준	유용성(사회심리적 판단)	진위·유용성(합리적 판단)
진보기제	변이 누적 → 위기 → 혁명	상호작용 → 조정 → 보편 확장
진보과정	혁명적(불연속적) 진보	점진적(연속적) 진보

서 논리적으로 접근한다. 셋째, 패러다임은 정상과학의 상태를 독점하는 일원적 존재이지만, 중추이론은 경쟁적 공존 상태의 다원적 존재다. 넷째, 패러다임들은 상호 소통의 공통 기반이 없는 비통약적(incommensurable) 관계지만, 동일한 분야(문제)의 중추이론들 간에는 어느 정도의 통약성이 존재한다.

다섯째, 패러다임은 과학자 집단의 사회심리적 판단에 의해 그 유용성이 평가되지만, 중추이론은 검정에 의한 진위 여부와 유용성에 대한 합리적 판단에 의해 평가된다. 여섯째, 과학혁명론에서는 기존의 패러다임으로 설명할 수 없는 변이(anomalies)의 누적에 의한 위기 극복을 위해 과학혁명이 일어나지만, 다원보편주의라는 선의의 경쟁체제에서는 다양한 중추이론들의 상호작용에 의한 조정 과정을 거치면서 보편적 인식의 지평이 확장된다. 마지막으로 정상과학의 지배적 패러다임은 혁명적이라고 할 정도로 급격한 전환이 이루어지지만, 다원적 공존 상태의 중추이론은 반증의 누적과 유용성 저하에 의해 점진적으로 걸러진다.

3. 다원보편주의의 논거

표 2는 대안 패러다임으로서 다원보편주의의 논거와 그에 따른 보편관을 기존의 서구보편주의와 대비한 것이다. 여기서는 우선 진리관·학문관·문명관·근대관·세계관을 중심으로 이들의 논거를 살펴보기로 한다.

첫째, 서구보편주의가 문제마다 오직 하나의 확실한 진실이 객관적으로 존재한다고 믿는 절대적 보편주의, 즉 절대주의(absolutism) 진리관에 기울어져 있다면, 다원보편주의는 객관적으로 타당한 절대적 진리는 존재할 수 없으며 다양한 관점적 해석, 즉 해석적 진리만 존재할 뿐이라고 보는 니체(F. Nietzsche)의 관점주의(perspectivism)를 인식론적 기초로 한다. 관점주의는 세계를 설명해야 할 '객관적 사실'이 아니라 해석해야 할 텍스트로 간주한다. 다시 말해 모든 실존은 '해석적 실존'이라는 것이다. 관점(가치평가적 경향)에 따라 대상이 달리 보이고 해석될 수 있으므로 관점주의 인식은 곧 해석이며, 해석은 끊임없이 의미와 가치를 창조하는 행위다.[8]

관점주의적 시각으로 보면 우리의 지식은 역사적이고 시간 의존적이며 맥락적이다. 다네마르크 외(Danermark et al., 2002: 8)는 니체의 관점주의를 이렇게 간추린다.

> 니체의 관점주의는 우리가 항상 일정한 관점에서 어떤 사물을 관찰하게 된다는 것을 의미한다. 우리는 신의 안목(God's-eye perspective)으로 무엇이든 관찰할 수 있는 게 아니다. 우리는 자기를 초월할 수 없으며 현실을 있는 그대로 볼 수 없다. 모든 관찰은 어떤 관점 하에 이루어지는데, 그 관점은 항상 특정한 장소적 상황과 연관된다. (……) 관점

표 2 서구보편주의와 다원보편주의: 이론의 보편성

		서구보편주의	다원보편주의
논거	진리관	절대주의(객관적 사실)	관점주의(해석적 실존)
	학문관	과학 단일론(실증주의)	과학 다원론(실증주의, 해석주의, 비판이론)
	문명관	서구중심주의(단일문명론)	문화다원주의(다원문명론)
	근대관	서구 근대성(단수의 근대)	다중 근대성(복수의 근대)
	세계관	지배의 이념(닫힌 보편주의)	공존의 원리(열린 보편주의)
보편관	존재	일원적 보편성	다원적 보편성
	맥락	맥락초월적 보편성	맥락조건적 보편성
	체제	독점적 보편성	경쟁적 보편성
	교류	주기만 하는 보편성	주고받는 보편성

> 주의의 핵심은 지식이 구체적인 상황과 특정한 개인으로부터 분리될 수 없다는 것이다. 다시 말해서 지식은 국지적이고 맥락적이다. (……) 그래서 그는 보편적인 과학의 법칙 같은 것을 인정하지 않는다(밑줄 강조: 인용자).

니체가 진정 거부하는 것은 어떤 과학의 법칙 그 자체가 아니라, 그 법칙을 유일한 관점의 보편적 지식이라고 생각하는 것이다. 모든 지식은 특정한 관점에서 형성되므로 세상에는 다양한 관점의 해석적 지식이 공존한다고 본다. 그런데 이들은 모두 동등한 정당성을 갖는 것이 아니라 삶의 실천이라는 실용적 차원에서 그 정당성이 평가된다. 관점

8 그렇다고 니체의 관점주의가 합리주의나 실증주의에 전적으로 반한다고 보기는 어렵다. 백승영(2005: 468~474)에 따르면 니체가 실증주의에 대해 비판적인 입장을 취하고는 있지만, 경험적 사고와 접근 자체를 거부하지는 않는다는 것이다. 니체 연구자들은 대체로 관점주의적 인식을 반실재론이 아니라 "약화된 인식론적 실재론"으로 이해한다. 니체의 관점주의에 대한 구체적 내용은 백승영(2005: 417~500), 김정현(2007), 이상엽(2009), 문창옥(2011), 박찬국(2013) 등을 참조하기 바란다.

들 간에는 보다 높은 해석적 힘을 얻기 위해 끊임없는 '경쟁'이 이루어지지만, 높은 위상을 점하는 관점일지라도 일시적 지배력만 가질 뿐 영원히 타당한 관점은 없다는 것이다. 니체의 관점주의는 다양한 관점에서 현실 세계를 평가적으로 해석해 그 실체를 파악하는 다원주의 인식론이라고 할 수 있다.

둘째, 서구보편주의의 학문관이 자연과학 중심의 과학 단일론에 입각한 실증주의 또는 과학주의라면, 다원보편주의는 실증주의·해석주의·비판이론 등을 포괄하는 과학 다원론을 배경으로 한다. 영어문화권의 과학(science)은 우리의 학문에 상응하는 개념이므로 과학관이 곧 학문관이다. 앞에서 논의한 대로 과학주의(실증주의)는 19세기 이후 서구보편주의의 핵심 동력으로 작용해왔으며 오늘날까지도 든든한 버팀목 역할을 하고 있다. 실증주의가 19세기 초반부터 사회과학의 표준 과학관으로 독점적 지위를 누려오다가 19세기 말에 해석주의(interpretivism), 20세기 초에 비판이론(critical theory)이 등장하면서 오늘날 사회과학의 과학성에 대한 인식론적 관점은 크게 세 갈래로 다원화되고 있다. 이는 사회과학 인식론에서도 서구보편주의가 퇴조하고 있음을 말해준다.

셋째, 서구보편주의가 서구를 세계 문명의 중심이자 표준으로 삼는 서구중심주의 문명관에 입각한 것이라면, 다원보편주의는 문화의 다양성을 인정하고 문화적 차이를 존중하면서도 다원화된 보편적 가치를 수용하는 문화다원주의(cultural pluralism) 문명관의 입장을 취한다. 서구중심주의가 타 문명을 야만시하고 서구 문명을 이상적인 것으로 보는 패권적 단일문명론/보편문명론이라면, 문화다원주의는 고유한 특성과 독자적 가치를 지닌 다양한 문명이 상호 연관 속에 공존한다고 보는 다원문명론을 토대로 한다.

서구중심주의는 특정 문화에 우월적 지위를 부여하여 일원화함으로써 문화들 간에 위계가 존재한다고 보지만, 문화다원주의는 특정 문화로 일원화된 보편적 가치를 거부한다. 문화다원주의가 이 점에서는 문화상대주의와 맥을 같이하지만, 각 문화의 고유성과 차이성을 인정할 뿐 문화상대주의(윤리적 상대주의)와 같이 모든 고유문화에 무차별적으로 동등한 가치를 부여하지는 않는다(정미라, 2005: 226~227). 문화상대주의가 다양한 문화들이 비교하기 어려울 정도로 서로 분리되어 있다고 보는 데 비해, 문화다원주의는 다양한 문화들이 각자의 정체성을 유지하면서 서로 조화롭게 공존·교류한다고 본다.[9] 전자가 폐쇄적이라면, 후자는 개방적이다. 문화다원주의는 다양한 문화들 간에 존재하는 통약 가능성으로서 '제한된 보편성(약한 보편적 규범)'을 부정하지 않기 때문이다. 문화다원주의는 다양한 문화들이 공존·교류한다는 '사실적 판단'만 한다는 점에서 이들 각 문화에 동등한 가치를 부여해야 한다는 '규범적 판단'까지 하는 다문화주의(multiculturalism)와 구별된다.

9 저명한 다원주의자 테일러(Taylor, 2002: 155)는 한국을 방문했을 때 문화상대주의와 문화다원주의의 차이에 대해 이렇게 말했다. "문화상대주의의 논리는 자기 패배적인 것입니다. 오랜 기간 동안 특정한 사람들이 함께 누려온 문화 양식은 존중받아야 하지만, 그 모든 독자적 문화들이 기계적으로 동등한 의의를 갖는 것은 아니라고 봅니다. 오늘날 우리는 다른 문화와 가치관들을 접해보고 경험할 수 있으며, 서로 토론할 수 있는 기회를 가지고 있습니다. 그 와중에 좀 더 설득력이 있고 인간주의적이며 합리적인 강점을 갖는 문화에 대한 성찰적 판단이 내려질 수 있는 가능성이 확대되는 시대에 살고 있다고 생각합니다. 그래서 저는 오늘의 세계에서 서구문화의 압도적 헤게모니에 대한 치료제로서 문화다원주의에 굉장히 큰 의의가 있지만, 그것이 자기 충족적인 폐쇄 회로에 빠질 위험성도 경계해야 한다고 봅니다." 서구의 문화보편주의를 이겨낼 대안으로서 문화다원주의가 상호작용에 의한 논의와 조정을 도외시한 채 서로 다른 문화적 전통의 가치만 고집한다면 이는 패배자를 자처하는 문화상대주의와 다를 바가 없다는 것이다.

넷째, 서구보편주의는 오직 서구의 근대만을 근대로 보는 서구 근대성의 관점을 견지하지만, 다원보편주의는 비서구권에서도 다양한 대안적 근대가 진행되어왔다고 보는 다중근대성(multiple modernities)의 관점과 맥을 같이한다. 근대성은 문명의 핵심을 차지하는 역사적 개념이므로 서구 근대성[10]은 서구중심적 단일문명론의 연장선상에 있다. 이에 맞서 아이젠슈타트 등(Eisenstadt & Schluchter, 1998; Eisenstadt, 2000, 2001, 2002)이 주도해온 다중 근대성 이론은 근대성의 상대화·복수화를 시도한다. 즉, 서구에서 발생한 근대성은 각 문명권의 특수한 역사적 상황 조건에 맞도록 다양한 경로와 양상으로 전개되어왔다는 것이다.

마지막으로 이상의 논의를 종합하자면 서구보편주의 세계관이 전략적 동화주의를 통해 '지배의 논리'를 구사해온 '닫힌 보편주의'라면, 다원보편주의 세계관은 주체적 상호작용을 통해 '공존의 원리'를 구현하는 '열린 보편주의'라고 할 수 있다. 전자가 유아독존의 논리라면, 후자는 상호공존의 논리다. 다원보편주의 세계관의 원형은 동양적 사유의 틀 속에서도 찾을 수 있다. 때와 장소 그리고 경우에 맞는 최적(最適)의 판단이나 행동규범을 의미하는 중용(中庸)의 다원적 시중(時中) 개념은 다원보편주의를 구성하는 중추이론의 메타포로도 읽힌다. 또한 다름을 인정하고 차이를 존중하되 조화를 꾀한다는 화이부동(和而不同)은 다원보편주의가 작동하는 기본 원리라고 할 수 있다.

10 베버에 의해 정식화된 고전적 서구 근대성은 합리적 자본주의, 합리적 법-행정체계(법치국가), 그리고 합리적 사회 분화의 세 축을 기본으로 하는 전사회의 자본주의적 합리화라고 할 수 있다(김상준, 2007: 256).

4. 다원보편주의의 보편관

이와 같이 다원보편주의와 서구보편주의는 철학적 논거를 달리하므로 이론의 보편성을 바라보는 인식론적 관점도 다를 수밖에 없다. 앞의 표 2에 제시한 대로 다원보편주의의 보편관을 보편성의 존재·맥락·교류·체제의 네 차원으로 나누어 서구보편주의와 비교해 본다.

첫째, 보편성의 존재 양상 면에서 서구보편주의는 서구의 지배를 정당화하기 위한 도구로 구축된 것이므로 '서구이론'을 유일한 보편으로 보는 일원적 보편성을 상정하지만, 다원보편주의는 맥적을 달리하는 다양한 보편성의 '중추이론들'이 연관망의 형태로 공존하는 다원적 보편성을 상정한다. 한국의 행정개혁 이론 적용 사례가 다원보편주의의 실효성을 말해준다.

1998년 김대중 정부가 출범하면서 서구의 신공공관리론(new public management, NPM)을 금과옥조로 여기고 거침없이 도입했다. 노무현 정부도 그 기조에서 크게 벗어나지 않았다. 그러나 목표관리제, 성과급, 개방형 임용, 성과주의 예산, 민간위탁 등과 같은 NPM 개혁이 의도했던 성과를 거두었다는 평가는 찾아보기 어렵다. NPM은 사실 서구의 과잉복지와 '큰 정부'로 인한 비효율을 표적으로 삼은 것인데, 우리는 당시 복지국가를 제대로 경험하지도 못했거니와 민주화의 진전에 따라 다양하게 분출되는 사회문제를 감당하려면 오히려 정부의 역할 증대가 요구되는 실정이었다.

이러한 우리의 현실을 직시하고 1990년대 초부터 '권력에 대한 민주적 통제'를 한국 행정개혁의 우선 과제로 제시해왔던 박동서(2001: 1)는 "행정의 민주화가 선행되어야 능률화가 정상적으로 진척될 수 있는 것인데, 우리는 민주화에 주력하지 않고 이미 민주화가 상당한 정도로

표 3 신공공관리론과 권력통제론: 행정개혁 이론

	신공공관리론(NPM)	권력통제론(박동서)
사회적 맥락	행정의 관리성 강조 행정 수요의 과잉 팽창(→ 양적 감축) 민주화 선진국(미국, 서구)	행정의 권력성 강조 행정 수요 증대 일로(→ 질적 제고) 민주화 후진국(권위주의 국가)
이론화 논리	이념 : 신자유주의(경쟁의 원리) 목표 : 경쟁 → 성과향상 논거 : 시장기제 → 자원의 효율적 배분	이념 : 민주주의, 민본주의, 성과주의 목표 : 권력통제 → 민생편의, 성과향상 논거 : 권력 오·남용 → 비리·부패 → 비효율
현실적 대응	전략 : 작은 정부, 기업형 정부(고객 중심) 과제 : 목표관리제, 성과급, 성과주의 예산, 민간위탁, 개방형 임용 등	전략 : 양질의 정부, 정치선도적·민간주도적·점진적 개혁 과제 : 권력 분산, 관리 향상, 정책 개선

진척된 영·미의 능률화 위주인 신공공관리를 그대로 따른다는 것은 순서가 잘못되었다"고 비판했다. 민주화가 부진하면 통제되지 않은 권력의 오·남용으로 인한 비리와 부정·부패가 행정의 효율적 관리를 근원적으로 가로막기 때문이라는 게 그 이유였다.

서구보편주의의 이념적 틀에 갇혀 은연중에 NPM을 맥락초월적 보편이론으로 알고 박동서의 제안을 도외시했던 정부는 결국, 국정농단 사태로 말미암아 제왕적 대통령의 탄핵을 초래함으로써 반년 이상 국정의 정상적 기능이 마비되는 엄청난 대가를 치러야 했다. 표 3에서 보듯 사회적 맥락이 다르면 이론화의 논리와 그에 따른 현실적 대응이 달라진다. 한국을 비롯한 민주화 후진국에서는 박동서의 권력통제이론(김현구, 2013)이 서구적 NPM보다 보편적 설득력이 있는 '잠재적' 중추이론임을 알 수 있다. 이 사례를 통해 우리는 이론의 다원적 보편성이 요구되는 이유를 짐작할 수 있다.

둘째, 이론의 맥락과 관련하여 서구보편주의가 실증주의적 관점에서 서구이론의 맥락초월적 보편성을 상정한다면, 다원보편주의의 중추이론은 맥락조건적 보편성, 즉 당초에 그 이론이 정립된 맥락과 유사한 조건의 맥락에서만 통용되는 성질을 상정한다. 그렇다고 다원보편주의에서 맥락초월이론의 존재 자체를 부정하는 것은 아니다. 방법론적 성격의 이론 등은 맥락초월이론의 반열에 오를 수도 있다. 특정 맥락에서 개발된 맥락특화이론은 그 이론에 내재된 보편적 가치에 따라 대외적 검정을 거쳐 적어도 맥락조건이론으로 확산될 가능성을 열어놓고 있다고 보는 것이 다원보편주의의 입장이다.

셋째, 서구보편주의는 서구적 보편성 중심의 독점체제이지만, 다원보편주의는 다양한 보편성이 조화롭게 공존하는 선의의 경쟁체제이다. 보편성의 독점체제에서는 지적 오만과 독선이 기승을 부리고, 힘의 논리로 자신의 이익을 도모하려는 패권주의가 지배하게 된다. 다원보편주의의 인식론적 기초인 관점주의는 앞에서 언급한 대로 경쟁의 원리를 강조한다. 장하석(2014: 390~396)이 다원주의의 이득으로 제시한 '관용의 이득'은 사실 지식의 다원적 경쟁체제가 갖는 장점에 관한 것이다. 그의 설명을 빌린다면 다원보편주의는 불확실한 상황에 대비하는 지적 보험, 다양한 지식을 효율적으로 얻을 수 있는 지적 분업, 한 가지 목적을 여러 방식으로 달성할 수 있는 다중접근, 여러 가지 목적을 효과적으로 달성할 수 있는 다중성취 등을 통해 인류 사회에 보편적 인식의 지평을 넓혀가는 데 이바지한다.

넷째, 보편성의 교류 측면에서 보자면 서구보편주의는 서구가 독점하고 있는 이른바 보편적 지식을 일방적으로 주기만 하는 보편주의이지만, 다원보편주의는 '지식의 다원화'와 '보편의 보편화'에 의해 다양한 차원의 지식을 서로가 주고받는 그런 세계에 도달하는 보편적 보편주의(universal universalism)를 이상으로 한다. 보편적 보편주의는 월러스틴(2006)이 서구보편주의를 극복할 이상적 대안으로 제시한 것인데, 연관망의 형태로 공존하는 다양한 보편들 간에 상생의 원리가 작동하는 지구적 보편주의라고 할 수 있다. 이러한 보편주의는 사회 현실에 대한 본질주의 거부, 보편과 특수의 역사화, 과학과 인문학의 인식론적 재통합, 약자에 대한 강자의 개입 근거의 엄격화 등을 통해 구축될 수 있다(Wallerstein, 2006: 79).

맺음말

서구보편주의는 그 실상을 들춰보면 서구문명적 보편성이 제국주의 · 과학주의 · 역사주의에 의해 문명초월적 보편성으로 분장된 편파적 보편주의임을 알 수 있다. 우리가 문제 삼는 것은 '서구적 보편성' 그 자체가 아니라 여기에 문명초월성을 덧씌운 이념으로서 서구보편주의이다. 우리는 이제 '서구적인 것이 곧 보편이고 우리적인 것은 한낱 특수에 불과하다'는 고정관념에서 벗어나야 한다. 그렇다고 상대주의적 자폐증에 빠져 우리 것만 싸고돌자는 게 아니라 보편주의의 서구편향적 위상을 바로잡자는 것이다.

우리도 우리의 필요에 의해 우리 문제를 가지고 남에게도 통할 수 있는 이론을 만들어낼 수 있어야 한다. 이러한 학문적 노력이 바로 '한국적 특수의 이론적 보편화'를 지향하는 이론의 한국화다. 우리가 한국화 문제를 논의하면서 직면하게 되는 원론적 고민은 보편성 인식의 이념적 패러다임이 마땅치 않다는 것이다. 서구보편주의를 대체할 새로운 패러다임 없이는 한국화 논의가 겉돌기만 하는 당위적 주장으로 끝날 수도 있다. 이러한 현실적 요구에 부응하기 위해 다원보편주의를 그 대안으로 제시하게 된 것이다.

사회과학 이론의 보편성은 사회현실의 '보편적 특수'로부터 나온다. 이론화의 단초인 그 특수가 유독 서구의 사회에만 존재할 리는 없다. "인간의 기본 심리적 과정은 공통적이지만, 문화적 영향으로 인해 그것을 나타내는 방식이 달라질 뿐이기 때문이다"(Berry et al., 2011: 290). 보편적 특수는 각 나라 · 문화권에 따라 다양한 형태로 표출되게 마련이다. 그러므로 사회과학적 보편은 다원성을 띨 수밖에 없다.

다원보편주의는 다양한 보편성의 중추이론들이 상호작용을 통해 수용 · 동화 · 융합 · 공고화 등의 조정 과정을 거치면서 인류사회에 보편적 인식의 지평을 넓혀간다고 보는 관점을 말한다. 서구보편주의가 '지배의 논리'를 구사해 온 '닫힌 보편주의'라면, 다원보편주의는 '공존의 원리'를 구현하는 '열린 보편주의'이다. 서구보편주의의 보편이 일원적 · 맥락초월적 · 독점적이고 주기만 하는 보편성이라면, 다원보편주의의 보편은 다원적 · 맥락조건적 · 경쟁적이고 주고받는 보편성이다.

우리 학문 발전의 한 과정을 담아내는 개념으로서 한국화는 이러한 다원보편주의를 전제로 한다. 필요한 서구이론의 토착화는 계속되어야겠지만, 우리의 사회현실이 단지 서구이론의 적합성을 검증하는 대상으로 전락할 수는 없다. 우리도 토착화를 넘어 이론적으로 세계 학계에 기여하는 학문 선진국으로 발돋움하게 된다면 굳이 '한국화'라는 말이 나오지 않을 것이다. 이를 위해 무엇보다 우리의 학문적 사유가 서구보편주의로부터 탈각하여 다원보편주의로 나아가야 한다.

미래 문명과 전쟁

이택호*

인류의 역사는 전쟁의 역사라 할 수 있다. 개인 간의 경쟁이든 국가 간의 전쟁이든 인류는 전쟁과 평화라는 상반된 가치의 요구를 외면할 수 없었다. 전쟁이 인류 역사의 한 장을 차지하고 있는 한 평화와 전쟁, 승리와 패배라는 가치의 양자택일 앞에서 우리는 고민하지 않을 수 없었다.

이러한 고민은 먼저 전쟁과 평화에 대한 이상론과 현실론으로 나누어 논의가 전개되었다. 논의의 핵심은 '평화는 선(善)이요 전쟁은 악(惡)이다'라는 가치판단이다. 평화주의자들(pacifists)은 전쟁이 살인, 상해, 방화, 폭파, 납치, 공공건물 및 사적 재산의 파괴 등과 같은 행위들로 이루어지기 때문에 전쟁을 '절대 악(absolute evil)'으로 본다. 칸트의 '영구평화론'이나 동양의 '병자흉기(兵者凶器)' 또는 '왕도정치(王道政治)'의 이념은 이 이상론을 대변한다고 볼 수 있다.

그러나 인류의 역사와 함께해온 전쟁은 역사의 한 부분으로서 피할

* 육군사관학교 명예교수.

수 없는 불가피한 현상이라는 입장이 군사적 현실론(military realism)이다. 클라우제비츠의 '전쟁론'이나 헤겔의 '법철학'은 군사적 현실론을 대변한다. 전쟁을 '절대 악'이라고만 간주할 수 없다는 전쟁의 불가피성(inevitability)에 논의의 초점을 맞춘다.

그러면 인류의 양심과 문명사회의 보편적 이상의 요구에 부응하는 전쟁의 불가피성이 무엇인지 심도 있게 고민하지 않을 수 없다. 전쟁의 불가피성은 '군사 필요의 원칙(the principle of military necessity)'으로 국제사회에서 통용되는 개념이다. 전쟁 행위를 구성하는 대부분의 행위는 평시라면 모두 범죄가 될 행위인데, 군사 필요에 의해서 허용되는 행위는 면죄부가 주어진다. 면제부의 한계를 결정하는 것은 전쟁 규칙 또는 전시 인도법이다.

본 논문에서는 문명사적으로 전개되어온 전쟁 양상을 개관한 후, 군사 필요의 원칙과 인도주의 원칙의 양립 가능성, 인도주의 원칙에 내재하는 도덕적 원리 등을 검토하고 전쟁 개입을 검토하는 정책 결정자나 전쟁을 수행하는 군인(전투원)이 인류의 양심과 문명사회의 보편적 이상에 기여할 수 있는 방안이 무엇인지 모색하도록 한다.

특히 현대 문명의 산물인 고도정밀무기체계로 수행되는 미래의 전쟁 양상을 심도 있게 소개한다. 그 내용은 5차원 전쟁, 네트워크 중심 전쟁, 효과 기반 정밀타격 전쟁, 마비중심의 신속기동 전쟁, 비 화약 전쟁, 비 살상 전쟁, 무인로봇 전쟁, 정보 및 사이버 전쟁 등이다. 과연 한반도에서도 이러한 전쟁이 전개될 것인지 그 현실성과 가능성을 고민해볼 것이다.

이러한 고민은 다음과 같은 물음에 답하는 과정에서 그 해소 방안을 찾게 되기를 희망한다.

첫째, 인류의 역사는 전쟁의 역사인가?

둘째, 전쟁에 관한 평가적 논의는 가능한가?

셋째, 문명사회에서 전쟁의 한계는 무엇인가?

넷째, 정치적 필요와 군사적 필요의 차이점 무엇인가?

다섯째, 전쟁 규칙의 도덕적 원리들은 제대로 작동하고 있는가?

여섯째, 미래의 전쟁 양상과 무기 체계의 전망, 그리고 한반도의 상황은?

일곱째, 인류 문명과 미래 전쟁이 양립 가능한 실천 방안은 무엇인가?

역사 이전의 인류의 전쟁

일반적으로 인류의 역사는 전쟁의 역사로 이해되고 있다. 전쟁의 역사는 무기 발전의 역사이며, 결국 인간의 역사와 무기 발전의 역사는 떼려야 뗄 수 없는 깊은 관계다.

맥스 부트(Max Boot)의 군사 변혁(RMA)에 관한 저서《전쟁이 만든 신세계(*War Made New*)》에서 그는 "새로운 과학기술은 새로운 전술과 결합해 군사 변혁을 이루어낸다. 이 변혁의 성패가 전쟁의 승패를 결정하는 중요한 요인이 되었고, 전쟁의 승패는 결국 역사의 흐름을 바꿔놓았다." 그리고 "새로운 기술과 전술이 결합해 전혀 새로운 차원의 전력으로 태어날 때 진정한 군사 변혁이 이루어진다"고 말했다. 새로운 과학기술의 구현이 곧 각종 무기 체계와 장비들이다.

역사란 '과거와 현재의 끊임없는 대화'라는 점에서 미래의 역사는 과거와의 대화를 시도하면서부터 시작된다고 말할 수 있으며, 역사를 단순한 과거의 이야기로 본다면 우리는 역사를 통해 다가올 미래를 통찰할 수 없을 것이다. 인류 역사의 대부분이 쟁기를 두들겨서 무기를 만

표 1 자연 상태 비교

구분	홉스(1588~1679)	로크(1632~1704)	루소(1712~1778)
자연 상태	만인에 대한 만인의 투쟁	자연법이 지배하는 평화 상태	자유롭고 평등함
본성	이기적	백지	선함
자연권	자기보존	재산권(신체소유권)	평등과 자유
정치사상	군주제	간접민주주의	평등과 자유
사회계약 내용	자연권의 전면양도	자연권을 국가 또는 국왕에게 신탁 : 자연권 보장	일반의지 실현
피통치자	절대복종	저항권 유보	혁명 가능

들고 사용한 전쟁의 역사이며, 평화와 번영은 전쟁과 전쟁 사이에 존재하는 일시적인 간주곡에 불과하다는 사실을 알 수 있다. 이처럼 전쟁과 무기의 역사는 불가분의 관계를 유지하면서 때로는 전쟁을 통해 무기가 발전했는가 하면 때로는 신무기 개발을 통해서 전쟁을 승리로 이끌어왔음을 알 수 있다. 이러한 무기의 발달은 '좀 더 멀리, 좀 더 정확하게, 좀 더 큰 파괴력으로' 명중성과 치명성을 높이도록 설계하고 개발하는 방향으로 진화되어왔다.

지금까지 역사는 고대, 중세, 근대 그리고 현대의 관점에서 인간의 역사를 설명하는 시간의 전개를 말한다. 한편 문명사적인 전개로서 농경사회, 산업사회, 정보화 사회 그리고 후기 산업사회 또는 탈산업사회의 순으로 역사를 말하기도 한다.[1]

1 앨빈 토플러는 《제3의 물결》(1980), 《전쟁과 反戰爭》(1993)에서 농경사회-산업사회-정보화 사회로, 다니엘 벨은 《탈산업사회의 도래》(1973)에서 전-산업사회, 산업사회, 탈-산업사회로 역사를 구분한다.

그러면 역사 이전의 시대를 가정하면, 성경적으로 창세 이전과 이후의 어떤 특정한 시기인지, 아니면 사회 사상가들이 가정한 '자연의 상태(the state of nature)'인지는 아직까지 합의된 이론은 없다. 그러나 인류의 역사를 전쟁의 역사라고 말하는 것이 설득력을 지니려면 자연 상태에서 인간이 사는 모습이 어떠했는지 알아보아야 한다. 자연 상태에 관한 홉스, 로크, 루소의 입장을 비교할 때, 홉스의 관점에서 접근하는 것이 좀 더 편리하다. 표 1을 참고하면 좋을 것이다.[2]

역사 이후의 전쟁 양상

역사 이후의 전쟁 양상을 이해하기 위해 앨빈 토플러(Alvin Toffler)의 입장에서 문명사의 전환을 정리하고 전쟁 양상의 문제를 검토하는 방식으로 논의를 전개하려 한다.[3]

토플러의 주저 《제3의 물결》(1980)과 《전쟁과 反戰爭》(1993)에서 그는 문명사적 전개를 농경사회, 산업사회, 정보화 사회로 구분하고 그 시대나 사회에 걸맞은 삶의 양식과 전투 형태 또는 전쟁 양식이 있다고 보았다. 그의 주저의 내용을 요약하면 아래 표 2 문명사적 전환과 전쟁 양상으로 압축된다. 《제3의 물결》은 경제적 관점에서 부의 원천을 지배하는 조건에서 역사를 보고 있으며, 《전쟁과 反戰爭》에서는 부의 원천이 전쟁 수행 기술, 즉 평화를 유지하는 국가의 능력의 관점에서 역사의 전개를 기술한다.

정보화 전쟁은 '제3의 물결 전쟁'이며 현대전의 다른 이름이다. 그 특

2 http://kiyoo.tistory.com/226

3 Alvin Toffler, *The Third Wave*, New York, 1980 ; Alvin and Heidi Toffler, *War and Anti-War*, New York, 1993(이규행 옮김, 《전쟁과 反戰爭》, 한국경제신문사, 1994).

표 2 문명사적 전환과 전쟁 양상

구분	농경사회	산업사회	정보화 사회	비고
부의 원천	토지, 육체노동	기계, 동력	두뇌(컴퓨터), 지식과 정보, 정신노동	제3의 물결(1980)
삶의 양식	공동사회, 가내수공업, 현장학습	이익사회, 대량생산, 전문화 기업의 독점	멀티미디어 사회 질 위주 소량생산 재택근무, 교육, 구매(home shopping)	상동
전쟁 양상	백병전, 인해전술, 농기구의 무기화	대량보복전쟁 융단폭격(살육전) 유형전력 중요	전장의 디지털화 다국적군 연합작전 무형전력 중요	전쟁과 반전쟁(1993)
전쟁 철학	손자의 병법	클라우스비츠의 전쟁론	토플러의 전쟁과 반전쟁	상동

징을 요약하면 대체로 다음과 같다.[4]

(1) 전쟁에서 지식(정보)이 군사력의 핵심 요소가 되고 있다. "실리콘 1온스가 우라늄 1톤보다 더 큰 효과를 낼 수 있다." 정보의 활발한 수집·분석·배포와 적의 정보 및 통신 역량의 활발한 파괴가 이루어진다(파괴 요소).

(2) 무형가치가 군사력의 우열을 가린다. 주도권 장악, 정보통신 발전, 군사훈련 개선, 동기부여 강화 등이 중요 변수로 작용한다(무형전력 〉 유형전력).

(3) 탈대량화(de-massification)가 촉진된다. 화력의 양 대신 정보에 바탕을 둔 명중률이 높은 고도 정밀 무기체계가 중요한 수단이다.

4 Alvin and Heidi Toffler, *War and Anti-War*, New York, 1993(이규행 옮김, 《전쟁과 反戰爭》, 한국경제신문사, 1994, 제9장 참조).

(4) 스마트 무기는 스마트한 군인을 필요로 한다. "두뇌를 사용하고 다양한 민족이나 문화와 어울릴 수 있는 군인, 애매모호한 상황을 참아내며, 창의력을 발휘하며, 명령권자에게도 의문을 제기할 수 있는 군인"이 필요하다. 정신노동을 많이 하는 이른바 '지식무사' 또는 '스마트 군인'의 시대가 되었다.

(5) 군대의 규모가 줄어들고 있다. 병력을 줄이고 무기체계와 규모가 작고 융통성 있는 부대편성의 군 구조를 지향한다. 그리고 의사결정 권한의 하향 이동이 이루어진다. 임무형 지휘, 현장의 지휘권 강화(C^4I), 전문가의 기능적 권위(functional authority)의 증대 등으로 과감한 혁신이 이루어지면서 군대의 규모와 조직에 양적 감축과 질적 정예화를 이루어 작지만 막강한 전투력을 보유하고 활용할 수 있다.

(6) '통합'의 중요성이 증가한다. 연합작전, 합동작전, 제 병과의 통합, 민과 군의 방대한 전자시설을 통한 시스템 통합이 이루어진다.

(7) 전쟁의 가속화가 증가하고 있다. 병참과 통신시설의 건설, 첩보의 수집·처리·전파 분야에서 신속성이 증가함으로써 빠른 속도로 전투가 진행된다. 정보처리능력의 상대적 속도가 전승을 보장한다.

인류의 역사는 전쟁의 역사라는 주장을 뒷받침하기 위해서 앨빈 토플러, 다니엘 벨, 폴 케네디의 입장을 종합해 시대적으로 전쟁 유형, 전쟁 양상, 전력구조, 지휘구조, 전투 형태, 무기체계, 군사 전략 및 전술, 파괴·피해 양상, 전쟁 사례 등을 표 3에 일목요연하게 시대별 사회의 전쟁 유형과 양상으로 정리했다.[5]

표 3 시대별 사회의 전쟁 유형과 양상에서 전쟁 유형은 전투 공간의 확대를 말해준다. 지식정보화시대의 전쟁은 지상, 해상, 공중, 우주, 사

이버 공간 등 5차원의 공간에서 전투가 수행된다. 전쟁 양상은 전쟁을 수행하는 주요 무력의 형태에 의해서 집단백병전, 기동화력전, 첨단과학 기술전의 양상으로 전개되었다.

그리고 전력구조, 지휘구조, 전투 형태, 무기체계, 군사 전략 및 전술, 파괴·피해 양상, 전쟁 사례 등이 인간의 문명사회에서 과학기술의 발달에 따라서 체계적으로 발전해온 것을 볼 수 있다.

전쟁 유형의 시대적 변화에서 정보화 전쟁은 5차원의 전쟁으로서 현대의 전쟁 양상으로 보여주지만 구체적인 내용은 미래 문명과 전쟁 부분에서 다시 심도 있는 논의가 진행될 것이다. '지식무사' 또는 '스마트한 군인'이 수행하는 정보화 전쟁에서의 장교의 상(image) 또는 지도자의 상도 변한다.

새로운 장교의 자질과 능력의 구비 조건은, 첫째로 세계화 및 정보화 마인드를 지닌 실력자로서 세계 시민의 윤리의식과 2개국 언어구사 능력과 전산운용 능력을 겸비한 지식무사여야 한다.

둘째로 신세대의 장점을 적극 활용하는 리더십을 발휘하여 장병들의 개성을 존중하고, 창의력을 개발·활용하고, 더불어 사는 방법을 실천하여 부하에게 신바람과 비전을 심어주는 장교가 군대문화를 주도한다.

셋째로 환경 친화적 마인드를 지닌 인격자로서 신세대 장교는 생태

5 조영갑, 김재엽, 남봉우 공저, 《현대무기체계론》, 선학사(북코리아), 2014. 제1장 인간과 무기체계의 제2절 인간의 문명사회와 전쟁을 요약해 표로 만들었다. 폴 케네디(Poll Kennedy)는 《강대국의 흥망》(1987)에서 강대국의 대두는 이용 가능한 자원과 경제적 내구성에 좌우되며 강대국의 쇠퇴는 무분별한 군사력의 증강과 그로 인한 경제력의 쇠퇴, 이용 가능한 자원 이상의 안전보장과 무제한의 강대국의 야심에 의한 것이라고 지적한다.

6 같은 책, 34쪽.

표 3 시대별 사회의 전쟁 유형과 양상[6]

구분	농업사회 (BC 8000~17C)	산업사회 (18~20C)	지식정보화 사회 (21C~현재)
전쟁 유형	2차원 전쟁 (지상·해상)	3차원 전쟁 (지상·해상·항공)	5차원 전쟁 (지상·해상·항공·우주·사이버)
전쟁 양상	집단백병전	기동화력전	첨단과학기술전
전력구조	병력집약형 – 병력의 힘 – 동물의 힘	자원집약형 – 무기의 힘 – 조직의 힘	기술집약형 – 지식, 정보의 힘 – 과학기술의 힘
지휘구조	장수 중심구조	수직적/계층적 구조	수평적/네트워크적 구조
전투 형태	선형(종·횡대 단위/밀집 운용)	선형/비선형(대부대 단위/집중 운용)	비선형(소부대 단위/분산 운용)
무기체계	자연 도구화 시대 (수동화 시대) – 군사 : 사람/동물의 근력 에너지 – 무기 : 주먹, 발, 돌도끼, 몽둥이, 활, 창, 칼을 비롯한 청동 및 철제무기 등으로 백병전 – 범선 및 노선	기계화 시대 (반자동화 시대) – 군사 : 영국의 산업혁명, 프랑스의 대혁명으로 국민군(시민군)으로 대군 조직화 – 무기 : 기계화 무기체계로 반자동화인 소총, 기관총, 전차, 항공기, 핵무기, 기타 – 기계화된 군함 및 전투기	컴퓨터화 시대 (자동화 시대) – 군사 : 군사 혁신으로 기술과학군 변환 – 무기 : 컴퓨터 발전으로 무기, 자동화, 정밀유도 무기, 무인무기 등 – 이지스 군함 및 스텔스 전투기
군사전략 및 전술	– 대집단 전법전략 – 밀집대형작전술 (횡적전술과 종적 전술)	– 섬멸 전략 – 전격전 전략 – 억제 전략 – 방위 전략 – 제병협동작전술 → 공지합동작전술(ALO)	– 충격과 공포 전략 – 억제 전략 – 방위 전략 – 신속 결정적 작전술 (RDO)
파괴·피해	물자 노획, 포로 획득	대량파괴, 대량살상	전멸파괴, 최소살상
전쟁 사례	고대 전쟁	제1차 세계대전, 제2차 세계대전, 6·25전쟁, 베트남전쟁, 걸프전쟁	9·11 테러, 아프가니스탄 전쟁, 이라크 전쟁 등

계 및 자연보호를 실천하는 친환경 휴머니스트, 생명 존중 사상을 함양하여 인간의 존엄성을 존중하는 기사도 정신으로 전시 인도법을 준수하는 국제 신사의 위상을 견지한다. 군대와 전쟁의 미래는 인류의 양심과 문명사회의 보편적 가치를 존중하는 방향으로 전개될 것이다.

넷째로 군인은 제복 입은 민주시민으로서 국민에겐 존경과 신뢰의 표상, 적에겐 전율과 공포의 대상이 되는 위상을 견지해야 한다.

전쟁에 대한 평가적 접근

전쟁의 평가적 접근은 '전쟁에 관한 평가적 접근은 가능한가?'라는 물음으로 시작한다. 전쟁은 인명의 살상과 자연환경의 파괴를 수반하는 불행한 사태이기 때문이다.[7] 이 논의는 전쟁과 평화에 대한 이상론과 현실론으로 대별되는 바, 그 내용은 표 4 전쟁과 평화의 이상론과 현실론에 정리되어 있다.

전쟁과 평화에 대한 평가적 접근은 칸트의 《영구평화론》(1795)과 헤겔의 《법철학》(1821)에서 발견되며 서로 상치하는 주장을 전개하는데 이를 개관하기로 한다.[8]

칸트는 영구평화를 위한 예비적 조항은 말 그대로 '예비적'인 조항으로서 확정조항이 안정된 토대에 놓일 수 있도록 하는 최소한의 금지 조

7 Telford Taylor, *Nuremberg and Vietnam: An American Tragedy*, reprinted in *War, Morality and Military Profession* (ed. by M. M. Wakin), 1979, pp. 415~416. 전쟁 중에 발생하는 행위는 평시라면 범죄로 간주할 수 있다. 예를 들어, 사살, 신체 손상, 납치, 파괴, 혹은 개인 재산의 탈취 등이 여기 포함된다. 이러한 행위가 전쟁을 수행하면서 발생하더라도 범죄로 간주하지 않는 것은 전쟁의 사태가 전투원에게 면죄부를 주기 때문이다. 그러나 면죄의 범위는 무제한적이지 않다. 그 범위는 전쟁 규칙으로 제한된다.

8 Kant, *Perpetual Peace*, 1795, Bobbs-Merril/Library of Liberal Arts, 1983; T. M. Knox, *Hegel's Philosophy of Right*, Oxford University Press, 1967.

표 4 전쟁과 평화의 이상론과 현실론

이상론(Idealism)	현실론(Realism)	비고
1. 평화는 선이고 전쟁은 악이다. 2. 전쟁은 인마살상, 파괴 등 악의 요소를 포함하고 있다. 3. 전쟁은 절대 악(absolute evil)이다. 4. 모든 나라의 상비군을 폐지해야 한다(칸트). 5. 이상론은 평화주의(pacifism), 반전염군(反戰厭軍) 사상, 동양의 병자흉기(兵者凶器), 왕도정치(王道政治)의 이념, 비폭력 무저항주의 등의 이론과 입장이다.	1. 전쟁은 선도 악도 아니다. 2. 전쟁은 절대 악으로만 간주되지 않는다(헤겔). 3. 전쟁의 윤리적 계기(ethical element)가 있다(헤겔). 4. 전쟁은 필요악(necessary evil)이다(헤겔). 5. 현실론은 군사적 현실론(military realism)으로서 정당한 전쟁과 부당한 전쟁을 구분한다.	칸트, 헤겔 비교

항들이다. 예비조항에서 확정조항으로 넘어가는 것에 대해서는 특정한 '필연성'의 구도를 취하고 있지는 않다고 생각된다. 예비적 노력은 조항의 내용에서 알 수 있듯, 당시의 시대적인 모습을 많은 부분 반영하고 있기 때문에 예비조항과 확정조항의 관계를 필연성의 모습에서 파악하기보다는 확정조항이 제 역할을 다하기 위해 기본적으로 필요한 조항이라고 생각해볼 수 있을 것 같다. 구체적인 예비적 조항의 내용은 다음과 같다.

(1) 장차 전쟁의 화근이 될 수 있는 내용을 암암리에 유보한 채로 맺은 어떠한 평화조약도 결코 평화조약으로 간주되어서는 안 된다.

(2) 어떠한 독립 국가도(크고 작고에 관계없이) 상속, 교환, 매매 또는 증여에 의해 다른 국가의 소유로 전락될 수 없다.

(3) 상비군은 조만간 완전히 폐지되어야 한다.

(4) 국가 간의 대외적 분쟁과 관련하여 어떠한 국채도 발행되어서는

안 된다.

(5) 어떠한 국가도 다른 국가의 체제와 통치에 폭력으로 간섭해서는 안 된다.

(6) 어떠한 국가도 다른 나라와의 전쟁 동안에 장래의 평화 시기에 상호 신뢰를 불가능하게 할 것이 틀림없는 다음과 같은 적대 행위, 예컨대 암살자나 독살자의 고용, 항복 조약의 파기, 적국에서의 반역 선동 등을 해서는 안 된다.

영구평화를 위한 6개 예비조항이 충족되면 국가 간의 영구평화를 위한 확정조항으로서 3개의 확정조항[9]과 영구평화의 보증에 대한 제1추가조항과 영구평화를 위한 비밀조항으로서 제2추가조항, 그리고 영구평화에 관한 도덕과 정치 간의 대립에 관한 부록 1과 공법의 선험적 개념에 따른 정치와 도덕 간의 조화에 대한 부록 2가 국가 간에 합의를 보고 개인이 국내법을 준수하는 논리로 국가가 위에 언급한 조항들을 준수한다면 영구평화가 보장된다는 것이다.

칸트의 《영구평화론》에 반영된 전쟁과 평화에 대한 이념은 대체로 다음과 같이 요약된다.

(1) 평화는 선이고 전쟁은 악이다.

(2) 전쟁은 인마살상, 파괴 등 악의 요소를 포함하고 있다.

9 영구평화를 위한 제1의 확정조항: 모든 국가의 시민적 정치체제는 공화정이어야 한다. 영구평화를 위한 제2의 확정조항: 국제법은 자유로운 국가들의 연방체제에 기초하지 않으면 안 된다. 영구평화를 위한 제3의 확정조항: 세계 시민법은 보편적 우호의 조건들에 국한되어야 한다.

(3) 전쟁은 절대 악(absolute evil)이다.

(4) 모든 나라의 상비군을 폐지해야 한다.

이에 대해서 헤겔은 칸트의 영구평화는 우리가 바라는 소망사항이지만 국제적 현실을 감안하면 현실성이 없는 공허한 이념이며 전쟁의 본질과 기능을 직시해야 한다는 것이 그의 《법철학》(1821)의 입장이며, 요약하면 다음과 같다.[10]

(1) 전쟁은 선도 악도 아니다.

(2) 전쟁은 절대 악으로만 간주되지 않는다(War is not regarded as merely an absolute evil).

(3) 전쟁의 윤리적 계기(ethical element)가 있다.

(4) 전쟁은 필요악(necessary evil)이다.

전쟁은 가치중립적이다. 전쟁의 결과에 따라서 그리고 전쟁 수행 과정에서 전쟁 규칙 위반 여부에 따라서 정당한 전쟁과 부당한 전쟁이 판가름이 난다. 이러한 의미에서 전쟁은 절대 악이라고 단정할 수 없다. '전쟁은 절대 악으로만 간주되지 않는다'라는 언명에서 '전쟁은 절대 선(an absolute good)이다'라는 결론이 도출되지 않는다. 그러나 포퍼(K. Popper)는 헤겔이 전쟁을 절대 선으로 간주하여 파시즘이나 전체주의의 전쟁관을 옹호했다고 비난한다.[11]

10 Hegel, *Philosophy of Right*, trans. by T. M. Knox, 1967, Paragraph 321~360.

11 K. Popper, *The Open Society and Its Enemies*, Vol. 2, London: Routledge & Kegan Paul, 1973, p. 63.

헤겔은 전쟁의 윤리적 요소가 있음을 주장한다. 비록 전쟁이 덧없는 사건이지만 인간의 권리와 이익이 물거품이 되는 계기로서 평소(평화시기)에 소중히 여기던 소유 지향적 가치들이 개인의 생명과 국가의 주권보다 더 값지다고 생각하지 않는다는 점에서, 개인의 이기적 욕망보다는 사회적 연대의 중요성을 자각하는 계기가 된다는 점에서 전쟁의 윤리적 계기를 본 것 같다. 마치 병고로 고생을 하는 사람이 건강의 중요성을 인식하는 것과 같은 이치다. 이것은 전쟁의 부수적 효과일지 모르지만 이러한 효과를 노리고 전쟁을 일으킨다고는 보기 어렵다.

전쟁의 정당성 문제

전쟁의 정당성은 전쟁과 평화에 대한 현실론(Realism)의 영역 안에서 논의가 이루어진다. 전쟁의 현실론은 전쟁 도덕(morality of war)과 전시 도덕(morality in war)으로 구분하여 그 정당성을 따진다. 전쟁 도덕은 전쟁의 개시, 무력 사용의 범위 등 국가가 전쟁 개입을 하는 명분과 당위성을 규정한다.

전시 도덕은 전투에 가담한 군인들이 준수해야 하는 문명사회의 요구사항을 반영한다. 해적행위의 수준과 범위, 투발수단에 대한 제한, 포로 및 비전투원, 전쟁에 가담하지 아니한 무고한 사람에 대한 대우 등을 규정해 모든 국가가 이를 준수토록 국제법에 반영하고 있다.

과거 전쟁의 쓰라린 체험을 통해 인류는 전쟁의 불가피성은 인정하되 전쟁의 야만성과 폭력성을 억제하려는 방향으로 인류의 양심과 문명사회의 이상을 반영하는 노력을 해왔다. 비록 국제법의 전시 인도법이 제대로 지켜지고 있지는 않지만 교육과 무기체계 및 투발수단의 고도 정밀화를 통해서 전쟁 중에도 인권이 존중되고 불필요한 고통과 만행을 최소화하려는 노력이 이루어져야 한다.

문명사회에 부합하는 전쟁에 관한 평가적 제한은 전쟁 도덕과 전시 도덕으로 구분되며, 전자는 한 국가가 전쟁을 개시하는 필요충분조건을 구성하며 조건이 많고 까다로울수록 전쟁 발발의 기회는 줄어들 것이다. 이 문제는 국가의 정책결정의 문제다.

군사현실론은 국가가 결심한 전쟁의 정당성을 문제 삼지 않는다. 다만 전투를 수행하는 현장에서 전투원(군인)이 지켜야 할 도덕적 의무에 관심을 기울인다. 전쟁에서 군인이 준수해야 하는 의무와 규범이 전시 도덕이다. 전쟁이 정당한 전쟁이 되기 위한 필요조건은 국제법의 아버지 그로티우스(Hugo Grotius)가 제시한 5원칙을 기반으로 한다.

그로티우스의 5원칙은 가급적 국가 간의 분쟁을 무력 사용을 통해서 해결하지 말라는 평화주의의 정신을 반영한다. 이러한 5개 원칙을 충족한다면 국가 간의 무력 충돌의 기회는 감소되리라는 희망사항이다. 전쟁의 정당성을 충족할 필요충분조건은 최소한 다음의 5개 조항이다.

(1) 전쟁 개입의 정당한 명분(just cause)

(2) 전쟁 수행 주체(국가, 부대)의 합법적 권위(competent authority)

(3) 전쟁의 결과 얻게 되는 비례적 정의(comparative justice)

(4) 전쟁의 명분과 숨은 의도 간의 표리부동성으로서 정당한 의도(right intention)

(5) 국가 간 분쟁 해결을 위해서 무력 사용만이 유일한 최후의 수단(last resort)

분쟁을 해결하기 위해 한 국가가 사용 가능한 모든 방법을 동원해도

표 5 전쟁 도덕의 구분

전쟁의 도덕(morality of war)	전시의 도덕(morality in war)
1. 국가의 전쟁 개입의 정당성 2. 정책결정자의 관심 사항 3. 전쟁 도덕의 5대 원칙(Hugo Grotius) 1) 정당한 명분(just cause) 2) 합법적 권위(competent authority) 3) 비교적 정의(comparative justice) 4) 정당한 의도(right intention) 5) 최후의 수단(last resort) 4. 기본정신: 전쟁 방지, 평화 애호정신	1. 군인(전투원)의 행위의 정당성 2. 국제법(전시 인도법) 준수의 의무 3. 전쟁 규칙(전시 인도법)의 구분 1) 헤이그 협약(Hague Conventions) – 군인(전투원) 간의 행위 제한 2) 제네바 협약(Geneva Conventions) – 무고한 사람(the innocent)의 보호 3) 군사 필요 원칙: 합법적 폭력 사용 4. 기본정신: 전쟁 범죄의 예방 (인권 존중 〉 고통 최소화)

문제 해결이 되지 아니하면 최후의 수단으로 무력 사용, 즉 군사적 해결(military solution)을 고려한다. 핵전쟁을 수행하는 현대전에서는 인류의 공멸과 국가 재정의 고갈 등 균형성(proportionality)과 성공 가능성(probability of success)까지도 고려하면서 무력 사용을 신중하게 검토하고 계산한다.

전시 도덕은 무력으로 적대행위를 하는 전투원의 전투 수행 방식에 대한 도덕적 제한을 규정한 전쟁 규칙이 헤이그 협약(Hague Conventions)이며, 전투와 무관한 사람들(무고한 민간인, 비전투원, 의료 종사 군인, 종군기자, 전투 능력을 상실한 부상자, 포로로 잡힌 자들)에 대한 대우와 조치에 대한 전시 인도법이 제네바 협약이다. 전쟁의 정당성 문제를 요약하면 표 5 전쟁 도덕의 구분이 된다.

전시 도덕은 국제법상 전쟁 규칙(법)으로 명시하여 전투에 가담한 모든 요원들이 준수하는 도덕규범이다. 피아의 전투원이 준수해야 하는 헤이그 협약과 점령 지역의 무고한 민간인에 대한 보호, 자연환경의 보존을 규정하는 제네바 협약 등에 관한 기본 원칙은 과거 전쟁의 쓰라린 체험을 바탕으로 인류의 양심과 문명의 요구로 나타난 것들이다. 이러한 요구는 다음의 7대 원칙으로 요약된다.[12]

불필요한 고통 금지의 원칙

상대국 군인들의 전투 의지와 수단을 무력화하기 위해 사용되는 무력의 사용은 인명 살상과 공공건물의 파괴 등 반드시 고통을 유발한다. 전쟁 목적의 달성에 불필요한 행위를 제한한다는 것이 불필요한 고통 금지에 관한 법 원칙이다. 즉 고통 최소화의 원칙이다. 특정 재래식 무기 사용의 금지 또는 제한에 대한 협약 및 의정서에 반영하여 불필요한 고통 또는 과도한 상해를 금지한다.

전투원과 민간인의 구별 원칙

전쟁은 교전 당사자인 전투원 간의 무력 충돌로 합법적인 군사 목표는 전투원이지 민간인이 아니라는 원칙이다. 합법적인 공격 목표가 전투원이라 할지라도 그들의 생명을 노리는 것이 아니라 적의 군사력을 약화시키는 것이 목적이다. 그러나 군사적 필요성(military necessity)이 압도적으로 우월하여 민간인의 희생이 예상된다 하더라도 무력 사용이 불가피한 경우는 예외인 경우가 있다. 제2차 세계대전 당시 나치 독일의 유태인 대량 학살과 일본군의 남경대학살 등 반인류 및 반문명적 만행을 종식하기 위해서 독일인 주거지역에 대한 대량 보복 융단폭격과 일본 대도시에 원자폭탄을 투하했다. 이는 국가 차원의 통치행위로서 마이클 월저(Michael Walzer)는 이를 '정치적 필요성(political

12 육군사관학교, 《군사법원론》, '제4부 전쟁법', 일신사, 2006 참조.

necessity)'이라고 한다.[13]

비례성의 원칙

전쟁에서 얻는 선과 악의 비교대차에서 선의 양이 항상 많아야 한다는 원칙이다. 도덕적 가치와 명분은 물론 경제적 이해타산도 같이 고려된다.

인도주의 원칙

인도주의 원칙은 군사적 목적 달성에 무관한 폭력을 사용함으로써 앞에서 언급한 불필요한 고통 금지, 비례성의 요구 및 전투원과 민간인 구별 원칙에 일관되게 흐르는 인권 존중의 원칙이다. 이 원칙은 특정 부류의 사람(전투력을 상실한 포로, 부상자, 해상 조난자, 인질 등), 특정 부류의 건물(사찰, 교회, 학교, 문화유적지, 병원 등), 특정 부류의 무기[대량살상무기, 세균무기, 고통을 극대화하는 덤덤탄이나 모압탄(mother of bombs)] 등에 관해 제한을 가한다.

군사 필요의 원칙

적을 제압하는 데 불요불가결한 무력의 사용은 비록 평시에는 범죄를 구성하는 행위들을 포함한다 해도 전시에 전투원에게 면죄부를 주어 제한된 군사력의 사용 조치가 정당화된다는 원칙이다. 마치 의사의 수술이 인체의 손상을 해악으로 간주하지 않는 것과 같은 원칙이다.

13 Michael Walzer, *Just and Unjust Wars*, New York: Basic Books, 1977, pp. 251~268.

군사 필요의 원칙은 네 가지 기본 요소를 가지고 있다.

첫째, 사용된 군사력(무력, 폭력)은 실제로 사용자에 의해서 규제되고 통제되어야 한다.

둘째, 사용된 군사력은 적의 부분적 혹은 완전한 제압이 가능한 한 조기에 사용이 종료되어야 한다.

셋째, 사용된 군사력은 적을 신속하게 제압하는 데 필요한 것보다 적의 인명 혹은 재산 피해가 훨씬 크지 않아야 한다.

넷째, 사용된 군사력은 달리 금지되지 않은 것이어야 한다. 예컨대 성문화된 국제법상 금지된 원자무기, 생화학무기 등 대량살상무기(WMD)의 사용을 금지한다.

기사도 원칙

기사도 원칙은 정정당당하게 승부를 내는 운동경기의 정신을 반영한다. 반칙, 배신, 기만 등 불명예스러운 수단과 방법의 사용을 수치로 여기는 원칙이다. 군인은 승리를 최고의 가치로 여기고 행동한다. 그러나 원칙과 규정을 준수하면서도 싸워 이기는 영광을 추구한다. 요컨대 기사도 원칙은 무력 충돌에서 전투원 개개인을 덜 야만적이고 더 문명적으로 만들고자 하는 정신의 반영이다.

환경 보전의 원칙

전쟁을 덜 야만적이고 더 문명적으로 만들고자 하는 정신이 환경 보전의 원칙으로 나타났다. 이 원칙은 1974년 12월 9일 유엔총회에서 채택된 원칙이다. 전투 방법 및 수단에 관한 기본 원칙의 하나로서 자연환경에 대한 극심한 손상을 야기하려는 광범위하고도 장기적인 행동이나 의도를 금지하는 원칙이다.

전투지휘관은 작전 중에도 자연환경 보호를 위한 적극적이고도 구체적인 조치를 취해야 하며 예상되는 환경 파괴 행위를 미연에 방지해야 한다. 주둔지의 기름 유출, 산불 예방, 식수원의 오염 방지, 농작물의 보전 등을 작전계획 수립 시 명시하고 부하들에게 교육해야 한다.

현대 전쟁법의 기본 원칙은 과거의 쓰라린 전쟁 경험을 통해 얻은 야만적인 행동과 불필요한 고통을 줄이려는 인류의 양심과 문명사회의 요구를 반영한 것이다. 이를 국제법으로 성문화하여 모든 국가들이 준수토록 합의했다. 그런데 이러한 현대 전쟁법의 기본 원칙과 약속이 잘 준수되고 있는가를 검토할 필요가 있다.

전쟁의 불가피성 2원칙: 정치 필요성과 군사 필요성

현대 전쟁법의 기본 원칙이 잘 준수되기 위해서는 전쟁 규칙을 위반한 군인의 행위나 전쟁 도덕의 정당한 명분에 반하는 전쟁 개입과 무력 사용은 모두 전쟁범죄의 차원에서 정확하게 적용하여 엄벌해야 한다. 군인들이 전쟁 규칙을 위반하는 주된 핑계는 군사 필요성의 자의적 해석으로 전투원에 대한 '면죄부(a blanket of immunity)'이다. 이 면죄부를 확대해석해서 무고한 민간인을 사살하는 경우가 발생하는데, 이는 군사적 필요성과 정치적 필요성을 혼동하기 때문이다.

이 문제는 전쟁범죄의 개념을 검토하면서 그 해답을 찾아본다. 군인에게 전쟁범죄 예방을 교육하려면 그 개념을 간단명료하게 설명하고 이해와 실천의 용이성을 도모해야 한다. 통상 전쟁범죄의 개념은 제2차 세계대전 후 독일 나치의 전범에 대한 뉴렘버그 재판에서 인용한 용어와 정신이 국제사법재판소의 기본 이념으로 통용되고 있다.

전쟁범죄는 전쟁 규칙의 위반이다. 전쟁 규칙은 헤이그법과 제네바법인데, 이를 위반하는 사례를 일일이 다 열거할 수 없지만 강대국의 군대가 약소국의 땅에서 군사 필요의 한도를 넘어서 적 지역 민간인의 사살과 고문, 부당한 대우, 그리고 적 포로, 해상조난자, 인질 등의 사살과 부당한 대우, 적지의 타인 재산의 파괴나 노략질, 도시나 마을의 방화나 파괴 등 각종 만행은 모두 전쟁범죄로서 의법 처리된다.[14]

텔포드 테일러(Telford Taylor)에 따르면 군인의 전투 행위는 평화 시에는 범죄가 되는 행위를 포함하고 있지만 전시에는 무죄가 되는 경우가 있는데, 전쟁의 특성상 전투원에게 일종의 '면죄부'를 준다. 이 면죄부의 근거가 군사적 필요성이다. 그런데 면죄부가 무제한으로 주어지는 것이 아니라 헤이그법과 제네바법을 준수하는 범위 안에서만 허용된다. 이를 넘어서는 군인의 행위는 전시라도 평화 시와 같이 범죄인데, 이를 구분하여 전쟁범죄(war crime)라 한다.[15]

그런데 월저는 군인들이 장기적 공리에서 국가 이익을 고려해서 무고한 민간인을 공격하는 것은 명백하게 전쟁법의 위반이며 전쟁범죄라고 본다. 그런데 제2차 세계대전 당시 나치의 만행을 더 이상 방치할 수 없고 유대인 학살로 인류에 대한 범죄를 자행하는 것을 더는 묵과할

14 War Crimes: Violations of the laws or customs of war which include but are not limited to, murder, ill-treatment or deportation to slave-labor or for any other purpose of civilian population of or in occupied territory, murder or ill-treatment of prisoners of war or persons on the seas, killing of hostages, plunder of public or private property, wanton destruction of cities, towns, or villages, or devastation not justified by military necessity. *Principles of International Law* Recognized in the Charter of the Nuremberg Tribunal and in the Judgment of the Tribunal.

15 Telford Taylor, *Nuremberg and Vietnam: An American Tragedy*, in M. M. Wakin, 1979, pp. 415~416.

수 없어서 연합군이 독일 영토의 대도시를 상대로 무차별 대량 융단폭격을 감행함으로써 무고한 민간인들이 대거 희생되었지만 전쟁 종식이라는 더 큰 비교적 정의를 얻었기에 연합국의 전투행위는 전쟁범죄에 해당하지 않는다.

한편 동양에서 일본군의 침략전쟁으로 한국에서 무고한 민간인과 애국지사들이 구금되어 고문 받고 처형되는 만행과 종군위안부 강제징집, 그리고 중국 남경대학살 등의 만행을 단죄하는 미국의 일본 영토 내 원자폭탄 투하 등은 정당한 행위인데, 이를 두고 월저는 '정치적 필요성'이라 했으며, 이러한 필요성을 현장의 군 지휘관이 판단하고 결심하는 것은 절대 용납될 수 없다고 주장한다.[16]

전투 수행 중인 군인의 지상과제는 승리다. 승리를 위해 군인은 합법화된 폭력을 사용한다. 무력 사용의 합법성이 면죄부의 근거가 된다. 그런데 이 면죄부는 전쟁 규칙의 준수를 전제로 하나 순환논리에 빠진 기분이다. 그래서 국제사회에서 통용되는 '군사 필요'의 개념을 정리하자면 적을 신속하게 제압하기 위해서 필요한 행동을 취하는 데 불가피한 무력 사용인데, 이는 충분한 조건이지 완벽한 조건이 아니다. 이러한 행동은 오직 군사 목적을 달성하는 수단으로서의 군사 목표에 대한 폭력의 사용이어야 한다. 그렇지 않으면 금지되어야 한다.[17]

16 Michael Walzer, *Just and Unjust Wars*, New York, 1977, pp. 251~268. The laws of war must be obeyed "until the heavens fall." Michael Walzer calls such a calamity a *supreme emergency* under which military necessity would justify setting aside the laws of war (……) For Walzer, then, "military necessity" could appropriately be called "political necessity": Supreme emergencies, as he has defined them, do not exist at the tactical or the unit level. Paul Christopher, *The Ethics of War and Peace-An Introduction to Legal and Moral Issues*, New York, 1994, pp. 185~187.

표 6 전쟁 규칙을 준수하지 않는 이유들

전쟁 규칙을 위반하는 이유들	비고
1. 승리 지상주의: 승리와 도덕의 갈등(승리 〉 도덕)	승리 지상주의
2. 자신의 안전이 더 중요함(바람직하지 않은 이중효과)	미 공군 조종사
3. 상관의 명령에 대한 맹목적 복종과 무책임	미라이 대학살
4. 전시 인도법에 대한 무지의 소산(Jean Pictet)	지휘관의 무지
5. 전시 인도법의 도덕적 원리의 우선순위 무시(Anthony Hartle)	HP1>HP2
6. 장기적 공리(long-term utility)에 대한 임의적인 해석	하급 지휘관

전쟁 규칙을 준수하지 않는 이유들

전쟁 규칙의 위반은 곧 전쟁범죄를 범하는 일이다. 군인들의 딜레마는 승리의 요구와 전시 인도법 준수 의무 간의 갈등에서 갖게 되는 문제다. 상식적인 수준의 인식은 승리를 위해서 전쟁법을 위반해도 좋다가 될 것이다. 브래들리 장군의 말처럼 "전쟁에는 준우승자를 위한 2등상이 없다." 승리라는 가치와 도덕이라는 가치 사이의 갈등 해소는 이 가치들의 선언적 선택이 아니라 가치들의 연언적 구현에 있다. 국제법의 전쟁 규칙을 준수하면서도 군사 필요의 원칙에 의거 전쟁 승리를 쟁취할 수 있는 수준 높은 정예군의 양병과 용병이 관건이다.

통상 실력이 없는 선수가 반칙으로 승리를 노린다. 군인들도 마찬가

17 Paul Christopher, *The Ethics of War and Peace-An Introduction to Legal and Moral Issues,* Prentice-Hall, Inc. NJ, 1994, p. 228. Military Necessity: Under international law, "military necessity" constitutes a sufficient reason for performing actions "indispensable" to subduing the enemy as quickly as possible, but which would otherwise be prohibited. This effectively prohibits violence not done for military purposes, but permit almost anything done for military objectives.

지다. 수준 낮은 군인들이 승리를 빙자한 반칙의 불가피성을 말한다. 표 6 전쟁 규칙을 준수하지 않는 이유들이 이러한 변명들을 잘 보여주고 있다.

전쟁 규칙을 위반하는 이유들을 살펴보면 대체로 전시 도덕의 기본 정신을 망각하고 자신의 안전과 이익을 고려하는 경향성과 관련된다.

첫째, 승리 지상주의다. '전쟁에는 준우승자를 위한 2등상이 없다'라든지 '군인에게 패배는 곧 죽음이다'라든가 혹은 '전쟁과 사랑은 결과가 과정을 정당화한다'라는 인식이 전쟁 심리의 주류를 이루어 전투원의 행동을 지배한다. 이러한 인식은 '승리'와 '도덕'의 양자택일에서 '승리'를 택하는 결과로 이어진다. 승리를 위해서라면 무엇이든지 가능하다는 결과주의의 오류를 범하게 된다. 전시 인도법인 헤이그 협약과 제네바 협약을 위반하면서 전투에 임하다 보면 전쟁범죄를 짓는 어리석음에서 벗어날 수 없다.

둘째, 자신의 안전을 고려한 전투 수칙의 위반이다. 공군 조종사의 경우 지상의 군사적 목표물에 근접강하 사격함으로써 목표물을 명중해야 한다. 그러나 근접강하할수록 적의 지대공 화력에 의해 격추될 확률이 높아진다. 이러한 위험에 직면하지 않으려면 조종사는 고도를 낮추지 않고 기총사격을 함으로써 목표물 주변의 무고한 인명이나 건물을 공격하게 된다. 비록 전쟁은 '고래싸움에 새우의 등이 터지는 일'이 발생하는 '이중효과(double effect)'의 현상을 피하기 어렵지만, 전투원은 교전수칙의 준수와 고도의 전투기술을 사용해 무고한 희생자가 발생하지 않도록 노력해야 한다.

셋째, 상관의 명령에 따랐다는 자기합리화와 변명이다. 1968년 3월 16일, 베트남 전쟁에 참전한 미군은 미라이에서 남녀노소를 구분하지 않는 주민 대학살의 만행을 저지른다. 군사재판에서 이들은 상관의 명령을 따랐을 뿐이라고 전쟁범죄를 부인했다.[18]

전투명령을 하달하는 지휘관은 애매모호한 지시나 명령을 하달해서는 안 된다. 발령자는 자신의 의도를 분명하게 전달했는지를 확인하기 위해서 수명자에게 복명복창토록 한다.

넷째, 전시 인도의 법에 대한 무지다. 전시 인도법의 아버지 장 픽테(Jean Pictet)는 전쟁범죄는 전시 인도법에 대한 무지의 소산이라고 보았다. 특별히 전투 지휘관은 전쟁법에 관한 해박한 지식을 바탕으로 작전계획을 수립해야 하며 작전 중 전쟁범죄 방지를 위한 조치를 강구해야 하며, 전쟁 수행 중에도 부대원에 의해 자행되는 온갖 범죄의 현황을 정확하게 파악하고 있어야 하며 적절한 시정조치를 취해야 한다.

대한민국 〈군인 복무 규율〉의 제10조 2항은 '전쟁법 준수의 의무'를 명기하고 있다: (1) 군인은 정쟁규칙(법)을 준수하여야 한다. (2) 지휘관은 예하 장병들에게 전쟁법 준수를 위한 교육을 시킬 책임이 있다.

제2차 세계대전 종전 후 일본의 야마시다 중장은 이러한 지휘책임을 다하지 못해 1945년 12월 동경재판(재판장 맥아더 장군) 국제법에 의해 전쟁범죄의 책임을 지고 처형되었다. 지휘관은 예하 장병들의 소행에 대해서 전혀 몰랐었다는 것 자체가 지휘책임을 면키 어렵다고 판단된다.

18 Michael Walzer, *Just and Unjust Wars*, New York, 1971, pp. 310~311. Captain Medina is quoted as having told his company to leave nothing behind them and to take no prisoners: "They're all V.C.'s, now go and get them." But he is also said to have ordered only killing 'enemies,' and when asked, "Who is the enemy?" to have offered the following definition (in the words of one of the soldiers): "anybody that was running from us, hiding from us, or appeared to us to be the enemy. If man was running, shoot him; sometimes even if a woman with a rifle was running, shoot her."

표 7 전쟁 규칙의 도덕적 원리

가치	가치를 반영하는 도덕 원리
인권 존중	각 개인은 개인으로서 존중될 가치가 있다. (HP 1) (Individual persons deserve respect as such.)
고통 최소화	인간의 고통은 최소화되어야 한다. (HP 2) (Human suffering ought to be minimized.)
우선순위	HP1 > HP2

다섯째, 전시 인도법안에 내재한 도덕적 원리의 우선순위에 대한 오해와 부당한 적용이다. 헤이그법이든 제네바법이든 전쟁 규칙은 다음 두 가지의 도덕적 원리들을 기반으로 성립하기 때문에 군인들은 이 원리들을 이해하고 올바로 적용해야 한다는 것이 앤서니 하틀(Anthony Hartle)의 입장이다.[19]

전쟁 수행 중인 군인은 전쟁법을 준수하고도 승리를 추구해야 한다. 다시 말하면 전쟁법에 내재하는 도덕적 원리는 인권 존중의 원칙과 고통 최소화의 원칙인데, 먼저 인권 존중의 원칙이 지켜진 연후에 전쟁에서 인간이 겪는 고통을 최소화하는 방향으로 싸워서 이겨야 한다는 것이다. 그 내용을 표로 정리하면 표 7 전쟁 규칙의 도덕적 원리로 요약된다.[20]

인권 존중의 원칙과 고통 최소화의 원칙 간의 우선순위가 잘못 적용되는 경우를 검토해보자. 예를 들어 적 후방에서 보급로를 차단하는 특수부대의 작전 중, 부상당한 적의 포로 1명을 체포했다. 그는 다리가 포격으로 절단되어 피를 흘리고 고통으로 신음하고 있다. 고통 최소화의

19 Anthony E. Hartle, "Humanitarianism and the Laws of War," *Philosophy*, vol. 61, No. 235, 1986, recited in Christopher's *The Ethics of War and Peace*, 1994, p. 168.

원리를 먼저 적용하면 적을 사살하는 것이 자비를 베푸는 일이 되며 아군의 임무 수행에 걸림돌을 제거해 아군의 고통(부담)도 줄어든다.

그러나 인권 존중의 원칙을 존중하는 지휘관은 적 부상병을 응급조치로 지혈을 하고 생명을 살려서 국제법의 절차에 따라 간단한 신상명세를 파악 작성한 후 상급부대 관계관에게 보고하여 합심조에 인계토록 한다. 적 병사가 포로수용소에서 재활치료를 받고 전쟁 종료 후 절차에 따라 본국으로 송환됨으로써 인간답게 살 수 있도록 한다. 이렇게 전쟁 중에도 자비와 살생유택의 정신을 실현한다.

여섯째, 장기적 공리(long term utility)에 대한 임의적인 해석과 적용이다. 한 국가가 전쟁 개입을 고려할 때 장기적 공리를 계산한다. 전쟁도덕의 5원칙을 만족한다 할지라도 전후의 정치, 경제, 외교, 국민의 삶 등에서 이해득실을 모두 검토하여 최대다수의 최대행복을 계산한다. 그러나 전투를 수행하는 현장의 군인은 오직 주어진 임무와 명령에 절대 복종해야 한다.

군인은 작전계획으로 하달된 명령에 따라 해야 할 일은 반드시 해야 하고 하지 말아야 할 일은 결코 해서는 안 된다. 자기가 하는 행위의 장기적 공리를 잘못 계산하면 적 지역의 무고한 민간인과 어린이를 사살하고도 후환을 없앴다고 자위할 수 있다. 적지의 농작물을 훼손하고 농

20 Anthony E. Hartle, "Humanitarianism and the Laws of War," *Philosophy*, vol. 61, No. 235, 1986. Colonel Anthony Hartle argues that there are two humanitarian principles reflected in the laws of war. The first, a deontological principle(HP1), states that "individual persons deserve respect as such." The second, a consequential principle(HP2), states: "Human suffering ought to be minimized." Hartle argues that in international law HP1 is more fundamental than HP2(i.e. only when the first is satisfied will be the second be applied).

민을 공격함으로써 적의 군량미의 원천을 제거했다고 자기합리화를 할 수 있다.

이상과 같이 국제법에 군인들이 지켜야 할 전시 도덕이 명기되어 성문화되었지만 잘 준수되지 않는 이유들을 검토해보았다.

마지막으로 미래의 전쟁 양상 변화와 가공할 현대의 무기체계를 검토해보고 미래 문명에 대한 전망을 해본다.

미래 전쟁 양상의 변화

현재 우리는 지식정보화 사회(앨빈 토플러) 또는 후기(탈) 산업사회(다니엘 벨)에 살고 있으며 이 단계의 문명권에서 경험하는 최첨단 고도 정밀무기로 수행하는 하이테크 전쟁의 특징을 목격한다.

미래의 전쟁 양상은 정보화 사회의 전쟁으로 전쟁 유형, 전쟁 양상, 전력구조, 지휘구조, 전투 형태, 무기체계, 군사 전략 및 전술, 파괴·피해 양상, 전쟁 사례 등은 유사하나 다음과 같은 관점에서 새로운 양상의 전쟁을 수행하면서도 인권이 존중되는 정밀무기와 화력이 등장할 것이다.[21]

개관하면, 과학기술의 발달은 새로운 무기체계를 가능케 하고 전장이 디지털화되며, 가공할 무기가 등장하고, 무인기와 로봇이 인간을 대신하여 전쟁을 수행하는 가상과학과 같은 전쟁 양상을 보게 될 것이다.

첫째, 미래의 전쟁 양상의 공간은 5차원이 될 것이다. 지상, 해상, 항공, 우주, 사이버 공간이 모두 전쟁터다. 지하 땅굴을 포함하면 6차원의

21 조영갑, 김재엽, 남봉우 공저, 《현대무기체계론》, 선학사(북코리아), 2014, 343~349쪽. "제7장. 미래 전쟁 양상의 변화와 무기체계" 제1절 '미래 전쟁 양상의 변화'의 요약이다.

전쟁도 가능하다. 무기체계의 성능이 광역화, 장사정화, 고기동화, 네트워크화, 우주전쟁화가 됨에 따라 정밀 파괴와 최소 살상(충격과 공포 전략)을 동시에 추구하는 전쟁으로 그 기능과 범위가 근본적으로 변한다. 이에 부응하여 전쟁을 수행하는 복잡 다양한 무기체계의 운용이 요구된다.

둘째, 미래의 전쟁 양상은 네트워크 중심전이 될 것이다. 네트워크 중심전은 정보기술의 발전에 따라 전장의 디지털화와 C^4I체계 운용, 플랫폼 중심(platform-centric)에서 네트워크 중심(network-centric)의 전투로 질적인 변화가 예상된다. 제대 단위별로 분산된 전력을 고도의 지식 정보력과 전산운영 능력과 연계하여 강력하고도 효과적인 통합과 활용이 가능하다.

셋째, 미래의 전쟁 양상은 효과 기반 정밀 타격전이 될 것이다. 고도 정밀유도무기로 대량 파괴 없이 적의 기반을 신속하게 타격하여 무고한 인명의 살상을 도모하지 않고 적의 전쟁 수행 능력을 마비시킨다. 적의 핵심 기능을 마비시킬 수 있는 목표를 타격하여(효과성과 경제성 추구) 군사력의 무차별 대량 파괴와 살상 없이 적의 전쟁 수단이나 전투의지를 무력화시킨다. 즉, 장사정 정밀유도무기로 대량 파괴 없이 중요 핵심 시스템의 무력화로 적국의 전체 기능을 무력화한다.

넷째, 미래의 전쟁 양상은 마비 중심의 신속 기동전이 될 것이다. 신속하고 대담한 기동으로 위치적 우세를 조성, 확보하여 적의 연계성 및 응집력을 와해시킴과 동시에 심리적 마비효과를 창출하는 전쟁 개념이다. 신속 결정적 기동작전(RDM)은 적의 방어가 취약하거나 미처 대응할 수 없는 방향으로 신속한 기동을 실시, 작전의 조건과 속도를 강요하고 다차원의 비대칭 공격으로 결정적 주도권을 확보한다. 적의 전략적 중심으로 신속히 기동하여 적을 무질서와 혼란에 빠지게 하며 적은 투입비용으로 단기간 내에 승리할 수 있는 새로운 기동무기체계의 발전이 요구된다.

다섯째, 미래의 전쟁 양상은 비화학전이 될 것이다. 종전의 전쟁은 화약에 의한 전쟁이었다면 미래는 화약 없는 전쟁이다. 전자기파(EMP, electro-magnetic pulse), 레이저(Laser) 무기, 비살상무기(non-lethal weapon) 등이 핵심 전력이다. 전자기파는 폭발 시 엄청난 위력의 전자기파를 발생해 통신망, 전기 및 전자장비, 컴퓨터 네트워크 등의 기능을 마비시킨다. 전자폭탄은 인명 피해나 시설 파괴 없이 적의 정치, 경제, 군사적 대혼란을 야기한다. 레이저 무기는 공중발사레이저(ABL)로서 보잉 747-400F에 탑재하여 적외선 탐지 후 수천 도의 고열 레이저로 미사일을 요격한다.

여섯째, 미래의 전쟁 양상은 비살상전(non-lethal warfare)이 될 것이다. 의도적인 인명 살상, 불필요한 자산과 물자의 파괴, 환경의 손상 없이 적의 표적에 영향을 미치는 전쟁을 수행한다. 비살상을 목표로 의도적으로 제작한 무기, 인명의 손상과 자산 및 환경의 불필요한 피해를 최소화하되 이들의 실제 기능을 무능화할 수 있는 무인무기체계 발전이 요구된다. 비살상 무기는 인명의 치명적 손상이 전혀 없다는 의미가 아니며 전통적 살상무기보다 상대적으로 인명 손상의 확률이 현저하게 적다는 것을 의미한다.

일곱째, 미래의 전쟁 양상은 무인로봇전(unmanned robot warfare)이 될 것이다. 로봇은 강제노동에 종사하는 노예나 종을 의미하는 체코어 'robota'에서 유래한 말이다. 세계 최초의 로봇은 1939년 뉴욕 세계박람회에 출품한 '일렉트로'(미국 웨스팅하우스 제조)였으며, 2000년대에 산업, 의료, 농업, 군사 분야 등에서 활용되었다. 2030년 인간 지능 수준의 로봇의 등장이 예상된다.

미래의 전쟁에서 다양한 무인로봇전은 경제성, 효율성, 인간 중시 등에서 그 전망이 매우 밝다. 로봇은 인간을 대신하여 정보 수집, 표적 식별 및 추적, 레이더 교란, 불발탄 제거, 지뢰 및 기뢰 제거, 화생방 오염 제독, 적 표적 공격 등 다양한 전투 임무를 수행한다. 로봇공학의 발전으로 지상무인무기, 무인항공기, 무인차량, 무인잠수함, 무인수상함 등이 실전 배치될 것이다.

나아가 미래의 전쟁 양상은 나노기술, 생물학, 유전공학 기술과 연계하여 인체 변화 탐지 전투복, 뇌파 이용한 항공기 조종, 인체 재생 능력으로 근력 및 지구력을 증강한 외골격로봇(bionic exoskeleton robot)이 등장, 인간을 대신하여 전투하는 양상이 될 것이다. 과학기술 강국이 군사대국이 될 것이다.

마지막으로, 미래의 전쟁 양상은 정보전 및 사이버전이 될 것이다. 정보전은 적의 인원(휴민트)과 시설장비(시진트)에 대해서 특정 목표를 달성하기 위해 전·평시에 실질적으로 치밀하게 수행되는 정보작전이다. 정보의 상호 관련 요소들을 연계, 통합 운용하는 것이 필수적이다. 컴퓨터를 상호 연결하는 인터넷 기술은 국방과학기술에서 개발한다.

사이버전은 컴퓨터와 네트워크를 통해 구현되는 전자적 가상현실세계(사이버 공간)에서 상대의 정보 및 자산을 교란, 거부, 통제, 파괴, 마비시키고 또한 적의 이와 같은 행위로부터 아군을 방어 및 보호하는 모든 행동을 포함한다.

컴퓨터의 하드웨어와 소프트웨어를 비롯한 정보전자 과학기술의 발달은 사이버 전쟁의 비중을 더욱 높일 것이며, 정보 및 사이버전이 개

표 8 미래의 전쟁 양상의 변화

미래의 전쟁 양상	전쟁 수행 방식과 무기 운용 개관
1. 5차원 전쟁	– 전장 공간 : 지상+해상+항공+우주+사이버 – 정밀 파괴, 최소 살상(충격과 공포 전략)
2. 네트워크 중심 전쟁	– 전장의 디지털화, C^4I 체계 운용 – 플랫폼 중심 → 네트워크 중심(network-centric)
3. 효과 기반 정밀 타격 전쟁	– 고도 정밀유도무기로 대량 파괴 없이 적 기반 타격
4. 마비 중심 신속 기동 전쟁	– 신속 결정적 기동작전(RDM), 심리적 충격과 마비
5. 비화약 전쟁	– 화약 없는 무기, 전자기파 EMP, 레이저, 비살상무기
6. 비살상 전쟁 (non-lethal warfare)	– 상대적으로 인명 손상의 확률이 현저하게 적다는 의미 (신속 접착제 풀 대포, 일순간 실명 무기 등)
7. 무인로봇 전쟁 (unmanned robot warfare)	– 정보 수집, 표적 식별/추적, 레이더 교란, 불발탄 제거 – 지뢰 및 기뢰 제거, 화생방 오염 제독, 적 표적 공격
8. 정보 및 사이버 전쟁	– 전자적 가상현실세계(사이버 공간)에서 상대의 정보 및 자산을 교란, 거부, 통제, 파괴, 마비시키고 또한 적으로부터 아군을 방어 및 보호하는 행동

시되면 행정, 전력, 금융, 군사 등 국가의 주요 전산망이 마비되며 국민의 삶은 대혼돈 속에 빠질 것이다.

이상으로 우리는 미래 전쟁 양상의 변화를 개관했으며, 다음의 표 8 미래의 전쟁 양상의 변화로 요약한다.

맺음말

미래의 전쟁 양상과 무기체계는 인류의 양심에 부응하고 문명사회의 보편적 이념인 자유, 평등, 복지를 기반으로 한 개인의 행복과 지구촌의 평화를 유지하기 위한 방향으로 발전하기를 소망한다.

이를 구현하는 가능한 실천 방안은 과거 전쟁의 역사에서 체험했던

표 9 문명사회의 요구

인류의 양심과 문명사회의 보편적 이상에 부합하는 요구 사항	비고
1. 전쟁의 불가피성 인정: 국제법에서 군사 필요의 원칙으로 전투원에게 면죄부를 부여한다.	군사적 현실론 인정
2. 인도주의 원칙이 군사 필요의 원칙에 제한을 가한다. – 임전무퇴(臨戰無退)에 살생유택(殺生有擇)으로 제한하는 화랑도 정신	HP > MN
3. 인권 존중 원칙 먼저, 그다음에 고통 최소화의 원칙 순으로 적용한다. – 전시 인도주의 원칙: 헤이그법과 제네바법	HP1 > HP2
4. 국가 간의 전쟁은 가급적 지양한다. 전쟁 불가피성의 필요충분한 조건을 5개 이상 만족시켜야 한다.	정당한 전쟁의 기준
5. 전쟁 개입의 정책 결정 시 국가는 장기적 공리를 계산한다.	결과주의
6. 전투원(군인)은 전시 인도법 준수의 절대적 의무를 지닌다. – 대한민국 군인 복무 규율 10조 2항 〈전쟁법 준주의 의무〉를 교육한다. 1) 군인은 전쟁법을 준수하여야 한다. 2) 지휘관은 예하 장병들에게 전쟁법 준수를 위한 교육을 시킬 책무가 있다.	의무론 법칙론 (양병철학)
7. HP 1 > HP 2의 구현: 비살상 고도정밀무기의 개발, 활용해야 한다.	인권, 생명 보장 무기

인권유린과 야만적 생명 훼손의 고통을 줄이는 방향으로 발전해온 전시 인도법(전쟁법)의 도덕적 원리를 올바르게 이해하고 적용하는 양병 교육 방식과 용병술을 개발하는 것이다.

우리가 소망하는 것은 미래 전쟁에 부합하는 무기 개발이 과학기술과 인문학의 만남을 통해 생명 존중과 고통 최소화를 보장하는 비살상 무기의 활용이다. 따라서 화약 없는 무기, 전자기파 EMP, 레이저 등을 실전 배치하고, 타격의 정밀성은 높이되 치명성을 줄이는 효과 기반 타격과 마비 중심의 신속 기동전으로 임전무퇴(臨戰無退)의 군인정신과 살생유택(殺生有擇)의 인도주의를 실천하는 평화유지군으로서 군대의 위상을 높여야 한다.

본 논문에서 필자는 전쟁 수행 당사국의 주민과 군인들의 인권이 전쟁 중에도 보장되고 국가의 명령으로 전선에서 싸우는 이들의 고통이 최소화되는 미래 문명과 전쟁을 꿈꾸는 비전을 그려보았다.

이상은 인류의 양심과 문명사회의 보편적 이상에 부합하는 요구사항을 과거와 현재 그리고 현재와 미래의 연결선상에서 종합하여 표 9로 요약할 수 있다.

문명사회의 요구에 부응하는 미래의 군대 지휘관에게 필요한 자질과 능력의 구비 조건들은 대체로 다음과 같아야 한다.

첫째로 세계화 및 정보화 마인드를 지닌 실력자로서 세계시민의 윤리의식과 2개국 이상의 언어 구사 능력과 전산 운용 능력을 겸비한 지식무사여야 한다.

둘째로 신세대의 장점을 적극 활용하는 리더십을 발휘하여 장병들의 개성을 존중하고, 창의력을 개발 활용하고, 더불어 사는 방법을 실천하여 부하에게 신바람과 비전을 심어주는 장교가 군대문화를 주도한다.

셋째로 환경 친화적 마인드를 지닌 인격자로서 신세대 장교는 생태계 및 자연보호를 실천하는 친환경 휴머니스트, 생명 존중 사상을 함양하여 인간의 존엄성을 존중하는 기사도 정신으로 전시 인도의 법을 준수하는 국제신사의 위상을 견지한다. 군대와 전쟁의 미래는 인류의 양심과 문명사회의 보편적 가치를 존중하는 방향으로 전개되어야 한다.

넷째로 군인은 제복 입은 민주시민으로서 국민에겐 존경과 신뢰의 표상, 적에겐 전율과 공포의 대상이 되는 위상을 견지해야 한다.

이처럼 미래의 전쟁 양상은 인류의 양심과 문명사회의 이상에 부합하는 방향으로 전개될 것이다. 국가 간의 전쟁은 계속 일어나겠지만 인권이 존중되고 불필요한 고통을 최소화하는 방향으로 미래의 무기체계는 변할 것이다. 그런데 한반도의 미래는 어떠한가? 한반도의 미래 전쟁 양상은 어떻게 전개될 것인가를 예측함으로써 우리의 대응 전략을 모색하는 방향으로 본 논문의 결론에 도달하고자 한다.

우리는 인구에 회자되는 김일성-김정일-김정은 3부자의 통일대전 계획인 '판가리(생사존망 결정) 전략'을 주목해야 한다.[22] 북한의 통일론은 '한반도 적화통일'이다. 북한은 한반도에서 베트남식 사회주의 혁명을 추구하고 있다. 남남갈등이 절정에 이르도록 정치공작과 모략전을 도모한다. 그러나 우리 국민은 이러한 현실을 외면하고 있다. 현재 우리의 안보 상황은 임진왜란 직전, 6·25전쟁 직전, 베트남 공산화 직전의 사회적 분위기를 방불케 한다.

대다수 국민들은 안보 불감증에서 안보 무시 증세의 단계를 보인다. 군사 전문가들은 북한은 앞으로 1~2년 내에 중·장거리 미사일에 핵탄두를 장착할 것으로 전망한다. 핵미사일 실전 배치가 이뤄지면 대한민국의 안보는 6·25전쟁 후 최대의 위기국면으로 치닫고 백척간두 위기에 놓이게 된다. 하지만 정치권 일각의 고고도미사일방어체계(THAAD·사드)의 주한미군 배치 반대 입장에서 나타나듯 우리 사회 한편에서는 안보 불감증이 만연해 있다.

22 http://m.media.daum.net/m/media/politics/newsview/20160919115515086, "생존의 필수조건 '新자주국방'" "核·미사일 현대戰 전력 절대 열세: 무너지는 군사 균형" (2016.9.19.)

https://www.youtube.com/watch?v=_sY2iAXdSlQ 참조. (1) 미사일로 한반도 전장화, 남조선 불바다 만들기, 미사일 부대 사단에서 군단 급으로 증강, (2) 게릴라에 의한 도시 게릴라 전쟁 수행, 3만~20만의 특수군 활용, (3) 증강된 단기 속도전, 미-일이 증원되기 3~5일 전에 부산까지 무력 점거, (4) 핵미사일, 다연장로켓, 장사정포, 사이버, 디도스 등의 공격으로 한반도의 대결구도의 판을 확 갈아엎는 전략이다.

한 군사 전문가는 "한국이 굶주린 늑대에 잡아먹히는 상황에 처할 수도 있다"며 "죽기 살기 식으로 덤벼드는 북한군 앞에 한국군이 속수무책으로 무너지는 최악의 상황을 상정해야 한다"고 우려했다.[23] 미국의 핵 전문가들은 북한의 핵무기 대량 보유를 미래의 기정사실로 바라보고 있다.

이 시점에서 북한의 남한 점령 '판가리 전략'의 현실 가능성을 예의 주시해야 한다. 북한은 남한을 핵무기로 타격하고 3~5일 이내에 전쟁을 종결하는 남한 점령 작전계획인 '판가리(생사존망의 결정) 전략'을 세워놓고 기회를 엿보고 있기 때문이다.[24]

현재와 미래의 한반도 대결 양상에서 현재와 미래의 최첨단 무기를 확인하고, 북한의 '통일대전 작전계획'으로 알려진 '판가리 전략'의 심각성을 느껴야 한다. 경주 일대의 지진보다 더 심각한 안보 위기의 먹구름을 외면하는 우리 사회의 일부 집단과 일부 세력의 안보 무시 증세를 두고 '북한은 굶주린 늑대, 남한은 배부른 돼지'로 비유하는 현실의 심각성을 직시해야 한다.

23 http://m.media.daum.net/m/media/politics/newsview/20160919115515086, "생존의 필수조건 '新자주국방'", "核·미사일 현대戰 전력 절대 열세: 무너지는 군사 균형," 문화일보, 정충신 기자, 입력 2016.9.19. 11:55 (수정 2016.9.19. 12:00)

24 판가리 전략에 따르면, 북한은 핵으로 남한만을 선제타격하고 압도적인 재래식 전력으로 남한을 강점한다는 것이다. 30mm 신형 방사포와 장사정포를 비무장지대(DMZ) 인근에 전진 배치해 순식간에 남한을 점령한다는 전략이다. 20만여 명의 특수전부대도 물밀듯이 남한의 전후방에 투입한다. 판가리 전략은 2013년 3월 선포한 '우리 식 전면전' 전략과 같은 맥락이다. 당시 김 위원장은 "전선부대들을 비롯하여 육군·해군·항공 및 반(反)항공군, 전략 로케트군 장병들이 우리 식의 전면전을 개시할 만반의 준비가 되어 있다"며 전면전쟁 계획을 최초 공개했다. 우리 식 전면전은 핵미사일로 미국의 증원과 일본의 지원을 차단하고 대량파괴무기(WMD)·장사정포·특수전부대와 재편성된 재래식 전력으로 미군의 증원이 이뤄지기 전인 3~5일 이내에 전쟁을 종결하겠다는 것이다.

미래 전쟁과 문명의 세계적인 기상도는 '맑음'이라면 한반도의 기상은 '흐림'이라는 결론으로 이 글을 맺는다.

풍수화로 상징되는 한·중·일 문명의 원형*

김용운**

나무 열매나 뿌리로 겨우 생명을 이어가면서 비교적 쉬운 수렵이나 채집생활을 일삼던 태고의 인간은 주로 구릉지의 골짜기나 작은 개천가에 거주했다. 사막으로 둘러싸여 위험한 침입자나 짐승들로부터 격리된 오아시스는 가장 이상적인 생활 터전이었다. 문명의 꽃은 이런 조건을 갖춘 중앙유라시아의 사막 주변에서 피어나기 시작했다. 오늘날 고고학적으로 알려진 바로는 문명의 싹이 트기 시작한 시기는 8000년 전이다. 이 무렵 인류는 숲에서 나와 가축을 사육했다. 야생동물을 가두어 사육하고 야생식물을 재배함으로써 식량을 능동적으로 관리하는 농업혁명의 시기가 도래했다. '문화'와 '농업'이 모두 'culture'로 표시되는 것은 결코 우연이 아니며, 충분한 식량 없이는 문화가 형성될 수 없음을 의미하기도 한다.

* 이 글은《풍, 수, 화》(맥스미디어, 2014)의 내용을 기초로 해서 쓴 것이다.

** 한양대학교 명예교수.

인류 문명의 기원

오아시스를 중심으로 원시 농업을 하면서 가축을 기르던 무리는 인구 증가로 오아시스를 떠나 초원으로 목축의 범위를 확장해갔다. 초기의 유목민이 사육할 수 있는 염소나 산양의 수는 가구당 20~40마리 정도였고 낙타나 말을 다스리게 되자 기동성이 크게 좋아졌다. 낙타는 BC 3000년경, 말은 이보다 늦은 BC 2000년경 남부 러시아와 메소포타미아 지역에서 사육되었다. 유목의 범위가 넓어지자 수백, 수천 마리의 염소와 산양 무리를 한꺼번에 이동시킬 수 있었다. 인간이 신을 만나는 시기에 목축기술은 상당 수준에 달해 있었다. 《구약》의 〈욥기〉에는 욥이 신에게 시련을 받았을 당시 1만 1000마리의 소, 염소, 말, 낙타 등을 기르고 있었다고 적혀 있다. 이는 욥이 많은 하인을 거느린 부족장이었고, 당시 유목민은 관리 능력의 한도까지 가축을 기르고 있었음을 시사한다.

한편, 치수 관개기술을 익힌 무리는 잉여 농산물의 힘으로 서서히 도시를 형성했다. 인류 역사상 가장 원초적인 사회는 유목을 겸한 농경이 가능한 지대에서 시작되었다. 비옥한 토지와 풍부한 물을 찾아 메소포타미아 및 이란의 고원 지역에 정착한 일부 유목민은 농사를 지었으며, BC 5000년경 인류 최초의 도시가 등장했다. 오아시스의 도시가 국가 형태를 갖추게 되자 곧이어 여러 도시국가가 모여 최초의 수메르 문명을 탄생시켰다. 기술 수준이 낮았던 인간은 정착한 곳의 풍토 조건을 최대한 반영하고 서로 대립과 협력을 거듭하면서 저마다 지역 조건을 반영한 특색 있는 농경사회를 형성했다.

1. 유목민과 농경민의 신

《구약》은 인류가 사회를 구성하게 된 계기를 상징적으로 설명한다. 아담과 이브는 에덴동산에서 쫓겨난 뒤 카인과 아벨, 두 아들을 낳는다. 아벨은 양치기가 되고 카인은 농사꾼이 된다. 이는 인간이 농경과 목축을 따로따로 해왔음을 시사한다. 농경민과 유목민은 서로의 생업에 어울리는 다른 사회를 형성하고 저마다 고유문화를 지닌다. 농사꾼 카인은 땅에서 나온 농작물을, 양치기 아벨이 새끼 양을 자연스레 제사의 제물로 바쳤다. 신이 카인의 농작물을 받지 않자 카인은 동생 아벨을 시기하여 들판으로 끌고 가 죽인다. 인류 최초의 살인은 신에게 바친 공물이 원인이었고 제물로 상징되는 문명 차이가 인류 최초의 문명 충돌을 일으킨 것이다. 농경민과 유목민은 별개의 가치관 곧 원형(原型)을 가지게 되고 그 차이는 종교의 차이를 만들어 결국 서로 다른 신을 섬기게 된다.

미국과 중국의 신대륙 관계는 유목민과 농경민의 충돌이고, 오늘날 세계 각지에서 벌어지는 분쟁, IS 테러의 씨앗은 카인과 아벨의 갈등을 그대로 연장하고 있다. 즉 '종교의 충돌'이며 그 씨는 이미 인류사의 출발점에 내재하고 있었다.

신은 민중의 집단적 무의식에서 태어난다. 늘 멀리 지평선을 보고 이동하는 유목민의 신은 하늘에 있으면서 농경생활을 통해 얻은 사상에 강하게 반발하고 농경민의 풍습, 특히 우상숭배를 경계한다.

해마다 농사를 되풀이하는 농경민의 신은 조상의 기억에서 태어났고 구체적 모습을 지니며 인간관계를 중요시한다. 공동 작업이 많은 농경민에게 '화(和)'는 필수적 생활조건이며 禾(벼 화)+口(입 구)로 수확한 식량을 모두 함께 먹는 인인·신인동찬(人人 神人同餐)임을 의미한다. 인간과 신은 단절되어 있지 않고 늘 가까이에 있다. 한편 유목민의 신은 사막에서 태어났으며 신에 대한 헌신의 기준과 윤리적 덕목은 농경민의 신과는 다르다. 신과 인간 사이는 인간과 가축과의 관계와도 같이 단절되어 "여호와는 나의 목자시니 내게 부족함이 없으리로다"(〈시편〉)라 하고 신은 스스로 '시샘의 신'을 자처하며 자기 이외의 신을 용납하지 않는다. 사막에서 길을 잃는 것은 곧 죽음이며 오아시스를 찾아 곧게 나아가야 하듯 신앙의 길 또한 최단의 직선이어야 한다. 유목민(《구약》)의 신은 농경민적 변덕을 혐오하면서 항상 유목민의 편에 서 있다.

> 그들과 혼인하지 말지니 네 딸을 그 아들에게 주지 말 것이며
> 그 딸로 네 며느리로 삼지 말 것……. (〈신명기〉 7장 3절)

신은 농경민의 사고가 유목민의 신앙에 영향을 주는 것을 가장 경계했다. 모세가 이집트 탈출에 성공하자 신은 이집트에서 오랜 농업생활로 변한 본래의 유목민이었던 유대인의 뒤바뀐 원형을 씻어내기 위해 긴 세월 동안 사막에서 방황하게 한다. 신이 약속한 땅을 찾아가는 길은 모래뿐인 허허벌판이었고 사막을 헤매는 동안 농경 시절의 우상 신은 설 자리를 잃고 파괴되고 파편은 모래판에 흩어지고 만다.

유목민에게 비친 농경민은 가축의 먹이를 제공하는 귀한 초원을 갈아엎는 족속이며 반대로 농경민이 보는 유목민은 땅을 그대로 내버려두고 소중한 곡식 생산을 방해하며 때로는 그것을 강탈하거나 구걸하는 야만스러운 무리다. 곡식은 보존이 쉬워 흉년에 대비해 식량으로 비축할 수 있지만, 육류는 금방 부패하므로 있을 때 아낌없이 나눠 먹어야 한다. 이들 두 족속은 소비와 비축의 관념도 정반대여서 개미와 베

짱이처럼 서로 상대를 '인색하다', '낭비한다'고 비난한다. 사막에선 아무것도 없이 헤매면 곧 죽음이다. 모르는 사람이 찾아오면 환대하는 것을 당연한 것으로 생각한다. 종교를 통한 이슬람 공동체 의식은 이미 7세기에 형성되었다.

카인과 아벨 이후 유목민과 농경민의 반목은 인류사에서 심각한 갈등을 일으켰고 풍토 조건이 신과 원형의 성격에 중대한 영향을 주어왔음을 알 수 있다. 그러나 한편으로는 서로 견제와 상호의존하면서 문명 발달을 자극해왔다.

2. 동은 동, 서는 서

자연관은 조상 대대로 이어져 온 심성 세계를 지배한다. 동양인의 자연관은 대부분 사막이나 준사막을 기반으로 발생한 서구인의 자연관과는 같을 수 없다.

좋든 싫든 한국인의 특성은 몬순지대의 풍토가 만들어낸 것이다. 같은 문화권 속에서도 유독 자연스러움을 강조하는 한국의 자연관은 자연의 리듬에 맞춰 살아갈 수 있는 기후와 지형적 조건에서 형성되었다.

100년 전, 제1차 세계대전의 폐허 앞에 그동안 동양의 후진성을 빈정대면서 우월감에 도취해 있던 유럽 지식인들은 심각한 위기의식을 느꼈다. 스스로 '유럽이란 무엇인가?'라는 물음을 던지며 유럽 문명, 문화에 대해 반성과 비판을 하기 시작했다.

특히 슈펭글러(Oswald Spengler)의 《서구의 몰락(*Der Untergang des Abendlandes*)》은 유럽의 정신적 전통에 대한 자신감 상실과 반성의 계기를 불러일으켰으며 처음으로 문명 간에 우열이 없음을 밝힌다. 그의 제자 격인 아놀드 토인비(Arnold Joseph Toynbee)의 말을 빌리면 문명

간의 차이는 저마다의 풍토를 포함한 시련에 따른 대응 결과다. 프랑스의 주지주의 시인 폴 발레리(Paul Valéry)는 유럽 정신의 본질에 물음을 던지고 주요 정신으로 다음 항목을 지적했다.

(1) 기독교(일신교) 정신
(2) 로마법 정신, 법만으로 사회를 유지할 수 있다는 믿음
(3) 그리스 정신, 합리적 사고, 논리(logos)의 존중, 유클리드 기하학 등

이들 서양의 정신적 요소는 이스라엘 사막에서 감지한 '유일신'의 존재와 그리스인의 지중해적 맑음으로 다듬은 이성에 대한 신뢰감이 융합된 것이다. 기독교에서 말하는 신의 인간에 대한 절대성과 그리스적 이성에 대한 신뢰감은 로마법 정신과 유클리드 기하학을 낳았다.

한편, 동북아 풍토의 모순적 조건의 특성은 변덕스러운 일기, 계절풍, 시야를 가리는 잦은 안개 등이다. 맑음보다는 애매함과 비대칭에 아름다움을 느끼고 우연적 결과를 중시하는 불가지론적 철학을 낳았다. 공자는 천도(天道)의 시비(是非)를 묻고 귀신(鬼神)의 존재에 의문을 가졌다. 유럽 조형예술의 주류가 처음부터 끝까지 빈틈없는 작업을 요구하는 조각이지만, 동양 조형예술의 주류는 작업의 마지막 단계에서 불꽃의 우연성에 좌우되는 도자기인 것은 우연이 아닐 것이다.

유럽에 대응하는 동양정신은 다음과 같이 요약할 수 있다.

(1) 불가지론
(2) 법(法)=氵(물 수)+去(갈 거)(물에 따라 흘러가듯 상황에 따라 법이 다를 수 있다.)

(3) 이성보다 정의 중시

동양의 법에 개입되는 눈물[氵]은 회개를 뜻하므로 정상(情狀)을 고려할 여지가 발생하고 교도소가 교화(敎化)의 목적도 갖는다. 한편 서양의 교도소는 벌을 주기 위한 죗값을 치르는 곳이다. 이처럼 동서양의 사유 방법은 풍토의 차이만큼 판이하다.

오, 동은 동, 서는 서, 그 둘은 결코 만날 수 없으리
지상과 천상이 신의 거대한 재판정에 함께 설 때까지
그러니 동양도, 서양도, 경계도, 양육도 탄생도 없으리라
세상의 양 끝에서 온 두 거인이 얼굴과 얼굴을 마주할 때!

종교, 철학, 사상, 동서양의 정신적 특성을 음미하면서 풍토 조건의 중요성을 실감했다.

유목과 농경에서 시작된 현재 세계 문명의 당면과제는 인류적 생존이 걸려 있는 국제 테러와 핵의 확산이다. 이들 재앙의 씨가 잉태한 곳은 기독교, 유대교, 이슬람교로 한결같이 모세의 이집트 탈출(exodus)을 믿는 아벨의 후손이 시작한 일이다. 핵무기의 원천적 씨앗은 그리스의 자연철학에 잠재되어 있었고, 《구약》의 아마겟돈적 사고로 구체화했다.

"눈에는 눈으로, 이에는 이로 갚는다"(〈레위기〉).
"원(怨)을 원(怨)으로 갚으면 한(限)이 없이 되풀이되니 원수를 은혜로 풀어라(以恩報怨)"[《노자(老子)》].

가장 농경적인 한민족의 한 갈래인 북한이 핵 확산으로 날뛰고, 핵전쟁의 위험을 안고 살아가는 세계 문명의 행방은 불안하기만 하다. 이런 현실을 몰고 온 이유를 밝히고 대처 방안을 문명사의 원초적 풍토와 원형의 시각에서 생각해본다.

한·중·일의 고대

실존주의 철학자 하이데거(Martin Heidegger)는 "죽음이 인간을 한정된 시간의 존재로 만들고, 인간은 그것을 의식함으로써 삶의 가치를 알아차릴 수 있다"라고 했다. 그러나 실존은 시간뿐 아니라 '어디서 사느냐'는 공간 또한 중요한 요소다.

공간, 즉 자연환경의 중요성을 의식한 일본인 철학자 와쓰지 데쓰로(和辻哲郎)는 《풍토: 인간학적 고찰》에서 지구상의 풍토를 몬순(계절풍), 사막, 목장 등 세 지역으로 크게 나누고 이들 "지역의 풍토 조건과 인간성의 관계를 생각했다. 몬순지대의 인간은 수용적이며 참을성이 있으며, 사막지대의 인간은 투쟁적이며 강한 단결력은 없고, 또한 목장지대의 인간은 합리적이다"라는 식으로 분류했다. 실존주의 철학에서 출발한 와쓰지는 풍토 이외의 요인을 무시하는 일원론의 함정에 빠져 풍토에 관련한 인간 해석을 단순한 성격 유형으로 분류하는 근대과학의 요소 환원주의적 사고와도 맥락을 같이하는 풍토결정론을 주장한다.

유대교, 기독교, 이슬람교는 사막의 종교이며 윤회사상을 중심에 둔 불교, 힌두교는 생물의 번식력이 왕성한 인도에서 태어났다. 풍토가 신의 성격까지도 규정하면서도 인간은 사회적 동물이다. 같은 몬순지대이면서도 한·중·일은 하천의 성격에 따라 판이한 사회를 형성한다. 와쓰지가 지적한 공간 조건이 인간성에 주는 영향은 하천의 성격에 관련되는 사회구조의 양상으로 규명되어야 할 것이다.

현실적으로 같은 몬순지대에 살면서 한·중·일은 서로 다른 하천의 성격에 어울리는 사회를 만들고 저마다 고유문화를 형성했다. 사회를 떠난 언어도 없는 고립적 인간은 존재할 수 없다. 사회적 집단무의식을 문제 삼은 원형론은 와쓰지 풍토론의 일원론적 결합을 극복하고 풍토(하천 구조)와 사회구조, 사회구조와 문화의 관계를 중시한다.

1. 고대의 한국인

한민족의 역사는 중국, 일본의 역사와 연동하면서 인종적으로 다양한 인종 요소가 융합과 분기를 거듭하면서 오늘에 이르렀다.

한반도에는 3만 5000년 전후의 구석기 시대 유적이 함경도 굴포(屈浦), 평양의 검은 물, 경기도 전곡리 등 약 50개소에서 출토되었다. 한편 일본에는 3만 년 이전의 유적이 아직도 발견되지 않았다. 1만 년 전 한반도 중심의 동북아시아 기후는 지금보다 7~8도 낮아 한반도와 일본 열도 그리고 시베리아, 사할린과 홋카이도(北海道)까지 이어진 육로를 통해 수많은 동물이 열도로 이동했고 사람이 그 뒤를 따랐다. 동해는 거대한 호수였다. 현재도 홋카이도에 거주하는 아이누인은 시베리아에서 사할린을 거쳐 이동한 무리의 후손으로 추측된다. 그와는 별도로 한반도에서 폭이 약 7.5km 정도의 육로를 걸어 열도의 남부지역으로 이동한 조몬(繩文)인의 조상이 있었다.

아이누어와 가라어(한자어 아닌 한국어)에는 우연으로는 볼 수 없는 적지 않은 공통어가 있고, 원 한반도인과 원 일본인(조몬인=아이누인)은 같은 족속이며 시베리아 바이칼호 부근에 거주했던 고(古) 몽골로이드(Mongoloid)에서 갈라진 것으로 추측된다. 필자는 일본 언어학자들이

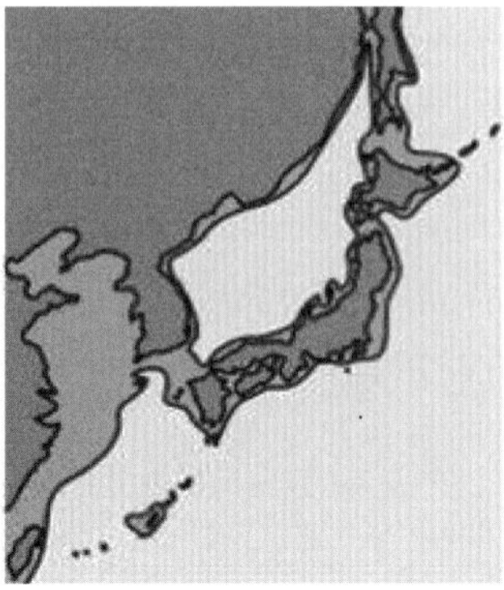

그림 1 일본열도가 한반도와 붙어 있던 시절의 지도

일본 낱말과 동류어로 생각하는 아이누어 낱말 대부분이 가라어와도 같은 계통어임을 확인했다. 특히 아이누어에는 한국어처럼 kap, tus, tup과 같은 일본어에 없는 받침이 있다.

한반도에서 열도로의 이동은 대마도가 바다로 완전히 고립된 약 8000~9000년 전까지 계속되었으며 그 후에는 배를 이용한 왕래가 가능했다. 현재까지 발굴된 5000년 전의 일본열도와 한반도의 고고학적 유물은 당시에 두 지역주민 사이의 왕래가 빈번했음을 시사한다.

중국의 남부 양쯔강 유역에서 발달한 벼농사의 시작은 BC 8~7세기경으로 추정되고 그것이 북상하여 산둥반도 근처에서 한반도로 BC 7~6세기경에 유입되었다. 한민족은 언어, 종교, 고고학적 자료, 고문헌 등을 고려할 때 알타이계의 기마유목민, 시베리아로부터의 북방계와 남방계의 벼농사민 그리고 대륙에서 난을 피해온 한(漢)족 등으로 구성되어 있다.

한반도 남해안을 거쳐 일본열도 규슈(九州) 지방에 유입된 벼농사 문화는 온난하고 강우량이 많은 벼농사에 알맞은 기후 덕분에 유입한 지

표 1 동계(同系)어로 보는 가라어, 야마토어, 아이누어의 보기

한자	야마토어(고유 일본어)	아이누어	가라어
神	kami	kamui	감
川	kawa	nai	내, 가람
人	hito	samo	사람
吾	a	a	나
開	hiraku	bira	벌(리다)
冷 寒	hiya samui	hamusi	춥(다)
連	tsure	tuna	또래
跳	tobu	tup(移)	뛰(다)
皮	kawa	kap	가죽(가파)
綱	tsuna	tus	줄
葬	houmul	hop	헐(다)
峯	mine	muy	뫼

(김용운의 《日本語の正体》에서)

겨우 200년 만에 관동에서 동북지역까지 급속도로 확산되었다. BC 4세기에는 일본의 농업혁명이 발생하여 벼농사 문화의 개화, 이른바 야요이(彌生) 시대가 막을 올렸다.

오키나와의 벼농사는 남방에서 직접 올라온 것이 아니라 열도에서 남하했음이 밝혀졌다. 실제로 농업과 어업에 관한 한·일의 낱말은 대부분 공통조어에서 파생한 동족어(同族語)다. 한·일어는 공통으로 낱말과 낱말 사이를 연결하는 조사(은, 는, 이, 가)가 있는 교착어(膠着語)인데 중국어는 낱말을 그대로 이어붙이는 고립어(孤立語)로 전혀 별개의 계통의 언어다.

2. 고대 한·일 사회의 차이

BC 4세기 이전의 원 일본인은 채집과 수렵의 생활이었으며 한반도에서 도래인의 농업기술이 전달되어 농업혁명을 이뤘다. 하지만 국가형성은 상당한 문명 수준에 도달해야 가능하다. 마치 북유럽의 바이킹(Viking)이 유럽 각지에 국가를 수립한 것과 마찬가지로 금속기를 지닌 남한인이 열도 각지에 부족국가를 형성했다. 그 후 한반도 남부와 열도 북규슈 지역 사이에는 한·왜(韓倭) 연합국과 같은 조직체가 형성되었고 양자 간의 언어 차이는 거의 없던 것으로 보인다.

고대 한·일 사회의 성격은 묘제에도 잘 나타난다. 일본열도에는 한반도에 흔한 수백, 수천 개 단위의 대규모 지석묘 유적을 찾아볼 수 없다. 겨우 규슈 후쿠오카(福岡)와 구마모토(熊本) 지역에만 15개 정도의 소규모의 지석묘군이 있을 뿐이다. 대부분 이들은 부족사회 수장의 묘소로 한반도의 부족사회가 일본보다 훨씬 큰 규모로 오랫동안 지속했음을 시사하고 있다.

한편 그와 정반대로 일본열도에는 이집트 피라미드보다 큰 규모의 고분이 여러 곳에 있다. 그 크기는 정복 국가적이며 권력을 상징하는 것으로 그 규모와 양은 열도 일대에 소(小)국가군이 여러 곳에 분산되어 있었음을 시사한다.

《위지(魏志)》〈동이전(東夷傳)〉은 AD 239년 위(魏)의 외교 사신이 삼한(三韓)과 열도의 야마도(邪馬台國)를 방문하여 이들 지역의 사회상을 비교적 자세히 기록하고 있다. 특히 한반도 부족국가의 계급의식과 사회질서가 느슨한 자생적인 공동체였음을 엿보게 한다. 《삼국사기》에는 박혁거세 30년(BC 28년) 초에 "낙랑의 군대가 신라에 침입했으나 사람들이 밤에 문도 안 잠그고 들에 노적가리를 그대로 두고 있는 것을 보고 과히 인심 좋은 곳이라며 감탄했다"는 기록이 있다. 이는 당시 남한 사회가 소박한 부족사회였으며 〈동이전〉의 기록과도 부합한다. 한편 이와는 대조적으로 왜(倭)의 야마도국에 대해서는 엄격한 계급사회이고 정복으로 이루어진 군사적 성격이 강했음이 묘사되고 있다.

지석묘, 고분의 규모와《위지-동이전》의 사회성에 관한 기록 내용은 한결같이 남한과 열도 사회의 대조적인 사회성을 분명하게 반영하고 있다. 즉, 한반도에는 오랜 역사를 가진 벼농사민의 세력이 그 후 이동해온 기마민족보다 상대적으로 강했음을 시사한다. 이러한 고대 한·일 사회의 성격 차는 저마다 민족의 초기 조건을 반영한 것으로 해석된다.

3. 고대 중국

황제, 황하, 황토의 황은 황인종의 황(黃)이며 이들은 한결같이 황하 문명의 상징이다. 잘 알려진 북경 원인(原人)의 유골은 현 중국인과는 직접 관계가 없는 것으로 알려져 있다. 한족의 발생지는 황하의 중류 지대로 서역, 북방 유목민과의 빈번한 접촉이 있었던 곳이다. 중국 문명은 주변의 소수민족과 중원 한족(漢族)의 긴장관계 속에서 발전해왔다. BC 771년 중국 고대국가, 주(周)나라는 이(夷, 犬戎)의 침략으로 수도를 서안(西安)에서 낙읍(洛邑)으로 옮기고 춘추시대(BC 770~403)에 돌입한다. 중국인의 민족별 인구비율은 시대마다 약간씩 다르지만 대체로 90% 정도가 한족으로 그 조상은 황하 중류의 황토 지역을 거주지로 삼고 그 외곽에 소수민족이 있었다.

화이의 변(華夷之辯)은 민족차별이 아니라 문화 수준을 기준으로 가늠되었다. 같은 한(漢)민족일지라도 후진국, 문화 수준이 낮은 지역을 이

(夷)로 여겼다. 원래의 화(華)의 땅은 "아래로는 위(魏), 진(晋)까지이며 조(趙), 진(秦)의 이연(二燕)은 중화의 땅이면서도 덕(德, 문화 수준)은 미천했다"[《위서례지(魏書禮志)》].

춘추전국시대 중원은 현재의 낙양 부근이며 주 왕조는 그곳에 인접한 위, 진까지를 중화로 보고 그 밖의 한민족의 땅이었던 조, 진은 제외했다. 이후 진시황의 정치력에 의해 조, 진은 중화에 편입되었다.

맹자는 화이(華夷)에 대해서 다음과 같이 말한다.

"화(華)로서 이(夷)를 변하게 할 수는 있어도 이(夷)로서 화(華)를 변하게 할 일은 없다"[《맹자(孟子)》].

문명이 높은 한민족이 오랑캐[夷]를 지배할 수는 있어도 오랑캐가 한(漢)민족을 지배할 수 없다는 의미를 지닌 한족 중심의 문화 진보론이다. 실제로 역사 이래 맹자의 시대까지 단 한 번도 이(夷) 세력이 중화의 지역을 침입한 일이 없었던 것은 사실이다.

하지만 그 후 화(華)가 아닌 것으로 여긴 진(秦)이 천하통일을 완수한 후, 화의 지역인 중원은 화와 이 사이의 패권 다툼의 목표가 되고 맹자가 부정한 "이(夷)가 천하를 변케 하는 일"이 빈번히 발생했다. 중국 역사는 주변의 소수민족인 이(夷), 즉 몽골족, 여진 등이 중원 세력을 지배하거나 적극적으로 싸운 일이 많았음을 기록하고 있다. 그러나 유독 한(韓)민족(한반도인)만은 맹자의 "소국이 대국의 권위를 인정하는 례(禮)"(철학)를 충실히 이행하면서 단 한 번도 중원을 넘겨다본 일이 없었다.

고대 중국의 기본적 국가관, 즉 국가 원리는 주 왕조가 중원에 할거하는 세력을 지배하는 것이다. 그러나 춘추전국시대를 마감하고 천하 통일을 이룬 진한(秦漢)시대에는 새로운 형태의 사상으로 변한다. 즉, 황제의 영토를 중원에 국한하지 않고 오랑캐의 영토까지 포함하고 "하늘 아래 왕의 땅이 아닌 곳은 없고 땅 위 사람은 왕신이 아닌 사람은 없다(普天之下莫非王土, 率土之濱莫非王臣)." 결국 중국인의 천하는 이전의 중원을 크게 벗어나 전 세계를 의미하고 황제가 지배한다는 것이다.

중국의 통일 왕조 진, 한, 수, 당, 명, 청, 신중국까지 시대를 내려오면서 국토가 넓어지는 것은 한결같이 정권의 권위가 국토의 넓이에 비례한다는 국가 원리 때문이며, 그 사상은 현 신중국에도 면면히 이어져 오고 있다.

신풍토론: 한·중·일의 하천과 권력

1. 풍수화로 상징되는 한·중·일

한·중·일은 몬순지대이며 19세기 근대화 이전까지 강우에 의존하는 농업을 주산업으로 삼았다. 전통사회의 정치, 권력 형태는 수리 양식이 반영하고 국가구조의 기본 조건이 되었다.

한국(바람의 문화)

고산지대가 없는 한반도의 하천은 강바닥이 연안 평지의 높이와 거의 같은 평형천(平衡川)이며 대부분 수원(水源)은 동부의 산악지대에 두고 완만하게 평야를 사행(蛇行)한다.

한반도의 자연은 일본과 비교도 안 될 만큼 온화하고 화산은 휴화산인 백두산 하나밖에 없다. 정사에 지진에 관한 기록이 있기는 해도 피해 규모가 민족의 집단 무의식에 충격을 줄 만큼의 재해는 아니었다.

한반도의 자연재해는 주로 '홍수(태풍)와 가뭄' 정도이며, 이들은 며칠만 견디면 절로 원상으로 돌아오는 '삼한사온의 일기'와 맞물려 복원력을 지닌다.

한반도는 세계에서 보기 드문 살기 좋은 풍토 조건을 갖고 있다. 한국인이 즐겨 쓰는 '괜찮아요'는 자연에 대한 어리광, 낙관적 심성의 표현이기도 하다. 한반도의 자연재해는 견딜 만하며 '구더기 무서워 장 못 담글까'라는 속담처럼 어떤 일이든 일방적으로 좋기만 한 게 없고 긍정적인 일에는 다소의 부정적 요소도 함께 발생할 수 있다는 사고로 이어진다. 산업화는 막대한 에너지와 정밀한 기계가 필요한데 최근에 빈발한 사고 대부분이 인재(人災)인 것은 한국인이 자연의 혜택만 믿고 예방을 소홀히 하는 자연주의적 기질이 역작용을 일으킨 결과다.

자연은 일시적으로 고통을 주기도 하지만 금방 나아지므로 세상은 자비스럽고 살 만한 좋은 일이 더 많다고 믿게 한다. 한국의 신(샤먼)이 아무리 탈을 부려도 굿으로 달래면 금방 풀어지는 것도 복원력이 강한 자연의 형태를 반영한 것이다. 민요 〈한오백년〉은 이러한 한민족의 심리를 잘 보여준다.

"아무렴 그렇지 그렇고말고 한오백년 사자는데 웬 성화요."

길게 늘어진 가락은 사소한 것에는 구애받지 말고 오래도록 살자는 끈질긴 생명력과 한국인이 생애적일 수밖에 없는 심정을 선명히 나타내고 있다.

한국 최초의 국제인 최치원(崔致遠)은 당나라 과거에 합격하고 그곳에서 여러 나라에서 온 외국인을 만나면서 한국인의 독특한 품성이 풍류(風流)임을 알아차렸다. 바람의 흐름과 같은 멋스러움을 선호하고 한복에는 긴 옷고름을 붙이고 그것이 나부끼는 모습에서 풍류의 미학을 느꼈다.

하지만 열도에서는 옷에 고름을 달지 않고 머리에 띠를 감는다. 열도에선 철의 농기구를 갖고 한반도에서 열도로 건너간 우두머리가 각 지역의 신이 된다. 일본어 '옷'을 뜻하는 고로모(ころも)는 옷고름과 동족어다. 저명한 작가 시바 료타로(司馬遼太郎)는 농담 반 진담 반으로 전통시대 일본인의 최고 발명은 머리'띠'이며 긴장의 표시라고 했다. 그의 말투를 빌리면 한국의 띠(옷고름)가 세계 유일한 발명품으로 멋과 여유를 나타내는 것과는 반대다.

일제시대 총독부 교육정책에 큰 역할을 한 다카하시(高橋亨)는 한국인의 보수성, 비창조성 등을 지적하여 열등민족이라 하면서도 관용 있는 인품이나 의젓한 마음가짐만은 일본인에게 없는 미풍으로 칭찬하고 있다. 한국인은 자연스러움을 이상으로 하는 멋스러운 민족임이 틀림없다.

청산은 절로절로, 녹수도 절로절로,
산(山)도 절로, 수(水)도 절로, 산수 간에 나도 절로,
그중에 절로 자란 몸이 늙기도 절로 하리라. (김인후, 〈자연가〉)

한반도의 치수

한반도 지형은 강을 중심으로 문화권이 형성되어 다른 강 유역과는 상호의존도가 희박하다. 전라도 속담에 '외손자 예뻐하는 것은 경상도 방아코와 같다'고도 한다. 물론 경상도에서도 그와 유사한 말이 있는데

비자의 생활권이 독립적이라는 뜻이다. 한국사에는 삼국, 후삼국, 남북 분단 등 분열 시기가 적지 않다. 방방곡곡은 비산비야로 이어지고 적은 비에도 강은 금방 넘치지만 아무리 큰 홍수도 2~3일이면 강바닥을 드러낸다. 상류의 보(堰堤, 하천을 가로막은 저수시설)에 가둔 강물을 일시에 터뜨린 을지문덕의 작전은 경사도가 낮고 폭이 넓은 한반도 하천의 성격을 이용한 것이다. 율령제(律令制) 하의 제한적인 지방권력은 여러 고을을 지나는 강에 대한 치수사업에는 무의미했다. 역대 왕조는 삼국시대의 소규모 저수시설을 제외하고 하천과 관련한 수리사업에 적극적으로 관여한 일이 거의 없다. 대부분 농토는 계곡물이나 강우에 의존하는 천수답(天水畓)이었으며 '홍수에 사람 몇쯤은 떠내려가야 풍년이 된다'는 익살스러운 말도 있다.

조선왕조 말기 전북 고부에서 발생한 동학운동은 농민이 자주적으로 만들어놓은 보에 대한 과세가 계기가 되어 발생한 것으로 조선 전통사회의 관리와 농민의 관계를 드러낸 상징적 사건이다. 치수에 무관심한 권력이 농민이 자력으로 마련한 수리시설에 대한 과세 부여는 대가가 없는 일방적 착취일 뿐 권력의 존재 이유를 상실케 했다. 한국 서민은 점쟁이가 말하는 재액(災厄) 가운데 관재(官災)수를 가장 두려운 것으로 여겼다. 믿을 것은 가까운 핏줄뿐이라는 생각이 본가, 종가를 중심으로 가문의식을 형성했다. 가문의 질서는 행렬자(行列字)로 표시되는 가문 내의 순위가 있고 타인을 대하는 것과는 다른 질서가 있다. "하느님, 비를 내려주세요. 또는 홍수를 막아주세요"를 외쳐도 자신 이외 믿을 이를 찾지 못한 농민은 스스로가 곧 신이라는 인내천(人乃天)의 생각을 가질 때 충(忠)의 덕목은 무시될 수밖에 없다. 스스로 하늘이 되어 신바람을 일으키는 자부심이 오랜 시련에도 한민족을 존속시켰다.

가뭄과 폭우가 번갈아 몰려오고 기후는 삼한사온(三寒四溫) 식으로 변덕스럽다. 재앙에는 자학하고 행운에 신바람을 내며 격심한 감정 표출을 일상화한다. 자연에 의존하는 농업은 자연을 있는 그대로 보는 멋(자연)의 미학을 낳고 신토불이(身土不二)의 신념을 갖게 한다. 운에 관해서는 산천의 모양과 배치의 관련성을 추정하는 풍수지리설을 으뜸으로 여기고 자연에 적극적으로 손을 가하는 것을 비하하는 보수적 기질을 가꾸기도 했다.

일본(불의 문화)

열도에는 고산으로 이어지는 산맥으로 분할된 수백 개의 분지가 독립적인 단위 지역을 형성, 지역마다 고유의 방언을 갖고 지방자치적인 권력 형태 번(藩)이 약 250개 정도 구성되었다. 영주는 분지 중심에 성을 갖고 그 주변에는 무사단의 거주 지역이 있고, 좀 떨어진 곳에 상가가 형성되었다. 분지 일대에는 구역마다 촌락이 산재한다. 분지 주변의 높은 산에서 내려오는 계곡은 짧고 급류가 되어 평지로 흘러내린다. 메이지 근대화 직후 처음 이런 강을 본 화란인(네덜란드인) 토목 기사는 "강이 아니라 폭포"라고 탄성을 지를 정도였다. 실제로 일본어는 급류를 총알수(銃砲水)로도 표현한다. 벼농사는 대부분 강에 의존하기에 단위 지역의 무사단과 농민이 힘을 모아 수리 공사를 해내야 했다. 일찍부터 충적(沖積) 평야에서 벼농사를 지었기에 주로 산기슭에 농지를 갖는 한국보다 강에 대한 의존도가 훨씬 높고 단위 지역마다 처절한 수리 공사에 관한 역사가 많다.

18세기 중엽 나고야(名古屋) 분지를 흐르는 수원이 다른 3개의 강이 합쳐지는 기소가와(木曾川) 공사가 잘 알려져 있다. 벼농사와 관련된 공사의 완성 시기는 절대적이다. 혹독한 공사 조건으로 번번이 둑이 무너지는 등 실패가 속출했다. 그러나 변명하고 있을 시간적 여유가 없다. 1년의 공사 기간에 동원된 무사 947명 중 적어도 51명이 실패의 변명 대신 할복을 택하고 병사자는 33명, 총 88명의 희생자가 생겼다. 공사가 완성되자 젊은이가 많이 죽어갔으니 "어찌 뻔뻔하게 살아 집에 돌아갈 수 있느냐"며 총지휘자도 할복자살을 했다.

일본 전국 번(藩)마다 정도는 다르지만 수로 공사, 방풍림 건설, 암벽 굴착 등에 헌신한 인물의 기록이 있으며 난공사를 총지휘한 인물의 기념비가 있다. 그것은 한국의 지방 관청마다 세워진 목민관의 송덕비와 대조적이다. 일본에 신사가 많은 것은 주로 지역민의 치수, 개척 사업에 요청되는 협동, 단결을 위한 사회적 지혜의 소산이다.

일본의 우두머리

《일본서기》에 따르면 스사노오는 신라 소시머리(소머리, 춘천 牛首山)에서 일본 이쓰모(出雲)의 새 머리(鳥髮, 소머리)로 건너가 그 지역의 머리가 여덟 개 달린 구렁이로 비유되는 여러 지류를 갖는 강의 치수에 성공하여 신으로 추대되었다. AD 794년에 백제 무령왕의 외손 간무천황은 동과 서에 두 강이 흐르는 교도를 수도로 삼았다. 교도 사람들은 스사노오를 우쓰(牛頭) 대신이라며 잘 알려진 야사카(八坂) 신사의 신주로 모셨다.

강 이름은 가모(賀茂)이다. 가모는 '감'에서 나왔고, 스사노가미(神)와 관련되어 있다. 그를 위하는 '마쓰리(祭)' 곧 축제는 교도 시민의 단결심을 길러왔다. 마쓰리의 어원은 신'맞이'로 고구려의 '맞이', 영고(迎鼓, 북치며 신맞이)이다.

또 하나의 서쪽 열대는 한반도에서 건너간 우두마사(太秦) 씨에 의해 개발되었다. 그 가문 출신 하다노 가와가츠(秦河勝)는 서류하는 가쓰라강(桂川) 치수에 성공하여 많은 부를 이루고 그 일족은 유력한 호족으로 번영했다. 강 이름 가쓰라는 '갓(katsu)'에서 나왔고 '갓을 쓴 사람, 가시라=우두머리'라는 뜻이다.

한반도 춘천 牛首山-소머리(牛頭)

이쓰모(出雲)-우두모-우두머리-새머리(鳥髮, semori)-소머리

|

스매로(sumero)+기

牛頭(大神)-우두머리-太秦(우두마사)-마사-사마-산-찬은 존칭에서 애칭까지의 변화를 나타낸다. 머리를 뜻하는 일본어 오쯔므(otsumu)의 어원은 udum이다.

일본인의 집단 무의식에는 7세기의 백강전쟁의 결과로 파생된 혐오하는 경향이 있다. 특히 DNA, 언어상 한·일이 같은 계통이라는 설(說)에 생리적인 거부 반응을 일으킨다.

미시마 유키오(三島由紀夫)는 가와바타 야스나리(川端康成)와 노벨 문학상을 겨룬 지식인이면서 극우파였다. 그는 전후에 천황이 한 '인간 선언'을 항의할 정도로 일본 천황을 현인신(現人神)으로 여기는 천황주의자였다. 그는 일본 군국화, 천황친공의 복구를 외치고 "왜 스매로기(天皇)는 신이 아니라고 말씀하셨습니까!!" 하며 일본 무사의 전통에 따라 많은 사람이 지켜보는 가운데 할복자살했다.

그가 천황이라 하지 않고 '스매로기'라 한 것은 그것이 천황에 관한

가장 오래된 낱말로 알고 있기 때문인데 백제계어라고는 전혀 생각 못한 것이다. 일본인 학자 중에는 스매로를 바로 가까운 백제를 생각지 않고 멀리 중동의 수메르에서 왔다고 주장하는 학자도 있다.

일본인은 발(髮), 두(頭), 상(上), 수(守), 신(神)을 한결같이 가미(신)로 읽고 우두머리, 신앙, 충의 덕목을 강조하여 초월적인 신을 거부한다. 수리 공사의 우두머리가 신 역할도 한 것이다. 일본 전국에는 스사노오를 신주로 모시는 신사가 8000개로 거의 마을마다 치수 공사를 선도한 신이 있었음을 의미한다. 일본 전국의 신사의 '마쓰리'는 치수와 개척을 통해 엄한 상·하 계급과 단결, 협동을 최고의 윤리로 삼고 상하의 질서와 긴장을 즐기게 한 원동력이다.

천재(天災)와 문화

한반도와 일본열도의 풍토, 특히 하천의 성격 차이가 같은 인종(동이족)을 긴장과 여유의 반대 성격을 갖게 한 것이다. "한반도에서는 평범한 사람이 철기만 가지면 열도에서 신이 되었다." 이는 고대 한·일 사회가 치수와 관련해서 조성된 계급의식의 차이를 반영했다.

또한 일본은 화산열도로 분화 폭발과 지진, 쓰나미, 폭풍우가 다반사로 현재 활동 중인 활화산만도 30여 개나 된다. 2011년 동북대지진이 발생했을 때도 규슈의 사쿠라지마는 1개월 이상 대분화로 용암이 계속 유출되었다. 화산은 지각운동에 의한 주기현상이며, 특히 2011년 대지진이 발생한 지역은 쓰나미도 빈발한다. 기록에 남은 것만 해도 869년에 진도 8, 파고 28m의 쓰나미가 강타했고, 1869년 쓰나미의 희생자는 2만 2000명으로 2011년 지진의 희생자 2만 5000명에 거의 가까운 숫자였다. 이때 일본어 '쓰나미(tsunami, 津波)'가 국제어가 되었다. 1933년에도 파고 28.7m의 쓰나미가 있었고, 1923년의 관동 대지진의 희생자는 10만 명이 넘었다. 1995년 고베 대지진 때는 6400명이 사망했다. 천 명 단위의 희생은 거의 20년 간격으로 열도 어딘가에서 발생해왔고 그 외 태풍, 홍수 등으로 인한 희생자도 많다. 서태평양에서 발생한 태풍은 항상 일본을 타격했으며 홍수는 연중행사와도 같다. 1973년에 고마츠 사쿄(小松左京)의 《일본 침몰》이라는 충격적인 제목의 책이 400만 부나 팔렸고 영화, TV 드라마로도 여러 번 만들어졌다. 열도 동해(태평양)에는 세계에서 가장 깊은(약 1만 미터) '일본 해구(海溝)'가 있으므로 이 작품의 줄거리를 연상시킨다. 일본인이 사애적(死愛的)이고 죽음의 미학을 갖는 데는 풍토적인 면에서도 충분한 이유가 있다.

대부분 재난은 천재이기에 원망할 대상이 없으며 우두머리를 중심으로 일치단결해서 복구에 대응한다. 일본 문명은 대재난의 피해 복구에 모은 에너지로 평시에 군사, 경제 대국의 목적을 빨리 달성하고 또 그만큼 빠른 몰락을 반복해왔다. 일본 문화의 상징은 '불'이다. 가치적 문제, 사상에는 관심이 없고 이른바 '무사상의 사상'으로 목적에 매진한다. 피해의 고통은 빨리 잊는 '앗사리(あっさり)'는 미덕이며 효율에만 치중한다. 일본인 스스로 영토를 좁은 섬나라라 여기며 신경질적이고 조심성이 많다며 자학적으로 시마구니성(島國性)이라는데 사실은 섬 때문이 아니라 계속되는 많은 재앙 탓이다.

중국(물의 문화)

중국을 황하 문명이라고 하는 것은 그 특이한 성격이 그대로 사회구조와 권력 형태에 반영되었기 때문이다. 7개의 성을 지나는 4800km 규모의 황하는 중국 농업의 젖줄이자 동시에 우환의 원인이기도 하다.

황하는 상류에서 엄청난 황토를 실어 내림으로써 비옥해지고 또 한편으로는 강바닥과 제방의 높이가 연쇄적으로 높아지고 결국엔 강바닥이 연안의 평지보다 높은 천장천(天障川)이 된다. 제방의 한곳이 무너지면 그 피해는 연안 전체에 미치므로 그에 대응하는 광역에 권력의 존재가 요청되어 황제의 지배력은 범대륙적이라야 한다. 황하는 농민에게 생명의 젖줄이면서도 한 번 홍수에 수백, 수천만 명의 희생을 강요하는 위협적인 존재이기도 하다. 비교적 치수 사업이 정비된 20세기 이후에도 황하 유역 주민들의 피해는 컸다. 1926년에는 가뭄 때문에 이재민이 2000만 명, 굶어 죽은 사람이 50만 명에 이르렀다. 1927년에는 황하 남쪽 화이허강(淮河江)의 홍수로 무려 1억 명이 수해를 입었다. 이들 대재난에는 하늘[神]은 늘 무심했으며 인간중심주의를 신봉할 수밖에 없었다.

황하의 범람은 대흉년으로 이어지고 농민 봉기가 일어나 정권을 위협한다. 치수를 제대로 못한 왕권은 하늘[天]의 보살핌을 못 받은 박덕한 존재로 간주하여 추방의 대상이 되고 역성혁명(易姓革命)을 하늘의 뜻으로 여겼다. 타성(他姓)에 의한 정권교체를 의미하는 중국의 혁명은 프랑스 혁명과 같이 사회변혁을 의미하는 것이 아니라 무능한 정권에 대한 추방을 의미한다.

중국의 역사가 시작된 전설적인 요순시대 그리고 초대 왕조 하(夏)의 시조 대우(大禹)부터 현 신중국까지 권력의 최대 관심사는 수리 사업과 관련된 것이다. 이는 문화 전반이 하천과 관련해 발전했음을 시사한다.

대륙은 남북과 동서로 갈라져 서역에는 광대한 사막이 펼쳐져 있다. 인종적으로는 중원의 한족(漢族), 동북 지역의 조선족, 서역의 이슬람인까지 다양한 분포를 보인다. 실제로 이슬람계 중국인은 전 대륙에 흩어져 도시에는 이슬람 식당을 뜻하는 청진(淸眞)이라 쓰인 간판이 곳곳에서 눈에 띈다. 민족적 요소가 광대하고 다양한 대륙국가 중국은 방언의 종류 또한 많다. 타(他) 문화에 대한 관용성과 적응 능력은 생존의 지혜라고 할 수 있다.

중국에는 문화적으로 화(華)와 이(夷, 오랑캐)를 구별하면서도 황하는 이(夷)의 땅에도 흐르기에 정치적으로는 이를 포함하는 대동(大同)과 일통(一統)을 중이로 여기는 사상이 형성되었다. 진시황 이래의 역대 황제는 천하통일을 목표 삼고 황하를 형상화한 용(龍)으로 상징화되었다.

역사 이래 역대 정권은 본질은 한결같이 황하의 치수 사업을 중심에 두고 대관료조직으로 대응하는 사회구조에는 변화가 없었으므로 서구 지식인의 눈에는 중국이 정체된 사회로만 보였다.

농민에게 황제는 너무 멀리 있고 하늘은 너무 높아 그 은덕이 자신에게 미치지 않는다. 무심한 하늘과 먼 곳에 있는 황제(天高皇帝遠)를 실감한 농민은 '스스로 밭을 갈며 우물을 파서 마시는' 삶을 노래한 〈격양가(擊壤歌)〉를 부르고 혈연과 지연을 중심에 둔 인간관계를 존중했다. 중국 혁명의 아버지 쑨원(孫文)은 중국인의 단결심을 한 조각의 모래(一片散砂)로 비유할 만큼 자기중심적이다. 황제에 대한 '충(忠)'의 범위는 녹을 먹는 관리에게만 해당하고 농민에게는 전혀 관계가 없었다. 누가 정권을 잡든 상관이 없기에 이민족 왕조가 번갈아 수립할 수도 있었다.

중국사는 중원의 왕권과 사이(四夷)와의 투쟁의 역사이기도 하다. 왕권에 대한 충성심, 단결력이 없는 황제의 대군은 번번이 그 수백분의 일도 안 되는 인구의 오랑캐에 패배를 당하는 데는 충분한 이유가 있다.

2. 통일과 분열하기 쉬운 풍토

하천의 성격은 한·중·일의 풍토, 특히 하천의 형태는 통일, 분열, 분단 등의 국가체제에도 밀접한 관계를 지닌다.

중국

서역의 오지로부터 대륙을 가로지르는 황하는 수천 년간 유역 주민과 함께 황하가 몰고 온 재난과 혜택 속에서 고유한 문명의 꽃을 피웠다. 황하 문명은 이민족, 이문명도 융합시키는 포용력을 갖는다. 강의 성격이 모두가 같은 중화 문화를 공유하지 않으면 생존할 수 없다. 마치 작은 눈덩이를 굴리면 점점 커지듯 주변의 이민족들도 황하에 접촉하면 황하 문명에 빨려들어 한(漢)족은 거대한 민족집단이 되어 민족차별이 없는 대일통(大一統), 대동(大同) 사상을 자극하고 인종을 초월한 문명을 목적으로 한다.

한국

하천은 민족 전체의 통일보다는 오히려 강의 유역별로 문화권을 나눈다. 삼한시대, 삼국시대, 후삼국시대와 같이 낙동강, 금강, 대동강을 중심으로 상호 간에 의존성이 적은 문화권이 형성되었다. 신라가 고구려의 옛 땅을 포기하고 남한만의 통일로 만족한 것은 해방 이후 70년간 지속해온 분단 구도로도 생존 가능하기 때문이다. 만일 신의주에서 부산으로 관통하는 대하(大河)가 있었다면 분단을 이토록 오랫동안 계속할 수 없었을 것이며 아예 처음부터 분단이 성립되지도 않았을 것이다. 한국 하천의 구도는 분단을 조장한 것으로도 보인다.

일본

수백 개의 분지에 흐르는 하천은 수백 개의 소국가를 만들어냈다. 이들 중 어느 한 세력이 나머지 전부를 굴복시키고 통일할 만큼의 힘을 형성할 수 없는 정치구도가 필연적이다. 수백 개 분지가 그 수만큼의 지역 권력이 있어야 하는 조건이 상대적 우위를 인정하는 연합구도를 갖게 함으로써 막부(幕府)를 중심으로 한 수백의 소국가(藩)군으로 막번(幕藩)체제를 형성했다. 막부는 비교 우위, 가장 큰 번(藩)이 맡고 나머지 작은 번에 일정 한도의 영향력을 행사할 수는 있으나 병합하지 못한다. 근대과학의 발달로 번 소국 사이의 벽이 허물어지자 곧 저마다 소국 상태에서 온전한 응집력이 열도 전체에 미치고 보다 큰 구심력이 되어 즉시 국민국가 형성에 성공했다.

3. 풍토와 봉건제도

중국의 고대국가 주(周)는 동족, 공신들에게 영토를 주고 왕조를 수호하는 번병(藩屛)으로 삼고 봉건(封建)이라고 했다.

진시황의 강력한 중앙집권=군현제(郡縣制)가 겨우 15년 만에 붕괴하자 다음 왕조인 한은 처음엔 봉건제를 택했으나 차츰 봉건제와 군현제의 절충으로 바꾸고 후기엔 실질적인 군현제로 돌아갔다. 강력한 황제는 중앙집권을 선호한다. 그러나 중앙의 법령, 정책이 일률적으로 시행되어야 함으로 법이 많아지면서 엄해지는 경향은 인심의 이탈로 이어진다. 실제로 진시황 왕조가 단명으로 끝난 것도 그 때문이었다. 황제는 봉건 왕후의 반란이 두려워 가능하면 중앙통치를 바라지만 광대한 대륙의 다양성이 그것을 막았다.

한반도의 풍토는 하천 중심으로 문화권이 형성되어 봉건체제는 삼국시대 또는 후삼국시대와 같이 독립국이 되어 봉건이 곧 분열을 의미한다. 《후한서(後漢書)》〈한전(韓伝)〉에는 마한(馬韓)의 왕이 반한을 지배하고 각 나라의 왕은 모두 마한 출신이었음을 기록한다. 그것은 마한이 실질적인 삼한 전체의 왕이며 진한(辰韓), 변한(弁韓)은 마한 왕족 출신이 지배하는 봉건국이었음을 의미한다. 그러나 마한의 후신 백제도 마찬가지 진한으로 지배했으나 결국엔 진한의 후신 신라에 멸망했다.

조선시대 정권의 최대 관심사는 지방 도호의 세력화를 막는 일이었다. 조선의 상비제도는 부자, 형제가 같은 지역의 관리가 되는 것, 본관, 고향의 관리가 되는 것 등을 엄중히 금하고 임기는 일 년으로 정했으나 대부분은 그보다 짧은 기간으로 관리의 영향력이 지방민과 결부되는 일을 극도로 경계했다. 관리의 토호화 가능성을 근본적으로 막았다. 한반도 지형은 제도적으로 도저히 봉건제가 성립할 기회가 없었다.

과학적임을 내세우는 마르크스 사상은 법칙성과 사회적 현상의 개념화를 선호하고, 특히 유물사관은 역사를 도식적으로 노예제에서 봉건제 그리고 신성 황제에서 지방봉건제로의 이행과 같이 법칙화한다. 원형론은 복잡계의 입장에서 풍토, 경제 등을 고려해서 봉건제도를 생각한다.

화백(和白), 대화(大和), 화이부동(和而不同)

신라의 화백에 관한 이야기는 《삼국유사》에 있다. 국가적 중요 정책, 과세, 전쟁, 왕의 추대 등의 결정은 족장회의, 화백의 결의를 얻어야 했다. 몽골의 '크릴타이'와도 같은 성격으로 유목민 사회의 일반적인 제도였다.

신라 땅에서 조류를 이용하면 시간상 가장 가까운 일본 땅은 현재의 시마네(島根)현 이즈모(出雲) 지역이며 신라인은 그곳에 공동체를 수립하고 거대한 이즈모 신사를 중심으로 터전을 마련했다. 해마다 10월에는 각지의 부족장이 그곳에 모여 회의, 신집(神集), 즉 실질적인 화백을 열었다. 각지의 신은 이즈모 출장으로 자리를 비우는 것이므로 결혼식을 축복할 수 없었다. 이 관행은 현재까지도 이어지고 10월을 신무월(神無月)이라며 결혼식을 하지 않는다. 또 규슈 후쿠오카 근처에는 와지로(和白)라는 지명이 있다. 원래 신라 지역에서 온 도래인들의 회의 장소였던 것으로 추정된다.

'이야기'의 경상도어 이바구의 향찰 표기가 '和白(화백)'이었던 것으로 추측된다. 일본어는 가로 왈(曰)을 '이와구'로 읽는데 이바구와 동류어였을 것이다. 화백정신은 원효대사의 화쟁사상(和諍思想)으로 승화된다. 서로 주장하면서도 높은 차원에서 생각하라는 변증법적 종합 이론이다.

왜국은 규슈에서 출발, 동진하면서 국토를 넓혀가고 현 나라(奈良市) 야마도(大和)를 중심으로 정권을 수립하고 처음으로 17조 헌법을 제정한다(AD 604). 그 제1조는 '화(和)를 가장 중하게 여긴다' 하고 국명까지도 야마도(大和)로 표시했다.

민주적인 화백은 신라가 처음 일본에 옮겨졌을 때만도 신집(神集), 와지로(和白) 등으로 이어졌으나 차츰 계급제도가 강해지고 완전한 중앙집권제를 이루면서 대화(大和)의 이름으로 왕이 정한 것은 아무도 반대할 수 없게 돼버렸다.

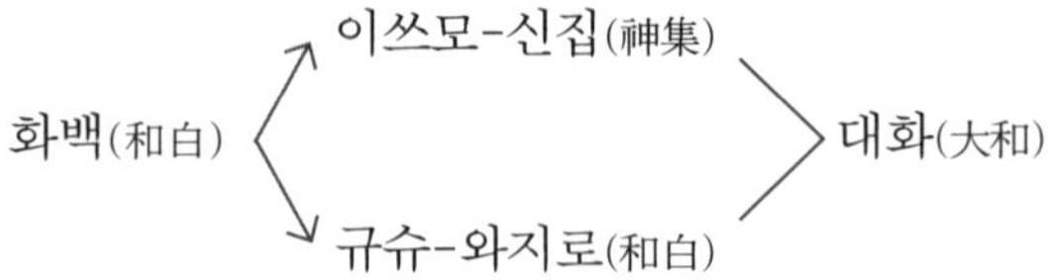

고대 일본의 향가집 《만요슈(万葉集)》에는 일본의 국풍이 '말을 내세우지 않은 나라'라는 시구가 적지 않게 등장한다. 곧 대화(大和)를 위하는 것이 일본의 국풍이 된 것이다. 수리사업 등으로 협동하면서 살아온 그들에게 나를 내세우는 일은 악이다.

대화 정신은 일본이 근대화, 군사 대국화를 이루는 정치적 배경이지만 또한 망국의 원인도 되었다. 제2차 대전 이전, 일본 해군의 일부는 도저히 미국과는 싸울 국력이 못 된다며 반대했다. 특히 해군사령관 야마모토 이소로쿠(山本五十六)는 겨우 1년 정도만 버틸 수 있을 거라고 반대했다. 그러나 일본 지도부의 분위기가 전쟁으로 기울어지자 더는 말하지 않고 묵묵히 하와이 기습을 계획하고 지휘했다. 일본인은 그를 일본 군인의 상징으로 추앙하는데 한국인의 눈으로 볼 때는 패전될 것을 알면서도 입을 다문 것은 오히려 악이다. 대화의 마음가짐은 하고 싶은 말도 못하는 것, 대세가 일단 한쪽으로 기울면 그대로 따르는 것이다. 굳이 수학적 표현을 쓴다면 대화(大和)는 각각의 의견의 최대공약수다.

한편 화쟁(和諍)은 최소공배수적이며 그 전통이 조선시대에는 언관(言官), 사간(司諫)을 중요시하고 서로의 주장을 굽히지 않은 당쟁(黨爭)을 일으킨 것도 사실이다. '고기는 씹어야 맛을 알고 말은 해야 의미가 통한다'는 속담이 있고 할 말을 하는 것이 정도(正道)다.

한편 중국에서는 공자의 '화하지만 같아지지는 않는다(和而不同)'를 내세운다. 화(和)를 유지하되 상대의 의견과 같이할 필요는 없다는 것

표 2 치수 양식과 조직관

	치수사업의 주체	화(和)의 정신	이상적 인간	민중의 '말씀'관
한국	권력이 관여하지 않는다.	화쟁(和諍), 주장의 범위는 확대, 의견의 최소공배수적 수용	나를 내세운다. 권력(왕)에게도 할 말은 한다.	중구삭금(衆口鑠金) (여러 사람의 말은 쇠를 녹인다.)
중국	황제는 멀리 있고 나와는 상관이 없다.	화이부동(和而不同), 종합, 대동(大同)	남 말에 관심이 없다. 그러나 화(和)를 유지한다.	오불관언(吾不關焉) (나와 상관없으면 관심이 없다.)
일본	지역공동체	대화(大和), 축소, 최대공약수적 수용	말을 내세우지 않는다. 자기 분수만 지킨다.	말(言擧)하지 않는다.

이다. 자신의 자유를 고수하는 나 혼자만의 세계를 지키는 〈격양가〉의 정신을 갖고 화한 것이다. 중국인을 한 알의 모래로 표현할 정도로 협동은 없지만, 공동의 사회적 통념을 공유한다. 이것은 일상생활에서도 남이 하는 일에는 전혀 관심을 보이지 않고 내 일만 한다.

황하는 유역민 모두가 같은 중화 문화를 공유할 것을 요청하고 이민족까지 포섭하면서도 일체화시키지는 못했다. 한족은 끊임없이 거대한 민족 집단을 형성해 대일통(大一統), 대동(大同) 사상을 요청한다.

한·중·일의 사유 방법에는 저마다의 치수 사업을 통해 형성된 인간성이 반영되어 있다.

4. 한·중·일의 하천 문화

지리적 요소에는 주변국과의 정치적 관계와 풍토와 직접 관련되는 민족성 형성이라는 두 가지 요소가 있다.

같은 호모 사피엔스이면서도 열대와 한대의 환경에 따라 피부색이

다른 다양한 인종이 파생된 사실만도 풍토가 인간에게 주는 막대한 영향은 직감하지만, 풍토 조건과 피부색, 감각기관의 관계는 동물의 일반적 진화 현상과도 같은 일반적인 생물 차원의 문제다.

원형론적 풍토론은 사회구조와 관련해서 풍토와 관련된 역사, 권력구조 등 문화의 특성을 관찰한다. 사회적 특성을 생각하는 복잡계 사고는 개연적인 '태양빛처럼 밝은 햇빛이 물체의 윤곽을 확실히 보이게 함으로써 공간 개념을 발달시킨다. 또는 상대적으로 태양빛이 적은 어두운 지역민은 내성적이다' 하는 등 자연조건과 결부하는 생리, 심리적 특성에 관한 결정론적 판단을 피한다.

각 문화 분야는 사회적 산물이며 독립적이 아니라 서로 영향을 주고받는 복잡계이며 고립된 문화 분야는 없다. 특히 수리 작업을 통해 발생한 사회적 가치관이 윤리의식, 종교심에까지 영향을 미친다.

백성의 권력에 대한 의식은 그것이 수리 사업에 개입하는 정도를 반영하고 민족문화의 특색을 결정짓는다. 강의 성격이 소규모 수리시설만 갖게 하고 남[他]과의 의존도가 적은 한국에서는 가족, 가문 중심적 사회가 구성되어 가족 윤리 효(孝)를 중시한다. 거대한 강이 흐르는 중국은 오히려 개인 간의 인간관계를 중시하는 의협(義俠)의 윤리가 발달한다. 좁은 단위 지역에 공동운명체를 조성한 일본은 조직 이외의 가치관이 필요 없고 조직윤리를 중심으로 무종교, '무사상의 사상'으로 오직 단결하고 일치하는 대화(大和)를 우선시한다.

한국의 《춘향전》과 《심청전》은 가족의 사랑을, 중국의 《삼국지》와 《수호전》은 친구 간의 의리, 의협의 윤리를 강조하고, 일본의 국민문학 《충신장》은 우두머리에 대한 충(忠)을 이야기한다. 삼국의 유교적 덕목은 한국은 효(孝), 중국은 의(義), 일본은 충(忠)으로 대립적이다.

표 3 한·중·일의 풍토와 문화 차이

	한국	중국	일본
문화 상징	풍(류)	수(황하)	화(산)
가면		 	
강의 성격	평형천(平衡川)	천장천(天障川)	급류
치수의 주체	농민	황제, 관료	지방권력(무사단)
권력의 책임	없다	잘못하면 혁명이 발생한다. 역성혁명	권력 중심의 강한 단결
기본 사상 (생활신조)	인내천(人乃天) (나는 하늘이다).	천고황제원(天高皇帝遠), 대일통(大一統) (하늘은 너무 높아 사람에게 도움이 안 된다.)	현(賢)=공(恐)=가외(可畏) (신=권력=우두머리)
종교	구세주, 기다림 신앙	인간주의	무종교
노래	자연가	격양가	앗사리(빨리 잊자)
문학	《춘향전》, 《심청전》	《삼국지》, 《수호전》	《충신장(忠臣藏)》
핵심 조직	가문	방(幇)	번(藩, 지역조직)
유교	효(孝)	의(義)	충(忠)

기본 사회(마을)의 생산수단과 치수의 관계는 민족 원형에 막중한 영향을 주고, 치수 사업의 주체가 될 수리권의 존재 양식은 농업, 촌락 구조의 성격 등을 반영한 문화적 성격으로 나타난다. 권력으로부터 수리, 치수에 아무런 도움을 바랄 수 없었던 한민족은 똑똑하게 자기를 지키며 권력을 필요악 정도로 여겨 인내천의 가치관으로 가문 중심의 윤리를 중요시한다.

한편 권력을 믿고 우두머리에게 고분고분 순종하면서 자신의 처지만을 지키며 살아온 일본인의 처세법은 권력을 믿고 '분수를 지키는 것'이 최고의 가치다.

국토의 넓이는 통일과 분열에 직접 상관이 없고 오히려 지역주민 사이의 상호 의존관계를 높이는 사회적 요소 유무에 따라 결정된다. 한반도의 하천은 생활권을 분열시키고, 대륙의 강은 강력한 통일정권을 수립케 하고, 열도의 소단위 지역으로 분할된 지형은 지역민의 강한 단결력을 요청한다.

사이버안보를 위한 중국의 전략*

국내 정책 변화와 국제사회의 경쟁과 협력을 중심으로

조윤영·정종필**

중국 인터넷네트워크정보센터(中国互联网络信息中心: CNNIC)에 따르면, 2015년 말 기준으로 중국 인구의 48.8%인 6억 6800만 명이 인터넷을 사용하고 있는 것으로 집계됐다. 이는 전 세계 인터넷 사용자의 20%에 달하는 비율이다. 이미 전 세계 인터넷 사용자의 절대 다수를 차지하는 중국 인터넷 사용자는 매년 기하급수적으로 늘고 있다. 인터넷 사용자의 증가 속도만큼 IT산업이 중국의 경제구조에서 차지하는 비중 또한 빠르게 증가하는 추세다. 중국의 정보통신산업의 부가가치는 연평균 약 30%씩 성장했으며, 국내총생산(GDP)에서 차지하는 비중도 1%에서 15%로 높아졌다. 그 결과 2000년대 초반 중국은 컴퓨터·반도체·네트워크 장비 등 하드웨어 산업 부문에서 미국에 이어 세계 2위에 올랐고, 나아가 소프트웨어 및 통신 서비스 산업도 급성장했다.

정보통신산업의 후발주자로서 한 수 아래로 여겨지던 중국의 기술

* 이 글은《21세기정치학회보》(26권, 4호, 2016)에 게재된 것을 일부 수정했다.

** 조윤영_조지아대학교 정치학과 박사과정.
정종필_경희대학교 정치외교학과 교수.

수준이 빠르게 성장한 사실이 드러나며 사이버 영역에서도 '중국 위협론(China threat)'이 부상하기 시작했다. 하지만 중국은 이 같은 시각이 억울하다는 입장이다. 실제로 중국의 정보통신기술의 발전과 사이버 영역의 확장이 빠르게 진행되는 만큼 사이버 영역의 취약성 또한 심각한 수준이다. 중국은 인터넷을 통한 활발한 국내외 교류로 경제가 빠르게 성장하고 있지만 인터넷의 개방성 때문에 정치적·사회적 불안이 가중되고 있다. 또한 외부로부터 기술을 유입해 국산화를 추진하지만 여전히 국외 기술에 대한 의존도가 높다. 자국의 기술 수준이 서구 국가에 비해 낮다고 인식하고 있기 때문에 군사 영역의 사이버안보(cyber-security) 전략 또한 정보의 무기화보다는 첩보활동에 중점을 두고 있다(Lindsay, 2014: 15). 이 같은 중국의 행보로 인해 미국과의 마찰이 심화되는 것은 물론 국제사회의 우려를 낳고 있다.

다른 나라의 우려에도 중국은 왜 스스로 사이버 공간을 새롭게 정의하고 사이버안보 강화에 적극적으로 나서고 있는 것인가? 2000년대 초반까지 추구한 정보화 발전을 위한 지원 전략에서 벗어나 사이버 공간의 보호를 위해 중국 정부가 주도적 역할을 함으로써 추구하는 목표는 무엇인가? 중국은 이를 위해 구체적으로 어떤 전략을 펼치고 있는가? 본 연구는 이 같은 질문을 바탕으로 사이버안보 강화를 위한 중국의 국내외 전략을 살펴보고자 한다.

중국은 국내 사이버 공간의 취약성으로 인해 사회 불안정성이 증가하자 사이버 공간을 '안보 영역'으로 인식하고 주권(sovereignty) 개념을 도입해 새로운 사이버안보 정책과 전략을 펼치고 있다. 이를 통해 사회적·정치적 안정을 유지하고자 하는 것이다. 나아가 다른 국가와의 협력을 통해 현 인터넷 거버넌스(governance)의 레짐(regime)을 개혁하고자 한다. 서구 국가가 사이버 영역에서 우위를 선점하고 있는 상황에서 중국이 독자적으로 규범을 제안하는 데 한계가 있기 때문이다. 중국은 상하이협력기구(SCO)나 아세안지역포럼(ARF)에서 사이버안보 논의를 주도하며 범아시아 국가들과 협력해나가고 있으며, 러시아 등과 함께 국제연합(UN)을 통한 사이버 관련 국제 제도, 규범 형성을 위해 노력하고 있다. 개별 국가의 특수성이 인정받고 주권이 보장되는 사이버 환경 구축을 통해 궁극적으로 국내 정치·사회 안정을 유지하고자 하는 중국의 전략을 살펴보는 것은 중요하다.

본 연구는 다음과 같이 진행된다. 먼저 비전통 안보 영역인 사이버안보에 대한 이론적 논의를 살펴본다. 다음은 정보화(信息化)로의 전략 변화와 이를 위한 정책 집행의 일원화를 바탕으로 한 국내 사이버안보 전략과 정책의 변화를 분석한다. 사이버안보 관련 전략 수립 방향성 구축과 정책 집행의 효율성을 높이기 위한 중앙네트워크안전·정보화영도소조(中央网络安全和信息化领导小组) 신설과 법제도(网路安全法) 구축을 중점적으로 분석하고자 한다. 그리고 사이버안보 강화를 위한 중국의 양자·다자 외교 전략을 살펴본다. 인터넷 거버넌스의 개혁을 위한 정부전문가그룹(GGE) 내 활동과 국제전기통신연합(ITU)에서의 영향력 확대를 중점적으로 분석한다.

비전통 안보 담론으로서 '사이버안보'의 등장

탈냉전 시대 이후 국제정치에서 양극 체제가 무너지고 실존적 위협(existential threat)의 이슈가 확대되는 등 시대가 변화함에 따라 다양한 행위자가 국제정치에 등장했다. 또한 변화된 국제정치 상황을 이해하는 데 기존의 국가 중심적 시각은 한계가 있다는 인식하에 새로운 안보 이론의 필요성이 대두됐다. 1994년 유엔개발계획(United Nations Development Programme: UNDP)이 처음으로 인간 안보(human security)를 제시하며 이 같은 논의가 더욱 본격화됐다. 지금까지 국가 차원의 전략 형성을 통한 안보 추구가 핵심 쟁점이었다면 개인의 신념, 정체성, 권리 등을 박탈당하지 않도록 하는 데 초점을 맞추었다. 전통적 안보 영역의 군비 경쟁(arms race), 핵 확산(nuclear proliferation) 등의 위협뿐만 아니라 비전통적 안보 이슈로서 무역 분쟁, 기후변화, 전염병, 에너지 고갈 등의 문제도 심각한 생존 위협 요인으로 작용하기 때문이다(UNDP, 1994: 24). 정치적 영역부터 비정치적 영역까지 상호 연결된 넓은 범위의 다양한 이슈들이 안보 문제로 작용하는 상황에서 주권 국가의 역할에 대한 재논의가 진행됐다고 볼 수 있다.

이후 등장한 안보화(securitization) 이론은 포괄적 안보(comprehensive security) 연구의 시발점이 됐다. 부잔(Barry Buzan)을 포함한 안보화 이론가(Copenhagen school)들은 확대된 안보 담론을 펼치고 있다(Buzan et al., 1998). 정치·군사·경제·사회·환경 등으로 다양화된 안보 영역에서 생존의 개념 또한 확대된 것이다. 국가, 기업, 민족 등의 집단적 단위(collective units)와 이념, 제도, 종교 등 다양한 관계 대상(referent objects)을 지키는 것을 생존으로 정의한다. 각 영역마다 관계된 대상, 위협의 형태가 다르기 때문에 새로운 접근방식이 필요하다. 국가를 포함한 다양한 행위자가 각 이슈마다 다른 긴급조치를 펼치며 중요한 역할을 할 수 있다. 또한 서로 다른 안보 영역 간의 밀접한 관계 속에서 상호 영향을 미치는 위협을 많은 사람들이 인식했을 때 안보 이슈로 작용할 수 있다. 다양한 영역의 안보 이슈는 고정된 것이 아니며, 시대 변화에 따라 구성되고 확장된다. 이 같은 과정을 거쳐 형성된 안보 담론은 초국가적이고 비군사적 특징을 갖고 있기 때문에 국가, 비정부기구, 초국적 기업, 국제기구 등 다양한 행위자 간의 협력이 중요하다.

이후 니센바움(Nissenbaum, 2005)은 안보화 이론을 바탕으로 기술 안보(technical computer security)와 사이버안보 개념을 분석한다. 또한 한센과 니센바움(Hansen and Nissenbaum, 2009)은 사이버안보를 정확히 분석하기 위해서 네트워크, 개인, 집단의 관계 대상들이 상호 연결돼 있음을 이해하고, 사이버 영역의 안보화를 세 단계(hypersecuritization, Everyday Security Practice, Technification)로 분석함으로써 사이버안보를 위한 다른 영역 행위자들과의 협력을 강조한다. 김상배(2015)도 안보화 이론을 바탕으로 사이버안보 문제를 분석하고 있으나, 한센과 니센바움과 달리 국제정치 구조 속에서 다양한 행위자들의 역할을 살펴보고자 한다. 특히 사이버안보와 관련한 국제 질서 구축에서 가장 중요한 행위자인 미국과 중국의 갈등에 중점을 둔다. 이 같은 상황에서 중국 해커(스파이)에 대한 미국의 부정적 시각, 미국 기업의 기술 독점과 관련한 중국의 부정적 인식으로 인한 제도화의 어려움을 전망한다.

이 같은 국제정치 구조의 변화 속에서 국가는 더 이상 단일 행위자(unitary actor)는 아니지만 여전히 주요 행위자(principal actor)로서 역할을 한다. 영토 주권을 기반으로 하는 국가 중심의 국제 관계를 근본적으로 바꿀 수 없기 때문이다(Waltz, 1999). 국가는 세계화(globalization) 속에서 적응할 수 있는 변화 능력(transformative capacity)을 갖고 있다(Waltz, 1999: 696). 국가 간, 국내외, 비국가 행위자 간 상호의존성(interdependence)이 강화된 환경에서 국내의 전통적·제도적 특수성을 바탕으로 스스로 보호해나가는 것이다. 거의 모든 영역의 국내 정치가 전 지구적으로 연결돼 이해관계가 복잡하게 얽혀 있는 상황에서 여전히 국내 안정과 번영이 가장 우선시된다. 이를 보장하는 제도를 만들어 핵심적인 정치·사회·경제적 기능을 수행하는 국가와 경쟁할 수 있는 조직은 아직 존재하지 않는다. 따라서 국가가 갖고 있는 특권에 대한 우려와 두려움이 사라질 수 없다(Friedman, 2000: 197).

결국 국제정치는 각 국가별 이해관계, 안보 능력의 차이에 의해 결정된다. 국가를 포함해 국제정치에 진입한 다양한 행위자, 특히 비정부기구들의 역할 확대를 바탕으로 형성된 국제제도와 국제기구조차 최상위 권위체로서 역할을 하지 못한다(Mearsheimer, 1994; Buchanan and Keohane, 2006). 국가 간의 합의에 따라 형성된 이 같은 협력체는 국가가 갖고 있는 주권보다 우위에 있는 권한을 갖고 있지 않기 때문이다. 전통적 안보 공간인 국제정치에서 나타나는 국가의 권한은 인위적이며 비전통적 안보 공간인 '사이버 영역(Cyber domain)'에도 적용할 수 있다. 포괄적 사이버 공간은 국제체제(international system)의 연장선에 있기 때문이다. 과거 핵 기술이 국제체제에 절대적 영향을 미친 것과 같이 정보통신기술의 발전은 국제 관계, 국가의 안보 전략에 중요한 영향을 미친다.

장노순·한인택(2013), 장노순(2014a; 2014b)은 전통 안보 이론에 기반을 두고 국가 행위자 중심으로 사이버안보의 특징과 현상 등을 분석하고 있다. 사이버안보를 보는 시각을 '위협 실재론'과 '위협 회의론'으로 분류해 각각의 시각에 따라 어떤 안보 전략을 채택하고 있는지 분석하고, 사이버안보 구조의 특징을 설명한다. 사이버안보를 위한 억지 전략(deterrence strategy)의 적용 가능성을 살펴보고, 재래식 무기와 다른 사이버 무기의 파괴력 등을 분석한다. 하지만 이를 통해 사이버안보 전략 구축, 사이버 공간 내 불안정성 해소를 위해 전통 안보 이론의 적용이 한계가 있음을 밝히고 수정된 이론의 필요성을 강조한다.

권위체가 존재하지 않는 무정부 상태(anarchy)의 사이버 공간이 안보 공간으로 자리매김한 상황에서 국가는 다른 행위자를 통제하고 자유로운 이용 권한을 확보하기 위해 노력하고 있다. 특히 사이버 공간에서 우위를 선점하기 위해 경쟁을 펼치고 있는 대표적 국가로 미국과 중국을 들 수 있다. 국제정치에서 일어나는 양 국가의 지역 패권 경쟁이 사이버 공간에서도 고스란히 발생하고 있는 것이다. 김상배(2012)는 네트워크 세계 정치 이론(Network Theory of World Politics: NTWP) 중 '네트워크 권력' 개념을 바탕으로 중국과 미국 사이 기술, 제도, 정체성 표준 경쟁을 분석한다. 정보화 시대 IT 분야에서 진행되는 표준 경쟁 사례를 미셸 칼롱(Michel Callon)이 제시한 메커니즘인 '번역(translation)' 논의를 차용해 살펴본다. 중국과 미국이 IT 분야에서 자국에 유리한 방향으로 국제적 기준을 세우기 위한 전략으로 방향성을 제시하고, 다른 국가들의 참여를 독려한 후 표준화하기 위해 경쟁하고 있다는 것이다. IT 기술 선두 주자인 미국이 컴퓨터 운영체계를 바탕으로 기술적 표준을 선점했지만, 인터넷 관련 국제적 규범, 제도 형성과 관련해서는 중국과 경쟁 상황에 있다고 분석한다.

이 같은 국제정치 구조 속 미국과 중국의 경쟁은 사이버안보 경쟁으로 확대된 상황이다. 일례로 미국 상무부(US DoC)의 지원을 받으며 인터넷 기술 표준을 주도하고 있는 민간 기구인 '인터넷 주소 관리 기구(ICANN)'의 권한을 중국은 유엔 산하 기구인 국제전기통신연합(ITU)으로 옮겨오면서 인터넷 거버넌스를 개혁하고자 한다. 이 같은 미국과 중국의 경쟁은 상호 마찰은 물론, 국가 간 한시적 협력을 불러일으키고 있다. 지금까지 사이버 공간은 미국의 주도하에 개인·기업 등 비국가 행위자가 중심 역할을 하는 '상업 공간'으로서 발전해왔다. 하지만 중국이 사이버 공간에 등장하면서 IT 환경은 변화하기 시작했다. 중국이 사이버 공간에 대한 자국만의 개념 정립을 바탕으로 주변부에서 맴돌던 '국가 행위자'를 중심으로 옮겨왔기 때문이다. 새로운 시각을 갖고 있는 중국의 등장은 지금까지 경제 영역으로 산업 발전을 담당한 사이버 공간을 안보의 영역으로 탈바꿈하게 했다. 따라서 중국의 국내외 사이버안보 전략을 살펴보는 것은 중요하다.

중국의 국내 사이버안보 전략

중국은 사이버(cyber)라는 표현 대신 네트워크(network, 网絡)나 정보(information, 信息)라는 용어를 사용하며 '정보화(informatization, 信息化)'라는 새로운 개념을 형성했다. 이는 정보통신기술 산업 발전과 정보 자원, 기반 시설, 법적 요소 등을 바탕으로 현대화와 정보사회로의 전환을 목적으로 하는 전반적 틀을 의미한다. 또한 중국 인민군(PLA)은 네트워크 전쟁(network war, 아세안지역포럼, 网絡戰)과 네트워크 보호(network protection, 网絡防護), 정보 보호(information security, 信息安全) 등으로 개념을 분류해 전략을 수립하고 있다. 중국 인민군이 개념은 나토(NATO)가 사용하는 컴퓨터 네트워크 작전(Computer Network Operations: CNO) 개념과 유사하다. 하지만 CNO의 세 가지 요소[1] 중 컴퓨터 네트워크 공격(Computer Network Attack: CNA)의 역량을 강조한다. 이 같은 개념을 바탕으로 중국은 사회·경제·군사 영역의 정보화를 추

1 나토가 사용하는 컴퓨터 네트워크 전략은 컴퓨터 네트워크 개발(Computer Network Exploitation: CNE), 컴퓨터 네트워크 방어(Computer Network Defense: CND), 컴퓨터 네트워크 공격(Computer Network Attack: CNA) 요소를 담고 있다.

진하고 있다.

1. 현대화에서 정보화로의 전략 변화

중국은 1992년 전자산업부(电子产业部)를 신설함으로써 사회·경제 영역의 현대화 전략을 추진하기 시작했다.[2] 개혁 개방의 확대 속에서 과학기술 발전과 경제를 결합해 경제구조의 체질을 개선하는 것이 중요하다고 인식한 것이다. 전자부(电子部)와 산업부(产业部)를 통합한 전자산업부는 국외 기업의 유입 속에서 국영 전자 기업이 안정적 기술 발전을 이룰 수 있도록 효율적 지원을 추진해나갔다. 국영 전자 기업의 발전을 지원하며 경쟁력 강화를 위해 국가가 나선 것이다. 이후 1998년 정보산업부(信息产业部)를 신설해 전자산업, 우전부, 라디오·필름·텔레비전부를 통합하고 정책 결정, 규제, 인허가 조직을 일원화해 정보통신산업 발전을 위한 정책 집행의 효율성을 높였다. 2002년 본격적으로 '국민경제 및 사회발전에 관한 제10차 5개년 정보화 핵심사업계획(國民經濟和社會發展第十個五年計劃信息化重點專項規劃)'을 바탕으로 '정보화 발전을 통한 공업화(信息化帶動工業化)'를 추진하기 시작했다. 전자 상거래 산업 확대와 소프트웨어 산업 발전을 위한 지원, 첨단기술 제품에 대한 외국인 투자 장려 산업 목록을 제정해 경제구조 개혁을 진행해나갔다. 2008년에는 공업정보화부(工业和信息化部)를 신설해 지식·기술 집약형 첨단 산업과 정보·통신·인터넷 산업 등의 발전을 주도하고 나섰다.[3]

사회·경제 영역의 정보화 발전 전략은 안보 영역에서도 진행됐다.

2 1991년 중국공산당은 제13기 중앙위원회 제7차 전체 회의에서 "국민경제 및 사회발전에 관한 제8차 5개년 계획과 10개년 계획에 대한 당중앙 건의"를 통과시키며 '경제의 현대화'를 본격화했다.

2013년 이전까지 중국은 국방·군사의 현대화에 초점을 맞추었다. 재래식 무기의 성능 강화와 군 시설 개선, 군의 정보 인프라 강화, 위성 네트워크 구축, 정보 기술 관리 시스템 개선 등에 초점을 맞춘 것이다.[4] 2013년부터 중국 인민군은 사이버 공간을 경쟁 공간으로 인식하기 시작하며 '군사력의 다양화'를 목표로 전략을 새롭게 수립해나갔다. 국방백서(中国武装力量的多样化运用白皮书)에 명시한 것과 같이 사이버 공간 내에서 상대국의 공격이 있을 경우 보복 공격을 진행해 주권을 지키는 '적극적 방어(积极防御)' 전략 이행을 강조했다. 지금까지 군사·국방의 기계화에 집중했던 것에서 나아가 정보화를 통한 사이버 공간의 경쟁력 강화에 초점을 맞추었다. 이후 2015년 국방백서에서는 "중국은 사이버 공격의 가장 큰 피해국으로 사이버 공간에서 심각한 위협에 직면해 있기 때문에 사이버안보를 위한 군사력을 증대하고 전쟁 능력을 강화해야 한다"고 명시하고 있다. 군사력 다양화를 넘어서 적극적 방어를 추진하고자 하는 것이다. 사이버 공간 내 정보 전쟁을 수행할 수 있는 인력을 배출하기 위해 교육과 훈련을 강화하고, 국가 안보와 사회 안정을 위한 컨트롤타워 구축의 중요성을 강조한다.

이 같은 기조를 바탕으로 사이버 전쟁 발생 시 효율적 대응을 위해 중앙군사위원회(中央军事委员会) 총참모부 내에 2부서, 3부서, 4부서, 암호국 등 사이버 작전 전담부서를 신설했다(Chang, 2014). 대표적으로 3부서(3/PLA)와 4부서(4/PLA)를 들 수 있다. 시진핑(習近平) 중앙군사위원

3 '국민경제 및 사회발전에 관한 제11차 5개년 계획 요강(國民經濟和社會發展第十一個五年規劃綱要)'(2006)

4 군의 현대화는 2005년 발표된 '국가 정보화 발전 전략(國家信息化發展戰 2006-2020)'에 명시돼 있다.

회 위원장과 팡펑후이(房峰辉) 중앙군사위원회 총참모장의 직접적 지시를 받는 사이버 작전 전담부서 중 3부서는 해외 조직, 군수지원부, 과학기술정보부 등을 관리한다(Stokes, 2015: 166). 또한 4부서(4/PLA)는 공식적으로는 전파 방해와 레이더 전략을 담당하지만 실질적으로는 군의 사이버 전략 추진과 기술 발전을 담당하는 것으로 알려져 있다. 또한 중국 인민군(PLA)은 중국과학기술대학, 국방과학기술대학 등을 지원하는 등 전문가 양성에 적극적이다.

2. 정보화 정책 집행의 일원화

사이버 영역의 발전으로 사회·경제·안보 등 광범위한 영역에서 국내외 디지털 정보 교류가 활발해졌다. 이로 인해 사회적 불안정성을 야기할 수 있는 사이버 공간의 취약성에 대한 중국 지도부의 우려가 심화됐다. 따라서 2000년대 초반부터 중국공산당 상무위원회와 중앙군사위원회는 물론 국무원 산하의 주요 부서[5]가 정보화 전략 수립과 정책 집행에 적극적으로 나서기 시작했다. 특히 2014년 신설한 중앙네트워크안전·정보화영도소조(中央网络安全和信息化领导小组:SILG, 이하 인터넷영도소조)를 중심으로 정보화 관련 정부 부서를 일원화함으로써 안전한 인터넷 구축을 통한 사이버 공간 내 사회주의 가치를 공고화하기 위해 노력하고 있다. 표 1에서 볼 수 있듯이 인터넷영도소조는 시진핑 국가주석이 조장을 역임하고 리커창(李克强) 국무총리와 류윈산(刘云山) 상무위원이 부조장을 맡으며, 그 외 공산당, 국무원, 군 소속 주요 관료들이 구

5 공업정보화부(工業和信息化部: MIIT), 공안부(公安部: MPS), 국방과학기술공업위원회(国防科学技术工业委员会: COSTIND), 국가국방과학기술공업부(国家国防科技工业部: SASTIND), 국가보밀국(国家保密局) 등이 이에 포함된다.

표 1 중앙네트워크안전·정보화영도소조

	성명	공산당, 국무원 내 직책
조장(1)	시진핑(習近平)	국가주석, 중앙군사위원회 위원장, 상무위원
부조장(2)	리커창(李克强)	국무원 총리, 상무위원
	류윈산(刘云山)	중앙당교 교장, 중앙서기처 서기, 상무위원
구성원(18)	마카이(马凯)	국무원 부총리
	왕후닝(王沪宁)	공산당 중앙전면심화개혁영도소조 주임
	류치바오(刘奇葆)	공산당 중앙선전부장
	판창룽(范长龙)	중앙군사위원회 부위원장
	멍젠주(孟建柱)	공산당 중앙정법위원회 서기
	리잔슈(栗战书)	공산당 중앙판공청 주임
	궈셩군(郭声琨)	공안부장
	양징(杨晶)	국가민족사무위원회 주임
	저우시아오촨(周小川)	인민은행장
	팡펑후이(房峰辉)	중앙군사위원회 총참모장
	쉬사우스(徐绍史)	국가발전개혁위원회 주임
	러우지웨이(楼继伟)	국무원 재정부 부장
	왕이(王毅)	국무원 외교부장
	위엔귀런(袁貴仁)	국무원 교육부 부장
	왕즈강(王志剛)	국무원 국유자산감독관리위원회 주임
	차이우(蔡武)	전국인민정치협상회의 부주임
	차이푸차오(蔡赴朝)	국가신문출판광전총국 국장
	미아오웨이(苗圩)	국무원 공업정보화부 부장

성원으로 참여하고 있다. 이를 통해 중국 지도부가 사이버안보의 문제를 심각하게 인식하고 있음을 알 수 있다. 인터넷영도소조는 사이버안보를 위한 포괄적 전략 수립과 효율적 정책 집행을 바탕으로 정치, 사회, 군사 영역을 보호하겠다는 중국 지도부의 의지를 보여준다.

또한 인터넷영도소조 산하에 설치된 국가인터넷정보판공실(国家互联网信息办公室: CAC)은 국무원 산하 정보화 담당 부처의 정책 집행을 총괄하면서 정책 집행의 효율성을 높여 나가고 있다. 그림 1[6]에서 볼 수 있듯이, 2014년 이전까지 운영된 국가정보화영도소조(国家信息化领导小组: CILG)는 경제구조의 현대화를 위한 정보통신산업 발전에 중점을 두고 정책 방향을 제시했다. 정보화영도소조에서 제시하는 정책에 따라 국무원 산하 공업정보화부에서 정책을 집행했다. 공업정보화부 산하 인터넷네트워크정보센터(互联网络信息中心: CNNIC), 국가인터넷응급센터((国家互联网应急中心: CNCERT/CC)에서 사이버 공간의 취약성을 분석하고 보안 기술을 개발해나갔다. 그 외 국가안전개혁위원회, 국가안전부, 공안부 등에서 사회 안정을 해치는 정보를 통제하는 역할을 담당했다. 또한 군사 영역에서는 중앙군사위원회 총참모부가 사이버 전문 요원을 양성, 기술 개발을 추진해나갔다.

하지만 중국을 대상으로 한 국외 사이버 공격이 증가하자 중국 지도부는 기존의 영도소조를 확대해 새로운 인터넷영도소조를 만들었다. 사이버 위협이 사회적·경제적 위협은 물론 국방 전략 위협으로 확대될 가능성이 높아지자, 정보화를 관할하는 부서를 인터넷영도소조 산

6 그림 1은 린제이 등(Lindsay et al., 2015: 8~12)이 저서에서 설명한 조직도를 바탕으로, 국무원 산하 정보화 정책 집행기관을 좀 더 세분화함으로써 내용을 보완했다.

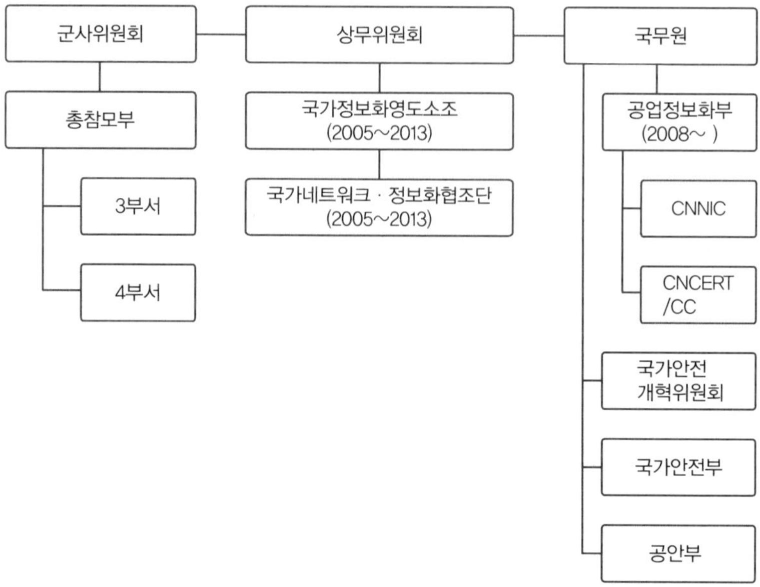

출처: Lindsay et al., 2015: 8~12 수정 보완

그림 1 2014년 이전 정보화 정책 집행기관

하로 재편하고 일원화된 통합 지도체제를 완성한다. 2014년 2월 1차 회의를 개최한 인터넷영도소조는 정치·경제·군사 영역 내 사이버 전략을 관할하는 역할을 한다. 시진핑 인터넷영도소조 조장은 첫 회의에서 "국가 안보와 국가 발전 측면에서 네트워크 보안 및 정보 기술을 혁신하고 개발하는 것이 중요하다"(新华网, 2014.2.27.)고 강조했다. 또한 인터넷 보안을 바탕으로 한 안전한 네트워크 구축이 향후 중국 국가 이익의 핵심 역할을 할 것으로 전망했다. 인터넷영도소조에서 전략을 수립한 후, 국가인터넷정보판공실은 전략에 기반을 둔 정책 집행을 총괄한다. 구체적으로 그림 2[7]에서 보여준 것과 같이 판공실은 기존 공업정보화부 산하에 소속된 발전개혁위원회, 국가안전부, 발전연구센터, 중국

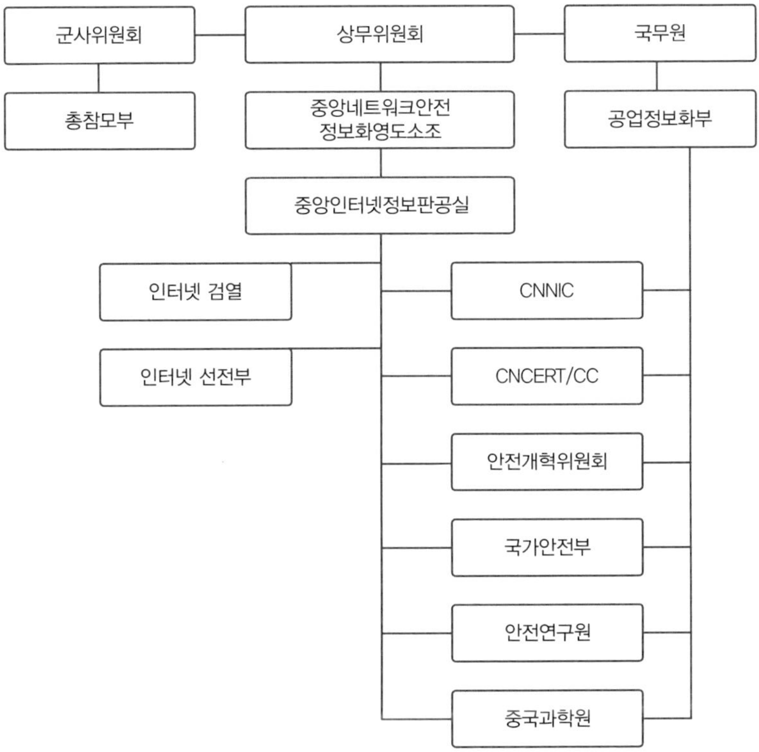

출처: Lindsay et al., 2015: 8~12 수정 보완

그림 2 2014년 이후 정보화 정책 집행기관

과학원, 중국인터넷네트워크정보센터, 국가인터넷응급센터 등의 정책 집행을 총괄하는 역할을 한다. 또한 중앙군사위원회 내 과학기술교육을 지원하는 역할을 한다. 이와 더불어 사이버안보법(网路安全法)을 바탕으로 인터넷 해킹에 대비하고, 디지털 정보와 사이버 인프라 관련 기술

7 그림 2는 린제이 등(Lindsay et al., 2015: 8~12)이 저서에서 설명한 조직도를 바탕으로, 2014년 이후 새롭게 신설된 집행기관을 추가해 변화된 명령체계를 설명하고 있다.

을 통제하는 데 중요한 역할을 한다. 특히 판공실 주임을 루웨이(鲁炜) 중앙선전부부장이 맡음으로써 중국 지도부가 사이버 관련 기술 개발은 물론 국내 사이버 통제를 중요하게 다루기 시작했음을 알 수 있다.

중국은 사이버안보 관련 조직 개편은 물론 사이버안보법 제정을 통한 사이버 공간 통제의 제도적 기반을 마련했다. 2015년 사이버안보법을 제정하고 제1장 제1조에서 "사이버 주권과 국가 안전 수호(维护网路空间主权和国家安全)"를 가장 먼저 명시했다. 제2조에서는 "중국 영토 내 네트워크 구축, 운영, 보호, 사용, 관리·감독 등에 적용한다(在中华人民共和国境内建设 运营 维护和使用网络, 以及网络安全的监督管理, 适用本法)"고 명시하고 있다. 즉 국내 사회 안정과 경제 이익을 보호하기 위해 국가가 사이버 공간을 포괄적으로 통제할 수 있는 법적 근거를 마련한 것이다. 이를 바탕으로 중국은 국가 안보나 상업, 사회, 개인 이익에 악영향을 미치는 유해 활동에 대항해 인터넷을 보호하고자 한다. 특히 국내 사회적·정치적 규율과 가치, 주권에 위협을 가하는 사이버 공격에 단호하게 대응하고자 한다. 중국 전문가들은 사이버안보의 이념적 차원, 사회주의 이데올로기와 문화의 방어와 확대를 강조한다. 또한 많은 중국 관계자들은 글로벌 사이버 시스템의 불안정과 잠재적 위험을 설명하며 인터넷 기술과 사이버 기반 시설에 대한 미국의 지배와 사실상의 통제가 불공평하다고 본다(Swaine, 2013).

사이버안보 강화를 위한 중국의 외교 전략

국가는 물론 시민과 기업, 비영리 기구 등 다양한 행위자가 활발히 활동하는 사이버 공간은 21세기 국제사회와 같이 다원화돼 있으며 갈등의 원인과 양상 또한 새로운 방식으로 진행된다. 이 같은 사이버 공간의 문제는 국내외 다양한 영역으로 확대돼 국가의 이익과 안보를 위협하고 있다. 특히 미국과 중국은 최대 피해국인 것과 동시에 최대 가해국으로 국가 간 불신과 경쟁을 가중시키고 있다. 공격 주체를 명확히 찾기 어렵다는 점을 악용해 타국의 정부, 기업, 개인을 대상으로 한 사이버 범죄, 스파이 행위 등을 묵인하고 있는 것이다. 이 같은 중국과 미국의 갈등으로 인해 사이버안보와 관련한 지역적·국제적 협력은 여전히 요원한 문제로 남아 있다.

1. 중국과 미국의 갈등과 협력

인터넷에서 발생하는 여러 종류의 위협 행위 중 상당 부분 미국과 중국에 지역적 기반을 둔 행위자에 의한 것이다. 타인의 컴퓨터 시스템을 파괴하거나 웹 사이트나 네트워크를 공격하는 등의 모든 위협 행동을 가장 많이 하는 국가로 2014년에는 미국과 중국이 1, 2위이고, 2015년에는 중국과 미국이 1, 2위로 드러났다. 2015년 기준 전 세계 피싱(phishing) 사기의 절반이 미국에 기반을 둔 행위자가 자행한 것이며, 좀비 PC를 이용한 스팸 공격의 절반 가까이는 중국 내 행위자가 한 것이다. 또한 양국의 인터넷 위협 행위는 상대국을 타깃으로 하고 있다.

2014년 미국 NSA의 기밀 자료에 따르면 5년 이상 600개 이상의 기업, 정부기관이 중국의 정보 유출 행위로 피해를 본 것으로 밝혀졌다. 특히 서부 실리콘밸리와 함께 동부의 워싱턴과 보스턴 지역 내 전력, 통신, 인터넷, 군 시설 등에 피해가 집중됐다. 대표적으로 하이브리드 자동차 제조 기술, 제약 공식과 같은 산업 기술과 군의 항공 교통 통제 시스템, 정부-군의 네트워크 등 모든 분야를 대상으로 중국의 네트워크 공격과 사이버 스파이 행위가 이뤄졌으며 이로 인한 미국의 피해는 심각한 수준이라고 강조한다(NBC 뉴스, 2015.7.30). 2015년 미·중 경제안보심사위원회(US-China Economic and Security Review Commission: USCC)의 보고서는 중국 정부와 연관돼 있는 조직이 미국의 기업, 정부 기관, 학계 등에 미치는 피해가 심각한 수준임에도 예상하지 못한 새로운 방식의 공격에 제대로 된 방어체계를 갖추지 못하고 있다고 지적한다. 또한 중국 정부가 자국 시장에서 미국 기업 퇴출을 유도하기 위해 인터넷 검열(censorship) 강화 정책을 펼치는 것에 우려를 표명한다. 즉, 중국 정부의 지원을 받는 사이버 범죄로 인해 미국의 안보와 국익을 침해한다고 보는 것이다.

반면 중국은 이 같은 미국의 주장을 부인하며 오히려 미국 발(發) 해킹에 대해 유감을 표명했다. 중국은 기본적으로 네트워크와 정보 보호 능력이 취약하다는 것이다. 실제로 국가인터넷응급센터의 2016년 '사이버 보안 상황 총론'에 따르면 2013년 이후 국내 발(發) 악성코드, 봇넷(botnet) 공격은 급격히 줄어든 반면 국외로부터의 공격은 매년 급증하고 있다. 2013년 2만 9146대의 컴퓨터가 공격을 받았으나 2015년에는 6만 4274대의 컴퓨터가 공격을 받아 약 3배 가까이 증가했다(CNCERT/CC, 2016, 6). 이 중 다수가 미국 IP 주소를 기반으로 한 컴퓨터인 것으로 드러났다. 중국인터넷네트워크정보센터의 〈전 세계 중국어 사이트 피싱 추세 분석 보고서〉는 '.com' 도메인을 기반으로 한 중국어 피싱 사이트가 전체의 62%를 차지한다고 집계했다. 미국을 기반으로 한 대부분의 공격은 정부와의 직접적 연관성이 드러나지 않았지만, 미국 NSA가 직접 시행한 해킹과 공격이 드러난 사례도 있다. 전직 요원 에드워드 스노든의 폭로에 따르면 미국 정부는 2013년까지 4년간 중국 내 주요 통신사를 해킹해 수백만 건의 문자 메시지 정보를 훔쳤다.

하지만 중국이 가장 우려하고 있는 것은 이른바 '뒷문(backdoor)' 공격이다. 중국 내 전기통신 설비를 기술력이 좋은 외국 기업이 차지하는 것이다. 중국의 검열 프로그램(Great Firewall)을 만든 팡빈싱(方滨兴) 북경대 우편통신학과 교수는 외국 통신 설비가 국가 안보를 위협할 수 있다고 지적해왔다(SCMP, 2013). 중국 전문가들은 중국 기업의 경쟁력이 외국 기업들에 비해 약한 상황에서 외국 기업의 국내 기반 시설 장악은 사이버 공간의 불안정성을 가중시킬 수 있다는 것이다. 이 같은 인식 속에서 2013년 중국의 주요 통신사들과 계약을 체결한 아태지역 최대 광케이블 회사 팩넷(Pacnet)의 홍콩 지부 컴퓨터가 NSA에 해킹 당한 것이 드러나며 중국의 우려는 더욱 커지고 있다.

이 같은 문제가 지속되자 중국과 미국 사이 핵심 협상 이슈로 '사이버안보'가 급부상하게 됐다. 2013년 7월 중·미 사이버 워킹 그룹 대화(China-US Cyber Working Group Dialogue)를 개최하고 사이버 워킹 그룹(Cyber Working Group: CWG)을 설치하기로 합의했다. 2013년부터 본격적으로 미-중 전략 경제 대화(US-China Strategic & Economic Dialogue)에서 사이버안보 관련 이슈를 논의하며 안전한 사이버 공간 구축을 위해 노력하고 있지만 대승적 합의만을 반복했다. 2014년 7월 열린 제6차 대화의 사이버안보 관련 쟁점은 산업 스파이와 해킹 문제였다. 중국 정부는 미국이 중국을 포함해 보안 기술이 취약한 국가의 인터넷이나 네트워크를 공격해 국가 이익을 침해한다고 주장하며, 사이버 공간을 이익 침해 수단으로 사용해서는 안 된다고 강조했다. 반면 미국 정부는 중국 정부의 지원을 받는 군, 민간 해커 등의 미국 기업에 대한 스파이 행위가 급증하고 있다고 주장했다. 또한 미국의 군사 기술, 정부기관을 해킹하는 배후에 중국 정부가 있다고 주장했다. 양제츠 국무위원과 캐리 국무장관이 직접 상대국을 비난하며 사이버안보 관련 합의 사항은 도출하지 못했다. 2015년 6월 제7차 대화에서도 비슷한 문제가 쟁점이 됐지만 사이버 행동강령 제정에 합의했다. 사이버 행동강령은 국가경제, 안보에 악영향을 미칠 수 있는 사이버 산업 스파이 행위와 정부기관, 기업 해킹 행위에 대한 규제와 처벌을 주목적으로 한다.

2. 역내 국가와의 협력 강화

중국은 미국과의 적극적 협력이 요원한 상황에서 아시아·태평양 지역 내 국가들과 사이버안보에 대한 의견 교류를 바탕으로 구체적 합의와 협력을 이끌고 있다. 미국이 지식재산권 보호, 사이버 범죄 억제에 초점을 맞춰 국제 공조를 이끌어내려는 것과 달리 중국은 사이버 테러, 인터넷·네트워크 기술의 군사적 사용 등을 제한하는 규범을 만들고자 한다. 이를 위해 역내 국가들과의 사이버안보 관련 협력에 적극적으로 나서고 있는 것이다.

상하이협력기구 내에서의 사이버안보 논의

상하이협력기구(Shanghai Cooperation Organization: SCO)는 2001년 정치·군사·경제 협력을 목적으로 설립한 기구로 특히 테러(terrorism), 분리주의(separatism), 극단주의(extremism)에 대항하기 위해서이다.[8] 중국, 카자흐스탄, 키르기스스탄, 러시아, 타지키스탄, 우즈베키스탄 등 6개국이 회원국으로 참여하고 있다. 표 2에서와 같이 2000년대 중반부터 SCO는 사이버안보를 위한 지역 협력을 강조하고 있다. 2009년에는

8 Declaration on the Establishment of the SCO (2001.6.15)

'국제 정보 보안 강화 협력 합의'를 체결했다. 2011년에는 중국, 러시아, 타지키스탄, 우즈베키스탄 등 4개국이 '정보 보안을 위한 국제적 행동 강령 초안(Draft International Code of Conduct for Information Security)'을 유엔 총회에 제출했다. 이를 바탕으로 사이버안보와 관련한 중국과 러시아의 인식을 알 수 있다. 두 국가는 사이버안보의 주된 위협을 사이버 무기 개발 및 사용을 통한 정보전 준비와 실행으로 규정하고 있다.

또한 국제 평화 유지를 위해 사이버 공간에서의 국가의 책임과 권리를 강조한다. 다른 국가들의 정치·경제 체제, 사회·문화 환경을 불안정하게 만드는 행위를 위협으로 간주하고 이를 막기 위해 노력해야 한다고 인식하는 것이다. 2015년에는 카자흐스탄과 키르기스스탄이 참여해 6개국이 합의한 새로운 초안을 유엔 총회에 제출했다. 이는 2011년에 유엔 총회에 제출한 행동 강령을 수정·보완한 것으로 사이버 공간에서 국가의 역할 강화를 강조하고 있다. 하지만 사이버 무기, 특정 국가의 사이버 영역 지배를 금지해야 한다는 사항은 삭제했다. 기술적 우위를 바탕으로 다양한 사이버 무기를 보유한 미국과의 마찰을 불러일으킬 수 있기 때문이다.

SCO 회원국들은 사이버 공간을 기존 주권이 적용되는 영토 공간의 연장선이라고 인식하고 있다. 따라서 사이버 공간을 보호하고 나아가 각국의 정치·경제·사회 체제의 독립성을 유지하기 위해 국가의 역할이 중요하다고 본다. 하지만 이는 미국과 유럽 국가들이 강조하는 것과는 차이가 있다. 서구 국가들은 사이버 공간, 기반시설의 보호를 통한 개인의 인권 보호와 표현의 자유 확대를 궁극적 목적으로 한다. 따라서 지적재산권 보호 방안, 네트워크 기반 경제 활성화를 위한 협력과 관련해 우선적으로 논의한다. 또한 사이버 무기나 사이버 전쟁의 가능성이

표 2 SCO의 사이버안보 협력 현황

연도	합의 사항	내용
2009.6.16.	국제 정보 보안 강화 협력 합의	* 주요 위협 정의 – 사이버 무기(information weapons) 개발 – 사이버 전쟁(information war) 준비 – 사이버 테러(information terrorism) – 사이버 범죄(information crime) – 사이버 공간에 대한 특정 국가의 지배 – 타국의 정치·사회·경제 체제에 위협을 가하는 정보 보급 행위 – 정보기반시설(information infrastructure) 위협
2011.9.12.	정보 보안 국제 행동강령 (66회 유엔 총회 제출)	* 사이버 공간 내 국가의 권리와 책임 확인 – 사이버 공간에서도 모든 국가의 주권, 정치적 독립성, 영토를 인정 – 국제 평화를 깰 수 있는 사이버 무기 확산과 정보통신기술 사용 금지 – 국가의 안정을 위협하는 테러, 분리주의, 극단주의를 조장하는 정보통신기술 사용 억제를 위해 국가 간 협력 강화 – 사이버 공간과 기반시설 보호를 위한 국가의 권리와 책임 재확인 – 국가 간 정보 격차를 줄이고, 저개발 국가의 사이버 능력 강화를 위해 지원
2013.4.2.	'사이버 테러' 억제 방안 합의	비공개
2015.1.13.	정보 보안 국제 행동강령 (69회 유엔 총회 제출)	* 사이버 공간 내 국가의 권리와 책임 확인 (66회 UN 총회 제출 행동강령 수정·보완) – 사이버 무기 관련 내용 삭제 – 모든 국가는 국제 인터넷 거버넌스와 관련해 동등한 역할과 책임 이행 – 모든 국가는 사이버안보 강화를 위해 다른 이익집단과 협력 강화
2015.4.15.	'사이버 테러' 방지 계획 제정	비공개
2015.7.10.	SCO 회담(Ufa)	사이버안보 관련 기존 인식을 재확인

출처: https://ccdcoe.org/sco.html

희박하다고 인식하며, 사이버 범죄와 사이버 스파이 행위 억제를 위한 노력이 시급하다고 강조한다. 이같이 중국과 러시아는 사이버안보와 관련해 서구 국가와 다른 인식을 갖고 있기 때문에, 지역 협력체를 통해 인식을 공유하고 글로벌 사이버 영역에서의 영향력을 확대해나가고자 한다.

아세안지역안보포럼 내 역할 강화

아세안지역안보포럼(ASEAN Regional Forum: 아세안지역포럼)은 아시아·태평양 지역 국가들이 역내 안정을 추구하기 위해 1994년 출범한 다자간 정치·안보 협의체이다. 아세안(ASEAN) 10개국, 아세안 대화 상대국 10개국, 기타 아시아 지역 국가 7개국이 회원국으로 가입했으며 2000년대 중반 이후 중국의 적극적 참여와 2010년 미국의 회의 참여로 영향력이 확대되고 있다.[9] 사이버안보를 위한 국가 간 협력에 대한 논의는 2012년 캄보디아에서 열린 19회 포럼부터 아세안에서 아세안 지역포럼으로 옮겨와 확대됐다. 1990년대 후반부터 아세안은 비전통적 안보 이슈와 초국가 범죄의 맥락에서 사이버 영역에 대한 논의를 이어왔다. 2003년부터는 경제 공동체, 정치·안보 공동체, 사회·문화 공동체로 구조화해 이를 바탕으로 정보 기반 시설의 안보와 통합에 대한 논의를 증진시켰다.[10] 대표적 활동으로 컴퓨터 침해 사고 대응반(Computer Emergency Response Teams: CERTs)의 설립을 들 수 있다. 2008년 '아세

9 2013년 기준 아세안(ASEAN: 동남아시아국가연합) 10개국(필리핀, 말레이시아, 싱가포르, 인도네시아, 태국, 브루나이, 베트남, 라오스, 미얀마, 캄보디아)을 중심으로 아세안 대화 상대국 10개국(유럽연합 의장국, 미국, 일본, 중국, 러시아, 한국, 호주, 캐나다, 뉴질랜드, 인도), 기타 7개국(스리랑카, 파키스탄, 방글라데시, 동티모르, 북한, 몽골, 파푸아뉴기니) 등 27개국이 회원국으로 가입돼 있다.

안 경제 공동체 청사진(ASEAN Economic Community Blueprint)'에서는 지역 내 정보 기반시설 보호의 중요성과 연결성 강화를 언급한 이후 이에 대한 국가 간 협력을 강화하고자 한다.

이후 2012년 19회 아세안지역포럼에 참가한 각국의 외교부 장관들은 '사이버안보 보장 협력 성명서'를 채택했다.[11] 성명서에는 "아세안지역포럼 내 모든 국가가 국가의 정보 기반시설 보호를 위한 체계적 방안에 참여할 필요성이 있다"는 내용이 포함돼 있다. 또한 "국제 안보 차원에서 범죄와 테러를 목적으로 하는 ICT 사용 방지를 목적으로 하는 정보통신 분야의 발전과 관련된 유엔 총회의 결의안을 고려한다"고 명시하고 있다. 이와 더불어 "UN GGE의 컨센서스 리포트를 주목해야 한다"고 강조한다. 2013년 7월 브루나이에서 열린 20회 아세안지역포럼에서는 대테러 작전과 초국가 범죄와 관련해 사이버안보 이슈가 핵심 의제로 논의됐다. 특히 정보 공유와 능력 배양을 바탕으로 한 지역 내 국가 간 협력 강화의 중요성을 재확인했다.[12] 같은 해 9월에는 사이버안보 강화 조치에 관한 아세안지역포럼 워크숍이 중국과 말레이시아의 주최로 베이징에서 열렸다. 중국이 처음으로 주최한 이 워크숍에는 아세안지역포럼 회원국 내 정부 관리, 전문가, 학자 등은 물론 UN 마약·범죄 사무소 대표도 참석했다. 이들은 인터넷 발전을 위한 법제도

10 ASEAN. 2004. "Vientiane Action Programme 2004-2010"
https://ccdcoe.org/sites/default/files/documents/ASEAN-041129-VientianeActionProgramme.pdf

11 "ASEAN Regional Forum Statement by the Ministers of Foreign Affairs on Cooperation in Ensuring Cyber Security" Adopted by 19th 아세안지역포럼(ARF).

12 ASEAN Regional Forum "Chairman's Statemnet of The 20th ASEAN Regional Forum"(July 2, 2013).

와 문화적 다양성 존중의 필요성에 대해 논의하며 아세안지역포럼 회원국 간 협력의 필요성을 강조했다.[13] 중국은 아세안지역포럼의 사이버안보 논의와 협력 강화에 적극적으로 나서는 것은 물론 사이버 국력 차이(digital divide)를 완화할 수 있도록 IT 산업이 취약한 국가에 대한 인터넷·네트워크 인프라 지원을 약속했다.

중국의 이 같은 행보에 미국 또한 아세안지역포럼 회원국으로서 사이버안보 관련 활동에 적극적으로 참여했다. 캐리 국무장관은 "미국은 아세안 국가들이 사이버 위협에 대처할 수 있는 능력 강화를 위해 적극적으로 도울 것"이라고 강조하며,[14] 사이버 워크숍에 적극적으로 참여해 아세안 국가들과의 신뢰를 구축하고 있다. 또한 양자 관계 강화에 적극적으로 나서고 있다.

3. 국제기구 내 영향력 강화 추진

유엔의 사이버안보 관련 활동은 다양한 정부 간 조직과 관리 기구에 의해 파편적으로 이뤄지고 있다. 유엔 산하 많은 기구들이 결의안을 발의하지만 실질적으로는 유엔 총회나 안전보장이사회에 의해 채택되어야 법적 구속력을 가질 수 있다. 이 같은 상황에서 사이버안보 이슈와 관련된 결의안이 안보리에서 채택된 경우는 없다. 사이버안보를 다루는 다양한 성격의 결의안이 3개의 주요 위원회(군비축소·국제안보위원회, 경제·금융위원회, 사회·인도주의·문화위원회)에 의해 유엔 총회에 상정됐다. 이 중 중요한 결의안은 중국, 러시아, 미국이 첨단기술을 이용한 사이

13 http://www.fmprc.gov.cn/mfa_eng/zxxx_662805/t1079387.shtml

14 http://www.state.gov/r/pa/prs/ps/2013/07/211467.htm

버안보 위협에 대해 적극적 논의를 펼치고 있는 군비축소·국제안보위원회에서 다룬 것이다. 특히 중국은 러시아의 행보에 지지를 표하며 적극적으로 협력하고 있다.

1998년 이래로 러시아는 매년 '안보 관점의 정보통신 분야의 발전(Developments in the field of information and telecommunication in the context of security)'을 주제로 하는 첫 위원회에 결의안 초안을 제출하고, 매년 유엔 총회에서 비강제적 결의안(non-binding resolution)으로 채택되고 있다. 2001년 결의안에서 러시아는 15개 국가의 전문가들로 구성된 '정부 전문가 그룹(Group of Governmental Experts: GGE)'의 설립을 제안했다. 동등한 지역 배분을 바탕으로 구성된 국가들의 전문가들은 정보 안보 영역의 잠재적 위협에 대해 논의하고 이를 해결하기 위한 협력 방안 마련을 목표로 한다. 2004년 UN 군축사무소(UN Office for Disarmament Affairs: UNODA)의 지원 하에 GGE가 처음 설립됐다. 이후 2009년에 2차 활동이 이뤄지고, 2012년에 3차 활동이 진행됐다. 중국은 1차, 2차, 3차, 4차 GGE 참여국으로 선정돼 GGE 활동을 주도하고 있는 러시아와 사이버안보와 관련한 인식을 공유하고 있다.

표 3에서 알 수 있듯이 1차 GGE는 여러 쟁점에서 미국과 중국, 러시아의 의견 불일치로 인해 사이버안보 관련 대승적 합의를 이뤄내지 못했다. 우선 정보통신기술이 국가 안보와 군사 영역에 미치는 영향력에 대한 인식 차이를 들 수 있다. 중국은 사이버 공간은 기술력에 따라 불균형적인 공간으로 인식하며, 사이버 공간의 군사화로 인한 사이버 무기 개발, 사이버 공격 가능성을 억제해야 한다고 주장한다. IT 기술 발전의 후발 주자로서 이미 미국을 포함한 서구 국가가 사이버 공간에서 우위를 선점했기 때문에 중국이 위협에 노출될 가능성이 크다고 보는

것이다. 따라서 중국, 러시아 등 ICT 발전의 후발 주자들은 국가가 적극적으로 나서서 국내 사이버 공간에 대한 보호가 필요하고, 국제사회의 협력을 통한 기술 강국들의 사이버 무기 개발 등의 행위를 억제해야 한다고 주장한다. 반면 미국은 인권, 자유 등 기본 가치를 바탕으로 사이버 공간을 보호해야 한다고 인식하고 있다. 따라서 사이버 범죄, 사이버 스파이 행위 근절을 주목적으로 국가, 비국가 행위자의 협력이 필요하다고 주장한다.

다음으로 국가 안보 측면에서 정보 기반시설과 관련한 논의에 초점을 맞출 것인지, 정보의 내용으로 논의를 확장할 것인지에 대한 주장이 다르다. 중국과 러시아는 외부에서 사이버 공간을 이용해 특정 이념과 사상을 국내에 유포해 국가 체제를 위협하려는 행위를 차단해야 한다고 주장한다. 특히 중국은 정보의 자유로운 공유로 인해 국내 사이버 영역이 외부의 공격에 노출될 위험이 높아진다는 인식하에 인터넷 검열 프로그램[15]을 운영 중이며, 이와 관련한 국제 규범이 필요하다고 강조한다. 이같이 서로 다른 인식을 갖고 있는 국가들이 평행한 노선을 이어나갔다. 더욱이 유엔 군축사무소 산하 GGE 활동에 선도적 역할을 한 러시아와 중국이 사이버 공간에서 국가의 역할을 강조하는 방향으로 논의를 이어나가려 하자 미국은 1차 GGE에서 유엔 총회에 제출하는 결의안에 지속적으로 반대표를 던졌다.[16]

하지만 2차 GGE 활동에서는 사이버안보를 위한 국가의 역할 강화와 국가 간 신뢰 구축 방안이 구체적으로 논의되기 시작했다. 이는 2007년 에스토니아가 외부로부터 사이버 공격을 받아 피해를 입은

15 The Great Firewall of China

후,[17] 많은 국가들이 자국의 사이버 영역 보호를 위한 국가 간 협력의 필요성을 느끼기 시작한 것이다. 신뢰 구축 방안 마련, 사이버안보 관련 용어의 정의, 국가별 사이버안보 전략, 정책, 기술 등을 공유하고 관련 국제법 구축 필요성의 내용을 담은 리포트를 제출했다. 이후 3차 활동에서는 사이버 공간에서 국가 주권 인정, 국제법 적용, 외부로부터의 공격에 대한 국가 자위권 사용 가능, 비국가 행위자의 사이버 위협에 대한 국가의 책임 등 핵심 쟁점에서 상당 부분 합의가 이뤄졌다. 3차 GGE 활동의 결과가 국제사회에서 사이버안보에 대한 논의의 방향성을 제시했다고 볼 수 있다. 지금까지 중국은 미국의 반대 입장에서 러시아와 공조를 하는 모습을 보여왔지만, 핵심 쟁점에 대한 합의가 어느 정도 이뤄진 상황에서 자국의 이익을 위해 사이버안보 관련 국제 규범 형성에서 독자적 목소리를 낼 가능성이 높다. 사이버 공격에 대한 국가의 자위권 행사, 사이버 스파이 활동, 사이버 전력 강화 등에서 우선하는 사안이 다르기 때문이다.

또한 중국은 역내·역외 국가와의 협력 강화를 통한 사이버 영역의 국제 제도 구축만큼 정보통신기술 영역의 영향력 확대도 중요한 부

16 A/RES/60/45, A/RES/61/54, A/RES/62/7, A/RES/63/37
http://unbisnet.un.org:8080/ipac20/ipac.jsp?session=1475PG47Y4369.53333&menu=search&aspect=power&npp=50&ipp=20&spp=20&profile=voting&ri=1&matchopt=0%7C0&source=~%21horizon&index=.VW&term=Developments+in+the+Field+of+Information+and+Telecommunications+in+the+Context+of+International+Security&x=14&y=7&aspect=power

17 2007년 4월, 3주간 지속된 디도스(DDoS) 공격으로 에스토니아의 주요 기관(의회, 정부, 은행, 언론사 등)의 홈페이지와 전산망이 마비돼 모든 행정 업무와 금융 업무가 1주일 이상 중단됐다. 이로 인해 수천만 달러의 피해를 입은 것으로 추정된다. 에스토니아 정부가 사이버 공격의 배후로 러시아를 지목하며 나토(NATO)가 나서서 조사했지만 명확한 배후를 밝혀내지 못한 채 조사가 종결됐다.

분으로 인식하고 있다. 하지만 미국이 사이버 기술 개발 및 표준화에서 우위를 선점하고 있는 상황에서 중국이 영향력을 확대하기란 쉽지 않다. 따라서 미국 상무부의 지원을 받으며 전 세계 기술 표준화를 주도하고 있는 국제 인터넷 주소 관리 기구(Internet Corporation for Assigned Names and Numbers: ICANN)를 견제하며 미국과 기술 표준 경쟁을 이어나가기 위해 UN 산하 기구인 국제전기통신연합(International Telecommunication Union: ITU)의 영향력 강화에 집중하고 있다. ITU는 세계 사이버 보안 의제(GCA)를 통한 국제 협력과 사이버 기술 개발 및 표준화 설정을 주도하는 기구다. 특히 미국이 2014년 ICANN의 인터넷 관리 주소 권한을 국제기구에 이양하겠다고 발표하며, 기존의 체제를 확대 강화하려 하자 중국의 견제가 구체화됐다. 중국은 안정적 인터넷 거버넌스 구축을 위해 UN 산하 기구인 ITU가 기존 ICANN의 역할을 대신해야 한다고 주장하고 있다. 더욱이 2014년 ITU의 자오허우린(赵厚麟) 사무차장의 새 사무총장 당선은 글로벌 인터넷 거버넌스 구축을 위해 중국의 영향력이 확대될 가능성이 높아졌음을 시사한다.

맺음말

지금까지 살펴본 바에 따르면 중국의 ICT 기술의 발전 과정은 다음과 같다. 중국은 2000년대에 들어와 전자·정보 산업 발전에 따른 인터넷 보급 확대와 국내외 정보 교류가 활발해졌다. 1990년대 중국의 정보화 발전은 사회·경제 영역의 현대화를 목적으로 진행됐다. 1991년 중국공산당은 제13기 중앙위원회 제7차 전체회의에서 "국민경제 및 사회발전에 관한 제8차 5개년 계획과 10개년 계획에 대한 당중앙 건의"를 통과시키며 '경제의 현대화'를 본격화했다. 이후 1998년 본격적

표 3 UN GGE 활동 결과

GGE 활동	참여국	결과
1차 (2004/2005)	벨라루스, 브라질, 중국, 프랑스, 독일, 인도, 요르단, 말레이시아, 말리, 멕시코, 대한민국, 러시아, 남아프리카공화국, 영국, 미국	* 의견 불일치로 합의점 도출 실패 (GGE 리포트 A/60/202) - 국가 안보와 군사 영역에서의 정보통신기술(ICT) 영향력에 대한 인식 차이 - 정보 기반시설 측면으로 논의를 한정해야 하는지 정보 내용과 관련한 논의도 포함해야 하는지에 대한 의견 차이 - 저개발 국가의 사이버 능력 강화와 이를 위한 기술 이전에 대한 의견 차이
2차 (2009/2010)	벨라루스, 브라질, 중국, 에스토니아, 프랑스, 독일, 인도, 이스라엘, 이탈리아, 카타르, 대한민국, 러시아, 남아프리카공화국, 영국, 미국	* 유엔 총회에 보고서 제출 (GGE 리포트 A/65/201) - 주요 기반시설 보호와 위험 감소를 위한 국가의 ICT 사용 규범에 대한 담화 - 분쟁에 ICT 논의를 포함해 신뢰 구축 방안 마련 - 국가별 ICT 관련 법, 전략, 정책, 기술 정보 공유 - 저개발 국가의 ICT 사용 능력 강화 지원 - 정보 안보 관련 일반 용어, 정의 구체화
3차 (2012/2013)	아르헨티나, 오스트레일리아, 벨라루스, 캐나다, 중국, 이집트, 에스토니아, 프랑스, 독일, 인도, 인도네시아, 일본, 러시아, 영국, 미국	* 유엔 총회에 보고서 제출 (GGE 리포트 A/68/98) - UN 헌장과 같은 국제법을 사이버 영역에 적용할 수 있으며, 국제법은 ICT 환경의 개방성, 보안, 평화, 접근 가능성을 위해 필수적이라는 인식에 동의 - 국가의 ICT 관련 활동 수행, 영토 내 ICT 기반시설에 대한 관할권과 관련해 국가 주권 적용 합의 - ICT 보안은 인권과 자유 존중과 관련돼야 함을 설명하기 위한 국가의 노력 필요 - 국가는 국제사회에 악영향을 미치는 행위를 하는 행위자(proxies)를 지원해선 안 되며, 비국가 행위자들이 영토 내에서 ICT 기술을 사용해 불법적 행위를 하는 것을 금지해야 함. - 유엔은 회원국들의 사이버 담론을 증진시키기 위해 중요한 역할을 해야 함.

4차 (2014/2015)	벨라루스, 브라질, 중국, 콜롬비아, 이집트, 에스토니아, 프랑스, 독일, 가나, 이스라엘, 일본, 케냐, 말레이시아, 멕시코, 파키스탄, 대한민국, 러시아, 스페인, 영국, 미국	* 유엔 총회에 보고서 제출 (GGE 리포트 A/70/174) - 3차 활동 보고서 내용을 보완함. - ICT 사용에 있어서 국가는 국제법 원칙, 주권, 평화적 분쟁 해결 수단, 내정 불간섭 등 다른 원칙들을 준수해야 함.

출처: UN 군축사무소, UN 총회 자료 재정리

으로 정보통신 산업을 적극 지원하고 인터넷 사용 확대를 통한 경제의 정보화를 추진하기 위해 정보산업부를 신설했다. 기존의 전자 산업, 우정 사업, 문화 산업 분야를 정보산업부로 통합함으로써 정책 결정과 집행의 효율성을 높였다. 2006년 공업정보화부 신설을 바탕으로 정보화와 공업화를 융합해 지식·기술 집약형 첨단 산업과 정보·통신·인터넷 산업 등의 발전을 이뤄왔다.

하지만 이 같은 발전으로 사이버안보의 취약성이 심화됐다. 따라서 사이버 공간의 보호를 위해 정보화 전략을 바탕으로 국방·군사 시스템 개선, 효율성 강화를 추구하고 나아가 사회 안정을 유지하고자 한다. 이 같은 사회·경제·군사 정보화 발전은 중국공산당 정치국 상무위원회 내 국가정보화영도소조, 중앙군사위원회, 국무원 내 공업정보화부에서 주로 담당했다. 2014년 이후부터는 중국네트워크안전·정보화영도소조와 국가인터넷정보판공실로 일원화됐다. 이 같은 조직 개편을 통해 정치적·사회적 안정을 유지하고자 한다.

이를 바탕으로 봤을 때 중국의 사이버안보 인식은 다른 국가들과 유사함을 알 수 있다. 국가 안보, 기업·개인 경제활동 등에 악영향을 미치는 활동을 차단해 인터넷을 보호하고자 하는 것이다. 하지만 중국은 국내 인터넷 보호를 위해 국가의 주도적 역할을 강조하는 국가 중심적 전략을 취한다는 점에서 미국을 포함한 서구 국가와 큰 차이를 보인다. 특히 중국은 국내외 사이버 공격으로부터 자국의 인터넷을 보호하고 나아가 이념과 문화를 공고히 하고 사회 안정을 추구한다. 각 국가의 특수성을 인정해줘야 한다는 것이다. 이러한 인식은 사이버 공간의 개방성, 포괄성, 상업성의 특징을 중요하게 생각하는 미국과의 마찰을 불러일으키고 있다. 기술적 우위에 있는 미국이 자국 인터넷 공격의 배후에 있다는 의심을 바탕으로 자국의 사이버안보를 지킨다는 명목하에 사이버 스파이 행위, 해킹 등 첩보활동에 관대한 입장을 취하고 있는 것이다. 또한 미국의 사이버안보 전략과 시스템 독점을 비판하면서 다양한 국가의 이익이 반영된 거버넌스 구성의 필요성을 강조한다. 그럼에도 중국은 미국과의 신뢰 구축, 협력의 중요성을 인식하고 매년 '전략 경제 대화'에서 사이버안보에 관한 대화를 이어나가고 있다.

중국은 사이버안보 영역에서 미국과의 양자 협력만큼 국제기구를 통한 다양한 국가와의 협력, 사이버안보 레짐 형성에 적극적이다. 국가 간 기술 격차가 심각하게 작용하는 사이버 영역에서 저개발 국가에 대한 기술 지원, 후발 국가들과의 공통된 이해관계를 바탕으로 이들 국가와의 협력을 이끌어내 국제 제도 형성에서 목소리를 높이고 기술 선진국인 서구 국가들을 견제하려 하는 것이다. 중국은 사이버 테러, 인터넷·네트워크 기술의 군사적 사용 등을 제한하는 규범을 만들기 위해 상하이협력기구, 아세안지역포럼을 통한 역내 국가들과의 사이버안보 관련 협력에 적극적으로 나서고 있다. 이와 더불어 현재 미국이 주도하고 있는 정보통신 관련 민간기구인 ICANN 내에서의 영향력을 강화하기 위해 노력하고 ITU를 통한 인터넷 거버넌스 개혁에 적극적이다. 중국은 사이버안보를 위해 국가 간 협력만큼 민관 협력을 위해서도 노력하고 있다. 2014년 중국이 신설한 세계인터넷대회(世界互联网大会: World Internet Conference)에서 각국의 인터넷 주권을 강조하고, 안전한 사이버 공간을 구축하기 위한 국가-비국가 간 연대를 주장한다. 중국은 정보통신기술 발전의 후발 주자로서 자국의 경제적 이익을 증진시키고 군사 영역의 안보 강화, 정치·사회 영역의 안정을 유지하기 위해 다양한 차원에서 국제 협력을 강화하기 위해 노력하고 있다.

이 같은 중국의 영향력 확대에 대응해 미국은 2011년 NATO 산하 사이버방어협력센터(Cooperative Cyber Defense Center of Excellence)에 가입하면서 NATO 회원국들과의 군사적 협력을 추구했다. 사이버 방어 기술 개발을 위한 연구와 교육, 법과 정책 제정 합의 등 군사적 차원의 협력에 초점을 맞추고 있다. 이후 체코, 프랑스, 영국, 그리스, 터키 등이 CCDCOE에 가입하며 미국의 인식, 전략, 기술 발전 등의 공유를 확대해나가고 있다.

결국 유엔 내 GGE 활동을 바탕으로 사이버안보를 위한 논의의 방향성이 형성되고 국가 간 협력의 필요성을 공유하기 시작했지만 한시적일 수밖에 없다. 국가들은 국제기구보다는 지역 협력기구, 지역 협력기구보다는 국내 정책과 전략을 중요하게 생각하기 때문이다. 우선 중국과 러시아는 미국의 독점에 대항하기 위해 협력을 펼치고 있지만 근본적으로 다른 인식을 갖고 있다. 중국은 사이버 공간이 군사화됐을 때를 대비해 군사적 공격-방어 기술 개발에 박차를 가하고 있다. 반면 러시아는 사이버 공간의 군사화 자체에 반대한다. 미국과 유럽도 마찬가지다. 유럽 국가들은 기술적으로 우위에 있는 미국과의 협력을 추진하고 있지만 미국의 국가안전보장국(National Security Agency)이 수년간 전 세계 정부, 기업 등을 대상으로 도청한 사실이 드러나며 신뢰가 약화된 상황이다. 이 같은 국가들의 인식과 전략 차이는 사이버안보를 위한 지속적 협력을 불가능하게 한다.

참고문헌

제1부 현대 문명 성찰

현대 문명의 두 패러다임에 대한 비판적 고찰 이한구

강정인, 《서구중심주의를 넘어서》, 아카넷, 2004.

김동하, "독일 바이마르 시기 '보수혁명'과 반서구주의," 《유럽연구》 제32권 2호, 2014.

김세연, 《맑스의 비서구사회관 연구》, 역사비평사, 1995.

김민정 외, 《문명 안으로》, "역사적 사상력으로 재구성한 문명의 기원," 한길사, 2011.

김민정 외, 《문명 안으로》, "문명과 야만 1: 차별의 문명담론," 한길사, 2011.

이한구, 《역사학의 철학》, 민음사, 2007.

사미르 아민, 김용규 옮김, 《유럽중심주의》, 세종출판사, 2000.

재레드 다이아몬드, 강주헌 옮김, 《어제까지의 세계》, 김영사, 2013.

노베르트 엘리아스, 박미애 옮김, 《문명화과정》, 한길사, 1999.

프랜시스 후쿠야마, 이상훈 옮김, 《역사의 종말》, 한마음사, 1992.

테오도르 W. 아도르노, M. 호르크하이머, 김유동 옮김, 《계몽의 변증법》, 문예출판사, 1995.

새뮤얼 헌팅턴, 이희재 옮김, 《문명의 충돌》, 김영사, 1997.

토머스 새뮤얼 쿤, 조향 옮김, 《과학혁명의 구조》, 이화여자대학교출판부, 1980.

임레 라카토슈, 신중섭 옮김, 《과학적 연구 프로그램의 방법론》, 아카넷, 2002.

카를 마르크스, 프리드리히 엥겔스, 강유원 옮김, 《공산당 선언》, 이론과실천, 2008.

라인하르트 코젤렉, 오토 브루너, 베르너 콘체, 안삼환 옮김, 《코젤렉의 개념사 사전 1》, 푸른역사, 2010.

에드워드 W. 사이드, 박홍규 옮김, 《오리엔탈리즘》, 교보문고, 1995.

안드레아 셈프리니, 이산호, 김휘택 옮김, 《다문화주의》, 경진, 2010.

Buruma, Ian, Avishai. Margalit, *Occidentalism-The west in the eyes of its enemies*, Penguin USA, 2005.

Danilevsky, N. Y., *Russia and Europe*, NO. 2, Zasia, 1871.

Dawson, Cristopher, John J. Mulloy (ed.) *Dynamics of World History*, Isi Books, 2002.
Ferguson, Adam, Fania Oz-Salzberger (ed.) *An Essay on the History of Civil Society*, Cambridge University Press, 1996.
Hegel, Georg, Von F. Brunstad, *Vorlesungen über die Philosophie der Geschichte*, Stuttgart: Philipp Reclam Jun, 1961.
Herder, Johann G., F. M. Barnard (ed.) *J. G. Herder on Social and Political Culture*, Cambridge: Cambridge University Pres, 1969.
Kant, I, *Ges. Schriften*. Bd. 9. Berlin: hrsg. v. d. Preuss. Akad. d. Wiss, 1923.
Katzenstein, Peter J. (eds.) *Civilizations in World Politics: Plural and pluralist perspectives*, Routledge, 2010.
Mirabeau, the elder, S. A. Arjomand & E. A. Tiryakian (eds.) *Rethinking Civilizational Analysis. Sage Publications*, 2004.
Quigley, Carroll, *The Evolution of Civilizations: An Introduction to Historical Analysis*, New York: The Macmillan Company, 1961.
Sorokin, Pritirim A., *Modern Historical & Social Pliosophies*, New York: Dover Pub, 1963.
______, "An Evolutionary Explanation Model on the Transformation of Culture by Cultural Genes," *Social Evolution and History*, Vol. 8, 2009.

과학기술을 통제할 수 있을까? 신중섭

세계과학회의, "과학과 과학적 지식의 이용에 관한 선언," 과학기술부·유네스코한국위원회, 1999.
김우재, "두 개의 과학자 헌장," 《사이언스타임스》 2011년 9월 2일.
김우창, "과학기술과 그 문제들: 복합적 평형체제를 향하여," 《과학사상》 제2호, 1922.
김환석, "제2부 과학기술의 윤리와 민주화," (2006). 이영희(2000).
______, 《과학사회학의 쟁점들》, 문학과지성사, 2006.
데이비드 C 린드버그, 이종흡 옮김, 《서양과학의 기원들》, 나남, 2009.
프랜시스 베이컨, 이종흡 옮김, 《학문의 진보》, 아카넷, 2002.
복거일, 《벗어남으로서의 과학》, 문학과지성사, 2007.
브루노 라투어, "탈냉전시대의 새로운 좌파 정치," 《진보의 패러독스: 과학기술의 민주화를 위하여》, 당대, 1999.
송상용, 《서양과학의 흐름》, 강원대학교출판부, 1990.
송상용 편역, 《교양과학》, 우성문화사, 1980.
칼 짐머, 이창희 옮김, 《시간의 강을 건너온 생명들: 진화》, 세종서적, 2004.

신중섭, 이기식, 이종흡, “과학기술에 의한 유토피아의 건설: 과학기술과 구성주의적 합리주의,” 《과학과 철학》 제3권 1호, 한국과학철학회, 2000.
엄정식, “과학적 합리성과 과학정신,” 《토마스 쿤의 과학철학: 그 50년의 유산과 전망》 한국과학철학회 정기학술대회 논문집, 한국과학철학회, 2012.
노르베르트 엘리아스, 박미애 옮김, 《문명화과정 I》, 한길사, 1996.
오세정, “창의적 연구를 가로막는 과잉 규제,” 《중앙일보》 2013년 12월 12일.
랭던 위너, 손화철 옮김, 《길을 묻는 테크놀로지: 첨단 기술 시대의 한계를 찾아서》, 씨아이알, 2010.
이기식, 신중섭, 이종흡, “과학기술에 의한 유토피아의 건설: 과학기술적 유토피아론에 대한 낭만주의 예술의 비판,” 《독일문학》 Vol. 74, No. 1, 한국독어독문학회, 2000.
이봉재, “과학과 가치,” 《과학철학》 제6권 제2호, 한국과학철학회, 2003.
______, “위험과 무능: 생태 위기와 과학적 합리성의 문제,” 과학사상연구회 편, 《과학과 철학》 제11집, 통나무, 2000.
이중원, 홍성욱 외, “나노 기술의 윤리적 쟁점,” 《필로 테크놀로지를 말한다》, 해나무, 2008.
이영희, 《과학기술의 사회학: 과학기술과 현대사회에 대한 성찰》, 한울아카데미, 2000.
______, “과학기술의 사회적 통제와 수용성 연구: 생명공학을 중심으로,” 《과학기술학연구》 제1권 제1호, 한국과학기술학연구회, 2001.
이필렬, 《자연과학개론》, 한국방송통신대학교, 1994.
장하준, 김희정, 안세민 옮김, 《그들이 말하지 않는 23가지》, 부키, 2010.
조셉 로트블라트, “과학과 인간적 가치,” 유네스코한국위원회 편, 《과학연구윤리》, 당대, 2001.
최경희, 김은철, 송성수, “과학기술단체의 윤리강령과 한국의 사례,” 《공학교육연구》 제12권 제1호, 2009.
프레더릭 페레, 박준호 옮김, 《기술철학》, 서광사, 2009.
프리먼 다이슨, 신중섭 옮김, 《상상의 세계》, 사이언스북스, 2000.
한정숙, “문명과 문명론: 헌팅턴의 문명 충돌론 비판을 위한 시론,” 《신인문》 창간호(1997년 여름), 한길사, 1997.
홍성욱, “20세기 과학의 패러독스,” 《과학과 철학》 제10집, 과학사상연구회, 1999.
______, “과학기술과 근대성: 미래를 위한 성찰,” 《지식의 지평》 5호, 한국학술협의회, 아카넷, 2008.
______, “기술은 인간처럼 행동한다,” 이중원, 홍성욱 외, 《필로 테크놀로지를 말한다》, 해나무, 2008.
홍윤기, “하이데거와 프랑크푸르트학파의 비판이론에서의 과학과 기술의 문제,” 《과학과 철학》 제7집, 과학사상연구회, 1996.

Charles E. Harris, Michael S. Pritchard, Michael J. Rabins, 김유신 옮김, 《공학윤리》, 북스힐, 2006.
Bronowski, J., *A Sense of the Future*, MIT Press,1977.
Bacon, Francis, *The Interpretation of Nature*, Kessinger Publishing Company.
Dyson, F., *Infinite in All Directions,* Harper & Row, 1985.
FC, *The Unabomber Manifesto, Industrial Society & Its Future*, Jolly Roger Press, 1995.
Fukuyama, Francis, *The End of History and the Last Man*, Free Press, 1992.
Hayek, F. A., *Studies in Philosophy Politics and Economics*, RKP, 1967.
Pollard, Sidney, *The Idea of Progress*, Penguin Books, 1971.
Russell, B., *A History of Western Philosophy*.
Tiles, Mary and Hans Oberdiek, *Living in a Technological Culture: Human Tools and Human Values*, Routledge, 1995.

지구촌을 배회하는 근본주의라는 유령을 어떻게 물리칠 것인가? 강학순

지오반나 보라도리, 손철성 옮김, 《테러시대의 철학: 하버마스, 데리다와의 대화》, 문학과지성사, 2004.
노엄 촘스키, 강주헌 옮김, 《지식인의 책무》, 황소걸음, 2005.
______, 홍한별 옮김, 《권력과 테러: 노엄 촘스키와의 대화》, 양철북, 2003.
새뮤얼 헌팅턴, 이희재 옮김, 《문명의 충돌》, 김영사, 2016.
한스 큉, 손정현 옮김, 《한스 큉의 이슬람: 역사, 현재, 미래》, 시와진실, 2012.
에마누엘 레비나스, 강영안 옮김, 《시간과 타자》, 문예출판사, 1996.
넬슨 만델라, 김대중 옮김, 《만델라 자서전: 자유를 향한 머나먼 길》, 두레, 2006.
빌프리트 뢰리히, 이혁배 옮김, 《종교근본주의와 종교분쟁》, 바이북스, 2007.
조너선 색스, 임재서 옮김, 《차이의 존중》, 말·글빛냄, 2012.
칼 세이건, 현정준 옮김, 《창백한 푸른 점》, 사이언스북스, 2001.
루트비히 비트겐슈타인, 이승종 옮김, 《철학적 탐구》, 아카넷, 2016.
안성찬, "문명 속의 야만 1: 차별의 문명담론," 《인물과 사상》 통권 130호(2009.12), 인물과사상사, 2009.
양권석, "근본주의적 경향 혹은 욕망," 《기독교사상》 통권 620호, 대한기독교서회, 2010.
이경원, "문명과 야만의 이분법: 계몽주의의 양면성과 식민지 타자," 《외국문학》 47, 열음사, 1996.
Hole, G., "정신의학의 관점에서 본 근본주의, 교리주의, 열광주의," 《기독교사상》 제37권 제9호(통권 제417호), 대한기독교서회, 1993.

Berlin, I., *Liberty*, Oxford University Press, 2002.
Pfürtner, S. H., *Fundamentalismus: Die Flucht ins Radikale*, Freiburg, 1991.
Rescher, N., *Pluralism: Against the Demand of Consensus*, Clarendon Press, 2003.

보편윤리에 대한 보편주의적 접근방식의 비판적 고찰 강준호

문성원, "자유주의와 정의의 문제: 세계화 시대의 자유주의 정의관," 《시대와 철학》 12권 2호, 2001.
정미라, "문화다원주의와 인정윤리학," 《범한철학》 제36집, 2005.
존 롤스, 장동진 외 옮김, 《만민법》, 이끌리오, 2000.
황경식, "보편 윤리와 지구촌 정의," 《인문과학》 제32권, 성균관대학교 인문과학연구소, 2002.

Binder, Guyora., "Cultural Relativism and Cultural Imperialism in Human Rights Law," *Buffalo Human Rights Law Review* 5, 1999.
Cranston, Maurice., "Human Rights, Real and Supposed," *The Philosophy of Human Rights*, edited by Patrack Hayden, St Paul: Paragon House, 2001.
Flowers, B. J. and F. C. Richardson, "Why is multiculturalism good?," *American Psychologist* 51, 1996.
Gewirth, Alan, *The Community of Rights*, University of Chicago Press, 1996.
Gutman, Amy, "Democratic Citizenship," *For Lover of Country: Debating the limits of patriotism*, edited by Martha Nussbaum and J. Cohen, Beacon Press, 1996.
Kymlicka, Will, *Multicultural Citizenship: A Liberal Theory of Minority Rights*, Oxford University Press, 1995.
Jagger, Alison, "Reasoning About Well-Being: Nussbaum's Methods of Justifying the Capabilities," *The Journal of Political Philosophy* 14, 2006.
Narveson, Jan, "Welfare, Wealth, Poverty, and Injustice in Today's World," *Journal of Ethics* 8, 2004.
Nussbaum, Martha, "Capabilities and Human Rights," *Fordham Law Review* 66, 1997.
______, *Cultivating humanity: A classical defense of reform in liberal education*, Harvard University Press, 1997.
______, *Women and Human Development: The Capabilities Approach*, Cambridge University Press, 2000.
______, *Frontiers of Justice: disability, nationality, species membership*, Harvard University Press,

2006.
Nussbaum, Martha and Amartya. Sen, *The Quality of Life*, Clarendon Press, 1993.
O'Neill, Onora, *Towards Justice and Virtue: A Constructive Account of Practical Reasoning*, Cambridge University Press, 1996.
Singer, Peter, "Famine, Affluence, and Morality," *Philosophy and Public Affairs* 1, 1972.
Walzer, Michael, *Thick and Thin: Moral Argument at Home and Abroad*, University of Notre Dame Press, 1994.

AI의 도래, 인간의 미래 그리고 4차 산업혁명의 향방 이종관

이종관, 《포스트휴먼이 온다》, 사월의책, 2017.
______, 《공간의 현상학, 풍경 그리고 건축》, 성균관대학교출판부, 2012.
이종관, 문종만, 김연순 외 《제4차 산업혁명 하이브리드 패러다임》, 산과글, 2017.
이종관, 박승억, 김종규, 임혁택, 《디지털 철학》, 성균관대학교출판부, 2013.

제2부 문명 전환의 양상들

신자유주의 시대의 문화적 지구화와 한류 양종회

김수완, "창조경제의 주역 중동 신한류," 《한국이슬람학회논총》 24(1), 2014.
조한혜정 외, "대만 속의 한국의 대중문화: 문화 번역과 혼성화 문제를 중심으로," 《한류와 아시아의 대중문화》, 연세대학교출판부, 2003.
류은영, "프랑스, 글로벌 한류의 가능성," 《프랑스문화예술연구》 38, 2011.
문화관광부, 《문화산업백서 2002》, 문화관광부, 2002.
______, 《문화산업백서 2003》, 문화관광부, 2003.
문화체육관광부, 《2009 콘텐츠 산업백서》, 문화체육관광부, 2010.
______, 《2012 콘텐츠 산업백서》, 한국콘텐츠진흥원, 2013.
손상희, "소비사회와 청소년 소비문화," 《한국가정관리학회지》 15(4), 1997.
신윤환, 이현우 외, "한류 열풍은 아시아 공통문화 창출의 키워드: 일본의 한류," 《동아시아의 한류》, 전예원, 2006.
양은경, "동아시아 문화 정체성의 형성과 텔레비전의 소비: 배용준의 일본 팬커뮤니티의 가족담론을 중심으로,"《방송학보》 20(3), 2006.
윤경원, 나미수, "문화 지역화와 미디어 수용자 하위문화: 청소년들의 일본 대중문화 수용에 대한 연구,"《한국언론학보》 49(1), 2005.
윤선희, "신한류의 동유럽 수용과 문화 정체성 확산의 작은 정치,"《한국방송학보》 28(3), 2014.
이민희, 맹영인, 정문성, "한국청소년개발원 연구보고서,"《청소년 대중문화 수용 실태와 대책》, 한국청소년개발원, 2000.
이수범, "N세대의 소비문화에 대한 민속지적 분석,"《광고학연구》 15(3), 2004.
이수안, "유럽의 한류를 통해 본 문화 혼종화,"《한독사회과학논총》 1, 2012.
이호영 외,《디지털 한류와 트랜스미디어 시대의 문화정책 방향》, 정보통신정책연구원, 2012.
홍석경,《세계화와 디지털 시대의 한류: 풀하우스, 강남스타일 그리고 그 이후》, 한울, 2013.
황창림, "대만의 한국문화 현황과 미래,"《문화과학》 12(4), 2007.
황혜자, "청소년 소비문화에 관한 조사연구,"《지방교육경영》 8, 2003.

Albrow, Martin, *The Global Age: State and Society beyond Modernity*, Stanford: Stanford University Press, 1996.
Appadurai, Arjun, "Disjuncture and Difference in the Global Cultural Economy," *Public Culture* 2(2), 1990.
Barber, Benjamin, *Jihad vs McWorld*, New York: Ballantine Books, 1995.
Beck, Ulrich, *What Is Globalization?* (trans. by Patrick Amillier) Cambridge: Polity, 2000.
Berger, Peter, "Introduction: The Cultural Dynamics of Globalization," Peter L. Berger & Samuel P. Huntington (eds.) *Many Globalizations: Cultural Diversity in the Contemporary World*, Oxford University Press, 2002.
Castells, Manuel, *The Rise of Network Society*, Oxford: Blackwell, 1996.
Chua, Beng Huat and Iwabuchi. Koich, "Introduction: east Asian dramas: Identification, Sentiments and Effects," in Beng Huat Chua and Iwabuchi Koich (eds.) *East Asian pop Culture: Analyzing the Korean Wave*, Hong Kong: Hong Kong University Press, 2008.
Crane, Diana, "Culture and Globalization: Theoretical Models and Emerging Trends," Diana Crane, Nobuko Kawashima & Ken'ichi Kawasaki (eds.) *Global Culture: Media Arts, Policy, and Globalization*, New York: Routledge, 2002.
Curran, James & Park Myung-Jin, "Beyond Globalization Theory," James Curran and Park Myung-Jin (eds.) *De-Westernizing Media Studies*, London: Routledge, 2000.

Giddens, Anthony, *The Consequences of Modernity*, Stanford: Stanford University Press, 1990.
Guillen, Mauro F., "Is Globalizing Civilizing, Destructive or Feeble?: A Critique of Five Key Debates in the Social Science Literature," *Annual Review of Sociology* 27, 2001.
Held, David et al., *Global Transformations*, Cambridge, 1999.
Huntington, samuel P., *The Clash of Civilization and the Remaking of World Order*, New York: Simon & Schuster, 1996.
Institute of National Culture (INC), Korea University (ed.), *The History of Modern Korean Culture*, Seoul: The Institute of National Culture, Korea University, 1977.
Iwabuchi, Koichi, *Decentering Globalization: Popular Culture and Japanese Transnationalism*, Durham: Duke University Press, 2002.
Ko, Nusta, Carranza, et al., "Landing the Wave: Hallyu in Peru and Brazil," *Development and Society* 43(3), 2014.
Leung, Lisa, "Mediating nationalism and Modernity: The Transnationalization of Koean Dramas on Chinese (Satellite) TV," in Beng Huat Chua and Iwabuchi Koich (eds.) *East Asian pop Culture: Analyzing the Korean Wave*, Hong Kong: Hong Kong University Press, 2008.
Lin, lihyun, "The paradox of the Korean Wave in Taiwan," A paper presented at a conference, "Cultural Space and Public Sphere in Asia 2006", Olympic Park, seoul, Korea. March, 2006.
Luhmann, Niklas, "Globalization or World Society: How to Conceive of Modern Society?," *International Review of Sociology* 7(1), 1997.
Meyers, John W., "The World Polity and the Authority of the Nation-State," in Albert Bergese (ed.) *Studies of the Modern World System*, New York: Academic Press, 1980.
Mishra, Ramesh, *Globalization and Welfare State*, Cheltenham, U. K.: Edward Elgar, 1999.
Mittelman, James H., *The Globalization Syndrome: Transformation and Resistance*, Princeton: Princeton University Press, 2000.
Mori, Yoshitaka, "Winter Sonata and Cultural Practices of Active Fans in Japan: Considering Middle-Aged Women as Cultural Agents," in Beng Huat Chua and Koich Iwabuchi (eds.) *East Asian pop Culture: Analyzing the Korean Wave*, Hong Kong: Hong Kong University Press, 2008.
Pieterse, Jan Nerveen, "Globalization as Hybridization," in Mike Featherstone, Scott Lash & Roland Robertson (eds.) *Global Modernities*, London: Sage, 1995.
Robertson, Roland, "Globalization or Glocalization?," *The Journal of International Communication* 1(1), 1994.
Robertson, Roland & Kathleen E. White, "Globalization: An Overview," in Roland

Robertson & Kathleen E. White (eds.) *Globalization: Critical Concept in Sociology*, Vol. I, London: Routledge, 2003.

Ritzer, George, *The McDonalization of Society*, Thousand Oaks, CA. Pine Forge Press, 2000.

Said, Edward, *Orientalism*, New York: Randon House, 1978.

Schiller, Herbert, "Striving for Communication Dominance," in D. Thussu (ed.) *Electronic Empires,* London: Arnold, 1998.

Sklair, Leslie, *Sociology of the Global System*, London: Prentice-Hall, 1995.

Stockman, Norman, *Understanding Chinese Society*, Cambridge, U. K.: Polity, 2000.

Tomlinson, John, *Cultural Imperialism: A Critical Introduction* (2nd ed.) Baltimore: The Johns Hopkins University Press, 1992.

Tomlinson, John, "Internationalizaton, Globalization and Cultural Imperialism," K. Thomson (ed.) *Media and Cultural Regulation*, London: Sage, 1997.

Wallerstein, Immanuel, *The Modern World System*, New York: Academic Press, 1974.

Wallerstein, Immanuel, *The Capitalist World-Economy*, Cambridge: Cambridge University Press, 1979.

Yang, Jonghoe, "Globalization, Nationalism, and Regionalization: The Case of Korean Popular Culture," *Development and Society* 16(2), 2007.

Yang, Jonghoe, "The Korean Wave (Hallyu) in East Asia: A Comparison of the Chinese, Japanese, and Taiwanese Audiences Who Watch Korean TV Dramas," *Development and Society* 41(1), 2012.

Yun, Gyong-Won, "The Korean Wave in China: Selective Reception, Resistance, Transformation and Marginalization," *Jungsoyeongu* 120, 2009.

인공지능 시대 "Historia, Quo Vadis?" 김기봉

프랑수아 기조, 임승휘 옮김, 《유럽 문명의 역사: 로마 제국의 몰락부터 프랑스혁명까지》, 아카넷, 2014.

김기봉, "질주하는 과학기술시대 인문학이 필요한 이유: 우리는 어디서 왔고, 누구며, 어디로 가는가," 《인문콘텐츠》 35, 2014.

______, "빅데이터의 도전과 인문학의 응전," 《시민인문학》 30, 2016.

조지프 나이, 이기동 옮김, 《미국의 세기는 끝났는가(*Is the American Century Over*)》, 프리뷰, 2015.

루크 도멜, 노승영 옮김, 《만물의 공식: 우리의 관계, 미래, 사랑까지 수량화하는 알고리즘의 세계(*The Formula: How Algorithms Solve All Our Problems and Create More*)》, 반

니, 2014.
자크 르 고프, 최애리 옮김, 《중세를 찾아서(*A La Recherche du Moyen Age*)》, 해나무, 2005.
빅토어 마이어 쇤베르거, 케네스 쿠키어, 이지연 옮김, 《빅 데이터가 만드는 세상: 데이터는 알고 있다(*Big data: a revolution that will transform how we live work and think*)》, 21세기북스, 2013.
마르크 블로크, 정남기 옮김, 《역사를 위한 변명. 역사가의 사명(*Apologie pour l'histoire ou Métier d'historien*)》, 한길사, 1979.
에레즈 에이든, 장바디스트 미셸, 김재중 옮김, 《빅데이터 인문학: 진격의 서막(*Uncharted: Big Data As a Lens on Human Culture*)》, 사계절, 2015.
오홍식, "그리스인의 역사 서술," 김진경 외, 《서양고대사강의》, 한울, 1996.
니콜라스 카, 최지향 옮김, 《생각하지 않는 사람들: 인터넷이 우리의 뇌 구조를 바꾸고 있다(*The Shallows: What the Internet Is Doing to Our Brains*)》, 청림출판, 2015.
에드워드 H. 카, 김택현 옮김, 《역사란 무엇인가(*What is History*)》, 까치, 1997.
레이 커즈와일, 장시형, 김명남 옮김, 진대제 감수, 《특이점이 온다: 기술이 인간을 초월하는 순간(*The Singularity Is Near: When Humans Transcend Biology*)》, 김영사, 2007.
라인하르트 코젤렉, 한철 옮김, 《지나간 미래(*Vergangene Zukunft. Zur Semantik geschichtlicher Zeiten*)》, 문학동네, 1998.
R. G. 콜링우드, 김봉호 옮김, 《서양사학사(*The Idea of History*)》, 탐구당, 1993.
앨프레드 W. 크로스비, 김병화 옮김, 《수량화 혁명: 유럽의 패권을 가져온 세계관의 탄생(*The Measure of Reality: Quantification and Western Society, 1250-1600*)》, 심산, 2005.
니얼 퍼거슨, 김정희, 구세희 옮김, 《시빌라이제이션: 서양과 나머지 세계(*Civilization: the West and the Rest*)》, 21세기북스, 2011.
유발 하라리, 조현욱 옮김, 이태수 감수, 《사피엔스: 유인원에서 사이보그까지, 인간 역사의 대담하고 위대한 질문(*Sapiens: A Brief History of Humankind*)》, 김영사, 2015.
헤로도토스, 김봉철 옮김, 《역사(*Historiai*)》, 길, 2016.
리처드 도킨스, 홍영남 옮김, 《이기적 유전자(*The Selfish Gene*)》, 을유문화사, 2006.

Crutzen, Paul J., "The Geology of Mankind," *Nature* Vol. 415, 3 January 2002.
Geertz, C., *Dichte Beschreibung. Beiträge zum Verstehen kultureller Systeme*, Frankfurt/M., 1987.
Harari, Yuval Noah, *Homo Deus: A Brief History of Tomorrow*, Random House, 2016.
Mayer-Schönberger, Viktor, *Delete: The Virtue of Forgetting in the Digital Age*, Princeton, NJ: Princeton University Press, 2009.
Schwartz, Oscar, "Can a computer write poetry?"

《漢書》 권62, 〈司馬遷傳〉.

한국사회과학 이론의 보편주의 김현구

강정인, 《서구중심주의를 넘어서》, 서울: 아카넷, 2004.
강철구, 《역사와 이데올로기: 서양 역사학의 유럽중심주의에 대한 비판적 검토》, 서울: 용의숲, 2004.
김기봉, "독일 역사철학의 오리엔탈리즘: 칸트, 헤르더, 헤겔을 중심으로," 《담론》 7권 1호, 2004.
김상준, "중층근대성: 대안적 근대성 이론의 개요," 《한국사회학》 41집 4호, 2007.
______, "유교 윤리성과 비판성: 21세기 문명 재편의 한 축," 《사회사상과 문화》 28집, 2013.
김우창, 《법 없는 길: 현대문학과 사회에 관한 에세이》 (김우창 전집 4), 서울: 민음사, 1993.
김현구, "박동서 교수의 권력통제이론: 행정개혁의 한국화," 김현구 편, 《한국 행정학의 한국화론: 보편성과 특수성의 조화》, 서울: 법문사, 2013.
______, "한국사회과학 이론의 보편주의: 서구보편주의를 넘어 다원보편주의로," 《한국정치학회보》 52집 1호, 2018.
김정현, "니체와 텍스트 해석, 그리고 철학 치료," 《범한철학》 44집, 2007.
문승익, "자아준거적 정치학: 그 모색을 위한 제언," 《국제정치논총》 13집, 1974.
______, "한국정치학의 정립문제: 정치이론의 경우," 《한국정치학회보》 13집, 1979.
문창옥, "과정철학의 문맥에서 본 니체의 생성철학," 《철학연구》 95집, 2011.
박동서, "머리말," 박동서 편, 《새 정부 혁신의 전략과 과제》, 서울: 법문사, 2001.
박영식, 《인문학 강의》, 서울: 철학과현실사, 2011.
박종민, "행정학: 미국 행정학인가 한국행정학인가," 김현구 편, 《한국 행정학의 한국화론: 보편성과 특수성의 조화》, 서울: 법문사, 2013.
박찬국, "니체와 하이데거의 진리 개념의 비교 연구: 니체의 인식론에 대한 포스트모던적 해석의 비판을 통하여," 《존재론 연구》 31집, 2013.
백승영, 《니체, 디오니소스적 긍정의 철학》, 서울: 책세상, 2005.
안병영, "행정학의 '토착화', '한국화' 그리고 '세계화'," 《kapa@포럼》 통권 111호, 2005.
양승태, "보편주의, 무엇을 어떻게 연구할 것인가," 양승태 외, 《보편주의: 새로운 세계를 위한 정치사상사적 성찰》, 서울: 책세상, 2016.
유명기, "문화상대주의와 반문화상대주의," 《비교문화연구》 창간호, 1993.
이광래, 《한국의 서양사상 수용사》, 서울: 열린책들, 2003.
이상엽, "니체의 관점주의," 《니체연구》 16권, 2009.
이승환, "주변부인으로 철학하기," 한신학술원 편, 《우리 것으로 학문하기》, 오산: 한신대학교출판부, 2003.
이한구, 《역사주의와 반역사주의》, 서울: 철학과현실사, 2010.
장하석, 《장하석의 과학, 철학을 만나다》, 서울: 지식채널, 2014.
정대성, "막스 베버의 합리화 이론과 동양사상," 《철학논총》 48집 2호, 2007.
정미라, "문화다원주의와 인정윤리학," 《범한철학》 36집, 2005년 봄호.
테일러(Taylor), "찰스 테일러, 그의 철학을 말하다," 윤평중과의 특별대담(2002.10.30, 서울대 호암관), 《철학과 현실》 겨울호, 2002.

Alatas, Syed Farid, "The Captive Mind in Development Studies," *International Social Science Journal* 34(1), 1972.
______, "The Captive Mind and Creative Development," *International Social Science Journal* 36(4), 1974.
Berry, John W., Ype H. Poortinga, Seger M. Breugelmans, Athanasios Chasiotis, David L Sam, *Cross-Cultural Psychology: Research and Applications*, 3rd ed. Cambridge University Press, 2011.
Blaut, J. M., *Eight Eurocentric Historians: The Colonizer's Model of the World,* vol. 2. New York: the Guilford Press, 2000.
Danermark, Berth, Mats Ekström, Liselotte Jakobsen, Jan Ch, Karlsson, *Explaining Society: Critical Realism in the Social Sciences*, London: Routledge, 2002.
Eisenstadt, Shmuel, "Multiple Modernities," *Daedalus* 129(1), 2000.
______, "The Civilizational Dimension of Modernity," *International Sociology* 16(3), 2001.
______, "Some Observations of Multiple Modernities," In *Reflections on Multiple Modernities: European, Chinese, and Other Interpretations*, edited by Dominic Sachsenmaier & Jens Riedel with Shmuel Eisenstadt, Brill Academic Publishers, 2002.
Eisenstadt, Shumel & Wolfgang Schluchter, "Introduction: Paths to Early Modernities: A Comparative View," *Daedalus,* Summer 1998.
Frank, Andre Gunder, "The Development of Underdevelopment," *Monthly Review* 18(4), 1966.
______, *Reorient: Global Economy in the Asian Age*, University of California Press, 1998.
Giridharadas, Anand, "A Weird Way of Thinking Has Prevailed Worldwide," *The New York Times*, August 25, 2010.
Guha, Ranajit, *History of the Limit of World-History*, New York: Columbia University Press, 2002.
Habermas, Jürgen, *Nachmetaphysisches Denken: Philosophische Aufsätze*, 1988; 이진우 옮김, 《탈형이상학적 사유》, 서울: 문예출판사, 1990.

Henrich, Joseph, Steven J. Heine & Ara Norenzayan, "The weirdest people in the world?," *Behavioral and Brain Sciences* 33, 2010.

Hobson, John M., *The Easton Origins of Western Civilization*, Cambridge University Press, 2004.

Huntington, Samuel P., *The Clash of Civilizations and the Remaking of World Order*, New York: Simon & Schuster, 1996.

Kuhn, Thomas S., *The Structure of Scientific Revolutions*, The University of Chicago Press, 1962.

Lyotard, Jean-Francois, *The Postmodern Condition: A Report on Knowledge*, Minneapolis: University of Minnesota Press, 1984.

Ro, Young-chan, "Relativism, Universalism, and Pluralism in the Age of Globalization," In *The 1st World Humanities Forum Proceedings,* The Forum held in Pusan, Korea, 24-26 November, 2011.

Said, Edward W., *Orientalism: Western Representation of the Orient*, London: Routledge & Kegan Paul, 1978.

Wallerstein, Immanuel, "Eurocentralism and Its Avatars: The Dilemmas of Social Science," *New Left Review* 226, 1977.

______, *European Universalism: the Rhetoric of Power,* New York: The New Press, 2006.

Wallerstein, Immanuel et al., *Open the Social Sciences: Report of the Gulbenkian Commission on the Restructuring of the Social Sciences*, Stanford, CA: Stanford University Press, 1996.

Weber, Max, "'Objectivity' in Social Science amd Social Policy," trans. by Edward A. Shils & Henry A. Finch, 2011, *Methodology of Social Sciences*, New Brunswick: Transaction Publishers, 1904.

Young, Iris Marion, *Justice and the Politics of Difference*, Princeton University Press, 1990.

미래 문명과 전쟁 이택호

배리 파커, 김은영 옮김, 《전쟁의 물리학》, 북로드, 2014.

이택호 외, 《군대윤리》, 집문당, 2010.

조영갑, 김재엽, 남봉우, 《현대무기체계론》, 선학사(북코리아), 2014.

Hartle, Anthony E., "Humanitarianism and the Laws of War," *Philosophy* vol. 61, no. 235, 1986.

Christopher, Paul, *The Ethics of War and Peace-An Introduction to Legal and Moral Issues,*

Prentice-Hall, Inc. NJ, 1994.
Toffler, Alvin, *The Third Wave*, New York, 1980.
Toffler, Alvin and Heidi, *War and Anti-War*, New York, 1993.
Taylor, Telford, *Nuremberg and Vietnam: An American Tragedy*, reprinted in *War, Morality, and the Military Profession* (ed. by M. M. Wakin), 1986.
Wakin, M. M. (ed.), *War, Morality, and the Military Profession,* Westview Press, 1986.
Walzer, Michael, *Just and Unjust Wars*, New York, 1977.

풍수화로 상징되는 한·중·일 문명의 원형 김용운

김용운, 《한국어는 신라어 일본어는 백제어》, 시사일본어사, 2009.
______, 《풍수화》, 맥스미디어, 2014.
______, 《한·일 민족의 원형》, 평민사, 1989.
김성호, 《沸流百濟와 日本의 國家起源》, 지문사.
김부식, 김종권 옮김, 《三國史記》, 관조출판사.
김용운, 《천황은 백제어로 말한다》, 한얼사.
江上波夫 外, 《騎馬民族説》, 德間書店.
江上波夫, 《騎馬民族征服國家》, 中央公論社.
京大東洋史編纂會, 《東洋史辭典》, 東京創元社.
宇治谷孟, 《日本書紀, 全現代語》 (上·下), 講談社.
坂本大郎 他四名, 《日本書紀》 (全5卷), 岩波書店.
青木知夫 校註, 《續日本記》, 新日本古典文學大系 全五卷, 岩波書店.
武田祐吉 譯注, 《新訂 古事記》, 角川書店.
倉野憲司 校註, 《古事記》, 岩波書店.
清水幾太郎訳, 《歴史とは何か》, 岩波書店.
村松正俊訳, 《西洋の没落》, 五月書房.
金錫亨, 朝鮮史研究會譯, 《古代朝日關係史》, 經草書房.
洪起文, 《吏讀硏究》, 과학출판사.
江上波夫 外, 《アイヌト古代日本》, 小學館.
小倉新平, 《鄕歌及び吏讀の硏究》, 亞細亞文化社.
湯浅泰雄, 《Jungとキリスト教》, 人文書院.
岸田秀, 《佛教と精神分析》, 第三文明社.
Bog Russel, 《西洋哲學史》, みすず書房.

사이버안보를 위한 중국의 전략 조윤영·정종필

김상배, "정보화 시대의 미·중 표준 경쟁: 네트워크 세계정치이론의 시각," 《한국정치학회보》 46(1), 2012.

______, 《아라크네의 국제정치학: 네트워크 세계정치이론의 도전》, 서울: 한울, 2014.

______, "사이버안보의 미·중 관계: 안보화 이론의 시각," 《한국정치학회보》 49(1), 2015.

민병원, "신(新)안보 딜레마와 네트워크 국제정치," 《평화연구》 20(1), 2012.

______, "안보담론과 국제정치: 안보 개념의 역사적 변화를 중심으로," 《평화연구》 20(2), 2012.

서진영, 《21세기 중국 정치: '성공의 역설'과 중국적 사회주의의 미래》, 폴리테이아, 2008.

장노순, "사이버안보에서 갈등구조와 신뢰 구축," 《정치정보연구》 17(2), 2014.

______, "사이버 무기와 안보 딜레마의 전이," 《국제지역연구》 17(4), 2014.

한인택, "사이버안보의 쟁점과 연구 경향," 《국제정치논총》 53(3), 2013.

______, "사이버안보와 국제규범의 발전: 정부전문가그룹(GGE)의 활동을 중심으로," 《정치정보연구》 19(1), 2016.

Andres, Richard B., "The Emerging Structure of Strategic Cyber Offense, Cyber Defense, and Cyber Deterrence," In D. S. Reveron. ed. *Cyberspace and National Security*, Georgetown University Press, 2012.

Buchanan, Allen, and Robert O. Keohane, "The legitimacy of global governance institutions," *Ethics & international affairs* vol. 20, no. 4, 2006.

Chang, Amy, *WARRING STATE: CHINA'S CYBERSECURITY STRATEGY*, Center for a New American Security, 2014.

Cordesman, Anthony H., Steven Colley, "Chinese Strategy and Military Modernization in 2015: A Comparative Analysis," *A Report of the CSIS Burke Chair in Strategy, CSIS*, October 5, 2015.

Eneken, Tikk-Ringas, *Developments in the Field of Information and Telecommunication in the Context of International Security: Work of the UN first Committee,* 1998~2012, ICT for Peace, 2012.

Finnemore, Martha, "Cultivating International Cyber Norms," In K. M. Lord et al. eds. *America's Cyber Future: Security and Prosperity in the Information Age,* Vol. II, Center for a New American Security, June 2011.

FireEye, WORLD WAR C: Understanding Nation-State Motives Behind Today's Advanced Cyber Attacks, September 30, 2013.

Friedman, Thomas L., *The Lexus and the olive tree: Understanding globalization*, Macmillan,

2000.

Goldsmith, Jack, "Can We Stop the Cyber Arms Race?," *Washington Post,* Feburary 1, 2010.

______, "Cybersecurity Treaties: A Skeptical View," Hoover Institution, 2011.

Hansen, Lene, and Helen Nissenbaum, "Digital disaster, cyber security, and the Copenhagen School," *International Studies Quarterly* vol. 53, no. 4, 2009.

Hjortdal, Magnus, "China's Use of Cyber Warface: Espionage Meets Strategic Deterrence," *Journal of Strategic Security* 4(2), 2011.

Holder, Eric, "Attorney General Eric Holder speaks at the Press Conference announcing U.S. Charges Against Five Chinese Military Hackers for Cyber Espionage," Department of Justice, 2014.

House, W., *Cyberspace policy review: Assuring a trusted and resilient information and communications infrastructure,* White House, United States of America, 2009.

Lam, Lana, Stephen Chen, "NSA tapping mainland phones; Text messages mined, while servers at Tsinghua University attacked," *South China Morning Post*, June 23, 2013.

Lee, Ella, "Conflicts cloud new mainland ministry," *South China Morning Post,* March 17, 1998.

Lee, Mark, "China Reports 68% Jump in Cyber Attacks on Government Websites," *Bloomberg*, march 10, 2011.

http://www.bloomberg.com/news/2011-03-10/china-reports-68-jump-in-hacking-attacks-on-government-websites-in-2010.html (검색일: 2016.3.15.)

Lindsay, Jon R., "The Impact of China on Cybersecurity: Fiction and Friction," *International Security* 39(3), 2014/15.

Lindsay, Jon R., Tai Ming Cheung, and Derek S. Reveron, eds., *China and cybersecurity: espionage, strategy, and politics in the digital domain*, Oxford university press, 2015.

Mandiant, *APT1: Exposing One of China's Cyber Espionage Units*, Feburary, 2013.

Mearsheimer, John J., "The false promise of international institutions," *International security* vol. 19. no. 3, 1994.

______, *The tragedy of great power politics*. W. W. Norton & Company; 1 edition, 2014.

Nissenbaum, Helen, "Where Computer Security Meets National Security1," *Ethics and Information Technology* vol. 7, no. 2, 2005.

Nye Jr, Joseph S., "Nuclear Lessons for Cybersecurity?," *Strategic Studies Quarterly* 5(4), 2011.

Owens, William A., Kenneth W. Dam, and Herbert S. Lin,*Technology, Policy, Law, and Ethics Regarding U.S. Acquisition and Use of Cyber attack Capabilities. National Research Council of The National Academies*, Washington: The National Academies

Press, 2009.

SCO, "Agreement between the Governments of the Member States of the Shanghai Cooperation Organization on Cooperation in the Field of International Information Security," 2009.

https://ccdcoe.org/sites/default/files/documents/SCO-090616-IISAgreement.pdf (검색일: 2016.9.10.)

Singer, P.W., Allan Friedman, *CYBERSECURITY AND CYBERWAR what everyone needs to know,* Oxford University Press, 2014.

Stokes, M. A., "The Chinese People's Liberation Army Computer Network Operations Infrastructure," Lindsay, Cheung and Reveron eds., *China and Cybersecurity*, 2015.

Swaine, Michael D., "Chinese Views on Cybersecurity in Foreign Relations," *China Leadership Monitor* 42, 2013.

Symantec, Hidden Lynx-Professional Hackers for Hire, September 17, 2013.

United Nations Development Programme, *HUMAN DEVELOPMENT REPORT 1994.* New York: Oxford University Press, 1994.

United Nations General Assembly, *Letter dated 12 September 2011 from the Permanent Representatives of China, the Russian Federation, Tajikistan and Uzbekistan to the United Nations addressed to the Secretary-General,* September 14, 2011.

______, Letter dated 9 January 2015 from the Permanent Representatives of China, Kazakhstan, Kyrgyzstan, the Russian Federation, Tajikistan and Uzbekistan to the United Nations addressed to the Secretary-General, January 9, 2015.

US Department of State, Joint US-China Press Statements at Conclusion of the Strategic & Economic Dialogue, July 10, 2014.

US Senate Committee on Armed Service, SASC investigation finds Chinese instrusions into key defense contractors, September 17, 2014.

USCC, Report to Congress of the US-China Economic and Security Commission, November 2012.

______, Report to Congress of the US-China Economic and Security Commission, November 2013.

______, Report to Congress of the US-China Economic and Security Commission, November 2015.

Walters, Riley, "Cyber attacks on us companies in 2014," *Heritage Foundation Issue Brief* 4289, 2014.

______, "Cyber attacks on us companies Since November 2014," *Heritage Foundation Issue Brief* 4487, 2015.

Waltz, Kenneth N., *Theory of international politics*, Waveland Press(reissued 2010), 1979.
______, "Globalization and governance," *PS: Political Science &Politics* 32(4), 1999.
Wolter, Detlev, "The UN Takes a Big Step Forward on Cybersecurity," *Arms Control Today* 43, September 2013.
Yan, "'Accusation of Chinese government's participation in cyber attack 'groundless': Ministry," *Xinhuanet*, January 25, 2010.
http://news.xinhuanet.com/english2010/china/2010-01/25/c_13149276.htm (검색일: 2016. 8.1.)
中国互联网络信息中心, "第36次中国互联网络发展状况 统计报告" 2015년 7월.
国家计算机网络应急技术处理协调中心, "2014年 中国互联网 网路安全报告" 2015년 6월 2일.
《中国的军事战略》白皮书 (2015년 5월)
《中国武装力量的多样化运用》白皮书 (2013년 4월)
《2010年中国的国防》白皮书 (2011년 3월)
《2008年中国的国防》白皮书 (2009년 1월)
《2006年中国的国防》白皮书 (2006년 12월)
《2004年中国的国防》白皮书 (2004년 12월)
《2002年中国的国防》白皮书 (2002년 12월)
《2000年 中国的国防》白皮书 (2011년 3월)
http://www.mod.gov.cn/regulatory/node_47121.htm (검색일: 2016.3.15.).
"信息化帶動工業化要先打基礎"
http://people.com.cn/BIG5/paper1668/7986/757514.html (검색일: 2016.3.15.)
"中央网络安全和信息化领导小组成立" 2014년 2월 28일
http://news.xinhuanet.com/info/2014-02/28/c_133148759.htm (검색일: 2016.3.15.)
"习近平:把我国从网络大国建设成为网络强国" 2014년 2월 28일
http://news.xinhuanet.com/politics/2014-02/27/c_119538788.htm (검색일: 2016.3.15.)
http://www.cert.org.cn/publish/main/index.html (검색일: 2016.7.1.)
http://www.internetworldstats.com/stats.htm (검색일: 2016.7.1.)
http://www.cnnic.cn (검색일: 2016.7.1.)
http://www.rferl.org/a/russia-putin-shanghai-cooperation-organization-summit-brics-ufa/27120442.html (검색일: 2016.7.1.)
https://ccdcoe.org/sco.html (검색일: 2016.7.1.)
http://www.itu.int/en/Pages/default.aspx (검색일: 2016.7.1.)
http://www.fmprc.gov.cn/mfa_eng/zxxx_662805/t1079387.shtml (검색일: 2016.7.1.)
http://www.state.gov/r/pa/prs/ps/2013/07/211467.htm (검색일: 2016.7.1.)

https://ccdcoe.org/asean-regional-forum-reaffirming-commitment-fight-cyber-crime.html (검색일: 2016.7.1.)

http://giplatform.org/actors/un-group-governmental-experts-developments-field-information-and-telecommunications-context (검색일: 2016.7.1.)

문명연구 총서 1

현대 문명의 전환

초판 1쇄 인쇄 2020년 8월 3일
초판 1쇄 발행 2020년 8월 10일

지은이 이한구·신중섭·강준호·강학순·김기봉·김용운
김현구·양종회·이종관·이택호·조윤영·정종필
펴낸이 한균태
펴낸곳 경희대학교 출판문화원
주소 서울시 동대문구 경희대로 26
전화 02-961-0106~8
팩스 02-961-0291
설립 1960년 9월 16일 제5-8호
등록 1977년 11월 8일 제6-5호
홈페이지 www.khupress.com
전자우편 press@khu.ac.kr

ISBN 978-89-8222-663-2 (94300)
978-89-8222-662-5 (94300) 세트